냉전의
마녀들

냉전의
마녀들

김태우 지음

한국전쟁과 여성주의 평화운동

창비

서장 · 7

1장 시대의 역진에 맞서다   · 23

요람에서 무덤까지 · 26

재무장(再武裝)을 위한 사회복지의 희생 · 31

나의 운명에 불복한다 · 37

2장 귀를 기울이다   · 45

북한여성들의 절박한 호소 · 46

전후 유럽의 '반파시즘'과 국제민주여성연맹 · 55

국제여맹의 '반식민주의'와 제3세계 현지조사 활동 · 63

3장 프라하에서 신의주까지   · 73

특별한 이력의 여성들 · 75

나는 어떤 사전합의에도 반대한다 · 84

모스끄바의 웃음 · 95

최초의 전체회의와 갈등의 폭발 · 107

4장 지하의 아이들   · 123

유서를 쓰고 강을 건너다 · 124

하루 동안에 쏟아진 8만 5천발의 소이탄 · 129

우리는 충분히 보았다 · 146

5장 그을린 사람들 · 157

평양으로 가는 길 · 157

절대적 폐허의 무(無) · 163

초대형 지하벙커와 불편한 환대 · 178

6장 거대한 무덤의 산 위에서 · 191

황해도 대학살: 안악과 신천 · 191

증언에 대한 의구심 · 212

7장 나의 이름으로 · 241

전시 성폭력의 주요 유형들 · 245

20세기의 전쟁과 전시 성폭력 · 248

증언의 고통 · 259

개전과 관련된 북한 측 주장의 불수용 · 264

8장 억압된 시선들 · 281

우리는 고발한다 · 284

압도하는 냉전, 억압된 제3의 시선들 · 294

그곳에, 여성들이 있으므로 · 306

주 · 320   도판 출처 · 353   찾아보기 · 358   감사의 글 · 367

서장

1951년 5월 15일, 한 무리의 여성들이 중국 선양(瀋陽)의 호텔방에 모여 앉아 백지 위에 무언가를 열심히 적어 내려가고 있었다. 그것은 가족과 지인들에게 발송될 일종의 유서(遺書)였다. 다음날이면 여성들은 세계에서 가장 위험한 장소에 자발적으로 들어갈 예정이었다. 그곳은 이미 수십만명의 민간인과 군인이 사망한 악명 높은 전쟁터였다.

호텔방에 모여 있던 사람들은 18개국으로부터 온 21명의 외국인 여성들이었다. 대부분 며칠 전에 처음으로 인사 나눈 초면의 이방인들이었다. 이들은 덴마크, 체코슬로바키아, 네덜란드, 영국, 소련, 프랑스, 이딸리아, 오스트리아, 동독, 서독, 벨기에, 캐나다, 꾸바, 아르헨띠나, 튀니지, 알제리, 중국, 베트남 등과 같은 유럽, 아시아, 아프리카, 남북아메리카 대륙의 다양한 국가 출신이었다. 이들은 직업도 다양했다. 이 여성들은 1940~50년대 교육과 노동 현장의 노골적 성차별에도 불구하고 변호사, 정치가, 도서관장, 교장, 작가, 저널 편집장, 공기업 대표 등의 직업을 갖고 있던 전문직 엘리트들이었다. 모두 자국에서 전도유망한 여성 리더의 지위를 누리고 있었다. 그런데 어느날 이 여성들이 한데 모여 유서를 쓰고, 폭탄이 쏟아지는 전쟁터 한가운데로 자발적으로 들어가고 있었다.

이 여성들은 1951년 국제민주여성연맹(Women's International Democratic Federation, 이하 '국제여맹')의 초청에 응한 한국전쟁 진상 조사위원들이었다. 국제여맹 한국전쟁 조사위원회는 1951년 5월 16일 밤 신의주에 도착하여 5월 27일까지 약 10일 동안 현지조사와 보고서 작성을 마치고, 5월 29일 밤에 다시 압록강을 건너 각자의 조국으로 흩어졌다. 조사위원회는 몇개의 조로 나뉘어 평양, 신의주, 원산, 신천, 안악, 남포, 철원, 개천, 희천, 강계 등 북한의 주요 도시와 농촌지역을 두루 조사했다. 그 조사 결과는 『우리는 고발한다』(We Accuse)라는 소책자로 전 세계에서 동시에 발간(영어, 한국어, 중국어, 프랑스어, 러시아어, 스페인어, 독일어로 번역 출간)되었다.[1]

나는 이 책 『냉전의 마녀들』을 통해 그동안 철저하게 역사의 수면 아래에 침잠해 있던 국제여맹 한국전쟁 조사위원회의 형성 배경, 성격, 보고서 작성 과정, 주요 주장의 성과와 한계 등을 종합적으로 검토해보고자 한다. 국제여맹 조사위원회는 한국전쟁기 북한지역 전쟁실태를 조사한 최초의 외부 조사단이라는 중요성에도 불구하고, 전쟁 발발 후 70년이 지난 현시점까지도 그 조직 구성과 내용 등에 대해 제대로 알려진 것이 거의 없다. 다른 무엇보다도 국제여맹 조사보고서가 미국에 대해 대단히 비판적인 내용으로 일관했던 까닭에 그 출간 직후부터 소련과 공산당의 선전 팸플릿에 불과하다는 비난을 들으면서 철저하게 금압되었기 때문이다. 매카시즘이 절정에 달했던 1951년에 이 같은 조치는 매우 쉬운 일이었다. 미국정부는 공식적 반응조차 내놓지 않은 채 자국의 보수적 여성단체들로 하여금 국제여맹을 원색적으로 비난하도록 배후에서 조종했다. 유엔 또한 당시 세계 최대의 여성단체였던 국제여

8

맹의 유엔 내 공식 지위를 완전히 박탈해버리는 강경조치를 취했다. 이후 국제여맹의 한국전쟁 조사보고서는 소련의 꼭두각시에 불과한 어느 여성단체의 허구적 정치선전물 취급을 당하면서 반세기가 넘도록 학자들의 분석 대상에서도 완전히 제외되어 있었다.

집필 동기와 연구 자료

나 또한 다를 바 없었다. 아마도 내가 국제여맹 보고서를 처음으로 접한 시기는 지금으로부터 거의 20년 전인 대학원 석사과정 초기였던 것으로 기억한다. 당시 나도 이 보고서를 학문적 검토의 필요성조차 느낄 수 없는 소련과 북한 측의 정치선전물로 쉽게 단정했다. 다른 무엇보다도 그 주요 내용이 너무 과장된 것 같았고, 명백한 오류도 눈에 띄었기 때문이다. 보고서에 의하면, 조사위원회가 방문했던 '모든'(표현 그대로의 '모든') 도시와 농촌이 폭격에 의해 완전 파괴된 상태였고, 도시에 남겨진 여성과 아이들은 열악한 지하공간에서 혈거민(穴居民)처럼 살아가고 있었다. 다수의 여성들은 성폭력의 경험과 유곽(遊廓)의 존재에 대해 증언했고, 황해도의 몇몇 산들은 표현 그대로 커다란 무덤이나 다름없었다.

사람들을 감금하고 고문하고 죽이는 방법들도 너무 잔인하게 묘사되어 있었고, 심지어 그 같은 폭력의 책임이 오롯이 미국에게 전가되어 있었다. 당시 나는 최소한 황해도 신천과 안악 등의 지역에서 발생한 집단학살사건의 핵심 가해세력들 중 하나가 현지 출신의 우익치안대라는 사실에 대해 잘 알고 있었다. 그러나 이 보고서는 학살의 핵심 주체로서 미국에 대해 강조할 뿐, 황해도 우익치안대의 존재에 대해서는 철저히 침묵하고 있었다. 따라서 나는 이 보고서를 과장되고 왜곡된 공산당 선전 팸플릿 정도로 쉽게 단정할 수 있었고, 이후 내 머릿속에서 거의 삭제해버리다시피 했다.

국제여맹 보고서의 존재를 다시 상기해낸 때는 박사논문 집필 과정에서였다. 당시 나는 매일 한국전쟁기 미공군 문서 번역작업을 반복하면서 폭격의 구조와 성격을 파악하는 일에 몰두하고 있었다. 그러던 어느날 나는 학자로서의 나의 삶에서 가장 중요한 깨달음의 순간과 마주할 수 있었다. 한국전쟁기 미공군 공중폭격의 양상이 1950년 11월 5일을 전후하여 질적으로 완전히 달라졌다는 사실을 발견해낸 것이다. 한국전쟁을 이해하는 데 있어서 너무나 중요한 역사적 사실을 수년간의 미공군 문서 강독과 몰입적 사고 끝에 어느 한순간에 깨칠 수 있었다.

2000년경까지 한국전쟁 공군 문서를 독점적으로 소유해왔던 미국 정부와 공군 측은 전쟁기간 내내 미군 폭격기들이 남북한의 군사목표(military target)만을 제한적으로 공격했다고 주장하고 있었다. 반대로 일부 비판적 역사학자들은 전쟁 초기부터 미공군이 남북한 인구밀집지역을 향한 무차별적 대량폭격을 진행했다고 단정하고 있었다. 그러나 진실은 그처럼 극단적으로 상충하는 주장의 중간지대에 위치하고 있었다. 당대 미공군 자료들이 보여주는 역사적 진실에 의하면, 최소한 1950년 10월까지는 미공군의 군사목표 정밀폭격정책이 그 치명적인 한계에도 불구하고 최소한 원칙에 있어서는 중요하게 강조되고 있었다. 그러나 1950년 11월 5일을 기점으로 공중폭격 양상은 완연히 달라졌다. 북한의 도시와 농촌의 인구밀집지역을 핵심 타깃으로 설정하는 이른바 '초토화정책'(scorched earth policy)이 공식적으로 하달되었던 것이다.

1950년 11월 미공군이 집계한 북한 주요 도시들의 파괴율에 따르면, 만 포진 95퍼센트, 고인동 90퍼센트, 삭주 75퍼센트, 초산 85퍼센트, 신의 주 60퍼센트, 강계 75퍼센트, 희천 75퍼센트, 남시 90퍼센트, 의주 20퍼 센트, 회령 90퍼센트가 완전 파괴되었다. 이 같은 파괴율은 사실상 도시 전체의 전면적 붕괴를 의미했다.[2]

1951년 5월 국제여맹 조사위원회는 이와 같은 초토화작전의 광풍이 휩쓸고 간 직후의 북한을 방문했던 것이다. 나는 국제여맹 보고서의 폭 격 관련 주장과 당대에 작성된 미공군 보고서의 내용을 병렬적으로 비 교·검토해볼 수 있었다. 놀랍게도 국제여맹 보고서의 주장은 폭격 방 식, 폭탄 종류, 피해 양상 등에서 미공군 자료와 상당히 일치했다. 나는 이 놀라운 발견 이후 언젠가 기회가 되면 반드시 국제여맹 보고서를 전 면적으로 재검토해보리라 결심하지 않을 수 없었다. 조사에 참여한 여 성들은 어떤 사람들이었고, 현지조사는 어떤 형식과 절차로 진행되었 으며, 조사의 주요한 성과와 한계는 무엇이었는지 치밀하게 분석해보 고 싶었다.

게다가 국제여맹 조사활동에 관한 연구는 자연스럽게 나의 첫번째 연구서인 『폭격』(2013)의 연작형식을 띨 수 있다는 점에서 더욱 매력적 으로 느껴졌다. 『폭격』이 신의 시선과 같은 하늘에서 바라본 한국전쟁 이야기라면, 후속작인 이 책은 지옥으로 변해버린 지상 위 인간의 삶에 대한 핍진한 서사일 수 있었다.

또한 국제여맹의 한국전쟁 조사활동에 관한 연구는 2008년의 박사논 문 발표 이후 최소 7~8년 동안 매진해온 나의 '사회주의 평화운동 연 구'와도 직접적으로 연결된다는 점에서 꽤나 유의미하게 느껴졌다. 나 는 한국전쟁 발발 직전에 사회주의 진영으로부터 촉발된 반전평화운동이 한국전쟁의 기원, 전개, 정전협정 체결 등의 전과정에 매우 큰 영향을 미쳤다는 사실을 여러 논문을 통해 밝혀왔다.[3] 특히 대표작인 「냉전평화론의 사생아: 소련과 북한의 한국전쟁 '북침' 시나리오 조작의 정치적 배경과 과정」은, 1948~50년의 전세계적 반전평화운동이 '북침' 시나리오 탄생의 결정적 배경으로 작용했다는 사실을 최초로 학문적으로 규명해내기도 했다. 한국전쟁은 제2차세계대전의 강력한 영향력하에 '평화'와 '인도주의'의 문제가 전쟁의 발발, 전개, 정전 과정 전반에서 매우 중요하게 작용한 최초의 국제전이었다. 그리고 이 책의 주인공인 좌파적 여성주의자들 또한 동시기 평화운동의 적극적 주체로서 세계 모든 대륙에서 활발히 활동하고 있었다.

나는 좌파적 여성주의 국제평화운동 연구에 본격적으로 착수한 직후, 매우 운 좋게도 2010년 이후부터 해외 여성학계를 중심으로 국제민주여성연맹에 대한 본격적인 역사학적 연구가 등장하기 시작했다는 사실을 확인할 수 있었다. 국제여맹 아카이브를 가장 광범하게 섭렵한 것으로 평가되는 네덜란드 역사학자 프란시스카 더한(Francisca de Haan)을 비롯해 자드위가 E. 피퍼 무니(Jadwiga E. Pieper Mooney), 엘리자베스 암스트롱(Elisabeth Armstrong), 캐서린 맥그리거(Katharine McGregor) 등의 학자들이 국제여맹에 대한 역사학적 연구성과들을 연이어 발표하고 있었다.[4] 2010년대 이전에는 국제여맹에 대한 학술적 연구가 사실상 전무했다는 사실과 비교하면 놀라울 정도로 폭발적인 연구의 축적이 진행 중이었다.

그런데 더욱 놀라운 사실은 이 연구들이 공히 그 이전까지의 국제여맹에 대한 평가와는 꽤나 다른 관점을 제시하고 있다는 점이었다. 위 학자들의 연구논문들은 공통적으로 국제여맹이 결코 소련이나 국제공산당의 꼭두각시가 아니었다는 사실을 가장 중요하게 강조하고 있었다. 이는 국제여맹 아카이브에 대한 본격적인 역사학적 접근을 통해 달성된 성과라는 점에서 더욱 중요했다.

이를테면 더한은 국제여맹에 대한 역사적 평가가 여전히 냉전 패러다임에 갇혀 있다는 사실을 강조하면서, 국제여맹은 냉전의 '철의 장막'을 넘어 서구의 여성단체들과 끊임없이 교류했고, 유엔에서도 활발한 활약을 펼쳤다고 주장한다. 국제여맹의 주요 리더들과 회원단체들 또한 공산당과 무관한 경우가 많았다.[5] 무니는 국제여맹의 캠페인이 반파시즘·반식민주의 투쟁으로부터 여성의 권리와 관련된 각종 운동에 이르기까지 다양하게 전개되었다고 주장한다. 무니 또한 국제여맹이 평화와 비핵화를 위해 일하는 광범한 단체들과 수십년 동안 연대해왔으며, 냉전 블록을 넘어 여성과 어린이들의 권리를 위해 일해왔다는 사실을 강조한다.[6] 맥그리거는 1945~65년 국제여맹의 베트남과 알제리 활동을 중심으로 해당 조직의 반식민주의적 성격이 점진적으로 강화되는 과정을 생생하게 보여준다.[7] 우리는 제2차세계대전 종전 이후에도 아시아와 아프리카의 많은 국가들이 여전히 식민지 상황에 처해 있었다는 사실을 종종 잊곤 한다. 심지어 그들과 적극적으로 연대하고자 했던 서구 여성들이 있었다는 사실은 양극적 냉전 패러다임 속에서 노골적으로 억압받거나 쉽게 망각되고 말았다.

국제여맹은 그 창립 주체, 규약, 회원단체, 핵심적 활동 내용 등 모든 측면에서 다양성을 가장 중요한 특징으로 갖고 있었다. 그 설립 초기부터 북아메리카의 흑인 여성들과 아시아·아프리카의 식민지 여성들까지 평등한 회원자격으로 회의에 동참할 수 있었다. 이는 국제여맹 이전의 그 어느 국제여성단체에서도 볼 수 없었던 평등하면서도 다원주의적인 회의 모습이었다. 또한 국제여맹은 설립 초기 시점부터 동남아시아와 남아메리카 식민지 여성들의 생활방식에 대한 활발한 현지조사 활동을 전개했다. 때문에 프란시스카 더한은 국제여맹을 "진보적 '좌파 여성주의' 국제 우산조직"(a progressive 'left-feminist' international umbrella organization)으로 규정했다. 더한의 평가에 의하면, 국제여맹은 세계 곳곳에 산재해 있는 여성단체들 중에서 진보적 좌파 여성주의에 공명하는 단체들을 전반적으로 아우르고 연결하는 상위의 지붕조직이었다.[8]

이와 같은 국제여맹에 대한 해외 역사학계의 재평가는 나로 하여금 국제여맹의 한국전쟁 조사활동에 관한 연구에 본격적으로 뛰어들 수 있는 용기를 배가해주었다. 국제여맹이 단순한 소련의 전선조직이 아니라면 그 조사활동 또한 간단하게 국제공산당 선전활동으로 단죄할 수 없는 무언가가 있으리라 추측할 수 있었다. 여기서 나는 자연스럽게 국제여맹 한국전쟁 조사위원회의 개별 조사위원들에 대한 접근을 통해 연구의 단초를 발견할 수 있으리라 가정했다. 만약 그들이 단순한 공산주의자들이 아닌 다양한 정치적 배경을 지닌 여성들이라면, 그리고 평화와 여성의 권리에 대한 일말의 진정성을 갖고 북한행을 결심했다면, 아마도 현지조사 활동 과정에서 몇차례 심각한 내부 논쟁을 경험했을 것이고, 귀국 후에도 저마다의 개인적 기록을 남겨두었으리라 추측할 수 있었다.

나는 주저 없이 조사위원들의 개인 행적을 추적하는 일에 돌입했다. 그리고 이 단계에서도 어느 정도의 행운을 누릴 수 있었다. 이미 영국 조사위원 모니카 펠턴(Monica Felton)과 서독 조사위원 릴리 베히터(Lilly Wächter)의 생애에 대한 주목할 만한 논문이 2010년대 이후 해외

학자들에 의해 발표된 사실을 확인할 수 있었다.[9] 게다가 펠턴과 베히터는 공히 한국전쟁 조사활동을 마치고 고향으로 돌아간 직후 엄청난 개인적 고초를 겪었다는 사실도 알 수 있었다. 베히터는 한국전쟁 관련 활동으로 인해 법정에 서야만 했고, 펠턴은 반역죄로 사형당해야 한다는 비난과 함께, 영국 최초의 뉴타운 개발사업을 책임지고 있던 스티버니지 개발공사(Stevenage Development Corporation) 총재직에서 해임되었던 것이다.

특히 펠턴은 한국전쟁 조사활동 이전에 여성운동이나 평화운동과 관련된 경력이 사실상 전무했다는 점이 매우 이색적이었다. 심지어 그녀는 국제여맹의 회원도 아니었다. 펠턴은 반전평화운동은커녕 오히려 전쟁기의 '애국주의적 활동'을 통해 자기 커리어의 정점을 구가하고 있던 집권 여당의 대표적 여성 리더였다. 그녀는 2차세계대전 시기 보급품위원회 위원장(1939~41), 군수부에서의 전시 민간인 보급품 제공 업무(1941~43), 런던시의회 주택공공보건위원회(Housing and Public Health Committee) 위원(1943~45) 등의 공직을 거쳐, 전후에는 국가재건의 가장 중요한 부분 중 하나인 뉴타운 수립과 관련된 일련의 중책을 맡고 있었다. 펠턴은 1945년 뉴타운위원회(New Town Committee)의 유일한 여성 위원이자 대변인이었고, 영국 북부 재개발을 위한 피털리 개발공사(Peterlee Development Corporation) 총재를 지냈으며, 한국전쟁 당시에는 영국 최초의 뉴타운 건설을 위한 스티버니지 개발공사의 총재직을 맡고 있었다. 그녀는 집권 여당이었던 영국 노동당의 대표적 여성 리더였고, 도시계획 분야에서 "남자들 사이의 거인"이라는 별명으로 불리던 최고의 전문직 엘리트였다.

그러나 펠턴은 국제여맹 한국전쟁 조사위원회 참가를 이유로 영국

내의 여러 정치인들과 언론으로부터 한순간에 국가에 대한 반역자로 비난받기 시작했다. 당시 영국 법률상 반역죄에 대한 유일한 처벌은 사형이었다. 펠턴은 영국으로 돌아오자마자 자신이 너무나 사랑했던 스티버니지 개발공사 총재직에서도 즉시 해임되었고, 반역죄의 명목으로 당장 사형되어야 한다는 비난에 휩싸였다. 영국 민주주의에 대한 자기 나름의 확신을 갖고 있던 펠턴에게는 꽤나 큰 충격이 아닐 수 없었다. 그녀에게 주어진 유일한 용서의 기회는 한국전쟁 조사보고서의 왜곡과 오류를 스스로 인정하면서, 자신의 과오를 중심으로 반성하는 것뿐이었다.

그런데 놀랍게도 펠턴은 끝까지 자신의 소신을 굽히지 않았다. 심지어 펠턴은 수년간 이어진 비난을 견디지 못하고 타국으로 이민을 떠나야만 하는 상황까지 몰리게 되었다. 그러나 그녀는 지속되는 고난에도 불구하고 국제여맹 보고서의 진정성에 대해 단 한차례도 부정하거나 의구심을 드러내지 않았다. 결국 그녀는 1956년 인도의 항구도시 마드라스(Madras, 첸나이의 옛 이름)로 이주하여 1970년 사망할 때까지 그곳에서 망명객으로 살아가게 되었다. 하지만 그녀는 마드라스에서도 제3세계 여성들의 삶과 관련된 탈식민주의적·여성주의적·평화주의적 저서들을 집필하는 활동을 멈추지 않았다. 그리고 63세의 나이로 사망할 때까지 한국전쟁 보고서의 내용을 단 한번도 부정하지 않았다.

이 같은 펠턴의 삶은 냉전, 탈식민주의, 여성주의, 평화주의 등과 관련하여 국제여맹 한국전쟁 조사위원회 활동에 대한 무한한 궁금증을 자아내기에 충분했다. 나는 다양한 경로를 통해 펠턴의 개인기록물을 수집하기 시작했다. 그리고 그 기록물들에 대한 정독을 통해 국제여맹 조사위원회 내부의 다양성과 역동성을 포착할 수 있었다. 여러 국가에서 초청받은 조사위원들은 출신국가뿐만 아니라 직업, 계급, 종교, 정치 사상 등에서 매우 다양하고 뚜렷한 개성을 보여주고 있었다. 1차세계대 전기 약혼자 사망 이후 평화운동가로 변신한 벨기에의 생물학 전공 여성 과학자, 나치 치하의 덴마크에서 목숨을 걸고 지하신문을 펴냈던 강력한 소신의 여성 저널리스트, 그리고 인도네시아(네덜란드의 식민지) 민족해방운동가와 결혼한 네덜란드 여성 변호사에 이르기까지 자기 주관이 뚜렷한 이 여성 엘리트들을 한데 묶어 소련의 꼭두각시로 낙인찍을 수 있었다는 사실이 믿기지 않을 정도였다.

게다가 한국전쟁 조사위원회에는 사회주의에 대한 강한 불신을 지닌 자유주의자와 보수주의자도 동참하고 있었다. 때문에 조사위원들 사이에는 심각한 내부 논쟁이 여러차례 발생했고, 그 논쟁의 연장 선상에서 조사위원회 해체 위기까지 발생하기도 했다. 영국 조사위원 펠턴과 두 명의 덴마크 조사위원들은 공산국가 출신 조사위원들과 갈등했던 가장 대표적인 인물들이었다.

국제여맹 산하의 회원단체들은 결코 단일한 정치적 성격을 지니고 있지 않았다. 2차세계대전기 전쟁과 파시즘에 반대했던 다양한 성격의 여성단체들이 세계 곳곳에 산재한 국제여맹의 주요 하부조직을 구성하고 있었다. 1947년 국제여맹 미국 지부의 회원수만 따져보아도 약 25만명에 달했다. 덴마크 지부의 경우 코펜하겐에만 25개의 하위 지부가 운영되고 있었다. 1951년 한국전쟁 조사위원회에 참가한 덴마크 대표 카테 플레론(Kate Fleron)과 이다 바크만(Ida Bachmann)은 여러 조사위원들 중에서도 가장 보수적이고 자유주의적인 성향을 지닌 여성들이었다. 미국 패션 잡지에서 갓 튀어나온 듯한 외모를 지니고 있었다는 이다 바크만은 실제 2차대전기 미국 전쟁정보국(US Office of War

Information)에서 활약했던 미군 고위급 장교(대령) 출신의 여성이었다. 1940년대 미군 여성 대령은 매우 보기 드문 존재였다. 그녀는 실제 뉴욕 맨해튼에 거주했던 뉴요커이자 완연한 친미주의자였다. 카테 플레론 또한 중도적 성격의 『프리트 단마르크』(*Frit Danmark*, 자유 덴마크)라는 잡지의 편집장으로서, 북한 취재물의 객관성 확보를 위해 '조사위원'이 아닌 '독립적 참관인'(independent observer)의 자격을 고집했고 결국 그 지위를 관철해낸 완고한 성격의 여성 지식인이었다. 플레론은 현지 조사 과정에서도 공산주의자와 사회민주주의자에 대한 불만과 의구심을 거침없이 드러내곤 했다.

나는 또 한번 운 좋게도 '덴마크 평화아카데미'(Det Danske Fredsakademi)를 통해, 북한 방문 직후에 작성된 플레론 개인기록물 여러 편을 확보할 수 있었다. 이후 매우 느린 속도이긴 했지만, 덴마크어-영어 번역기와 한국외국어대학교 스칸디나비아어과 외국인 교수님의 도움을 받아 플레론 기록의 내용을 구체적으로 확인할 수 있었다. 국제여맹 한국전쟁 조사위원회 내에서 가장 많은 논쟁을 야기했던 두 여성 펠턴과 플레론이 귀국 후 가장 많은 개인기록을 출간했다는 사실은 결코 단순한 우연으로 생각되지 않았다. 나는 두 여성의 여러 기록물을 통해 조사위원회 내부의 역동성을 확인할 수 있었고, 국제여맹 보고서를 넘어 그들이 '진정으로 하고 싶었던 이야기'가 무엇이었는지 어느 정도 확신할 수 있었다.

글의 형식에 대하여

이 책은 나의 전작 『폭격』의 시선과는 달리, 전쟁기 평범한 사람들의 일상과 인간성의 파괴에 대한 세밀한 추적을 주요 연구목적 중 하나로 간주하고 있다. 그런데 인간의 삶에 대한 핍진한 서사는 인문학의 여러 분과 중에서도 '문학'이 빛날 수 있는 가장 대표적 영역으로 볼 수 있을 것이다. 최근에는 역사학 또한 문화사·미시사·일상사·심성사적 연구를 통해 특정 시대 사람들의 일상과 사상을 세밀하게 묘사해내는 데 일정한 성공을 거두고 있지만, 문학작품을 통해 획득할 수 있는 특정 시대와 공간으로의 상상적 전이(轉移)나 인간의 사고와 감정에 대한 천착에까지 다다르는 데는 명백한 한계를 지닐 수밖에 없다.

그런데 내가 학부와 대학원 시절 우연히 접했던 미국의 전문 연구서적들은 역사학과 문학의 경계를 허물며 역사연구에 인간적 감성과 연구자의 상상력을 과감하게 불어넣고 있었다. 미국의 중국사 연구자인 레이 황(Ray Huang)과 조너선 스펜스(Jonathan D. Spence)의 저서들은 그 대표적 사례였다. 레이 황의 『1587 아무 일도 없었던 해』와 조너선 스펜스의 『왕 여인의 죽음』 『반역의 책』 『강희제』 등의 역사서는 수백 년 전 사료(史料)에 대한 심오한 분석과 놀라운 역사적 통찰력을 보여주면서도, 마치 문학서적을 읽는 것 같은 충만한 독서의 즐거움까지 전해주고 있었다. 나는 이 책들에 대한 탐독을 통해 그 어느 역사서보다도 깊이 있게 전근대 중국문화를 이해할 수 있었다. 당시 내게는 매우 신선하고 충격적인 학술적 경험이었다. 따라서 나 또한 언젠가 기회가 되면 반드시 레이 황이나 조너선 스펜스와 같은 글쓰기의 모험을 해보리라 마음먹고 있었다.

수년 전 모니카 펠턴과 카테 플레론의 개인기록을 읽어 내려가기 시작했을 때, 나는 비로소 미약하게나마 나만의 글쓰기 모험에 돌입할 수 있으리라 예감하였다. 특히 모니카 펠턴의 개인기록을 읽으면서, 유럽 지역에서부터 시작된 국제여맹 한국전쟁 조사위원회의 '여정' 자체를 시간순으로 노출하는 것의 중요성을 인식하게 되었다. 그리고 그 여정의 구현 방법으로서 조녀선 스펜스나 레이 황 방식의 글쓰기가 효율적일 것이라고 확신할 수 있었다. 국제여맹 조사위원회의 1차 회집 장소인 프라하로부터 시작하여 모스끄바, 선양, 단둥 등의 지역을 거치면서, 그리고 북한 내의 신의주, 평양, 신천, 원산 등의 지역을 방문하면서 조사위원들은 저마다 미묘한 관점과 감정의 변화를 경험했다. 더불어 이동 지역에 따라 조사위원들의 주된 분석 대상 또한 계속 변화했다. 이를테면 조사위원들은 신의주와 평양과 같은 대도시에서는 공중폭격의 성격에 대한 분석에 집중했고, 황해도 신천과 안악에서는 집단학살 조사 활동에 열중했다. 이렇듯 시간의 흐름에 따른 조사위원 개개인의 내적 변화, 조사위원들 사이의 관계 변화, 이동 지역에 따른 분석 대상의 변화 등을 가장 효율적으로 보여줄 수 있는 방법은 그들의 여정 자체를 마치 기행문이나 소설처럼 자연스럽게 노출하는 것이었다.

독자들은 이 책의 여러 부분에서, 특히 조사위원들의 본격적인 여정이 시작되는 3장 「프라하에서 신의주까지」 이후 부분부터 꽤나 소설적인 글쓰기와 마주하게 될 것이다. 마치 역사 속 한 장면의 3인칭 관찰자가 된 듯한 느낌을 저서 곳곳에서 받을 수 있을 것이다. 기존의 일반적 역사 연구서에서 볼 수 없었던 인물들 사이의 대화, 인물들의 외모와 배경에 대한 묘사, 감정적 변화에 대한 서술 등도 등장한다.

그런데 그 같은 문학적 형식에도 불구하고, 이 책은 결코 작가의 상상력에 기초한 허구적 문학작품과는 거리가 멀다. 조사위원들의 여정과 내적 감정의 변화를 보다 정확히 보여주기 위해 이와 같은 서술방식을 채택하긴 했지만, 이 책에 등장하는 모든 묘사나 대화가 철저히 당대 1차 자료에 근거를 두고 있다는 사실만큼은 분명하게 단언할 수 있다. 이를테면 마치 소설 속 대화처럼 큰따옴표(" ") 안에 제시된 인물들 사이의 대화조차도 최소 90퍼센트 이상은 자료 속 대화 내용을 있는 그대로 옮겨놓은 것이라는 사실을 유념해주길 바란다. 나머지 5~10퍼센트 이하의 대화조차도 1차 자료에 등장하는 토론이나 인터뷰 내용을 대화 형식으로 재구성한 것에 불과하다. 사실상 이 책에 등장하는 그 어떤 대화도 1차 자료에 근거하지 않은 것은 단 하나도 없다고 단언할 수 있다. 여기에 더해 특정 인물에 대한 다소 주관적인 외모나 성격 묘사, 특정 개인의 속마음에 대한 서술 등에 있어서도 모두 당대 자료에 근거했다는 사실을 강조하고 싶다.

이 책은 기본적으로 런던에서부터 시작된 펠턴의 여정을 따라간다. 그리고 그 여정 틈틈이 시대적 배경, 국제여맹의 역사적 성격, 조사위원들의 개인적 이력과 정치적 성향, 조사위원들 사이의 관계, 갈등의 발현 양상 등을 요소요소에서 노출시키는 글쓰기 방식을 취했다. 여기에 더해 북한 현지조사와 관련된 서술에서는 현재 학계의 연구성과들에 근거하여 공중폭격, 집단학살, 전시 성폭력 등에 대한 국제여맹의 주장을 객관적으로 검증해보기도 했다. 사실상 글의 형식에 있어서 소설이나 기행문처럼 읽히는 부분과 학술논문처럼 읽히는 부분이 수차례 교차하고 있는데, 이 교차지점에서 독자들이 혼란 없이 자연스럽게 독서를 이어갈 수 있도록 개인적으로 수많은 퇴고를 거듭했다.

나는 수년에 걸쳐 이 책과 관련된 1차 자료를 읽고 원고를 집필하는 과정에서 쉽게 풀리지 않는 여러 의문들에 계속 괴로워했다. 현재의 나보다 스무살 이상 어린 꾸바 대부호 집안 출신의 여성 변호사는 왜 지구 반대편의 전쟁터에 자발적으로 들어가고자 했을까? 매우 소박한 평화운동 경력과 사회민주주의적 소신을 지녔던 서독의 평범한 주부는 어떻게 해당 지역을 대표하여 북한에 들어가게 되었을까? 제국 프랑스와 그의 식민지인 알제리·튀니지 출신의 세 여성들은 아시아의 전쟁터에서 어떤 감정을 공유했을까? 조사위원회에 참가한 여러 여성들은 귀국후 거센 사회적 비난과 고난에 시달렸음에도 불구하고 왜 아무도 보고서의 내용에 대해 부정하지 않았을까?

　물론 이 책이 이상과 같은 질문들에 대한 모든 해답을 제공해줄 수는 없을 것이다. 그러나 최소한 이 책은 1951년 당시 북한지역에 거주하는 여성들을 '북한여성'(North Korean women)이 아닌 '한국여성'(Korean women)으로만 호칭하면서, 전쟁으로 고통받는 제3세계 여성들과 적극적으로 연대하고자 했던 외부세계 여성들이 있었다는 사실을 명료하게 보여줄 것이다. 냉전은 이 여성들의 존재를 역사에서 완전히 삭제해버리려 했지만, 흔들리는 분단체제와 탈냉전의 현실 속에서 국제여맹의 활동은 지속적으로 재평가받을 수 있을 것이다. 자국 최고의 여성 엘리트였던 이들이 왜 유서를 쓰고 압록강을 건너갔는지, 그리고 그 잿빛 현장에서 여러차례 북한여성들을 부둥켜안고 쏟아낸 굵은 눈물의 의미가 무엇이었는지 진지하게 숙고해볼 필요가 있을 것이다.

1장

시대의 역진에 맞서다

이번 기회를 놓쳤다면 펠턴은 예방주사도 맞지 못하고 아시아의 전쟁터로 들어갈 뻔했다. "무엇보다도…… 우리는 당신이 살아 돌아오길 원해요." 걱정스럽게 말하던 국제민주여성연맹 영국 지부장 몰리 키스(Molly Keith)의 애잔한 눈빛이 떠올랐다.[1] 펠턴은 병원 문 닫는 시간에 맞추어 가까스로 의사를 만날 수 있었다. 의사는 전형적인 미국 억양의 중년 남성이었다.

흰색 재킷을 입은 의사는 펠턴에게 콜레라와 장티푸스·파라티푸스 백신을 접종하면서 무심히 물었다.

"어디로 가시나요?"

"중국으로 가요."

미국인에게 북한으로 간다고 말하는 것은 눈치 없는 행동일 수 있었다. 또한 중국으로 간다는 대답은 거짓말도 아니었다. 어차피 중국을 경유하여 육로를 통해 북한으로 들어갈 예정이었다.[2] 의사는 살짝 놀라는 눈빛과 함께 여행의 목적에 대해 물었고, 펠턴은 다른 여성 대표들과 함께 그곳의 실상을 조사하러 간다고 말했다.

"중국이라…… 이런 시국에 중국을 가신다니, 정말 용감한 여성인 것 같군요."

펠턴은 자신의 얼굴이 달아오르는 것을 느낄 수 있었다. 그녀 또한 자신이 감당해야 할 수많은 위험에 대해 잘 알고 있었다. 그러나 자신이 "영웅"(heroine)으로 간주되는 것은 쑥스러운 일이었다.

"진실을 발견하기 위해 노력하는 것은 중요하죠."

"정말 그렇죠. 세상에서 가장 중요하죠."

의사는 2차 접종을 위한 주사 앰플을 조심스레 몇겹의 티슈에 싸서 펠턴에게 건네주었다. 2차 접종은 북한으로 가는 도중에 진행할 수밖에 없었다. 의사는 2차 접종 방법을 친절하게 설명한 후, 그녀의 용기에 대해 다시 이야기하면서 악수를 청했다. 펠턴은 이 친절한 의사에게 여행의 궁극적 목적에 대해 모두 이야기할 수 없는 것이 유감스러웠다.

"진실에 귀 기울이는 사람들이 세상에 더 있으면 좋겠군요." 그의 친절한 눈에 근심이 스쳤다.[3]

이날 저녁 프리다(Freda)[4] 또한 펠턴 앞에 놓인 위험과 고통에 대해 한번 더 상기시켜주었다. 펠턴은 3일 후면 영국을 떠날 예정이었다. 그러나 국제여맹 관계자들은 그녀의 북한행을 강요하고 싶지는 않았다. 국제여맹은 펠턴에게 초청장을 보내 북한행에 대해 타진하긴 했지만, 그녀가 원한다면 언제든지 이 여행을 취소시킬 의향이 있었다. 그 정도로 북한행은 위험한 선택이었다. 펠턴은 그곳에서 목숨을 잃을 수 있었고, 귀국 후 그녀의 자랑스러운 경력과 명예를 순식간에 손상시킬 수도 있었다. 심지어 귀국 후 반역죄로 처형될 수도 있었다.

프리다는 이 모든 위험들에 대해 말하는 것을 회피하지 않았다. 오히려 이 위험들에 대해 한번 더 진지하게 논의할 것을 요구했다.

"스티버니지는요?" 프리다는 따지듯이 물었다.

모니카 펠턴은 스티버니지 개발공사의 총재로 재직했던 약 1년 반 동안 그녀의 거의 모든 시간과 열정을 이곳에 쏟아부었다. 그녀는 당시 1500파운드의 연봉을 받고 있었는데, 이는 노동자들의 평균임금과 비교하면 상당한 거금의 수입이었다.[5] 1948년 영국 여성 공장노동자들의 평균 주급은 약 3.7파운드(74실링 6펜스)에 불과했다.[6] 펠턴의 주급 약 28.8파운드는 같은 시기 여성노동자들의 7.8배, 남성노동자들의 4배 정도에 해당되었다. 전쟁 직후 영국 노동자들의 수입이 대부분 엇비슷해졌다는 사실을 돌이켜보면, 당시 신문에서 펠턴의 막대한 임금에 대해 거론하는 것이 괴이한 일만은 아니었다. 요컨대 펠턴의 북한행은 자신의 생명을 직접적으로 위협할 뿐만 아니라, 남성 중심의 1950년대 영국 사회에서 엄청난 헌신과 투쟁의 결과로 획득한 높은 수입의 직장과 명예까지 한순간에 날려버릴 만한 위험한 선택일 수 있었던 것이다.

"제가 한국에 갔다는 이유로 해고된다면 정말 유감일 거예요. 그러나 제가 감당해야만 하는 위험인걸요." 그녀는 전쟁 중인 한국으로 가는 것이 스티버니지 개발공사 총재로서의 자신의 직분과 무관하지 않다고 확신했다. 펠턴은 마음속으로 중얼거렸다. '1945년에 스티버니지는 새롭고 더 나은 세계를 향한 우리의 희망의 일부분이었어요. 그런데 그런 희망은 벌써 사라져가고 있죠. 확신컨대 이제 스티버니지의 운명은 세계의 운명에 기대어 있음에 틀림없어요.'[7]

스티버니지가 새로운 세계를 향한 영국인들의 '희망의 일부분'이었고, 이제 스티버니지의 운명이 '세계의 운명'과 연결되어 있다는 펠턴의 인식은 결코 과장된 것이 아니었다. 스티버니지는 제2차세계대전 직후 영국정부에 의해 추진된 개혁적 주택정책을 상징했던 최초의 뉴타운이었다. 전쟁 직후의 영국은 신자유주의의 최전선에 서 있는 지금의 영국과는 완전히 다른 국가였다. 1945년 노동당은 영국 역사 최초로 단독으로 집권당이 되었고, 범국민적 지지 아래 사회주의적 정책을 적극적으로 도입했다. 보수당조차 사회보장제도의 전면적 확대에 대해 전적으로 동의하고 있었다. 거의 모든 국유화 법안과 복지개혁안이 1948년 이전에 일제히 입법되었고, 10여개의 대규모 산업이 국가의 소유가 되었다. 막대한 예산이 소요되는 스티버니지 뉴타운 개발사업 또한 이 같은 정책의 연장선상에 있었다.

그런데 스티버니지 개발계획은 한국전쟁 발발과 함께 추진된 막대한 국방비 증액에 의해 그 실행 과정에서 중대한 위기를 맞고 있었다. 영국 노동자들은 자신 앞에 펼쳐졌던 장밋빛 미래가 빠르게 퇴색되어가는 모습을 무력하게 바라보았다. 냉전과 한국전쟁이라는 예상치 못한 변화의 파고가 영국의 정치와 노동자들의 일상을 격렬하게 뒤흔들기 시작했다. 펠턴의 한국행을 제대로 이해하기 위해서는 당시 영국의 정치·경제적 상황에 대해 좀더 깊이 들여다볼 필요가 있다.

요람에서 무덤까지

영국에 있어서 2차세계대전은 민중(people)의 전쟁이었다. 노동계급의 사회문화사를 연구한 셀리나 토드(Selina Todd)에 의하면, 영국 노동계급이 '민중'이 되어 그들의 이익과 영국의 이익이 동의어가 된 것은 2차세계대전 이후였다. 노동계급은 대체로 광부·부두노동자·철강노동자·가내하인 등과 같은 육체노동자와 그들의 가족, 혹은 타자수·비서·사환·배달원과 같은 낮은 지위의 사무직 노동자로 구성되었다. 이들은

1950년까지 영국인의 4분의 3 이상이었다.[8]

영국 수상 윈스턴 처칠(Winston Churchill)은 총력전의 형식으로 진행된 2차대전의 승리를 위해 노동계급의 지원이 절실했다. 이에 처칠 정부는 노동자들에게 일자리, 생활임금(노동자의 최저생활 보장을 위한 기본임금), 유사시의 보호 등을 약속했고, 노동자들은 전쟁 중에 파업하지 않겠다는 협약에 동의해주었다. 실제 전쟁기의 막대한 노동력과 군수품에 대한 수요는 역사상 처음으로 영국에서 완전고용을 창출했고, 노동자들은 이를 이용해 단체협상력을 강화할 수 있었다. 전쟁 중에 복지 제공과 완전고용에 대한 지지는 전면적으로 확장되었고, 더 나은 사회를 만들기 위한 수단으로서 국가 개입에 대한 믿음이 공고해졌다. 사람들은 일터와 집에서 더 나은 보수와 복지를 받을 권리를 확신했다.[9]

정치적으로는 노동계급을 대변했던 노동당의 정치·사회적 위상이 대폭 강화될 수 있었다. 노동당은 1900년 노동조합과 사회주의 단체들이 그들의 대표를 의회에 진출시키기 위해 조직한 노동대표위원회(Labor Representative Committee)로부터 비롯된 정당이었다. 1906년 총선에서 29명의 의원을 배출하면서 정당으로서의 노동당이 탄생했고, 이후 노동조합, 협동조합, 사회주의자 협회 등을 정치기반으로 세력을 확장해나갔다. 2차세계대전 시기 처칠은 노동계급을 전시 군사활동에 동원하기 위해 노동당에게 정치적 지분의 상당 부분을 양도할 수밖에 없었다. 이에 노동당은 영국사회의 전면적 개편으로 노동계급 동원에 대한 보상을 얻어내고자 했다.[10]

실제 전쟁기 노동당은 정국 운영에서 처칠의 보수당과 거의 대등한 위상으로까지 올라설 수 있었다. 내각의 내각으로 불린 전쟁내각(war cabinet)의 다섯명 구성원 중에 노동당원 클레멘트 애틀리(Clement R.

Attlee)와 아서 그린우드(Arthur Greenwood)가 부총리와 무임소장관으로 참여했다. 그리고 운수노조위원장 어니스트 베빈(Ernest Bevin)이 노동장관에, 허버트 모리슨(Herbert Morrison)이 군수부장관에, 그리고 휴 돌턴(Hugh Dalton)이 경제복지부장관에 임명되었다. 노동당 평생 당원이었던 모니카 펠턴이 보급품위원회 위원장과 군수부의 주요 보직을 역임할 수 있었던 배경에는 이와 같은 전시의 특수한 상황이 작용했던 것이다. 이 같은 전쟁기 노동당 지도부의 '통치경험'은 전쟁 이후 정권을 독차지하게 된 애틀리 노동당 정부의 전면적 개혁정책 추진의 주요 배경이 될 수 있었다.

전쟁 승리에 골몰할 수밖에 없었던 처칠 정부가 외교와 군사문제에 집중할 때, 노동당은 '국내문제'에 대한 주요 책임과 역할을 떠맡았다. 유럽 전역에서 독일이 전황을 유리하게 전개해나갈 때, 처칠 정부는 다급한 상황 속에서 영국인의 '공동체의식'과 '사회개조'의 필요성을 환기시키지 않을 수 없었다. 새로운 질서에 대한 희구가 광범위하게 유통되었고, 토인비(A. J. Toynbee), 케인즈(J. M. Keynes)와 같은 지식인들이 그 같은 기대에 진보적 열정을 불어넣었다. 전쟁 승리는 반드시 진보와 동행해야 할 것이었다.[11] 그 같은 진보와의 동행은 『타임즈』(*The Times*) 기사의 설명에 의하면, "수백만의 보통사람들이 전쟁 중이나 전쟁 후에 우리의 적보다 더 나은 것을 얻기 위해 싸우고 있다는 확신"[12]을 주기 위한 정책이었다.

영국정부는 전쟁기 영국 민중들에게 이 같은 기대와 확신을 주기에 충분한 현재적 조치와 미래에 대한 약속을 이어갔다. 정부는 전장에 나간 군인 가족의 생계유지를 위한 소득 보장과 식료품 공급 등의 조치에 만전을 기했고,[13] 전후 국가적 사회보장 서비스에 대한 구체적 청사

28

진을 제시했다. 그 대표적 사례가 전후 사회보장에 관한 윌리엄 베버리지(William Beveridge)의 저 유명한 「베버리지 보고서」(1942)이다.[14] 이 보고서는 유명한 구호 '요람에서 무덤까지'를 앞세우면서 영국 국민들에게 전면적 복지 제공을 약속하고 있었다. 보고서는 전쟁기 물자부족으로 인한 영국민의 결핍(want), 질병(disease), 무지(ignorance), 불결(squalor), 태만(idleness)을 5대 거악으로 지적하면서, 가족수당, 학교 급식제도 확대, 식료품 보조 확대, 높은 수준의 누진세 제도 도입 등을 강조했다.[15] 이 같은 전후 사회보장에 대한 대대적 약속은 1945년 선거에서 승리한 애틀리 노동당 정부가 당대 서구에서 가장 선진적인 개혁 입법을 도입할 수 있는 기반을 형성했다.

유럽의 전쟁은 1945년 5월에 끝났고, 두달 후 영국에서는 총선이 치러졌다. 결과는 노동당의 압승이었다. 1900년 창당 이후 한번도 다수당으로서 단독 집권해보지 못했던 노동당은 보수당을 압도적 의석차(393:213)로 누르고 역사상 최초로 다수집권당이 되었다. 새로운 사회에 대한 열망과 기대를 업고 출범한 노동당 정부는 이제 과감하게 '사회주의 정책'을 실현할 엄청난 역사적 기회를 부여받게 되었다. 실제 선거 당시 노동당은 "사회주의 영국의 건설이야말로 노동당의 궁극적 목표"라는 선언을 선거강령의 제일 전면에 배치하고 있었다.[16]

노동당은 민중들이 부여한 기회를 결코 낭비하지 않았다. 전쟁기 보수당조차 사회보장제도의 전면적 확대를 약속했기 때문에 사회주의적 개혁을 향한 노동당의 질주를 제어할 수 있는 세력은 아무도 없었다. 정책은 신속하고 단호하게 추진되었다. 하원의 첫번째 회기에서 통과된 개혁법안의 수만 70건에 달했고, 거의 모든 국유화 법안과 복지개혁안이 1948년 이전에 일제히 입법되었다. 특히 국유화에 대한 정부의 정책

의지는 놀라울 정도였다. 집권 직후부터 은행, 통신, 항공, 전력, 석탄, 가스, 철도·도로교통, 철강 산업 등에 대한 국유화가 추진되어, 1951년까지 총 12개 산업이 국가의 소유가 되었다. 게다가 1945년 가족급여법, 1946년 국민보험법·국민의료법·산업재해법, 1948년 국민부조법 등을 각각 제정함으로써 당시 세계에서 가장 선진적 형태의 복지체계를 출범시키는 데 성공했다.[17] 영국인들은 "현실이 아니라 신화와 환상의 세계로 은퇴할 위험"에 처해 있다는 평가가 등장할 정도였다.[18]

　이렇듯 1945~1951년 노동당 집권기간 동안에 영국사회는 급속히 변해갔다. 사람들은 전후 복구기간의 고단한 내핍에도 불구하고 더 나은 미래에 대한 긍정적 기대에 부풀어 있었다. 영국인들 사이에는 미래에 대한 확실한 희망이 공유되고 있었던 것이다. 하지만 앞서 살펴보았듯이, 1951년 4월 북한행 직전의 모니카 펠턴은 영국사회의 정치·경제적 미래상에 대해 우울하고 비관적인 시선을 보내고 있었다. 그녀는 영국의 '희망이 벌써 사라져간다'거나, '세계를 향한 우리의 희망의 일부분'이었던 스티버니지의 운명이 위기에 처해 있다고 생각했다. 펠턴은 다름 아닌 한국전쟁의 발발과 냉전의 심화 과정이 영국사회의 진보적 변화를 역행시켜버릴지도 모른다는 두려움에 휩싸여 있었던 것이다. 그리고 실제 한국전쟁 발발 이후 매우 짧은 기간 동안 영국의 외교와 재무정책은 급속한 변화를 맞고 있었다는 사실에 주목할 필요가 있다. 그녀의 두려움에는 충분한 이유가 있었던 것이다.

30

재무장(再武裝)을 위한 사회복지의 희생

영국 국민들에게 있어서 1948년은 새로운 시대의 획을 긋는 해였다. 한편으로 노동당은 사회보장, 무상 의료, 무상 중등교육의 새로운 체계를 현실화시켰다. 특히 병원비가 없어서 서로 치아를 뽑아주곤 하던 다수의 민중들은 "의사한테 더이상 돈을 낼 필요가 없다"는 사실에 눈물을 흘리며 감사했다.[19] 그러나 다른 한편으로 같은 해에 영국정부는 마셜 원조(Marshall Aid)라는 독이 든 성배를 마셨다. 1948년 재정난에 처한 영국정부는 미국에 진 전쟁 빚을 갚기 위해 미국의 마셜 원조를 받아들였다. 자본주의를 전파하고 소련의 팽창주의적 야심을 저지하기 위해 계획된 마셜 플랜(Marshall Plan)은 정부로 하여금 자유시장 체제를 강화하도록 만드는 조치였다. 물론 이는 노동당의 야심찬 사회주의 플랜에 역행하는 대책이었다.

마셜 플랜의 수용은 노동당 정부의 일관된 외교적 친미 성향과 연관되어 있었다. 당시 노동당 정부는 전후 미국의 외교노선에 보조를 맞추고 있었는데, 그 핵심은 해방된 유럽지역에서 공산주의를 최대한 억제하는 것이었다. 특히 어니스트 베빈 외무장관은 소련이 중동의 유전을 차지할지도 모른다는 악몽에 휩싸여, 소련의 위협에 대해 편집적으로 예민한 반응을 보이고 있었다. 이 같은 베빈의 외교노선은 국내정치의 진보적 개혁 전망에 어두운 그림자를 드리우고 있었고, 당내의 좌파 의원들은 이에 노골적으로 대항하기 시작했다. 이를테면 1946년 11월 53명의 노동당 의원들은 "미국 자본주의와 소련 공산주의 사이의 민주적이고 건설적인 사회주의 대안"을 요구하며 국왕의 의회연설의 수정안을 제출하기도 했다. 이들은 정부의 냉전전략에 지속적으로 제동을 걸

고자 했다.[20]

한국전쟁의 발발은 이와 같은 냉전적 외교전략을 둘러싼 노동당 내 좌우갈등이 대대적으로 첨예화되는 직접적 계기를 제공했다. 1950년 6월 한국전쟁의 발발로 인한 '재무장(再武裝)'과 '사회복지제도의 희생'이라는 문제를 둘러싸고 당내 분열이 심각한 지경에 이르게 된 것이다. 결국 이 같은 분열과 대중적 지지의 약화로 인해 노동당은 1951년 10월 선거에서 보수당에 패했고, 그후 1964년까지 13년 동안이나 집권하지 못하는 결과를 자초했다. 영국 노동당사에서 한국전쟁은 결코 '작은 전쟁'이 아니었던 것이다.

한국전쟁이 발발했을 때만 해도 노동계를 포함한 노동당 좌파세력은 북한의 침략을 응징하기로 한 유엔 결의를 환영하고 있었다. 이들은 1930년대 히틀러(A. Hitler)에 대한 유화정책의 실패를 떠올리면서 정부 정책에 대한 지지를 표방했다. 그러나 전쟁 비용이 지속적으로 증가하고, 전쟁에 대한 정치적 논쟁까지 가열되면서 국민 간의 합의는 와해되기 시작했다. 이승만(李承晚) 정권의 반민주적 행위와 한국군의 잔학행위에 대한 영국 언론의 보도, 광신적으로 보이기까지 했던 맥아더(D. MacArthur)의 극우적 발언, 미공군의 북한 도심지역에 대한 무차별적 폭격, 트루먼(H. S. Truman) 미 대통령의 핵무기 사용 언급 등은 지지기반 몰락의 주요 원인으로 작용하고 있었다.[21]

특히 재무장 문제는 노동당을 궁지로 몰아넣은 핵심적 사안이었다. 재무장은 빵이냐, 총이냐의 양자택일의 문제를 단도직입적으로 부상시켰다. 당시 유럽에서는 독일의 재무장과 나토(NATO) 합류 여부를 둘러싸고 주요 국가들 사이에 견해차가 존재했다. 1950년 3월 처칠은 서독의 군사력을 활용할 때가 되었다는 견해를 피력했지만, 애틀리는 아직 시기상조라는 공식적 입장을 내놓았다. 프랑스는 독일 재무장에 대해 영국보다 더한 거부감을 드러냈다.[22] 그러나 한국에서의 공산세력 침략이 이 모든 논쟁과 불일치를 일순간에 정리해버렸다.

한국전쟁 발발 한달 후인 7월 25일 스태퍼드 크립스(Stafford Cripps) 재무장관은 긴급조치로 국방비의 1억 파운드 증액을 제안했고, 8월 1일에는 1951~54년 총 34억 파운드의 국방비 지출 예산안을 내각에 제출했다. 당시 영국경제가 처한 형편으로 볼 때 34억 파운드는 무리한 지출이었는데, 미국은 이에서 더 나아가 60억 파운드로 증액할 것을 12월 워싱턴 회의에서 영국정부에 요청했다. 미국은 다른 무엇보다도 국방비가 우선한다는 정부 방침을 천명하도록 압력을 가하기도 했다. 이는 명백히 1945~50년 영국 노동당 정책에 어긋나는 조치였다. 1951년 1월, 영국정부는 결국 미국의 요구 수준에는 미치지 못하지만, 당시 영국이 처한 경제형편으로는 감당하기 힘든 47억 파운드의 국방비 지출을 결정했다. 47억 파운드의 국방비가 국가 예산에서 차지하는 비율은 14퍼센트로, 미국의 18퍼센트를 제외하고 다른 어느 나토 국가보다도 높은 비율이었다.[23]

국방비의 증가는 결국 '복지정책의 희생'에 의해서만 가능했다. 한국전쟁이 결국 '시대의 역진(逆進)' 현상을 낳은 것이다. 사회주의 정책을 표방하며 역사상 최초로 단독 집권한 영국 노동당은 이제 자신의 핵심 정책의 좌초와 함께 정체성마저 흔들릴 위기에 처하게 되었다.

이에 당내 좌파 강경파들이 목소리를 높이기 시작했다. 광부 출신으로서 당내 좌파의 지도자였던 어나이린 베번(Aneurin Bevan) 보건장관이 국방비 증액과 복지 희생에 정면 도전했다. 베번은 "경제적·사회적 수준을 향상시키는 것"이야말로 공산세력의 침략야욕에 대응하는 최선의 방어책이라고 강조했다.[24] 정부가 완전무상(完全無償)이던 의료보험제의 일부분을 유상화하는 법안을 의회에 제출하자, 베번은 장관직을 사직하더라도 이에 반대하기로 결심했다. 크립스를 이어 재무장관에 오른 휴 게이츠컬(Hugh Gaitskell) 또한 자신의 예산안이 부결되면 사직하겠다고 선언했다. 최종적으로 예산안이 통과되었을 때, 베번을 포함한 세명의 정부 각료가 내각에서 사퇴했다.[25] 국방비를 둘러싸고 당내 좌파와 우파의 갈등이 심각하게 표면화되고 있었다.

이 시기 펠턴은 분명하게 베번 장관의 입장을 지지하고 있었다. 그녀는 한국전쟁을 위해 거액의 전비를 지출하면서 시민생활을 희생시키는 정책에 대해 직접적으로 우려를 표명했다. 예컨대 펠턴은 "시민 서비스가 가장 필요한 때에 진행되는 현재 긴축경제 캠페인에 깜짝 놀랐다"고 말하면서, 전후에 제정된 국민건강법 제22조(취학 전 아동을 위한 보육원 조성)를 전면적으로 실시할 것을 주장했다. 그녀는, 많은 여성들이 제대로 된 생활수준을 유지하면서 가족을 양육할 수 있는 유일한 희망인 보육원 문제를 즉시 해결해야만 한다고 역설했다. 스티버니지 개발공사 현직 총재였던 펠턴은 한국전쟁과 관련된 거액의 전비 지출과, 이로 인한 주택 및 보육 복지정책의 희생 양상에 대해 우려하지 않을 수 없었던 것이다.[26]

1951년 4월 북한행 당시 스티버니지 개발공사 총재였던 펠턴은 스티버니지라는 "새롭고 더 나은 세계를 향한 우리의 희망"이 벌써 사라져가고 있고, "스티버니지의 운명은 세계의 운명에 기대어" 있다는 문제의식 속에서 "위험을 감수"했다고 주장했다. 1951년 4월이라는 시점이 여러모로 의미심장하다. 국방비 증액 관련 논쟁에 의해 좌파의 베번 장관이 사퇴한 시점이 다름 아닌 1951년 4월이었기 때문이다. 1940년대 후반 이래 뉴타운 사업을 자원낭비 사업으로 비판했던 보수당과 일부 시민들의 목소리가 점점 커져가는 가운데,[27] 당내 갈등과 베번의 사퇴는 스티버니지의 부정적 미래를 예고하는 듯했다. 이에 펠턴은 한국전쟁과 관련하여 전면적으로 대두된 당내 좌우 갈등과 복지정책의 후퇴에 맞서, 갈등의 배경을 자신의 눈으로 직접 확인할 수 있는 최고의 기회를 결코 흘려보낼 수 없었다. 그녀의 표현에 의하면, "이 기회는 놓쳐버리기에는 너무나 명백하게 중요했다"(The opportunity was obviously too important to miss).[28]

펠턴은 북한행의 목적에 대해 다음과 같이 말하기도 했다.

국제여맹 영국 지부가 한국전쟁 조사단 참여 여부를 의뢰하는 초청장을 나에게 보냈다. 나는 비록 그 이전까지 이 단체와 연결된 적이 전혀 없었지만, 전반적으로 볼 때 초청에 응하는 것이 노동당 평생 당원으로서 노동운동에 도움을 주고, 노동당의 가장 훌륭한 전통의 일부분을 따르는 것이라고 생각했다. 1950년 6월 25일 한국전쟁이 발발한 이래, 이 나라의 국민들은 북한에서 발생하는 일들에 대한 직접적인 정보를 얻을 수 없었고, 심지어 지난가을 이래로 남한으로부터 제공된 보고들 또한 점점 더 심하게 검열되고 있는 상황이었다. 반면에 영국 노동운동의 가장 큰 동력은 언제나 사실에 근거하여 세계를 이해하고 자기 견해의 기초를 형성하는 일반 당원들의 열정으로부터 형성되었다. 나는 한가지 목표만을 갖고 있었다. 그 유일한 목표는 진실을 발견하는 것이었고, 진실을 발견할 경우 그것을 세상에 알리는 것이었다.[29]

한국전쟁은 1945년 이래 애틀리 노동당 정부가 추진해온 사회주의적 정책을 심각하게 역진시키고 있었다. '요람에서 무덤까지'라는 구호 아래 시행된 다양한 사회보장과 주택 정책들이 막대한 국방비 증액에 의해 휘청거렸다. 이에 맞서 노동당 좌파 의원들은 당의 사회주의적 전통에 따라 쉽게 묵과할 수 없었던 미국의 비인도적 공중폭격과 이승만 정부의 잔학행위 관련 보도에 흥분하기 시작했다.[30] 과연 유엔군의 일원으로서 영국 젊은이들을 전쟁터로 보내는 것이 옳은 선택인지, 희망찼던 사회보장 계획을 퇴보시키면서까지 국방비를 대대적으로 증액하는 것이 적절한 선택인지 논쟁이 일었다. 1951년 4월, 펠턴은 이 같은 논쟁의 실체를 확인하기 위해 한국행을 선택했던 것이다. 노동당 좌파 당원들의 비판조차도 공고한 사실에 입각하여 개진되지는 않았기 때문에, 펠턴은 자신에게 부여된 사실 확인의 기회를 쉽게 저버릴 수 없었다.

이처럼 펠턴의 북한행은 아시아 여성에 대한 개인적 동정심이나 인류애적 평화의식, 혹은 친소련·친공산주의적 성향 등으로부터 유발된 것은 아니었다. 물론 이러한 요소들이 펠턴의 선택에 부분적으로 영향을 주었겠지만, 그녀는 그 모든 것들보다도 영국 노동당원이자 스티버니지 개발공사 총재로서의 책무의식을 훨씬 더 중시했다. 따라서 그녀는 1951년 4월 당시 자신의 정체성 — 여성, 영국 노동당원, 영국 최초 신도시 개발사업의 리더 — 에 가장 부합하는 최적의 선택에 대해 고민에 고민을 거듭했을 뿐이었다. 다만 그 선택은 악전고투의 결과로 쌓아 올린 그녀의 전문적 경력과 명예뿐만 아니라 생명까지도 위태롭게 만들 만한 위험한 선택이라는 점에서 매우 비범한 선택일 수는 있었다.

나의 운명에 불복한다

펠턴의 삶의 행로는 그녀의 북한행에 대해 살펴볼 때 결코 간과할 수 없는 점이다. 펠턴의 성장 과정은 그녀의 선택이 결코 우발적이거나 충동적인 것이 아니었음을 보여준다. 그녀의 삶은 타고난 운명에 고분고분 순종하는 삶과는 거리가 멀었다. 펠턴은 스티버니지의 미래와 관련하여 '운명'이라는 단어를 사용하긴 했지만, 그녀의 선택은 스티버니지를 덮친 시대적 운명을 거스르기 위한 단호한 '의지적 선택'이었다. 심지어 그녀 자신의 생명과 사회적 경력의 손상 위험을 무릅쓰면서까지 말이다. 이렇듯 자신의 앞에 가로놓인 거대한 벽을 정면으로 돌파해나가는 삶의 자세는 그녀의 성장 과정에서 어렵지 않게 발견할 수 있다.

펠턴은 1906년 9월 23일 독실한 잉글랜드 성공회(Church of England) 집안의 장녀로 태어났다. 아버지 T. 로이드 페이지(T. Lloyd Page)는 잉글랜드 성공회의 목사였다. 펠턴의 원래 이름은 모니카 페이지(Monica Glory Page)였는데, 1931년 런던정경대학의 교우였던 버윈 펠턴(Berwyn Idris Felton)과 결혼한 이후 죽을 때까지 '펠턴 여사'(Mrs. Felton) 혹은 '펠턴 박사'(Dr. Felton)로 불렸다. 버윈 펠턴은 사회주의자이자 공무원이었고, 1949년에는 식품부(Ministry of Food) 고문으로 일한 경력이 있다.[31] 1948년경 펠턴 부부는 헤어졌지만, 모니카는 이혼 후에도 '펠턴'으로 불리는 데 거부감이 없었다. 아마도 그녀 스스로도 보수적인 페이지 가문의 '모니카 페이지'로 회귀하는 것보다는, 사회주의자 펠턴과의 인연에 더 애착을 느꼈을지도 모르겠다.

펠턴의 인생은 "수년 동안 9제곱피트 넓이의 부엌에 갇혀 있으면서 14개월마다 아이를 낳는 (…) 그냥 기계"[32]와도 같은 삶을 살았던 당대 절대 다수의 수동적인 — 수동적일 수밖에 없었던 — 노동계급 여성의 삶과는 여러모로 상이했다. 물론 가정의 경제적 지원이라는 태생적 행운을 간과할 수는 없다. 그녀는 최소한 자신의 어린 시절을 '스키비'(skivvy, 공장노동자들이 하녀를 경멸적으로 부르던 이름)나 공장·상점노동자로 일하면서 교육의 기회를 희생시킬 필요는 없었다. 런던정경대학 재학 당시 인도 태생의 영국 역사학자 리처드 토니(Richard H. Tawney)의 추천에 의해 여성 장학금(Scholarship for Women)을 받으면서 학업을 이어가야만 했던 기록이 남아 있긴 하지만,[33] 1920년대 박사과정 수학 사실만으로도 그녀는 분명 상대적으로 많은 혜택을 받은 여성임에 틀림없었다. 옥스퍼드대학이나 케임브리지대학이 1920년에 이르러서야 여성에게 문학사(BA)와 이학사(BS) 입학허가를 내주었다는 사실을 상기해볼 필요가 있다.[34]

이렇듯 일면 그녀의 삶은 운명적 역경을 극복해가는 악전고투의 삶과는 무관해 보이기도 한다. 그러나 1920~30년대 영국사회에서 여성의 고학력은 어떤 사회적 보장도 제공해주지 않았을 뿐만 아니라, 오히려 빈번한 비웃음의 대상이 되었다. 당시 학업을 마친 대부분의 고학력 여성은 다시 가정의 영역으로 돌아가거나 교육자의 길을 걸어야 하는 양자택일의 길을 강요당하곤 했다. 그런 의미에서 '감히(당대 남성의 시선에서)' 1920년대의 여성이 박사학위에 도전하고, 1930년대 거친 영국 정치의 링 위에 올라서기로 한 것 자체가 무모하고 위험한 선택일 수 있었다.

펠턴의 투쟁은 학업을 마친 후 오히려 더 본격적으로 시작되었다. 관습을 허물고, 편견을 극복하고, 비웃음을 견디며 영국사회의 오랜 편파적 제도, 관습, 마초적 남성들, 심지어 상당수의 편벽된 여성들의 시선

38

1-1. 1953년 출간된 모니카 펠턴의 북한 방문기 『내가 그곳에 간 이유』(*That's Why I Went*)의 표지. 당시 펠턴은 반역죄로 사형당해야 한다는 보수당 의원들의 비난에 휩싸여 있었음에도 불구하고, 한 손에 담배를 든 채 특정 대상을 노려보는 듯한 당당하고 도전적인 모습의 자기 사진을 표지에 게재했다.

과도 맞서 싸워야만 했다. 때문에 그녀는 자신이 일했던 곳에서 "헌신적이고 용감하다"(committed and fearless)는 찬사와 "거슬리고 독단적"(abrasive and dogmatic)이라는 비난을 동시에 듣곤 했다.[35]

1948~49년 피털리 개발공사 업무수행과 관련된 펠턴에 대한 평가는 그 같은 찬사와 비난의 가장 대표적 사례로 손꼽을 수 있을 것이다. 앞서 살펴보았듯이, 펠턴은 2차대전 시기 도시계획과 관련된 일련의 공직 —— 보급품위원회 위원장(1939~41), 군수부에서의 전시 민간인 보급품 제공 업무(1941~43), 런던시의회 주택공공보건위원회 위원(1943~1945) —— 을 거쳐, 전후시기에는 국가재건의 가장 중요한 부분 중 하나인 뉴타운 수립과 관련된 일련의 중책을 맡게 되었다. 그녀는

1945년 뉴타운위원회의 5명의 위원 중에서 유일한 여성 위원이자 대변인으로서, 뉴타운을 위한 "사회복지 시설과 장비" 분야를 담당했다.[36] 1947년 펠턴은 영국 역사 최초의 뉴타운 설계를 위한 스티버니지 개발공사의 부총재로 임명되어 약 1년 동안 "균형 잡힌 공동체"의 수립을 위해 애썼고, 1948년 3월 영국 북부의 재개발을 위한 피털리 개발공사 총재로 부임하게 되었다.

피털리 개발공사에서 그녀는 조직의 수장이었음에도 불구하고 거친 탄광 노동자들에게 아웃사이더 취급을 받기 일쑤였다. 당시 피털리 탄전 노동자들의 삶은 펠턴의 삶과는 상당한 괴리가 있었다. 피털리는 잉글랜드 북부 더럼(Durham)의 탄광지역으로서, 이징턴(Easington)을 중심으로 12개 탄광촌에 약 8만명이 거주하고 있었다. 탄재가 날리는 열악한 빈민 가옥에 거주하는 노동자 가족들은 오랜 불경기로 인한 실업과 궁핍에 시달리고 있었다.[37] 이 같은 지역적 산업구조의 자연스러운 반영에 의해 피털리 개발공사의 주요 인물들은 해당 지역 출신의 현직 광부, 광부 출신의 정치인, 광부의 아내 등으로 구성되어 있었다. 반면에 펠턴은 조직 내에서 유일하게 남부지역 출신이었고, 여성이었고, 고학력의 박사였다.

피털리 뉴타운을 연구한 게리 필립슨(Garry Philipson)은 펠턴의 총재직 선임을 '불행한' 임명으로 평가하고 있다. 그의 주장에 의하면, 피털리 개발공사는 펠턴 부임 이후 그녀를 헌신적이고 용감하다고 칭송하는 펠턴의 지지자들과, 그녀를 독재적이라고 힐난하는 비판론자들로 양분되었다고 한다.[38] 이렇듯 "헌신적"(committed)이라는 평가와 "독재적"(dictatorial)이라는 평가가 모순적으로 공존한 데에는 광산업의 남성노동자 중심적인 문화가 압도적인 영향을 미쳤을 것이다.

실제 그녀는 광산촌 주거환경의 실질적 개선을 위해 현지 가정주부들을 중심으로 철저한 현지조사를 실시하여 피털리의 여성들로부터 적잖은 지지를 얻어낸 듯하다.[39] 펠턴은 현지조사 결과에 근거해 영국정부가 추진하는 천편일률적인 전원도시(garden city)로서의 뉴타운이 아니라 도시적 거리(urban street) 형태를 지닌 현대적 개발계획을 실행에 옮기고자 했다.[40] 이 같은 그녀의 계획은 현지의 일부 지방정치인들은 물론, 중앙정부의 루이스 실킨(Lewis Silkin) 장관과의 갈등을 유발하기도 했다. 그러나 펠턴은 광산촌의 지리적 고립과 문화적 기회의 박탈을 상쇄할 수 있는 최고수준의 도시계획을 실행하려 했고, 이는 결국 그녀에게 '헌신적' 리더이자 '독재적' 리더라는 모순적 평가를 병존하게 만들었다.

피털리에서 펠턴과 함께 구체적 도시계획을 만들어갔던 건축가 버솔드 루벳킨(Berthold Lubetkin)의 평가는 여러모로 곱씹어볼 만하다. 그는 때때로 독선적으로 비치곤 했던 펠턴의 성향과 관련하여, 펠턴이 피털리 개발공사 내의 모든 문제들과 이징턴 지방의회와의 관계에서 발생하는 모든 문제들에 대해 "그녀 스스로 전적인 책임을 지려 했다"고 강조한다. 루벳킨은 다음과 같이 말했다. "나는 그녀의 전반적 자질이 그녀의 결함을 압도하며, 결국 그녀의 관리에 의해 개발공사는 물론 그녀와 연루된 모든 사람들에게 반드시 엄청나게 큰 이익을 안겨준다고 생각했다." 루벳킨은 당대 남성들의 시점에서 펠턴이 다소 과격하고 유별나게 보였을지 모르지만, 실상 그녀는 자신의 분야에서 상당히 능력 있는 여성이었을 뿐만 아니라, 자신에게 부여된 임무를 최대한 성공적으로 마무리하려는 강한 책임감을 지닌 전문적 리더였을 뿐이라고 강조했다.[41] 이 같은 강한 책임의식은 1951년 그녀의 '위험한 선택'을 이해하는 데 있어서 절대 간과할 수 없는 부분일 것이다.

요컨대 펠턴의 삶에서 북한행이라는 위험한 선택은 오히려 매우 '자연스러운 선택'일 수 있었다. 그녀는 여성에 대한 고등교육의 문호가 열리자마자 용감하게 남성들의 숲이었던 대학 강의실로 걸어들어갔고, 대학원 재학 중에 사회주의자와 결혼했으며, 박사학위 취득 후에도 가정으로 회귀할 것을 거부하면서 런던의 정치판으로 과감하게 뛰어들었다. 펠턴은 남성 중심적 관료사회 내에서도 강한 책임의식과 놀라운 능력을 발휘하면서 도시계획 분야의 최고 전문가로 성장했고, 전후 노동당 정부의 뉴타운 수립 과정에서 핵심적 역할을 수행했다. 그녀는 피털리 광산촌의 마초적 남성노동자 문화에도 굴하지 않고 도시의 균형적 발전이라는 자신의 목적을 달성하기 위해 비판론자들과 거칠게 맞서 싸웠다.

2차대전 직후 노동당이 단독 집권당으로서 영국사회를 전에 없이 개혁적인 국가로 변모시킬 때, 펠턴을 포함한 대부분의 영국인들은 더 나은 미래에 대한 희망으로 한껏 고양되어 있었다. 그러나 미국과 소련의 외교적 갈등을 핵심 내용으로 하는 세계적 차원의 냉전이 현실화되면서 영국 내의 분위기도 급변하기 시작했다. 여기에 더해 1950년 한국전쟁 발발로 인해 국방비의 대규모 증액이 결정되면서, 영국 내 사회복지제도의 희생은 점차 당연시되고 있었다. 따라서 전후 영국 국민들의 열악한 주거문제와 관련하여 기획된 피털리와 스티버니지 개발사업의 운명도 한국전쟁의 영향을 받으면서 휘청거리지 않을 수 없었다. 그래서 펠턴은 당내 좌우갈등과 사회복지정책의 역진을 유발하고 있던 동아시아 전쟁의 실체를 볼 수 있는 최고의 기회를 쉽게 외면할 수는 없었다. 펠턴 식의 표현에 의하면, "사실에 의거하여 세계와 자기 견해의 기초를 형성하는 일반 당원의 열정"을 안고서, 자신의 눈으로 직접 진실을 확인하기 위해 한국행을 결심했던 것이다.[42]

"혹시라도 대역죄(high treason)로 고발당하면 어쩌죠?" 프리다가 차갑고 투명한 물잔을 건네면서 또다른 불행한 상황을 상상케 했다.

"한국에 간다고 반역죄로 처벌될 일은 없을 거예요. 심지어 북한에 간다고 해도."

"그럼요. 그래야겠죠."

펠턴은 예방주사를 맞은 왼쪽 팔뚝이 욱신거리는 것을 느꼈다. 피곤이 몰려드는 것을 느끼며 그녀는 다소 짜증스럽게 말했다. "저는 제가 왜 그곳으로 가려 하는지 잘 알고 있어요. 이곳에 돌아왔을 때 그 결과에 대한 책임을 지겠어요. 그리고 이제는 잠을 좀 자는 편이 나을 것 같아요."

펠턴은 프리다의 걱정에 대해 잘 이해했지만, 그 모든 것들에 대해 이미 충분히 심사숙고해본 상태였다. 그녀는 당장 자신의 부재로 인해 발생할 수 있는 문제들에 대해 생각해보았지만, 스티버니지의 여타 직원들이 무난히 처리해줄 것이라고 예상했다.[43]

한가지 꺼림칙했던 점은 6주 후로 예정된 하원 공공회계위원회(Public Accounts Committee)의 공청회에 충분히 준비된 상태로 입회할 수 있을까 하는 점이었다. 펠턴은 스티버니지 개발공사의 총재로서 하원 공청회에 참가해야 할 의무가 있었다. 여행일정은 3주 코스였고, 계획대로라면 영국에 귀국한 뒤에도 공청회를 준비할 수 있는 기간이 3주나 되었다. 펠턴은 3주의 준비기간이면 충분하다고 생각했다.

그러나 공청회와 관련된 그녀의 불운한 미래에 대해 미리 얘기하자면, 그녀는 끝내 6월 7일의 공청회에 4시간 지각하고 말았다. 유라시아 동쪽 끝으로의 여행은 구상대로 순탄히 진행되지 않았다. 일정은 계획보다 3주나 지체되었고, 이는 그녀를 영국 내의 모든 정치활동과 도시개발사업으로부터 추방해버리는 중요한 빌미로 작용하게 되었다. 프리다의 걱정은 결코 단순한 기우만은 아니었던 것이다.

2장

귀를 기울이다

몰리 키스와 프리다는 펠턴의 여행 준비를 직접적으로 도와주었다. 국제여맹 회원들의 도움이 없었다면 그토록 짧은 기간 동안에 제반의 여행 준비를 순조롭게 마칠 수 없었을 것이다. 키스는 체코슬로바키아 영사관에서 비자 발급받는 것을 도와주었다. 운 좋게도 펠턴의 여권은 이제 막 갱신된 것이었다.

펠턴을 포함한 대부분의 한국전쟁 조사위원들은 일단 프라하를 경유하여 한국으로 갈 예정이었다.

"프라하 다음은요? 다음은 어디죠?" 펠턴이 물었다.

키스는 프리다를 쳐다보았다. 프리다는 그저 어색한 미소만을 지을 뿐이었다. 확실하게 알 수는 없었지만, 모두 모스끄바를 예상했다.

"모스끄바 다음은요?"

그것은 보다 어려운 질문이었다. 펠턴은 지도책을 꺼내들었다. 옴스끄, 똠스끄, 이르꾸쯔끄…… 그녀가 학창시절 지리 수업시간에서 배웠던 시베리아 횡단열차의 역 이름들이 등장했다. 인적 드문 숲과 불모의 툰드라가 눈앞에 그려졌다. 펠턴은 마치 아련한 옛 추억이 떠오르듯 순간적으로 아득해짐을 느꼈다.[1]

북한여성들의 절박한 호소

시베리아 숲 너머 동쪽 끝에는 광활한 폐허가 그녀를 기다리고 있었다. 1950년 11월 이후 북한의 모든 도시와 농촌지역은 표현 그대로 드넓은 돌무더기와 잿더미로 변해 있었다. 북한 최북단 압록강변의 강계와 신의주로부터 시작된 화마(火魔)가 북한지역 대부분의 농촌과 도시를 폐허로 변화시켜버렸던 것이다. 이 같은 변화는 1950년 11월 5일부터 시작된 미공군의 '초토화정책'(scorched earth policy)의 충격적 결과물이었다.

한국전쟁은 1950년 6월 25일 북한군의 기습적인 선제공격에 의해 시작된 전쟁이었다. 북위 38도선을 경계로 한반도의 남과 북에 수립된 대한민국과 조선민주주의인민공화국은 한국전쟁 이전 시기부터 이미 다수의 무력충돌을 비롯한 극한의 체제경쟁을 벌이고 있었다.[2] 북한의 지도자 김일성(金日成)은 1949년 초부터 소련의 스딸린(I. V. Stalin)을 향해 개전(開戰)의 필요성에 대해 지속적으로 호소했고, 결국에는 모스끄바와 베이징의 동의하에 남한지역에 대한 전면적 선제공격을 단행할 수 있었다. 이후 북한군은 불과 3개월도 안 되는 짧은 기간 동안에 한반도 대부분의 영토를 점령할 수 있었지만, 1950년 9월 15일 유엔군의 인천상륙작전 이후에는 압록강 근처까지 패퇴하는 위기상황에 처하기도 했다. 그러나 북한군은 1950년 10월 말 중국인민지원군이라는 대규모 지원병력의 등장에 의해 가까스로 기사회생할 수 있었고, 이제는 거꾸로 전선 곳곳에서 유엔군 병력들을 극도의 위기상황으로 몰아넣으면서 다시 전쟁 초기의 무력통일이라는 목표를 머릿속에 떠올리고 있었다.

이 같은 전세의 급격한 변화 속에서 유엔군은 2차세계대전 당시 독일과 일본 지역에서 강력한 힘을 발휘했던 군사작전의 부활을 통해 전황의 재역전을 모색하고 있었다. 한국전쟁 초기에는 금지되었던 인구밀집지역을 향한 소이탄(燒夷彈, incendiary bomb) 대량투하를 현실적 군사작전으로 논의하기 시작한 것이다. 맥아더는 이미 1950년 10월 15일 트루먼 대통령과의 회의에서, 만약 중국군이 남하할 경우 미공군에 의한 "최악의 대량학살"(greatest slaughter)이 전개될 것이라고 공언해둔 상태였다.[3] 이는 한반도 내의 공군력을 최대한으로 활용한 대량폭격작전의 전개를 뜻했다. 초토화정책 실행 초기 시점인 1950년 11월 17일, 맥아더는 주한미대사 존 무초(John J. Muccio)와의 회의에서 "불행히도 이 지역은 사막화될 것"(Unfortunately, this area will be left a desert)이라고 단언하기도 했다.[4] 맥아더의 발언에서 '이 지역'이란 양군이 대치한 전선과 북한·중국 국경선 사이의 북한지역 전체를 의미했다.

실제 1950년 11월 이후 미공군은 북한지역 내의 모든 농촌과 도시를 핵심적 '군사목표'(military target) 그 자체로 간주하면서 최악의 대량학살과 사막화 작업을 현실화해나갔다. 이 같은 군사작전은 한국전쟁 초기 반전평화 여론에 주의를 기울이면서, 북한지역 내의 군사시설만을 향해 제한적인 '정밀폭격'(precision bombing)작전을 수행했던 군사작전 방식과는 매우 상이한 것이었다. 사실상 2차세계대전 시기 인구밀집지역을 향해 무차별적인 소이탄 폭격을 가했던 방식의 군사작전이 한국전쟁에서 되살아나고 있었다. 지상에서는 중국군과 북한군이 유엔군을 남쪽으로 급속히 몰아내는 형국이 전개되고 있었지만, 정작 공산병력 후방의 북한 도시와 농촌에서는 불지옥의 아비규환이 펼쳐지고 있었던 것이다.[5]

2-1. 1950년 12월 16일 미공군 폭격 직후 불타는 강계시와 대피 중인 북한여성

　1951년 1월 4일, 초토화작전과 같은 미군의 가혹한 전쟁수행 방식과 피폐해진 일상에 지쳐버린 북한여성들이 장문의 호소문을 대외적으로 발표했다. 그 제목은 「전세계 녀성들에게 보내는 편지」였다.[6] 아직 초토화작전의 불길이 거세게 타오르고 있던 시점에 발표된 편지 형식의 호소문이었다. 발신자는 '조선민주여성동맹(朝鮮民主女性同盟)'이었고, 해당 단체 소속의 박정애(朴正愛),[7] 유영준(劉英俊),[8] 리금순, 조복례의 이름이 병기되었다. 조선민주여성동맹은 1945년 11월 18일 평양에서 북조선민주여성동맹(위원장 박정애)으로 창립되었고, 1951년 1월 조선로동당 결정하에 진행된 남북조선여성동맹 합동중앙위원회를 거쳐 현재의 '조선민주여성동맹'이라는 이름으로 거듭난 북한의 대표적 여성단체였다.[9] 요컨대 조선민주여성동맹의 「전세계 녀성들에게 보내는 편지」는 이른바 "조선여성"을 대표하는 북한의 사회단체가 "전세계 여성들"을 향해 발신하는 형식으로 작성된 서한문이자 호소문이었던 것이다.

편지는 극한의 추위와 생필품의 절대적 결여에 대한 절절한 호소로 시작한다. "우리는 겨울바람이 살을 에이는 듯하고, 차디찬 눈보라가 얇은 의복을 사정없이 뚫고 들어오는 듯한 아무것도 없는 폐허에서 당신들에게 이 편지를 쓴다." 이후 편지는 미군의 군사작전에 대해 다음과 같이 비난한다.

미국의 간섭은 우리 인민에게 전대미문의 불행과 재난을 가져왔다. 논밭에는 알뜰한 손으로 경작하였으나 거두어들이지 못한 작물들이 그냥 남아 있다. 일찍이 곡식을 수확하던 량곡장은 잿더미로 화하고 행복하고 자유스러운 생활을 누렸던 우리의 주택과 촌락들은 폐허로 변하였다. 길가에는 우리의 형제자매들의 무수한 시체가 누워 있다. 도시들에 있는 극장 구락부 기타 문화시설들의 대다수는 지금에 와서는 미국 폭탄에 의하여 파괴 또는 소각되었다. 미국 폭탄으로 파괴된 것은 다만 도시와 농촌들뿐만 아니라 이 야만인들은 사람의 발자욱도 찾아내기 어려운 그런 곳에다 소이탄과 유지탄을 투하한다. 산비탈 오솔길에 있는 외딴집이 타며 원시림이 타고 있다. 거리에는 사람의 그림자를 찾아보기 어렵다.

조선민주여성동맹은 이와 같이 주로 공중으로부터 투하되는 "미국 폭탄"의 가공할 위력과 민중의 일상 파탄에 대해 "전세계 여성들"을 향해 읍소했다. 북한여성들은 미공군의 소이탄 공격이 "산비탈 오솔길에 있는 외딴집"에까지 이루어졌다고 주장했는데, 이는 2차대전 시기 무수한 폭격의 피해를 입었던 유럽인들 입장에서도 쉽사리 믿기 힘든 주장이었다. 독일과 일본에서 진행된 민간지역 폭격의 경우 대부분 도시

(cities and towns)를 중심으로 진행되었기 때문이다. 편지는 미공군에 의한 소이탄 대량폭격작전의 전개 시점과 방법에 대해 다음과 같이 설명했다.

북조선에 침범한 리승만 군대가 격파되어 퇴각하던 그때부터, 미국 간섭자들의 군대가 도처에서 실패에 실패를 거듭하던 그때로부터는 곧 미국 비행기들의 야만적 행동이 시작되었다. (…) 미국놈들과 리승만도배들은 당황망조하여 퇴각하면서 평화적 주민들을 무차별적으로 살해하고 있으며, 농촌부락들을 불사르고 있다. 우리들은 제일 높은 고개에 올라갔을 때 무서운 광경을 목격하였다. 인간이 이와 같은 잔인한 짓을 할 수 있으리라고는 아무도 상상하지 못할 것이다.

요컨대 북한여성들은 중국군 개입에 의해 유엔군이 퇴각하기 시작한 시점부터 "야만적 행동이 시작"되었고, 주민들에 대한 무차별적 살해와 방화가 본격화되었다고 주장했다. 이와 같은 소이탄 대량폭격의 전개 시점과 방식에 대한 주장은 4장 「지하의 아이들」에서 구체적으로 살펴보겠지만, 실제 당대 미공군의 작전방식과 매우 유사한 묘사였다.

북한여성들은 남북한 지역에서 전개된 미 지상군의 잔혹한 민간인 학살사건들에 대해서도 고발한다. 그리고 그 같은 학살사건의 대표적 예로서 남한의 추풍령과 영동군, 북한의 평안남도 사로리 등의 지역에서 발생한 사건들을 제시한다. 일단 여기서 흥미로운 점은 한국전쟁기 북한지역에서 발생한 대표적 집단학살사건인 '신천학살'이 거론조차 되지 않았다는 사실이다. 왜냐하면 신천학살사건은 한국전쟁기 미군이 자행한 가장 대표적인 민간인 집단학살사건으로 현 북한정권에 의해

'주장'되고 있을 뿐만 아니라, 이 책에서 살펴볼 국제여맹의 조사보고서에서도 미군에 의해 자행된 대표적 집단학살사건으로 묘사되고 있기 때문이다. 반면에 1951년 1월 북한여성들의 호소문은 아직 신천학살사건에 대해 거론조차 하지 않고 있었다.

대신 북한여성들은 미군학살사건의 대표적 사례로서 아래의 세가지 사건을 제시했다. 첫째는 충청북도 영동군과 경상북도 김천시 사이의 추풍령에서 발생한 민간인 학살사건, 둘째는 영동군에서 발생한 200여명의 민간인 희생사건, 셋째는 평안남도의 작은 촌락 사로리에서 발생한 학살사건이었다. 영동군에서 발생한 사건에 대해서는 다음과 같이 묘사했다.

추풍령에서 멀지 않은 령동군락에서 우리들은 200명 이상의 녀학생들이 미국놈들에게 총살당한 곳을 발견하였다. 솔밭을 돌면서 흐르고 있는 조그마한 강언덕에는 아이들의 운동화가 무질서하게 흩어져 있었다. 우리들은 마치 원쑤놈들의 총탄에 쓰러져가는 소녀들을 목전에 보는 것만 같았으며, 그들의 신음소리와 원쑤에 대한 저주의 소리를 듣는 것만 같았다. 총살 뒤에 소녀들의 시체는 거두어졌으나 그들의 운동화는 이곳저곳의 풀 우에 그대로 흩어져 있었다.

아마도 오늘날의 많은 한국인들은 이 인용문을 읽으면서 한국전쟁기 미군에 의해 자행된 대표적 민간인 학살사건인 충북 영동군 노근리사건을 머릿속에 떠올렸을 것이다. '노근리사건'이란 한국전쟁이 발발하고 한달 정도 지난 시점인 1950년 7월 26일부터 7월 29일까지 충북 영동군 황간면 노근리 일대에서 피란길에 나선 한국 민간인 수백명이 미공군 전폭기의 폭격과 미 지상군의 사격에 의해 무고하게 사망 또는 부상당한 일련의 사건을 말한다. 노근리사건의 피해 규모는 미공군의 폭격과 기총소사, 쌍굴다리 안팎에서의 미 지상군의 사격 등에 의해 사망자만 400여명에 달하는 것으로 추정되고 있다. 쌍굴다리에서 희생된 대부분의 사람들은 노약자와 어린이들이었다.[10]

그런데 노근리사건은 1950년 7~8월 충북 영동군 일대에서 발생했던 다수의 피란민 학살사건의 일부에 불과했다는 사실에 주목할 필요가 있다. 이 시기 영동군 일대에서 다수의 피란민 총격사건이 발생했다는 사실은 이미 대한민국과 미국정부의 광범한 조사를 통해 명백한 사실로 입증된 상태이다. 2001년 1월 당시 미국 대통령이었던 빌 클린턴(Bill Clinton)은 공식적 유감 표명을 통해 학살 사실을 인정하기도 했다.[11] 즉 추풍령(충북 영동군 인접)과 영동군에서 발생했다는 미군의 학살 행위에 대한 조선민주여성동맹의 주장은 허무맹랑한 것이 아닐 가능성이 높다고 볼 수 있다.

게다가 굳이 평안도 사로리라는 작은 마을에서 발생한 학살사건을 거론한 것 또한 의미심장하다. 그 살인이 우발적이든 의도적이든 실제 이 마을에서 미군에 의한 민간인 살인사건이 발생했을 가능성을 쉽게 배제할 수는 없을 것 같다. 훗날 미군에 의해 수만명이 희생됐다고 주장되는 신천학살사건이 이 시점에서는 아직 거론조차 되지 않았다는 점에서 더욱 그러하다.

또한 북한여성들은 미군에 의한 여성 성폭력에 대해 고발하는 듯한 문장을 편지의 중간에 다음과 같이 추가했다.

우리들은 미국놈들과 그들의 조선고용자들에게 능욕당한 우리 자매들의 신음소리와 저주의 소리를 듣는다. 그들 중에서 많은 자들은 모욕을 참지 못하여 원쑤에 대한 증오를 품은 채 자결을 하고 말았다.

북한여성들은 "미국놈들"과 "조선고용자들"에게 "능욕당한" 북한여성들의 고통에 대해 호소했다. 우리는 인류 역사의 수많은 전장에서 여성을 향한 성폭력이 매우 빈번하게 발생했다는 사실을 잘 알고 있다. 그리고 무자비한 성폭력을 당한 여성들이 그 수치심을 참지 못하고 자살한 사례들 또한 많았다. 예컨대 2차대전 말기 독일 베를린 전투기간 중에만 13만여명의 여성들이 성폭행을 당했고, 그중 약 10퍼센트에 달하는 여성들이 지속적 폭력과 수치심을 견디지 못하고 자살하고 말았다.[12] 한국전쟁기의 여성들 또한 이 같은 불행한 현실로부터 결코 자유로울 수 없었을 것이다.

북한여성들은 이와 같은 자신들의 고난에 대한 서술과 함께, 자신들에 대한 지지와 원조를 직접적으로 호소했다. 그녀들은 "우리 인민에 대한 당신들의 우호와 지지에 대하여 뜨거운 사의"를 표한다고 말함과 동시에, "우리 인민을 앞으로도 백방으로 원조하며 지지"해줄 것을 당부했다. 그녀들의 「전세계 녀성들에게 보내는 편지」는 자신들의 고난에 대한 묘사이자, 원조에 대한 직접적 호소였다.

이렇듯 애초 1951년 1월 조선민주여성동맹의 편지는 그 수신인이 '국제민주여성연맹'으로 특정되어 있지 않았고, 그 내용적 측면에서도 '조사단' 파견은 거론조차 되지 않았다. 그러나 아마도 조선여맹의 지도자들은 이 편지에 현실적으로 반응할 유일한 국제단체가 국제민주여성연맹이라는 사실에 대해서는 분명히 인지하고 있었을 것이다. 왜냐하면 1951년 당시 국제민주여성연맹만이 반식민주의와 반인종주의라

2-2. 폭격으로 폐허가 된 집터를 바라보며 울부짖는 북한여성

는 테제하에 아시아와 아프리카 여성들의 목소리까지 진지하게 경청한 사실상의 유일한 국제여성조직이었기 때문이다. 게다가 1951년 1월 국제여맹 본부가 자리잡고 있던 프랑스 빠리에서는 자국 군대의 베트남 침공에 반대하는 프랑스 여성들의 반전·반식민주의 캠페인이 대대적으로 전개되고 있었다. 냉전 초기 시점이었던 1951년, '철의 장막'(iron curtain)을 넘어선 좌파적 여성주의 국제평화연대의 형성은 결코 실현 불가능한 목표는 아니었다.

전후 유럽의 '반파시즘'과 국제민주여성연맹

1945년 11월 26일, 40개국 850여명의 여성들이 국제여성대회 (International Congress of Women)에 참석하기 위해 프랑스 빠리의 상호공제조합회관(Palais de la Mutualité)에 모여들었다. 이들은 세계 40개국에서 개별적으로 활동하고 있던 상이한 여성단체들을 대표한 여성들로서, 그 산하 회원의 수를 전부 합하면 약 8100만명에 이르는 대규모 여성들을 대표하고 있었다. 이들은 1945년 12월 1일 빠리 동계 경륜장 (Vélodrome d'Hiver)에서 진행된 회의를 마지막으로 약 일주일간에 걸친 국제여성대회를 성황리에 마쳤다. 그리고 대회의 가장 중요한 성과로서 국제민주여성연맹(Women's International Democratic Federation, WIDF)을 창설할 수 있었다.[13]

국제여맹 설립 회의는 고조된 분위기 속에서 성공적으로 마무리되었다. 미국 국적의 흑인 여성 셸마 데일(Thelma Dale)은 그 존재 자체로 국제여맹 창립 회의의 분위기를 상징적으로 대변했다. 데일은 미국의 남부흑인청년회의(Southern Negro Youth Congress)를 대표하여 국제여맹 창립 회의에 참석한 여성이었다. 그런데 여전히 인종차별이 만연했던 1940년대 중반에 미국 흑인단체의 여성 대표가 유럽의 국제회의에 초청되는 일은 극히 보기 드문 일이었다. 데일은 이날의 회의 참석을 "흥분되고 신나는 경험"(exhilarating experience)으로 묘사했다. 그녀는 고향에서의 차별적 일상과는 너무나도 달랐던 진보적 백인 여성들과의 수평적 교류에 감복했다. 데일은 세계 수백명의 여성들에게 미국 흑인 여성들의 고통에 대해 피력할 기회를 가졌고, 이 공유와 연대의 경험을 인생 최고의 아름다운 기억들 중 하나로 간직한 채 고향으로 돌아갈 수

2-3. 1945년 국제민주여성연맹 창립 회의 마지막 날의 모습. 우측 상단의 여성은 초대 의장 외제니 꼬똥이다.

있었다.[14]

국제여맹 창립으로 이어진 1945년 11월 빠리 회의는 프랑스민주여성동맹(Union des Femmes Françaises)에 의해 준비된 행사였다. 프랑스민주여성동맹은 1945년 6월 '반파시스트' 투쟁 경력을 지닌 여성들을 중심으로 1차대회를 개최하고, 국제여성대회를 추진할 준비위원회를 소집했다. 이후 불과 반년 만에 자신의 초청에 응한 40개국 단체 대표들을 중심으로 국제여맹을 조직할 수 있었다.[15]

세계 곳곳의 다양한 인종과 계급의 여성들은 잔혹했던 2차세계대전을 견뎌내면서 '전쟁'과 '파시즘'이 여성과 아이들의 일상을 얼마나 철저하게 파괴할 수 있는지 생생하게 체험했다. 이 같은 체험은 '평화'와 '반파시즘'의 성취를 향한 당대 여성들의 절박한 열망을 불러일으켰고, 결국 이 열망과 의지가 1945년 11월 대규모 국제여성대회의 개최를 가능케 했다. 1945년 11월은 아직 세계적 규모의 냉전적 갈등이 본격화되기 이전의 시점이었고, 당시 스페인 프랑꼬 정부(1939~75년 스페인 집권 정

2-4. 1945년 국제민주여성연맹 창립 회의의 영국 대표단

부)의 사례에서 볼 수 있는 것처럼 유럽의 주요 국가들에서조차 파시즘
이 완전히 종식되지 않은 시점이었다. 파시즘은 결코 전후 유럽에서 지
나간 과거의 망령이 아니었다.

국제여맹은 이내 전후 여성운동에서 가장 강력한 존재 중 하나로 급
부상할 수 있었다. 심지어 1949년 미국 내의 페미니스트들조차 국제여
맹이 "이제껏 세계가 보아온 그 어느 조직보다도 단연 대단한 여성조직
(the most tremendous women's organization)으로 성장했다"고 평가하
고 있었다.[16] 국제여맹 자료를 가장 광범하게 조사하여 이 분야 최고의
연구자로 평가되고 있는 프란시스카 더한(Francisca de Haan)의 표현
에 의하면, "국제여맹은 1945년 이후 가장 크고, 아마도 가장 영향력 있
는 국제여성단체"였다.[17] 1951년 외제니 꼬똥(Eugénie Cotton)의 주장
에 의하면, 국제여맹은 전세계 9100만 여성들을 대변하는 대규모 조직
으로 성장해 있었다.[18]

더한은 국제여맹과 관련된 수많은 자료와 사건들에 대한 검토 끝에
이 조직을 "진보적 '좌파 여성주의' 국제 우산조직"(a progressive 'left-

feminist' international umbrella organization)으로 규정했다. 우산조직
이란 테마별, 전문영역별, 지역별로 함께 소속된 하위조직들을 거느린
하나의 상위조직을 일컫는다. 즉 국제여맹은 세계 곳곳에 산재해 있는
여성단체들 중에서 진보적 좌파 여성주의에 공명하는 단체들을 전반적
으로 아우르고 연결하는 상위의 지붕조직이었던 것이다. 이 진보적 좌
파조직의 핵심 주장은 평화, 여성의 권리, 반파시즘, 반식민주의, 반인
종주의 등으로서, 기존 여성운동의 주요 흐름이나 당대의 대표적 국제
여성단체들과는 꽤나 상이한 주장들을 전면에 내세우고 있었다.[19]

인류 역사 속에서 여성들은 억압적 현실에 어떤 방식으로든 꾸준히
저항해왔지만, 그들 전체의 해방을 목표로 조직적으로 투쟁하기 시작
한 것은 19세기에 이르러서였다. 19세기 초까지 선거권·피선거권은 물
론이고 공직에 참여할 수도 없었던 유럽 여성들이 스스로의 열악한 상
황에 대해 자각할 수 있었던 배경에는 당대를 풍미했던 계몽사상과 자
유주의 사조가 존재했다. 19세기 자유주의 사상의 대표적 이론가인 밀
(J. S. Mill)은 저서『여성의 예속』(The Subjection of Women, 1869)을 통해
여성의 동등한 시민권 획득, 직업기회의 개방, 직업을 위한 자질훈련과
교육 등을 여성해방의 기본 조건으로 주장했다.[20] 이후 실제 19세기의
자유주의 여권운동은 교육권과 재산권, 그리고 궁극적으로는 참정권의
획득을 가장 중요한 목표로 삼고 투쟁을 지속해갔다.[21]

1945년 이후 국제여맹과 더불어 가장 유력한 국제여성단체였던 세계
여성단체협의회(International Council of Women, ICW)와 국제여성동
맹(International Alliance of Women, IAW)은 이와 같은 '자유주의 여
성운동사'의 흐름 속에 위치했다. 세계여성단체협의회(ICW)는 1888년
미국 워싱턴에서 창설된 오랜 역사의 여성단체로서, 원래는 국제참정

58

권협회의 수립을 목표로 삼았지만, 현실에서는 보다 넓고 덜 과격한 의제를 내세운 여성단체였다. 이 단체는 모든 분야에서의 남녀평등을 주장했지만, "여성의 첫번째 임무는 가정에 있다"는 보수적 신념을 고수한 단체였다.[22] 1904년 수립된 국제여성동맹(IAW)은 세계여성단체협의회보다 다소 진보적인 성격을 지니긴 했지만, 1920년 유럽의 많은 국가들이 여성참정권을 인정한 후에는 세계여성단체협의회와의 차별성이 크게 줄어들었다.[23]

한편 19세기 유럽 대부분의 국가에서 중산층 여성들의 여성노동자에 대한 몰이해와 노동계급에 대한 공포는 양자 사이의 계급적인 화해를 불가능하게 했고, 결국 새로운 여성운동의 태동을 불러왔다. 19세기 유럽 사회주의자들의 사상에 영향을 받은 이른바 '사회주의 여성운동'이 탄생한 것이다.

사회주의 여성운동은 엥겔스(F. Engels)의 『가족, 사유재산 그리고 국가의 기원』(1844)이나, 독일사회민주당 지도자였던 베벨(A. Bebel)의 『여성과 사회주의』(1879) 등의 영향을 받은 것으로 알려져 있다. 독일사회민주당은 사회주의 여성운동의 기초를 형성한 것으로 평가되는 클라라 체트킨(Clara Zetkin)을 중심으로 제국의회 최초의 여성 선거권 확보 캠페인을 전개했고, 여성노동자의 동일노동 동일임금을 요구하기도 했다. 체트킨은 아들들을 가사노동에 참여시키고 딸들을 '여성적 역할'에 한정하지 않는 방향으로 양육하기, 낙태에 대한 형법조항 비판, 피임의 유용성 등과 같은 당대로는 상당히 급진적인 주장들을 전개했다.[24]

체트킨과 같은 사회주의 여성운동 세력은 맑스주의의 국제주의적 이상을 여성운동에서도 실현하기 위해 1907년 사회주의 여성 인터내셔널을 수립하기도 했다. 창립대회의 핵심적 결의사항은 여성의 선거권 확보를 위한 운동과 부르주아 여성들과의 타협 없는 투쟁이었다. 20세기 초 사회주의 여성 인터내셔널의 목표와 활동방식은 상당히 투쟁적이고 계급적인 성향이 강했음을 확인할 수 있다.[25]

1945년 국제여맹의 핵심 주장인 반파시즘, 반식민주의, 반인종주의 등의 내용은 앞에서 살펴본 20세기 초 자유주의 여성운동은 물론 사회주의 여성운동의 이상과 목표에도 존재하지 않았다. 앞서 국제여맹이 기존 여성운동의 주요 흐름이나 당대의 대표적 국제여성단체들과는 꽤나 상이한 주장들을 전면에 내세웠다고 말한 이유가 여기에 있다. 국제여맹은 진보적 좌파 여성주의 국제 우산조직으로서, 기존 여성운동에서 사실상 배제되어 있던 아시아·아프리카·남미지역의 여성들이나 서구사회 내의 비(非)백인 여성들까지 적극적으로 포용했던 것이다. 이같은 개방성과 다양성은 그 조직의 핵심 구성원, 운영방식, 주요 활동을 통해서도 쉽게 확인할 수 있다.

더한은 국제여맹 회원단체들의 가장 중요한 특징을 '다양성' (diversity)이라고 단언한다. 국제여맹 회원단체들의 상당수는 이미 국제여맹 설립 이전부터 존재했던 단체들이었던 반면에, 온전히 국제여맹 지부로서 자신의 역할을 수행하기 위해 새롭게 형성된 여성단체들도 있었다. 이 회원단체들은 일반적으로 진보적 성격을 지닌 여성조직으로서, 그 자체로 이미 많은 지방지부와 개인회원들을 수용하고 있었다. 이를테면 국제여맹의 미국 지부인 미국여성의회(Congress of American Women)는 1947년경 25만명의 대규모 여성들을 회원으로 수용하고 있었고, 덴마크 지부인 덴마크민주여성연맹(Danmarks Demokratiske Kvindeforbund)은 코펜하겐에만 25개의 하위지부를 거느리고 있었다. 이 수많은 국제여맹 지방지부들은 그 성격도 매우 다양하여, 어떤 단체는 자기 나라의 공산당과 직접적으로 연계활동을 펼치는가 하면, 어떤 단체들은 소련이나 공산당과 완전히 무관한 독자적 활동을 추구하기도 했다. 국제여맹 회원 국가의 수는 1945년 40개국에서 1958년 70개국, 1985년 117개국으로 지속적으로 확대되었다. 이 같은 회원국의 확장은 1950년대 이후 아시아·아프리카 국가들의 독립 양상을 직접적으로 반영한 것이었다.[26]

국제여맹의 대표적인 리더들 또한 스스로를 '공산주의자'로 규정하지 않는 여성들이 많이 포함되어 있었다. 스웨덴의 유명한 물리학자로서 국제여맹 평의회 위원이자 부위원장까지 역임한 엘레노어 안드레아 안드렌(Ellenor Andrea Andreen), 국제여맹 부위원장을 지낸 이집트의 케자 나바라우이(Ceza Nabaraouy), 국제여맹 유엔 대표를 지낸 영국인 도라 러셀(Dora Russell, 버트런드 러셀Bertrand Russell의 부인), 1945년 유엔 설립 당시 젠더 문제를 유엔헌장의 차별금지(non-discrimination) 조항에 포함시키는 데 결정적 역할을 했던 제시 스트리트(Jessie Street) 등이 그 대표적 예이다. 이들은 모두 국제여맹의 대표적 리더격의 인물로서 공산당원도 아니었고, 스스로를 공산주의자로 규정하지도 않았다. 이들 중 일부 여성들은 자유주의적 여성운동에서도 중요한 역할을 수행했다.[27]

국제여맹의 주요 구성원들은 공산주의보다는 오히려 '반파시즘'이라는 측면에서 광범위한 공통점을 지니고 있었다. 1933년 독일에서 히틀러가 수상에 임명되고 유럽에서 파시즘의 위협이 증가하자, 수많은 자유주의적·사회주의적 페미니스트들이 반파시스트 활동에 동참하게 되었다. 이들은 인종주의적이고 성차별적이며 폭력적인 파시즘의 성격에 대한 자각 속에서 반파시스트 활동에 참여하고 있었다. 특히 국제여맹의 지도그룹을 형성한 여성들은 전간기(戰間期)의 파시즘 부상과 스페인 내전 등에 의해 정치화된 여성 지식인, 과학자, 예술가, 운동가 등이 주를 이루었고, 나치 점령기간 동안 망명이나 감금을 경험했던 이들이 다수를 형성했다.

국제여맹 사무총장(secretary-general)을 지낸 마리끌로드 바양꾸뛰리에(Marie-Claude Vaillant-Couturier)는 아우슈비츠 수용소와 라벤스브뤼크 수용소에서 살아남은 생존자로서 1946년 뉘른베르크 재판에서 나치의 전쟁범죄에 대해 증언한 것으로 잘 알려져 있다.[28] 전간기 평화와자유를위한여성국제연맹(Women's International League for Peace and Freedom, WILPF)의 프랑스 지부 대표를 지낸 가브리엘 뒤셴(Gabrielle Duchêne) 또한 국제여맹의 여성권리위원회(Commission for the Rights of Women) 위원으로서 적극적으로 활약했다. 1935년 노벨상 수상자이자 1936년 프랑스 인민전선 정부의 과학부 차관을 지낸 이렌 졸리오뀌리(Irène Joliot-Curie), 그리고 같은 정부의 국가교육부 차관을 지낸 세실 브룅스비크(Cécile Brunschvicg) 또한 국제여맹에서 적극적으로 활약했던 회원이다. 1945년 영국 대표로 국제여맹 창립대회에서 연설을 했던 엘리자베스 앨런(Elizabeth Acland Allen)은 반파시즘과 평화를 전면에 내세웠던 1936년 브뤼셀 만국평화대회(Brussels Peace Congress)의 발기인이었다. 물론 이 여성들 외에도 국제여맹의 중요 회원으로서 전간기 반파시스트 활동에서 두드러진 활약을 한 여성들의 사례는 매우 많았다.[29]

국제여맹 주요 구성원의 반파시스트 경력은 응당 전후 국제여맹의 반파시즘 활동에 직접적으로 영향을 주었다. 스페인 프랑꼬 정부에 대한 반대활동은 그 대표적 사례이다. 잘 알려져 있는 것처럼 스페인의 프랑꼬 세력은 1936년 합법적 선거를 통해 수립된 인민전선 정부와의 내전 끝에 1939년 일당독재의 파시즘 국가를 수립했고, 1975년 11월 프랑꼬 사망 시기까지 스페인을 지배했다. 이에 반파시즘을 전면에 내세웠던 국제여맹은 그 설립 초기부터 프랑꼬 정부에 대한 반대를 공식적으로 천명했고, 프랑꼬 반대세력과 효율적으로 연대했다. 특히 프랑스로 망명한 스페인의 반파시스트들은 국제여맹 설립 초기부터 매우 적극적인 회원으로서 돋보이는 활약을 펼쳤다.[30]

국제여맹은 스페인 반파시스트 여성동맹(Unión de Mujeres Antifascistas Españolas, UMAE)과 함께 스페인 반파시스트 운동가들에 대한 사형 언도를 비난하면서, 스페인 여성들과 함께 사면청원운동을 벌였다. 1947년에는 스페인 형무소 수형자들에 대한 고문과 학대를 방지하기 위한 조사단을 꾸리는 과정에서 국제법률전문가들과 협력하기도 했다. 역사학자 메르세데스 로드리고(Mercedes Yusta Rodrigo)는, "국제여맹이 (…) 그 리더들의 명성과 좋은 정치적 관계 덕분에 스페인 반파시스트 여성동맹의 여성들보다 진일보한 성취를 달성할 수 있었다"고 평가했다.[31] 국제여맹의 반파시즘은 단순한 정치구호가 아니라, 당대 유럽의 사회·문화적 기반을 순식간에 허물어버렸던 반평화적 사상에 대한 적대감의 표시이자, 전후에도 여성들의 일상에 위협을 가했던 현실 정치권력에 대한 실질적 저항의 논리였다.

국제여맹의 '반식민주의'와 제3세계 현지조사 활동

반파시즘의 논리는 국제여맹 창립대회를 주도한 프랑스 좌파 여성들을 비롯한 대부분의 세계 진보적 여성들에게 중요한 가치로 공유되었다. 대회에 참석했던 아시아와 아프리카 여성들도 이를 부정하지는 않았다. 알제리 대표 리즈 오뀔리(Lise Oculi)는 2차세계대전 이후 프랑스 식민통치하에서의 알제리 여성들의 계속투쟁에 대해 다음과 같이 발언했다.

> 오늘날 우리는 우리 국가에서 파시즘에 저항하는 싸움을 계속하고 있다. (⋯) 알제리 여성들은 자신의 해방을 위한 거대한 발걸음을 내디뎠다. 그들은 자신의 해방이 파시즘 청산투쟁과 불가분하게 연결되어 있다는 사실을 잘 알고 있다.[32]

이렇듯 오뀔리는 유럽의 반파시즘에 대해 기본적으로 동조하는 견해를 제시했다. 그러나 그녀는 알제리 여성의 해방투쟁이 파시즘 청산투쟁과 "연결되어 있다"(linked)고 표현함으로써, 반파시스트 투쟁이 자신들의 최우선 목표는 아니라는 사실을 간접적으로 드러냈다. 오뀔리를 포함한 아시아·아프리카 대표들은 '유럽의 반파시즘'이 자신들의 핵심적 목표를 충분히 포괄하지 못한다고 인식했던 것이다. 대신에 당대 아시아·아프리카 여성 대표들의 상당수는 '반식민주의' 논리를 여성해방과 연대의 중추적 요소 중 하나로 수용하고 있었다.

아시아·아프리카 여성들은 국제여맹 창립대회에서 발표된 초대 의장 외제니 꼬똥의 개회사 내용에서부터 비판적 문제의식을 드러내기 시작했다. 이들은 꽤나 상이한 관점에서 유럽 여성들의 반파시즘 인식을 조망했다. 프랑스 과학자이자 여성운동가인 꼬똥은 개회사를 통해, "모든 국가에서의 파시즘 청산과 민주주의의 보장이라는 핵심적 프로

그램의 수행을 위해 세계 여성들의 활동을 조직해내는 것"이 국제여맹 창립대회의 목적이라고 천명했다.[33] 반면에 아시아·아프리카 여성 대표들은 파시즘 청산의 중요성에 대해 반대하는 입장은 아니지만, 파시즘을 식민주의의 관점에서 재해석해내야만 한다고 생각하고 있었다. 세계대전이 끝난 후에도 아시아·아프리카 지역에서는 크고 작은 무력충돌이 여전히 지속되고 있었다. 그리고 이 무력충돌의 배후에는 파시즘보다는 식민주의가 훨씬 더 중요하게 영향을 미치고 있었다.

이를테면 1945년 무렵 아프리카는 이집트, 에티오피아, 라이베리아, 남아프리카공화국을 제외하고 대륙 전체가 식민지 영토들로 구성되어 있었다. 1945년 당시 가장 전투적인 아프리카의 입장 표명이었던 범아프리카회의 선언만 하더라도, 제국주의에 대한 비난과 모든 종류의 자유에 대한 요구는 제시되어 있었지만, '독립'이라는 단어는 거론조차되지 않고 있었다. 1957년에 이르러서야 사하라 이남 최초로 가나가 아프리카 국가의 독립을 선포할 수 있었다.[34]

1945년경 아시아의 상황도 다를 바가 없었다. 한반도는 미국과 소련에 의해 군사점령되어 분할통치되었고, 중국대륙은 1946년부터 제2차 국공내전에 돌입했으며, 동남아시아의 여러 지역에서는 과거 식민지배자의 재집권을 거부하는 탈식민전쟁이 본격적으로 전개되고 있었다. 2차대전기 일본에 의해 손쉽게 장악된 말라야, 싱가포르, 버마(현재의 미얀마), 보르네오, 네덜란드령 동인도, 필리핀 등의 지역에서는 일본 패배 후 과거 식민통치로의 회귀가 아닌 '독립'을 갈망하는 모습이 두드러졌다.

특히 1930~40년대 식민당국의 강력한 탄압에 의해 힘을 쓰지 못했던 동남아 공산주의 운동이 게릴라 운동의 방식으로 반일본 활동을 주도했고, 전후에도 이 지역 독립운동의 강력한 주도세력으로 등장하게 되었다. 인도차이나공산당은 1941년 5월 베트민(Viet Minh)이라고 불린 '애국전선'을 구축했고, 필리핀에서는 공산세력 주도 아래 후크발라합(Hukbalahap)이라는 게릴라 운동이 조직되었으며, 말라야에서는 말라야반일인민군(Malayan People's Anti-Japanese Army)이 형성되었다. 인도네시아공산당(Partai Komunis Indonesia)도 일본 점령 말기에 조직을 재건할 수 있었다. 이들은 모두 1945년 이후 이 지역 탈식민전쟁에서 중요한 역할을 수행했다.[35]

이와 같은 동남아 정치환경의 급격한 변화 속에서, 1945~54년 프랑스 식민정권의 부활에 저항했던 베트남인들의 무력항쟁, 1945~50년 네덜란드 식민정권에 맞서 싸운 인도네시아인들의 탈식민전쟁이 지속되었다. 1945년경 아시아와 아프리카에서 탈식민주의는 이 지역민들의 핵심적인 사회적 과제일 수밖에 없었다. 따라서 이 지역 여성들은 아시아·아프리카의 문제의식을 온전히 포용하지 못했던 유럽 여성들의 '반파시즘' 논리에 일정한 불만을 품지 않을 수 없었다.

1945년 국제여맹 창립대회에서 아시아·아프리카 여성들은 자신들의 불만을 표출하는 데 있어서 주저함이 없었다. 이들은 "파시즘 청산과 민주주의 보장"만을 언급한 꼬똥 의장의 개회사에 만족할 수 없었다. 앞서 언급된 알제리 대표 리즈 오뀔리와 인도 대표 엘라 리드(Ela Reid)는 유럽인들의 저항논리로서의 반파시즘 개념에 의문을 제기한 대표적 여성들이었다. 이들은 당대 유럽 진보진영의 중요한 가정, 즉 반파시스트 운동은 유럽적 운동으로서 아직 인도와 같은 식민지에서는 충분한 지지를 얻지 못했다는 가정에 정면으로 맞섰다. 이들이 볼 때 유럽인들은 아시아·아프리카인들의 반파시스트적 열정까지도 식민주의적 관점

66

에서 억압해왔을 뿐이었다.

엘라 리드는 회의가 진행되는 동안에 다음과 같이 주장했다. "1939년 인도 인민의 대표들은 파시즘에 맞서 싸우기 위해 (영국으로부터) 자유재량권을 요구했지만, 이들에게 주어진 유일한 결과는 재판 없이 즉각적으로 감옥에 던져지는 것이었다. (…) 이들은 총동원에 적극적으로 동참하고자 했지만, 반대와 실패만을 경험할 수밖에 없었다."[36] 리드는 2차대전기 인도 국민회의(Congress Party) 좌파 의원들의 인도 자치정부 수립운동에 대해 언급하고 있었다. 이 운동은 연합국의 전쟁수행을 돕기 위해 인도 국민들을 효율적으로 동원하는 것을 주요 목적의 하나로 간주하고 있었다. 그러나 2차대전기 인도에서는 해당 지역민들의 반파시스트 운동조차 식민주의에 의해 쉽게 좌절될 수밖에 없었다. 식민주의는 파시즘을 압도하는 질곡으로 인도 국민들을 억압하고 있었다. 리드는 1945년의 회의 과정에서 식민지에서의 반파시스트 운동의 성격을 지속적으로 재규정해나갔다.

옷도 음식도 없이 우리 여성들은 여러분들도 알고 있는 여성들 몫의 투쟁에 직면해왔다. 우리는 세계 반파시스트 여성들의 보다 큰 몸통의 일부이다. 나의 벗들이여, 인도 사람들이 봉건적 시스템하에 살고 있다는 사실을 이해한다면 이들이 기여한 것의 가치에 대해 부인할 수 없을 것이다. 여성들은 억압과 학대를 받으며 살고 있다. 그럼에도 불구하고 농민들, 노동자들, 가정주부들, 지식인들은 적극적인 반제국주의자들이고 반파시스트들이다.[37]

리드는 아시아와 아프리카 지역의 특수성에 대해 강조했다. "몸통의 일부"라는 표현을 통해, 이 지역 여성들의 반식민주의가 결코 유럽 여성들의 반파시즘과 모순되지 않는다는 사실을 강조했다. 그리고 이 같은 아시아·아프리카 여성들의 호소는 회의장 내에서 즉각적이면서도 커다란 반향을 불러일으켰다. 국제여맹 지도부는 식민지 여성들의 반식민주의 여성운동과 연대를 한층 강화할 것은 물론, 제3세계 여성들의 실태를 조사하기 위한 활동에 즉각적으로 착수할 것을 결정했다.[38] 1951년 북한지역에서 진행된 것과 같은 현지조사 활동이 국제여맹 설립 초기부터 논의·전개되기 시작했던 것이다.

국제여맹은 그 활동 초기부터 남아메리카와 동남아시아 여성조직들과의 연계를 형성하고, 그곳 여성의 삶을 조사하기 위한 진상조사단(fact-finding mission)을 파견했다. 1946년 국제여맹의 첫번째 진상조사단이 아르헨띠나, 칠레, 브라질, 우루과이에 파견되어 현지 여성실태 조사와 그곳 여성운동가들과의 연대를 적극적으로 모색했다.[39] 그리고 이해에 개최된 국제여맹 평의회(council meeting)를 통해, 향후에 개최될 모든 평의회에서 반드시 식민지 여성의 삶의 문제와 인종차별의 젠더적 영향에 대해 논의할 것을 결의했다.[40] 표현 그대로 남아메리카·아시아·아프리카 여성의 목소리에 진지하게 '귀를 기울이기' 시작한 것이다. 이는 국제여맹 이전의 어떤 국제여성단체에서도 찾아볼 수 없는 중요한 역사적 변화였다.

1947년 국제여맹은 네덜란드, 프랑스, 영국의 식민통치하에 있었던 동남아시아 지역 여성들의 삶에 대해 조사하기 위한 진상조사단을 꾸렸다. 이들은 여성운동과 민족해방운동에 참여하고 있던 현지 여성들과의 적극적 연대도 모색했다. 애초 조사단은 1948년 2월부터 4월 사이에 영국 통치하의 인도, 말레이시아, 버마와 함께 네덜란드 지배하의 인

68

도네시아와 프랑스 지배하의 베트남 지역까지 돌아볼 예정이었다. 그러나 네덜란드와 프랑스 정부는 국제여맹 조사단에 대한 비자 발급을 거부했고, 결국 영국 지배하의 동남아 지역만 조사할 수 있었다.[41]

1951년 북한을 방문했던 국제여맹 현지조사단이 조사보고서를 발표했을 때, 미국은 국제여맹을 소련의 지시하에 움직이는 국제공산주의 조직으로 비난했고, 해당 보고서를 단순한 냉전의 선전물로 격하했다(이에 대해서는 마지막 장에서 자세히 다룰 예정이다). 그러나 이상에서 살펴본 것처럼 국제여맹은 단순한 공산주의 단체도 아니었고, 소련의 지시에 따라 꼭두각시처럼 움직이는 단체는 더더욱 아니었다. 국제여맹의 핵심 리더들 중에는 공산주의 활동과 무관한 사람들이 다수였고, '반식민주의' 모토 또한 회의에 참석했던 제3세계 대표들의 강력한 주장에 의해 조직의 가장 중요한 강령 중 하나로 수용되었음을 확인할 수 있다.

2차세계대전이 끝난 후에도 유럽에서 파시즘은 완전히 종식되지 않았고, 아시아·아프리카 지역에서는 여전히 식민주의가 살아 숨쉬고 있었다. 그리고 이 같은 상황은 응당 세계 곳곳의 수많은 여성들의 일상에 심대한 부정적 영향을 미치고 있었다. 국제여맹은 이렇듯 파시즘과 식민주의로 고통받는 여성들과의 연대를 공식적으로 천명했던 당대의 유일한 국제여성단체였다. 또한 국제여맹은 냉전이 본격화되기 이전 시점부터 스페인, 남아메리카, 동남아 등의 지역에 지속적으로 진상조사단을 파견했던 세계 유일의 국제여성단체이기도 했다. 1951년 국제여맹의 북한 현지조사단 파견 조치는 결코 이 단체의 역사와 무관한 일회성의 정치적 이벤트가 아니었음을 확인할 수 있다. 다시 한번 강조하건대, 한국전쟁이 발발한 냉전 초기 시점은 국제여맹의 투쟁 대상으로 천명된 파시즘, 식민주의, 인종주의 등이 여전히 세계 곳곳에서 약동하고 있던 시기였고, 국제여맹은 여성주의적 관점에서 이에 대한 저항을 천명한 당대 유일의 국제여성단체였던 것이다.

물론 냉전의 정치학에 의거하여 한국전쟁기 국제여맹이 '친미적이었느냐, 친소적이었느냐'고 이분법적으로 묻는다면, 그 답은 아마도 '친소적'이 될 수 있을 것이다. 1951년 국제여맹 본부가 빠리에서 동베를린으로 이동했다는 사실은 그 친소적 성향의 대표적 근거들 중 하나로 거론된다. 그러나 냉전 시기에 발생했던 수많은 사건들이 냉전정치학의 이분법에 의해 엉뚱하게 왜곡됐던 것과 마찬가지로, 국제여맹 본부의 동베를린 이동 또한 냉전의 색안경을 벗어버린 후에야 그 역사적 실체를 있는 그대로 바라볼 수 있다.

요컨대 국제여맹 본부가 빠리에서 동베를린으로 이동한 이유는 자발적 이동이 아닌 프랑스 정부에 의한 강제적 추방이었고, 그 추방의 이유 또한 국제여맹의 '친공산주의적'이거나 '친소련적' 성격 때문이 아니라, 프랑스 정부의 베트남 침공에 대한 저항이라는 '반식민주의적' 성격 때문이었다는 사실에 주목할 필요가 있다. 앞서 살펴보았듯이, 1948년 프랑스 정부는 국제여맹 조사단의 베트남 방문과 관련하여 비자 발급을 거부한 적이 있다. 이 시기 국제여맹은 프랑스 정부의 식민주의적 정책에 좌절하지 않고, 오히려 제3세계 여성들의 "자국의 독립을 위한 투쟁"과 정치적 연대를 강화하기 위해 최선을 다하고 있었다. 1948년 제2회 국제여맹 대회에서 「아시아와 아프리카 국가들의 민주적 여성운동의 발전」(Development of the Democratic Women's Movement in the Countries of Asia and Africa)이라는 결의안을 통과시킨 것은 그 대표적 사례였다.[42]

게다가 1951년 국제여맹은 프랑스의 베트남 침공을 강하게 비난하면서, 프랑스 어머니들에게 자식들을 전쟁터로 보내지 말라는 반전·반식민주의 캠페인을 대대적으로 벌였다. 그리고 이 같은 프랑스 여성들의 반전 캠페인은 결국 국제여맹 본부가 빠리에서 동베를린으로 이동하게 되는 직접적 원인으로 작용하였다. 프랑스 정부가 국제여맹에게 빠리에서 떠나줄 것을 직접적으로 요구했던 것이다.[43] 결국 국제여맹은 그 본부를 동베를린으로 옮기게 되었고, 이후 자연스럽게 인적·조직적으로 소련과의 친연성이 강화될 수밖에 없었다. 그리고 이는 미국과 서유럽 국가들이 국제여맹을 공산주의 단체로 공격하는 데 주요한 빌미로 작용하게 되었다. 공교롭게도 국제여맹은 베트남 여성들과의 연대 강화라는 반식민주의적 정책의 강행에 의해 그 조직의 역사적 뿌리인 서유럽으로부터 추방될 수밖에 없었고, 공산 진영의 선전조직에 불과하다는 비난으로부터도 자유로울 수 없는 곤궁한 형편으로 내몰리게 되었다.

3장
프라하에서 신의주까지

1951년 4월 28일 토요일, 펠턴의 여정이 본격적으로 시작되었다. 이해 4월의 마지막 10일 동안은 제법 따뜻한 편이었다.[1] 하지만 런던의 공기는 시민들의 건강에 직접적인 해를 끼칠 정도로 매우 악화된 상태였다. 이 날도 어김없이 건물들마다 뿜어대는 석탄난로의 매연이 런던 시내를 잿빛으로 물들이고 있었다. 이 악명 높은 회색 연기는 이듬해 12월 약 1만 명 이상의 런던 시민을 죽음으로 내몬 '그레이트 스모그' (The Great Smog of London) 사건의 주범이었다. 도시 재개발과 인구 분산은 시대적 과업일 수밖에 없었다.[2]

펠턴은 공항 벤치에 기대앉아 스티버니지와 런던의 운명에 대해 생각했다. 아시아 동쪽 끝의 전쟁터도 머릿속에 그려보았다. 머리가 지끈거리고 한숨이 절로 났다. 하지만 런던의 회색빛 하늘과는 확연히 다를 동유럽의 파란 하늘과 선명한 뭉게구름도 동시에 머릿속에 그려보았다. 펠턴의 감은 눈앞에 프라하의 푸른 하늘이 펼쳐지면서 잠시나마 그녀를 휘감은 공포와 긴장감이 씻겨 내려가는 것 같았다.

런던 인근의 노솔트(Northolt) 공항에는 국제여맹 소속의 네명의 여성들이 펠턴을 배웅하러 나와 있었다. 그들은 선물로 펜을 건네주었다.

철저하고 엄정한 현지조사를 당부하는 것 같았다. 펠턴의 옷깃에는 누군가 보내준 치자나무 가지가 꽂혀 있었다. 펠턴은 일년 내내 푸르름을 유지하는 치자나무의 생명력을 떠올리며 기꺼이 자신의 옷깃에 그 가지를 꽂아두었다. 하지만 배웅 나온 여성들은 철의 장막 건너편으로 떠나는 펠턴의 안위를 진심으로 걱정하는 듯했다. 펠턴은 근심 어린 그녀들의 눈을 통해 따스한 배려를 느낄 수 있었다.

펠턴은 약 3시간의 비행 이후 어스름한 저녁의 프라하 상공에 다다랐다. 어둑한 저녁 하늘에서 내려다본 프라하는 실망스럽게도 런던과 비슷해 보였다. 프라하 공항에는 작고 귀엽고 젊은 체코 여성이 펠턴을 마중 나와 있었다. 그녀의 경쾌한 웃음이 여행의 피로와 두려움을 씻어주는 듯했다.

"모니카 펠턴 씨죠? 저는 레기나(Regina)예요."

두꺼운 안경 너머 회색빛 눈동자가 열정으로 반짝였다. 그녀는 체코 여성단체의 평범한 회원이라고 자신을 소개했다.

"어제 꾸바 대표가 왔어요. 컨디션이 좋은 것 같지는 않지만…… 그녀는 정말 사랑스러운 여성이에요. 아마 두분이 서로 좋아하게 될 거예요."

레기나는 아스팔트 위의 작은 새처럼 빠른 걸음으로 종종거렸다. 펠턴은 새롭게 만나게 될 사람들, 이질적인 동유럽과 아시아의 문화, 불확실한 미래에 대한 공포와 기대가 자기 안에서 복잡하게 교차하는 것을 느꼈다. 그러나 잉글랜드 북부 탄광지대의 마초적 광부들 사이에서도 자신의 목소리를 견지하며 그곳의 문화에 적응해갔던 펠턴이 아니었던가. 그녀는 조용히 자신을 다독이며 땅거미가 내려앉은 프라하 공항을 뚜벅뚜벅 걸어나갔다.[3]

74

특별한 이력의 여성들

펠턴은 프라하의 호텔 로비에 도착하자마자 꾸바 대표를 만날 수 있었다. 그녀는 라운지 한가운데 소파에 앉아 있었는데, 누구나 주목하지 않을 수 없는 눈에 띄는 미모의 젊은 라틴계 여성이었다. 전형적 미인의 커다란 눈, 빛나는 검은 머릿결, 올리브톤의 건강한 피부, 강인한 인상의 아래턱, 그리고 어깨에 살짝 걸친 반짝이는 빨간색 트랜치코트에 이르기까지, 펠턴은 아바나(Havana)의 시가 광고 모델이 프라하에 방문한 것이 아닐까 하는 의문이 들 지경이었다.

꾸바 조사위원 깐델라리아 로드리게스(Candelaria Rodriguez)는 변호사였다. 펠턴은 그녀의 직업을 듣고 깜짝 놀라 잠시 멍하니 서 있었다. 펠턴의 눈에 비친 로드리게스는 태양이 작열하는 아바나의 해변에서 수영복 차림으로 누워 있거나, 맘보에 맞춰 춤추는 모습이 훨씬 더 어울리는 여성이었다. 펠턴은 놀라움과 의구심 속에서 마음속으로 혼자 읊조렸다. '하, 그런데 변호사라니……' 1950년대 유럽에서 꾸바 출신의 '여성 변호사'를 만나기란 실로 불가능에 가까운 일이었다.[4]

깐델라리아 로드리게스는 1928년 꾸바 아바나의 부르주아 거상의 딸로 태어났다. 그녀는 가톨릭 학교에서 초중등교육을 마치고, 1949년 만 21세의 어린 나이에 아바나대학교에서 법학 박사학위를 받은 수재였다. 이후 당대에 보기 드문 전문직 여성 변호사로 활동하다가 23세의 어린 나이에 한국전쟁기 북한행을 감행했던 것이다.[5] 1959년 혁명 이전의 꾸바에서 성공한 전문직 여성으로서 많은 것을 누릴 수 있었지만, 그녀 역시 펠턴처럼 보통사람들이 이해하기 힘든 기이한 용기를 내어 지구

정반대편의 전쟁터로 향하고 있었다.

"계속 비가 내리는 거예요. 비! 비! 비! 그리고 추위! 너무나 끔찍한 추위! 최악이었어요. 정말 최악의 추위였어요." 로드리게스는 벌써부터 아바나의 태양을 그리워하고 있었다. 그녀는 네덜란드를 경유하여 프라하에 도착했는데, 유럽의 춥고 습한 날씨에 심한 고통을 느끼고 있었다.

"하지만 내 조국은 너무나 따뜻하고 아름다워요. 아름다운 나라, 내 나라……." 펠턴은 20대 초반 라틴계 미녀의 투정과 향수병이 귀엽고 사랑스럽게 느껴졌다. 그녀는 벌써부터 로드리게스가 좋아지는 것을 느낄 수 있었다.

다음날(4월 29일, 일요일) 아침에 일어났을 때, 펠턴은 자신이 감기에 걸린 것을 확신했다. 바깥에는 아직 차가운 봄비가 내리고 있었다. 펠턴은 목욕을 하고 다시 잠자리에 들었다. 그리고 정오경이 되어서야 점심 식사 시간에 맞추어 아래층으로 내려갔다. 로드리게스가 먼저 자리를 잡고 있었는데, 어제와 같은 빨간 코트 아래 어제보다는 훨씬 두터운 스웨터를 껴입고 있었다. 그녀도 감기에 걸린 것이다. 시베리아와 중국을 지나 극동의 전쟁터 깊숙한 곳까지 가야 하는 두명의 조사위원이 그 시작 시점부터 감기를 앓고 있었다. "그래도 한국에 갈 거예요!" 로드리게스의 강한 아래턱이 단호한 의지를 내뿜었다.[6]

월요일 저녁에 이르러서야 또다른 조사위원들을 만날 수 있었다. 여전히 비가 오고 감기도 낫지 않았지만, 펠턴은 온종일 프라하의 신축 연립주택과 학교 등을 돌아보며 스티버니지와의 비교에 열중했다. 그녀의 몸은 극동을 향해 가고 있었지만, 마음만은 여전히 스티버니지에 머물러 있었다. 그 나름의 바쁜 일정을 마치고 호텔에 돌아왔을 때, 레기나가 두명의 새로운 조사위원들을 소개해주었다. 두 여성 모두 덴마크인이었다.

이다 바크만(Ida Bachmann)은 유럽 여행 중인 스마트한 미국 여성의 이미지를 갖고 있는 덴마크 여성이었다. 그녀는 자신의 지나온 시간들을 보여주는 은백색의 머리카락과 깊은 주름살을 지니고 있었지만, 분홍빛 볼과 슬림하면서도 꼿꼿한 몸매가 더욱 시선을 끄는 장년의 여성이었다. 그녀의 표정에는, "인생은 매우 심각한 비즈니스지만, 그 재미를 찾는 활동 또한 결코 포기하지 않겠다"는 진지

3-1. 이다 바크만

함과 짓궂음이 묘하게 섞여 있었다. 펠턴은 바크만의 옷차림과 태도가 『뉴요커』(*New Yorker*)지의 '버그도프 굿맨'(Bergdorf Goodman)[7] 페이지에서 갓 튀어나온 듯한 모습이었다고 묘사했는데, 실제 바크만은 미국과 무관한 인물이 아니었다.[8]

바크만은 2차세계대전 시기 미군 전쟁정보국(US Office of War Information)에서 활약했던 미군 장교 출신이었다. 그녀는 독일 점령 기간 동안에 미국으로 망명을 갔고, 그녀와 마찬가지로 미국으로 망명한 유명 덴마크 작가 카린 미샤엘리스(Karin Michaëlis)와 같은 집에 거주했던 것으로 알려져 있다.[9] 바크만은 미 전쟁정보국 덴마크부 최고지휘관으로서, 당대 여성으로는 매우 보기 드문 미군 고위급 장교인 대령(colonel)이었다. 스스로 망명하여 미군 고위급 장교까지 올라간 바크만은 두말할 나위 없이 완연한 친미주의자이자 자유주의자였다.

2000년에 설립된 덴마크 평화아카데미(Det Danske Fredsakademi) 또한 바크만의 정치적 성향을 "보수"(conservative)로 분류해놓은 사실을 확인할 수 있었다.[10] 바크만은 국제여맹 한국전쟁 조사위원회의 정치적 다양성을 보여주는 중요 인물이기도 했던 것이다. 북한행을 결정한 1951년에는 덴마크 내의 꽤 규모 있는 도서관의 도서관장 직임을 맡고 있었는데, 다른 조사위원들에게는 자신을 단순한 "사서"(librarian)라고 겸손하게 소개하기도 했다.

또다른 덴마크의 조사위원 카테 플레론(Kate Fleron)은 큰 키에 선명한 이목구비를 지닌 "상당한 미인"(quite a beauty, 펠턴의 표현)이었다. 1909년 6월생인 플레론은 당시 만 42세였지만 그보다는 더 젊고 건강해 보였다.[11] 버터 빛깔의 모자 아래 동그랗게 말려 있는 앞머리가 매우 인상적인 여성이었다. 당시 그녀는 『프리트 단마르크』(Frit Danmark, 자유 덴마크)라는 잡지의 편집장으로 재직하고 있었다. 『프리트 단마르크』는 독일군 점령시기 지하신문으로 시작했으며, 그 편집진에는 보수주의자들로부터 공산주의자들까지 다양한 정치적 성향의 인물들이 포함되어 있었다. 플레론 자신도 이 지하신문의 직원으로 일하면서 레지스탕스 활동을 본격적으로 전개했고, 1944년 9월에는 게슈타포에 체포되어 1945년 4월까지 프뢰슬레우 강제수용소(Frøslev Prison Camp)에 수감되기도 했다. 얼마 후 그녀는 『프리트 단마르크』의 편집장(editor-in-chief)의 직위에 올랐고, 해당 저널 편집장의 신분으로 북한행을 선택했던 것이다.[12]

플레론은 바크만과 마찬가지로 공산주의자도 사회주의자도 아니었다. 그녀 또한 바크만처럼 덴마크 평화아카데미에 의해 "보수"(conservative)로 분류되는 정치적 성향의 인물이었다.[13] 프라하에 도착하고 며칠 후 그녀는 북한으로 들어가는 외국인 여성들 중에서 유일하게 '조사위원'이 아닌 '독립적 참관인'(independent observer)으로 남기를 고집한 인물이기도 했다. 플레론은 어떤 정치적 목소리에 의해서도 영향받기를 거부했고, 최대한 엄정하게 북한의 상황을 취재하여 덴마크 사람들에게 알려주길 원했다. 실제 그녀는 덴마크로 돌아간 후 북한 현지 상황을

3-2. 카테 플레론

외부세계에 알리는 대표적 언론인으로서 매우 활발하게 활동했다.

다음날 프라하에는 이날 5월 1일의 대규모 메이데이 행사를 축하하듯 햇살이 눈부시게 내리쬐고 있었다. 수일에 걸친 비에 지쳐 있던 펠턴과 로드리게스에게는 더할 나위 없이 반가운 햇빛이었다. "완벽한 메이데이네요." 레기나가 소리치며 조사위원 모두를 호텔에서 가장 높은 창가로 인도했다. 행진이 진행될 벤체슬라스 광장(wenceslas square, 바츨라프 광장으로도 불림)이 한눈에 내려다보였다. 벤체슬라스 광장은 바츨라프 동상이 있는 곳으로부터 길이 약 700미터, 폭 약 60미터에 달하는 대규모 광장으로, 다양한 국가적 행사가 진행되는 역사적 공간이었다. 이날도 어김없이 8시도 안된 이른 아침부터 수많은 인파로 광장이 넘실대고 있었다.

펠턴, 로드리게스, 바크만, 플레론은 수많은 군중과 배너들을 넋 놓고 바라보다가, 3시간쯤 지났을 때 자신들도 그 행렬에 동참하기로 결심했다. 흰색 셔츠와 블라우스에 붉은색 타이를 두른 소년과 소녀들이 메이

데이 기념 기둥을 들고 그들 앞을 지나갔다. 무수히 많은 엠블럼을 든 공장노동자들도 눈에 띄었다. 얼마 후 전통복장을 한 농민들이 꽃과 평화의 비둘기를 들고 그들 앞을 지나갔다. 군인은 단 한명도 보이지 않았다. 오직 평화의 비둘기만이 모든 곳에 존재했다. 펠턴은 걷는 도중에 여덟살 정도로 보이는 어린 소년과 손을 잡고 걷게 되었다. 그 아이는 펠턴이 프라하에서 본 아이들 중에서 가장 남루한 복장을 하고 있었다. 그러나 아이의 눈에는 당당함이 서려 있었고, 어느 순간 홀연히 그녀들의 시야에서 사라졌다.[14]

며칠 만에 접한 따스한 햇살과 축제의 분위기가 일행의 기분을 들뜨게 했다. 그러나 하루빨리 목적지에 다다르고 싶은 그녀들의 조바심만은 어쩔 수 없었다. 그러나 다음날 아침 세명의 조사위원들이 추가로 도착하면서 이러한 조바심도 조금은 사그라들 수 있었다. 그 세 사람은 네덜란드의 변호사 트레이스 헤일리허르스(Trees Heyligers), 오스트리아의 언론인 에바 프리스터(Eva Priester), 그리고 벨기에의 생물학자인 제르맨 안네바르(Germaine Hannevart) 박사였다. 여기에 체코슬로바키아 대표로서 프라하에서 자연스럽게 합류한 밀루셰 스바토쇼바(Miluše Svatošová)까지 합하여 이제 조사위원의 수는 모두 여덟명으로 늘어나게 되었다.[15]

금발 머리에 안경을 쓴 트레이스 헤일리허르스는 해맑게 웃는 미소가 아름다운 북유럽 여성이었다. 그녀는 자신을 트레이스 수니토 헤일리허르스(Trees Sunito Heyligers)라고 소개했다. 놀랍게도 그녀는 네덜란드에서 인도네시아 민족해방운동을 이끌던 인도네시아 남성 수니토(Raden Mas Djojowirono Sunito)와 결혼한 여성 변호사였다. 식민지의 아시아인과 결혼한 백인 여성, 그것도 엘리트 여성 변호사라니. 일행은

3-3. 수니토와 헤일리허르스, 1945년 2월 15일의 결혼사진으로 추측된다.

놀라움 속에 헤일리허르스를 맞았다. 그녀가 네덜란드를 대표하여 아시아의 전쟁과 탈식민주의 문제와 관련된 현지조사를 떠나는 것은 매우 당연하게 느껴졌다.

수니토는 1920년대 네덜란드에 거주하는 인도네시아 학생들에 의해 수립된 '혁신 인도네시아'(Perhimpoenan Indonesia)의 핵심 지도자 중 한 명이었다. 혁신 인도네시아는 훗날 인도네시아 부통령이 되는 모하맛 하타(Mohammad Hatta), 총리가 되는 수탄 샤리르(Sutan Sjahrir) 등이 적극적으로 참여했던 독립운동 단체였다. 특히 수니토는 2차대전 시기 독일군 치하에서 이 단체의 리더로 활약하면서, 일본에 의한 인도네시아 내의 파시즘 확산을 막기 위해 네덜란드 레지스탕스 세력과 일시적으로 연대하기도 했던 인물이었다.[16] 그는 1931년 네덜란드 레이던 대학에 입학하여 법학을 전공했는데, 이곳에서 헤일리허르스를 처음

3-4. 에바 프리스터

만난 것으로 알려져 있다. 훗날 헤일리허르스와 수니토는 로펌의 직장동료로 재회하여 사랑을 키워나갈 수 있었다. 두 사람은 1945년 2월 15일에 결혼했고, 슬하에 딸 하나와 아들 둘을 두었다.[17]

에바 프리스터는 오스트리아공산당 기관지 『외스터라이히셴 폴크스슈티메』 (*Österreichischen Volksstimme*, 오스트리아 민중의 소리)에 재직하고 있던 41세의 여성기자였다. 그녀는 1910년 러시아 짜르 정권하의 뻬쩨르부르그에서 태어났다. 그녀의 가족은 1921년 내전의 고통으로부터 벗어나기 위해 독일 베를린으로 망명했다. 이후 프리스터는 23세 되던 1933년에 정치적 활동으로 인해 반역죄로 기소되었고, 1935년 나치의 독일 점령 직후 다시 프라하로 망명했다. 이곳에서 그녀는 오스트리아공산당과 최초로 인연을 맺었다. 전쟁이 끝난 후 에바 프리스터는 오스트리아공산당의 주간지 『보헤』(*Woche*, 주간)의 편집장으로 재직했고, 1949년부터 『외스터라이히셴 폴크스슈티메』에서 일하고 있었다. 그녀는 1943년 영국 런던의 대영박물관에 재직하면서 「오스트리아 약사」(short history of Austria)를 집필했던 역사학자이기도 했다.[18]

또다른 조사위원인 제르맨 안네바르는 1887년 벨기에 뢰즈앙에노(Leuze-en-Hainaut) 출생의 여성 생물학자였다. 그녀는 1907년 브뤼셀 자유대학교(Université Libre de Bruxelles)에 입학하여 1922년 같은 대학교에서 생물학 전공으로 박사학위를 받았고, 1946년까지 에밀 자끄맹 고등학교(lycée Emile Jacqmain)에서 생물학 교사로 일했다. 1951년 북한 방문 당시 63세의 고령의 여성 과학자였지만, 벨기에여학사협회(Fédération

belge des femmes universitaires)의 회장
으로서 여전히 벨기에 여성운동의 제일
선에서 일하고 있었다. 안네바르는 1차
세계대전 시기에 약혼자가 사망하는 아
픔을 겪었고, 이후 적극적인 평화운동
가로 변신했다고 알려져 있다. 당시에
도 전투적 페미니스트로 분류되었다.[19]

3-5. 젊은 시절의 제르맨 안네바르

　속속 도착하는 조사위원들마다 이렇
듯 범상치 않은 이력을 지닌 여성들이었다. 1951년이라는 시점에 이와
같이 특별한 이력을 지닌 세계 모든 대륙의 여성들이 국경을 넘어 한데
모였다는 사실만으로도 한국전쟁 조사위원회는 분명 주목할 만한 가치
가 있다. 이 여성 집단의 특별함에 대해서는 당시 조사위원들 스스로도
충분히 공감하고 있었을 것이다.

　다음날(5월 3일 목요일) 아침에는 나머지 조사위원들이 한꺼번에 도
착하고, 오후에는 조사단 전체가 지체 없이 모스끄바로 향할 예정이었
다. 모든 것이 순조롭게 진행되는 듯했다. 그러나 다음날 정오가 가까
울 무렵, 다른 조사위원들을 한꺼번에 태우고 빠리에서 출발할 예정이
었던 비행기가 다시 연착되었다는 소식이 전해졌다. 펠턴은 화가 머리
끝까지 솟구쳤다. '벌써 며칠째인가……' 펠턴은 마음속으로 분노했다.
그러나 자신의 화를 바깥으로 드러낼 수는 없었다. 레기나를 비롯한 현
지 호스트들은 프라하에 먼저 도착한 조사위원들을 성심으로 돌봐주고
있었다. 펠턴 일행은 그저 나머지 조사위원들이 하루빨리 무사히 도착
하기만을 바랄 수밖에 없었다.

나는 어떤 사전합의에도 반대한다

"하지만 여기에는 볼만한 것들이 아주 많이 있어요."

프라하 현지 호스트 중의 한명이 펠턴 일행을 위로하기 위해 조심스레 말을 건넸다. 그것은 틀린 말이 아니었다. 펠턴은 자연스럽게 리디체(Lidice)를 가장 먼저 떠올렸다.

원래 조그만 광산촌에 불과했던 리디체는 독일군 점령시기의 충격적인 사건으로 인해 전세계 평화운동가들의 주요 순례지 중 하나로 변화된 곳이었다. 펠턴 자신도 1947년에 리디체를 방문한 적이 있었다. 당시 리디체는 사막과 같은 흑갈색의 황량한 평야일 뿐이었다. 펠턴은 4년의 시간이 흐른 1951년 현재 리디체가 어떻게 변했을지 궁금했다. 덴마크 조사위원인 플레론과 바크만도 함께 가겠다고 말했다. 그렇게 세명의 조사위원이 전쟁기의 슬픔을 간직한 리디체를 방문하게 되었다.[20]

프라하 북서쪽 15킬로미터 떨어진 곳에 위치한 리디체는 1942년 나치 독일의 친위대(SS) 장교 라인하르트 하이드리히(Reinhard Heydrich) 암살과 관련하여 비극적 사건이 발생한 역사적 장소였다. 하이드리히는 골수 나치 분자로 히틀러와 하인리히 힘러(Heinrich Himmler)의 굳건한 신임을 받았던 인물이다. 그는 1939년 보안방첩대(SD)와 게슈타포가 통합된 국가보안본부(RSHA)의 초대 수장으로 임명되었고, 이후 히틀러의 정적 제거와 인종학살에서 핵심적 역할을 수행했다. 히틀러는 1941년 저항활동이 활발했던 체코지역의 안정화를 위해 하이드리히를 현지에 파견했다. 이에 하이드리히는 '프라하의 학살자' '금발의 야수' '사형집행인' 등의 별명으로 불리면서 극악한 공포정치를 현지에서 실시했다.

3-6. 파괴 전(위), 후(아래)의 리디체

1942년 5월 27일, 메르세데스 벤츠 컨버터블 차량의 지붕을 연 채 겁 없이 출근하고 있던 하이드리히는 연합군의 요제프 갑치크(Jozef Gabčík) 준위와 카렐 스보보다(Karel Svoboda) 하사의 기습공격을 받고 생을 마감했다. 히틀러는 아끼던 수하가 사망하자 처절한 복수를 지시했다. 약 1만 3000여명의 체코인이 체포되었고, 수많은 사람들이 수용소로 끌려가서 처형당했다.

나치의 광기는 여기서 멈추지 않았다. 1942년 6월 9일, 응징의 본보기로서 프라하 북서쪽의 작은 마을 리디체를 표현 그대로 세상에서 완전히 삭제해버리라고 명령했다. 6월 10일 마을의 남성 172명이 한꺼번에 총살되었고, 여성들은 모두 라벤스브뤼크 수용소로 이송되었다. 독일 혈통의 어린이들은 독일 전역에 분산시켜 이름을 고치고 독일인으로 양육되었다. 친위대는 학살과 강제수송을 끝낸 후 마을을 불 지르고

3-7. 현재까지 보존되어 있는 1950년대 리디체의 주택

모든 구조물을 폭파했다. 이들은 폭파 잔해까지 롤러로 단단하게 다진 후 흙을 두텁게 덮어서, 마을의 흔적을 완벽하게 지워버렸다. 히틀러는 연합군과 레지스탕스 세력에게 응징의 완벽한 본보기를 보여주고자 했고, 실제로 이후에는 연합군 내에서 하이드리히 암살과 같은 표적 사살 작전이 계획되지 않았다.[21]

펠턴에게 리디체는 또다른 의미로 다가오고 있었다. 리디체는 피털리와 같은 광산촌이었다. 1948~49년 잉글랜드 북부 광산촌의 변화를 주도했던 펠턴은 비극적 사건 이후 리디체라는 광산촌의 재건 과정이 궁금했다. 리디체의 비극이 발생한 지도 어언 9년이 지났고, 1947년 방문 당시 황량한 폐허에 불과했던 지역이 현재 어떤 방식으로 재건되었을지 궁금했던 것이다. 전쟁기 나치의 리디체 파괴 계획만큼이나, 전후 리디체 재건 계획은 세계 평화사(平和史)적 관점에서도 상당히 상징적인 의미를 지니고 있었다. 피털리와 같은 전세계 광산촌 주민들은 도시

재건을 위해 기부운동을 펼치기도 했다. 펠턴은 그 재건의 결과를 자신의 눈으로 확인하고 싶었다.

1947년 방문 때만 해도 리디체의 풍경은 풀 한포기 나무 한그루까지 베어버린 거친 불모의 평지에 불과했다. 나치는 리디체의 완벽한 삭제를 위해 언덕을 평평하게 깎고 계곡을 흙으로 메우는 수고까지 마다하지 않았다. 그러나 이제 이곳에는 새로운 생명들이 솟아나고 있었다. 새롭게 건설된 주택들의 창문에는 레이스 커튼이 달려 있고, 정원에는 드문드문 핀 봄꽃과 다양한 수종의 나무도 볼 수 있었다. 여린 연녹색 잎들이 5월의 햇살 속에서 싱그럽게 빛나고 있었다. 펠턴은 눈물이 날 것 같았다.

누군가가 펠턴 일행을 리디체 시장의 집무실로 안내해주었다. 시장은 키가 작고 어깨가 넓으며 얼굴은 햇빛에 그을린 쉰살가량의 중년 여성이었다. 그녀의 푸른 눈은 너무나 깊고 또렷해서 조각칼로 깊게 새겨놓은 듯한 인상마저 들었다. 그녀는 이 소도시가 겪었던 엄청난 불행에 대해 찬찬히 설명해주었다. 시장 자신도 강제수용소로 이송됐었고, 남편과 세 아이를 잃었다는 사실을 말해주었다. "제 아이들에게 어떤 일이 일어났는지 도저히 알 수 없었어요. 도무지 찾을 수 없었어요." 시장은 갈라지는 목소리를 진정시키려고 애쓰다가 이내 고개를 돌려 재빨리 눈물을 훔쳐냈다.

펠턴 일행은 더 많은 것들을 물어보고 싶었지만, 그녀의 상처를 들춰내는 것 같아서 더이상 구체적으로 캐묻지 않았다. 창밖의 어느 집 정원에서 뛰어놀던 두 아이들이 손님들을 향해 손을 흔들었다. 모두 환하게 웃고 있었다. 아이들을 보면서 시장이 말했다. "몇몇 사람들은 살아서 돌아올 수 있었죠. 그리고 그들 중 젊은 여성들은 다시 결혼하기도 했어요. 그들 자신을 위해 새로운 삶을 꾸려가기로 결심한 거죠."

리디체 곳곳을 돌아본 후 시장은 아시아의 전쟁터를 향해 가는 펠턴 일행에게 의미심장한 질문을 던졌다. "또 전쟁이 일어날까요?" 먼저 펠턴의 얼굴을 쳐다보았고, 이후 바크만과 플레론에게도 눈길을 주었다. 펠턴과 바크만이 말없이 고개를 끄덕였다. 펠턴 일행은 시장을 포함한 이곳 여성들의 아픈 상처만 들춰내는 것 같아서 죄책감마저 느꼈다. 그러나 그들에게 진부한 이야기나 헛된 희망을 주고 싶지는 않았다. 여성들은 그저 서로를 따스하게 안아줄 따름이었다. 펠턴과 바크만과 플레론은 그 따스한 포옹 속에서 그들만의 '특별한 우정' 같은 것이 자라나고 있음을 느낄 수 있었다.[22]

프라하의 호텔로 돌아왔을 때, 다행히도 이곳에서 합류할 예정이었던 나머지 조사위원들이 도착해 있었다. 그들은 간단한 기자회견을 진행하는 중이었다. 펠턴은 바크만과 플레론의 사이에 앉아서 다른 조사위원들의 국적을 추측해보았다. 가장 추측이 용이한 인물은 릴리 베히터(Lilly Wächter)와 힐데 칸(Hilde Cahn)이었다. 펠턴은 그녀들의 건장한 생김새를 통해 독일인일 것으로 추측했는데, 실제 그러했다. 힐데 칸은 동독 출신이었고, 릴리 베히터는 서독 출신이었다. 프랑스 조사위원 질레뜨 지글레르(Gilette Ziegler)는 큰 키에 날씬하고 우아한 외모의 소유자였는데, 누군가가 소설가이자 언론인이라고 귀띔해줬다. 그녀 곁에는 알제리 조사위원 아바시아 포딜(Abassia Fodil), 튀니지 조사위원 파트마 벤 슬리만(Fatma ben Sliman)이 앉아 있었다. 제국 프랑스와 그의 식민지인 알제리·튀니지 여성이 나란히 앉아 있는 모습은 기자들에게도 인상적이었을 것이다. 건너편 탁자에는 조사위원들 중에 가장 고령인 캐나다 조사위원 노라 로드(Nora Rodd)가 꼿꼿이 좌정해 있었다. 그녀는 은발의 긴 머리카락을 화관처럼 둥글게 땋아 두른 인상적인 헤어스타일을 하고 있었다.[23]

조사위원들은 한명씩 차례로 일어나 자신의 국적과 한국행의 이유에 대해 간략히 설명했다. 펠턴의 기록에는 직접적으로 제시되어 있지 않지만, 앞서 제시된 인물 외에 이딸리아 조사위원 엘리사베트 갈로(Elisabeth Gallo)와 아르헨띠나 조사위원 레오노르 아기아르 바스께스(Leonor Aguiar Vazquez)도 분명히 기자회견장에 함께 있었을 것이다.

서독 조사위원 릴리 베히터는 1899년 독일 카를스루에(Karlsruhe)에서 태어난 유대인 출신의 52세 중년 여성이었다. 그녀의 가족 대부분은 체코슬로바키아 테레진(Terezin) 수용소에서 사망했지만, 그녀는 독일 라슈타트(Rastatt)에 은신하여 살아남을 수 있었다.[24] 1951년 당시 베히터는 나치 박해로부터 살아남은 유대인 생존자이자 사회민주주의적 신념 ─ 그녀는 명백히 공산주의자는 아니었다 ─ 을 지닌 평범한 가정주부였다. 그녀의 사회활동이라고는 독일민주여성동맹(Demokratischer Frauenbund Deutschlands, DFD) 가입과 이 단체에서의 여성평화운동 참여가 전부였다. 그러나 전쟁기 파시즘의 직접적 박해를 받았고, 사민주의자로서 서독의 여성평화운동에 참여했다는 이력은 국제여맹의 관심을 받기에 충분했던 것으로 판단된다.[25]

동독 조사위원 힐데 칸은 앞서 제시된 국제여맹 사무총장 바양꾸뛰리에나 리디체의 여성들처럼 전쟁기에 라벤스브뤼크 수용소에 끌려가 고초를 겪었던 여성이었다. 칸은 베를린 태생의 독일인이었다. 그러나 1930년 폴란드 남성과 결혼한 후 독일 국적을 상실했다. 그녀는 1930년대에는 남편과 함께 스페인의 유대인 여단(旅團)에서 복무하기도 했으나, 이혼 직후 다시 폴란드 국적마저 상실하기도 했다. 2차대전기에는 라벤스브뤼크 수용소와 주데텐가우(Sudetengau) 노무사단에 강제수용되었으며, 전후에는 베를린으로 돌아와 나치스 피박해자 연맹 (Vereinigung der Verfolgten des Naziregimes, VVN)의 위원장으로 활약했다. 힐데 칸 또한 다른 조사위원들처럼 전쟁기의 피압박 혹은 반파시스트 경력을 지닌 인물이었음을 알 수 있다.[26]

펠턴이 날씬하고 우아한 미모의 소유자라고 묘사했던 프랑스 조사위원 질레뜨 지글레르는 1904년 프랑스 남부 니스에서 출생한 언론인이자 다수의 추리소설을 남긴 작가이기도 했다. 1927년 대학에서 고문서학을 전공하고, 2차대전기 프랑스 동남부 바스잘프(Basses-Alpes) 지역 레지스탕스 활동에 참여하여 지하신문인 『뜨니르』(Tenir)를 발간했다. 전쟁 이후에는 잡지 『외롭』(Europe)을 포함한 여러 언론에서 활약했다.[27]

기자회견장에서 지글레르 옆자리에 앉아 있던 아바시아 포딜은 알제리를 대표한 조사위원이었다. 알제리에서는 1945년에서 1947년 사이에 알제리여성조합(Union des femmes d'Algérie, UFA)과 알제리무슬림여성협회(l'Association des femmes musulmanes algériennes, AFMA)가 설립되었는데, 포딜은 알제리여성조합의 오랑(Oran) 지역 위원장을 맡고 있었다.

알제리여성조합은 1945년 알제리 세티프 지역의 프랑스 식민주의자들에 의한 알제리 민간인 대학살사건 직후 공산주의자들에 의해 수립된 여성단체였다. 나치 독일이 항복했던 1945년 5월 8일, 프랑스군은 알제리 독립을 요구하던 시위자들에게 발포해 수만명의 사망자를 발생시켰다.[28] 포딜은 이 대규모 학살에 저항하기 위해 수립된 좌파적 여성단

3-8. 1950년경 알제리 오랑 기차역의 아바시아 포딜(아래에서 두번째줄 가운데의 흰색 하이
크를 쓴 여성)

체의 핵심 리더를 맡고 있었던 것이다. 포딜은 1961년 프랑스 준군사조
직인 OAS(Organisation de l'armée secrète)에 의해 암살될 때까지 오랑
지역을 중심으로 전개된 여성운동에서 매우 선명한 발자취를 남긴 여
성으로 평가된다.[29]

한국전쟁 조사위원회 내에서 포딜과 많은 시간을 공유했을 것으로
예상되는 튀니지 조사위원 파트마 벤 슬리만에 대해서는 놀랍게도 어
떤 자료도 발견할 수 없었다. 포딜에 대해 언급하고 있는 프랑스어 책이
나 논문들은 여러편 찾아볼 수 있었지만, 아쉽게도 슬리만에 대해서는
작은 삶의 흔적조차 찾아낼 수 없었다. 프랑스어를 공유하는 지글레르,
포딜, 슬리만 등은 북한지역 현지조사 활동 과정에서 그들 나름의 중요
한 소그룹을 형성하게 된다.

캐나다 조사위원 노라 로드에 대해서도 남아 있는 자료들이 매우 적
다. 캐나다에서 출간된 여성운동 관련 서적이나 한국전쟁 관련 서적을

통해, 로드가 온타리오주 윈저(Windsor) 출신의 캐나다공산당원이라는 사실 정도만 확인할 수 있었다.[30] 이딸리아 조사위원 엘리사베트 갈로, 아르헨띠나 조사위원 레오노르 아기아르 바스께스 또한 그들의 성장배경이나 활동경력을 확인할 수 있는 자료를 찾아낼 수 없었다. 다만 이 두 여성의 경우, 이딸리아 서적과 아르헨띠나 아카이브 자료 등을 통해 자국으로 돌아간 후 한국전쟁과 관련하여 전개한 일부 개인적 행적만을 확인할 수 있을 뿐이었다. 이에 대해서는 이 책의 마지막 장에서 다룰 것이다.

기자들이 떠나자 조사위원들은 머뭇거림 없이 업무 관련 이야기로 돌입했다. 프라하에 늦게 도착한 이들의 조바심을 느낄 수 있었다. 이들은 심지어 호텔에서 대기하지 않고 외유를 나간 펠턴 일행을 원망하는 듯했다. 사실 이같은 소행은 비 오는 프라하에서 며칠 동안 한숨 속에 기다렸던 이들에 대한 꽤나 배려 없는 행실이었다.

"우선 위원장을 뽑는 것이 좋을 것 같아요." 누군가가 조사위원회의 리더 선출을 첫번째 안건으로 제안했다.

"저는 반대합니다. 우리가 서로를 어느 정도 알기 전에 의사결정권을 지닌 누군가를 선발하는 것은 잘못된 것 같아요." 펠턴이 반대하고 나섰다. 다른 여러 조사위원들도 펠턴의 의견에 동의했다. 그러나 펠턴의 견해는 다수결에서 밀리고 말았다.

곧바로 진행된 투표에서 최고령자인 캐나다 조사위원 노라 로드가 위원장에 선정되었다. 펠턴은 벌써부터 이 모임의 몇몇 사람들이 자신을 불편한 존재로 인식하고 있음을 직감했다. 그러잖아도 1950년 6월 말부터 미국 다음으로 많은 5만여명의 병력을 한반도로 보낸 국가가 펠턴의 조국인 영국이 아니었던가?

시간이 지나며 더욱 뜨거운 논쟁이 이어졌다. 일부 조사위원들은 "한국에서 보아야만 하는 것들"(the things we should see in Korea)에 대한 합의된 보고서를 준비하는 것의 중요성에 대해 말하기 시작했다. 펠턴은 이에 대해서도 가장 먼저 반대 의견을 제시했다. 그녀는 어떤 형식과 내용의 사전합의에도 동참하지 않겠다고 결심했다. 펠턴은 자신의 생각을 강경하게 표현했다.

"저는 조사위원회가 매우 폭넓고 상이한 정치적 견해를 지닌 여성들로 구성되어 있고, 따라서 우리는 심지어 사실의 해석에 있어서도 불일치할 수도 있다고 들었습니다."

오스트리아 공산당원이자 언론인인 에바 프리스터가 의자에서 벌떡 일어나며 큰 소리로 말했다. "보고서에 싸인할 준비가 되어 있지 않다면, 왜 한국행에 동의한 거죠?"

"저는 스스로 동의할 수 있다면 어떤 것에도 싸인할 준비가 되어 있어요. 그러나 저는 그 어떤 것에 대해, 그 어느 누구와도 합의를 보장해 줄 수는 없어요." 펠턴은 자신의 생각을 다시 한번 힘주어 말했다. 몇몇 다른 위원들도 펠턴과 같은 견해를 제시했다. 심지어 덴마크 대표이자 언론인인 카테 플레론은 여기서 한걸음 더 나아갔다.

"만약 제가 특정 형태의 공동문서에 싸인하게 된다면, 정치적 신념으로부터 자유로운 독립적 참관인(independent observer)으로서의 제 위상이 해를 입을 거예요."[31]

플레론이 어느 시점에 자신의 위상을 '독립적 참관인(옵서버)'으로 규정했는지는 확실히 알 수는 없다. 플레론이 직접 기록한 다수의 덴마크 자료에도 자신의 위상 정립 시점에 대한 언급은 없었다. 그러나 분명한 사실은 최소한 프라하 체류 시점, 혹은 북한행 선택 시점에 이미 자신을 옵서버로 규정짓고, 자기 나름의 독립적 취재 수행을 결심했다는 사실이다. 플레론은 실제 여러 조사위원들 중에서도 자신의 조국에 돌아간 후 가장 활발하게 한국전쟁 관련 문필활동을 전개한 대표적 여성 중 한명이었다. 묘하게도 프라하에 선착하여 리디체 방문을 통해 특별한 우정을 나눈 서유럽의 두 여성 펠턴과 플레론이 조사위원회 내에서 가장 껄끄럽고 불편한 이야기들을 거침없이 꺼내놓고 있었다.

여러 조사위원들이 서로 다른 견해들에 대해 곰곰이 생각하는 동안 또다른 문제가 추가되면서 사안을 더욱 복잡하게 만들었다. 이는 북한지역뿐만 아니라 남한지역에 대한 조사도 시도해보아야 한다는 주장이었다. 아마 이 제안 또한 펠턴에 의해 제안된 것으로 추측된다. 펠턴은 "다수의 동료들"(a number of my colleagues)이 자신의 제안에 동의했다고 서술하고 있다.[32] 하지만 이 또한 모든 조사위원들의 지지를 받을 수는 없었다. 남한행에 대한 위원회 내부 의견은 거의 반반으로 나뉘었다. 상이한 견해의 양측은 또다시 논쟁을 벌였다. 합의는 쉽지 않았다. 그러나 상충하는 논쟁의 결과, 최소한 남한행을 시도해보기는 해야 한다는 견해에 대해 상당한 공감을 얻어낼 수 있었다.[33]

그러나 그 같은 공감도 조사위원들의 관계를 좀더 친숙하게 만들어줄 수는 없었다. 그렇게 회의는 어색하게 끝났다. 조사위원들은 이 회의를 통해 한가지 사실에 대해서만은 확실하게 확인할 수 있었다. 이 여성들 사이에는 신념과 문화의 측면에서 커다란 차이가 존재한다는 사실이었다. 그들은 단기간에 쉽게 친숙해질 수 없는 "낯선 타자들"(strangers)일 뿐이었다. 조사위원들은 공손하게 인사하면서 헤어졌다. 그러나 그 공손에는 어떤 다정도 녹아 있지 않았다.[34]

모스끄바의 웃음

프라하 1차 회합에 참석한 조사위원은 모두 16명에 달했다. 덴마크 (2명, 1명은 옵서버), 꾸바(이하 모두 1명), 영국, 네덜란드, 오스트리아, 벨기에, 체코슬로바키아, 서독, 동독, 프랑스, 튀니지, 알제리, 캐나다, 아르헨띠나, 이딸리아 등 남북아메리카, 유럽, 아프리카 대륙의 대표들이 한곳에 모인 것이다. 이제 한반도로 이동하는 중간에 소련, 중국, 베트남 대표만 합류하면 전대륙과 동서 양진영을 아우르는 조사위원회가 구성될 예정이었다.

프라하에서 합류할 예정이었던 조사위원들이 모두 도착하자마자 극동으로의 이동은 매우 신속하게 진행되었다. 조사위원들은 다음날 오전 5시에 공항으로 이동하여 오전 8시에 프라하를 떠날 수 있었다.

안타깝게도 이 모스끄바행 비행기 안에 깐델라리아 로드리게스는 없었다. 그녀는 소련 비자 심사를 통과하지 못했던 것이다. 친미적 꾸바정부 시기 부유한 상인 집안 출신의 변호사라는 이력이 걸림돌이 되었던 것일까? 어쨌든 여러 조사위원들 중에서 프라하에 가장 먼저 도착했던 로드리게스는 크게 실망하지 않을 수 없었다. "멍청이들! 멍청이들! 저는 프라하에 가장 먼저 도착했어요. 그렇잖아요?" 펠턴은 그저 고개를 끄덕이며 로드리게스를 위로할 수밖에 없었다.[35]

조사위원들은 우끄라이나 서부 도시 리보프(L'vov)에 기착하여 약 30분 동안 세관과 여권 심사를 마쳤다. 일행은 다시 비행기에 올라 대부분 잠을 청했지만, 얼마 지나지 않아 누군가 크게 소리치는 바람에 선잠에서 깰 수밖에 없었다.

"모스끄바예요!"

공항에는 10여명의 러시아 여성들이 일행을 반갑게 맞이했다. 이들은 모두 커다란 꽃다발과 요란한 웃음으로 조사위원들을 맞았다. 소련여성반파시스트위원회(Soviet Women's Anti-Fascist Committee)의 부위원장인 빠르피오노바(Parfionova) 여사가 환영단을 이끌었다. 그녀는 둥근 얼굴, 흰 피부, 연갈색의 땋은 머리를 한 전형적인 러시아 여성이었다.

일행을 태운 커다란 자동차는 넓은 평야지대와 자작나무 숲을 지나 모스끄바에 진입했다. 끄렘린궁의 커다란 붉은 벽이 눈에 들어왔다. 조사위원들은 고색창연한 대성당의 높은 첨탑, 대학 건물들, 레닌도서관 (현재의 러시아 국립도서관) 등으로부터 눈을 떼지 못했다. 이윽고 차량이 붉은 광장 부근의 호텔 앞에 멈춰 섰다. 일행은 호텔 안쪽으로 안내되었다. 그러나 조사위원들은 호텔로 들어갈 생각을 하지 않고 인파로 붐비는 모스끄바 시내를 계속 구경하길 원했다. 반짝이는 차들과 트롤리버스들, 잘생긴 남성들과 밝은 표정의 소녀들을 보면서 조사위원들은 마치 그림책 속에 들어온 듯한 착각마저 들었다.

저녁에는 호텔에서 소규모의 디너파티가 진행되었다. 아래층 식당으로 내려갔을 때 빠르피오노바와 함께 예닐곱명의 현지 호스트들이 조사위원들 사이에 섞여 있는 모습을 볼 수 있었다. 소련 대표로 한국전쟁 조사위원회에 참여할 마리야 드미뜨리예브나 옵샨니꼬바(Maria Dmitrievna Ovsyannikova)도 이곳에서 처음으로 만날 수 있었다. 그녀 또한 소련여성반파시스트위원회 소속이었다. "두 사람이 서로 좋아하게 될 거예요." 빠르피오노바가 펠턴의 표정을 살피면서 슬쩍 말을 건넸다.

옵샨니꼬바는 키가 작고 단단한 몸매에 경직된 표정의 얼굴을 지닌 여성이었다. 누군가 코르셋으로 단단히 잡아당긴 듯한 날카로운 인상이 특징적이었다. 그녀는 잘 정돈된 부드러운 이마와는 대조적인 강인한 턱과 결연한 입매의 소유자였다. 디너파티를 위해 차려입은 그녀의 검은색 실크 드레스와 진주 목걸이가 이날의 분위기와 잘 어울리는 것 같았다. 그러나 그녀 주변의 밝고 따뜻한 표정의 현지 호스

3-9. 마리야 드미뜨리예브나 옵샨니꼬바. 1943~45년경에 촬영된 것으로 추측된다.

트들과는 대조적으로 옵샨니꼬바는 꽤나 어둡고 무거운 분위기를 뿜어내고 있었다. 펠턴은 그녀가 무섭게 느껴졌다. 하지만 이를 티내지 않으려고 노력했다.[36]

"그녀가 한국의 업무를 맡기에 최적의 인물이라는 사실을 금방 알게 될 거예요." 빠르피오노바가 펠턴에게 다시 말을 걸었다. "옵샨니꼬바 씨는 전쟁기 내내 붉은 군대에서 복무했죠."

"아, 그래요?" 펠턴은 자신도 모르게 짧은 한숨을 내쉬었다. 빠르피오노바에 의하면, 옵샨니꼬바는 전쟁기 스딸린그라드에서 대령으로 복무했고, 현재는 『쏘베쯔까야 젠시나』(*Советская женщина*, Soviet Women)의 편집장이자 유명한 경제학자로 활약하고 있었다. 옵샨니꼬바의 이력에 대해 전해 들으니, 오히려 그녀가 더 차갑고 딱딱하고 우두머리 행세하기 좋아하는 여자처럼 보였다. 그러나 이 같은 부정적 인상은 그녀의 외모와 경력에 기반한 상당한 정도의 선입견에 불과했다. 실

제 한국에서의 업무처리 과정에서 옵샨니꼬바는 매우 유연한 태도를 보여주기 때문이다.

옵샨니꼬바의 지난 삶의 이력을 살펴보면, 그녀가 한국에서의 업무를 맡기에 최적의 인물이라는 표현이 결코 과장되지 않았음을 확인할 수 있다. 그녀는 1904년 러시아 사마라 지방의 가난한 집안 장녀로 태어났다(북한 파견 당시 47세). 옵샨니꼬바는 1919년 러시아공산청년동맹(RKSM)에 가입했고, 1922년에는 러시아공산청년동맹 사마라군위원회(Samara District Committee) 책임서기가 되었으며, 1927년에는 소련공산당원이 되었다.

옵샨니꼬바는 1932년 끄룹스까야공산사범대학(AKE)에서 정치경제학과 언론학을 전공했고, 이후 주요 정치·경제 관련 저널들의 편집인으로 활약했다. 2차대전 시기에는 마리야 로스또낀스까야(Maria Rostokinskaya)라는 필명으로 소련군 여러 군단 신문들의 편집인으로 복무했다. 옵샨니꼬바는 생생한 기사 전달을 위해 종종 오토바이나 전차를 타고 최전선으로 나가기도 했고, 전쟁터에서 부상을 입기도 했다. 1947년 11월 『쏘베쯔까야 젠시나』의 편집장으로 임명되어 1951년까지 이 직임을 지속하고 있었다.[37] 요컨대 옵샨니꼬바는 충실한 소련공산당원이자 언론학 전공자로서, 전쟁기 수년간 종군기자로 전쟁터를 누빈 경력을 지닌 여성이었다. 따라서 한반도의 전쟁터 한가운데로 들어가 전쟁의 진실을 추적·전달하는 데 있어서 최적의 인물이라는 평가는 결코 과장된 것은 아니었다.

한국전쟁 조사위원들은 향기로운 레드와인과 함께 만찬장 이곳저곳을 누비며 담소를 이어갔다. 그러나 디너파티는 향후의 길고 고된 일정을 고려하여 일찍 종료되었다. 호텔 방으로 돌아오는 길에 덴마크 조사위원 이다 바크만이 갑작스레 계획에 없던 모스끄바 밤 산책을 제안했다.

"산책요?" 펠턴과 플레론이 눈을 동그랗게 뜨고 바크만을 응시했다. 그러고 보니 항공편 이동으로 인해 꽤 오랫동안 걷지 못했다는 사실을 자각할 수 있었다.

"바크만, 그런데 저분들이 우리를 보내줄까요?" 플레론이 걱정스럽게 말했다. 이들은 소련의 현지 호스트들이 조사위원들의 안전과 정보 보안 등을 위해 이동을 제한할 것이라고 예상했다.

"걱정 말아요, 플레론. 그래도 한번 시도는 해보죠." 바크만이 호기롭게 말했다.

세 사람은 코트를 걸쳐 입고 살금살금 아래층으로 내려갔다. 마치 어른들의 세계에서 탈주하려는 개구진 아이들의 모습과도 같았다. 그러나 이들의 작은 일탈은 너무 쉽게 들통나고 말았다. 자신의 집으로 돌아가려던 러시아 여성들과 로비에서 정면으로 마주친 것이다.

"밖으로 나가시게요?" 누군가가 물었다. 일행은 무슨 커다란 잘못이라도 저지른 것처럼 입술을 깨물면서 말없이 고개만 끄덕였다. 마치 잠자리로 돌아가라는 엄마의 꾸중을 기다리는 아이들 같았다. 러시아 여성들은 웃음을 터뜨렸다. "저희가 가이드라도 해드릴까요? 여러분들끼리 가도 괜찮겠어요?" 이들은 조금의 거리낌도 없이 조사위원들의 자유 산책을 허락해주었다.

카테 플레론이 로비의 가판대 부근에 서 있던 벨기에 조사위원 안네 바르의 팔을 잡아당기며 일행에 동참시켰다. 안네바르는 다소 얼떨떨한 표정으로 산책에 합류했다. 여성들은 호텔 밖으로 나가자마자 크게 심호흡을 했다. "마치 자유국가에 있는 것 같아요." 플레론이 소리쳤다. "여긴 자유국가예요." 바크만이 조금은 냉소적으로 대답했다. "흠……과연 그럴까요?" 안네바르가 의구심을 드러냈다.[38]

이렇게 우연하게도 한국전쟁기 대한민국을 원조하기 위해 유엔군의 일원으로 참전했던 영국과 벨기에, 대규모 의료지원단을 파견했던 덴마크 등의 서유럽 조사위원 네명이 밤의 모스끄바 거리로 나가게 되었다.

이들은 마음을 다잡고 무작정 걷기 시작했다. 밤 11시가 넘은 시간이었다. 늦은 시간이었지만 거리에는 여전히 사람과 차량이 많았다. 일행은 환한 불빛의 화장품 가게를 지나 사탕과 초콜릿으로 채워진 커다란 진열장 앞에 멈춰 섰다. 진열장 한편에는 화사한 색상의 실물 크기 소녀상이 서 있었다. 네명의 중년 여성들은 호기심 많고 배고픈 아이들처럼 진열장에서 눈을 떼지 못하고 있었다.

"한번 들어가봐요." 맨 처음 산책을 제안했던 이다 바크만이 외치듯 말했다. 그리고 자신의 말이 입 밖으로 나오기가 무섭게 가게 회전문을 밀고 들어갔다. 네 여성 모두 바크만에게 이끌려 우르르 가게로 몰려들어갔다. 가게는 사탕과 초콜릿뿐만 아니라 케이크, 샌드위치, 채소, 각종 조제식품 등도 판매하고 있었다. 모든 상품은 유리나 대리석으로 만든 선반 위에 놓여 있었고, 상품에 먼지가 앉지 않도록 경사진 유리판으로 보호받고 있었다. 늦은 시간이었지만 사람들이 많았다.

얼마 후 네 여성은 다시 거리로 나와 천천히 걷기 시작했다. 이내 이들은 커다란 지하철역 입구에 다다랐다. 여성들은 모스끄바의 크고 화려한 지하철에 대해 들어본 적이 있었다.[39] 당장이라도 승차권을 사서 그 유명한 에스컬레이터와 지하철을 타보고 싶었다. 그런데 불행히도 현금을 챙겨온 사람이 아무도 없었다. 호텔 부근을 가볍게 산책할 생각만 했을 뿐, 숍에 들르거나 지하철을 탈 수 있을 것이라고 아무도 생각지 못했던 것이다. 여성들은 아쉬운 마음을 부여잡고, 개찰구와 에스컬레이터를 오르내리는 모스끄바 남녀들을 한동안 바라보았다.

갑자기 카테 플레론이 그들 모두가 마음속으로 품고 있던 생각을 입 밖으로 꺼냈다.

"정말 모두들 너무 즐거워 보이지 않아요?"

그건 사실이었다. 네 여성은 머릿속으로 똑같은 생각을 품고 있었다. 그런데 플레론이 이 생각을 겉으로 드러내자, 여성들은 오히려 한층 더 스스로를 경계하면서 자기 생각을 점검하기 시작했다. 주변 분위기에 휘둘리지 않으려고 애쓰면서, 지하철역을 오가는 모스끄바의 남녀들을 계속 관찰했다. 런던과 코펜하겐과 브뤼셀의 기준으로 보면 이곳 사람들이 외적으로 좀 촌스러운 것은 사실이었다. 그러나 다 큰 성인들의 얼굴에서 전형적으로 찾아볼 수 있는 긴장되고 초조하고 찌푸린 얼굴을 발견하기란 그리 쉽지 않았다.

대부분의 사람들이 미소 짓고 있었다. 작은 미소가 그들 삶의 일부로 정착되어 있는 것 같았다. 이 서유럽 여성들이 느낀 모스끄바에 대한 명백한 첫인상은 "뚜렷한 행복의 도시"(a city of conspicuous happiness)였다.

벨기에 생물학자 안네바르는 1930년에 이곳에 와본 적이 있다고 말했다. 그녀는 당시 모스끄바가 지금과 매우 달랐다고 힘주어 말했다. 안네바르의 부드럽고 낮은 목소리에는 과학자의 신중함이 배어 있었다.

"특히 사람들이 달라졌어요. 이전에 왔을 때 모스끄바는 농부들의 도시였죠. 그들은 마치 들판 위를 걷는 것처럼 인도 위를 걸어다녔죠. 그들의 발걸음은 걸음마다 땅속으로 가라앉는 것 같았어요. 그런데 지금은…… 보세요! 저 남성과 여성들은 미래에 대한 확신으로 가득 찬 것 같은 모습이에요."

펠턴을 포함한 나머지 여성들도 안네바르의 묘사에 동의하지 않을 수 없었다. 그들은 마치 이 세상을 완벽히 소유했을 뿐만 아니라 진심으로 사랑하고 있는 사람들처럼 보였다.[40]

이와 같은 모스끄바 시민들의 웃음에 대한 묘사는 현대 러시아인들에 대한 일반적인 인식과는 매우 대조적이다. 러시아인들에 대한 현대인들의 통념은 평상시 그들이 침울해 보일 정도로 잘 웃지 않는다는 것이다. 아나똘리 마리엔고프(Anatoly Mariengof)의 1928년작 『냉소주의자』에서 주인공은 러시아 사람을 웃게 하고 살갑게 대하는 것이 불가능하다고 생각한다. 러시아에는 "이유 없는 웃음은 바보의 증거"라는 속담까지 존재한다. 현대 심리학자 빠벨 뽀노마료프(Pavel Ponomarev) 또한 러시아 사람들이 "낯선 사람과 우연히 눈길이 마주치면 잘 웃지 않는다"고 단정한다.[41]

그렇다면 펠턴은 자신의 기록을 통해 모스끄바의 웃음을 거짓으로 조작해낸 것일까? 만약 펠턴이 직접 본 적도 없고 현실 속에 존재하지도 않았던 모스끄바 시민들의 웃음을 거짓으로 꾸며낸 것이라면, 이는 그녀의 친소적 성향을 가감 없이 드러낸 대목으로 충분히 의심해볼 만하다. 모스끄바 시민들의 웃음과 행복한 표정까지 조작해낼 정도라면, 북한지역에 대한 분석과 해설에서도 그 신뢰성을 의심해볼 만하기 때문이다.

그런데 놀랍게도 당대 모스끄바 시민들에 대한 펠턴의 묘사는 전혀 과장된 것이 아니었다. 러시아인들의 웃음에 대한 묘사는 1930년대 후반부터 1950년대 초반 스딸린 시대의 소련 여행기에서 가장 흔하게 발견되는 대표적 특징 중 하나이다. 최근에는 스딸린 시대의 '웃음'(laughter)에 대한 다양한 문화사적 연구들까지 활발하게 진행되고 있다.

이를테면 프랑스 소설가 앙드레 지드(André Gide)는 소련 방문 직후인 1936~37년 스딸린 공포 정치를 생생히 폭로하는 소련 여행기를 잇달아 출간했는데, 그는 이 비판적 책에서조차 소련인의 웃음에 대해서만큼은 매우 흥미로운 설명을 제시했다.[42] 요컨대 지드는 궁핍한 현실 속에서도 소련 시민들이 행복해한다는 점, 게다가 그들의 웃음에서 어떤 가식이나 조소의 기미를 전혀 찾을 수 없다는 점에 놀라워했다. 지드는 "거리에서 만나는 얼굴이 되었건, 공장 노동자가 되었건, 유원지나 공원에 모여든 군중이 되었건, 소련에서처럼 사람들 스스로가 쾌활한 모습을 보여주는 나라는 세상 어느 곳에도 없다"고 단언했다.[43]

이 같은 묘사는 1946년 8월 약 9주간 소련을 여행하고, 1947년 『소련기행』이라는 여행기를 출간한 소설가 이태준(李泰俊)의 글에서도 동일하게 발견된다.[44] 이태준은 소련 시민들을 "추태와 위선의 제2천성에서 완전히 해탈"한 "요순 때 사람들" 같다고 칭송했다. 이태준에게 소련 사람들은 "그전 오랫동안 조선에서나, 일본에서나, 만주나, 상해 등지의 여행들에서 별로 구경할 수 없던 사람들"로 비춰졌다.[45] 소련에서는 힘든 업무에 종사하는 여성노동자들조차도 결코 "감독 밑에서 풀이 죽은 창백한 여공"들이 아니었다. 그녀들은 "저희를 애끼는 교사 밑에서 학과연습을 하는 것 같은, 가끔 저희끼리 명랑한 웃음도 주고받는, 유쾌한 노동"에 종사하는 사람들이었다.[46]

이와 같이 지드와 이태준은 평범한 시민들의 웃음에 주목하면서 "세

3-10. 1952~53년경 미국인 마틴 맨호프(Martin Manhoff)가 촬영한 모스끄바의 여학생들 (위). 퍼레이드 도중에 우연히 만난 사람들에게 웃으면서 꽃을 나눠주고 함께 춤추는 모스끄 바 시민들(아래)

상 어느 곳에도 없"는 쾌활한 사람들(앙드레 지드), 혹은 그전의 어떤 "여행들에서 별로 구경할 수 없던 사람들"(이태준)로 소련인들을 묘사했다. 그런데 두 사람은 자신이 본 소련 사람들의 웃음의 원인과 의미에 대해 전혀 다른 해석을 제시했다는 사실을 눈여겨볼 필요가 있다.

우선 지드는 러시아인들의 웃음과 행복감에 대해 가식 없는 것이라고 평가하긴 했지만, 자신의 눈으로 직접 보았던 1930년대 중반 소련 민중의 궁핍과 고통을 가볍게 무시할 수는 없었다. 그는 고통과 웃음, 궁핍과 행복감이라는 모순적 현상의 기괴한 공존에 대해 집요하게 분석했다. 그리고 그 끝에서 그가 발견한 웃음의 원인은 러시아인 특유의 "확신, 무지, 그리고 희망"과 같은 요소들, 혹은 불행을 허락하지 않는 러시아의 역사, 불행에 대한 표현력을 마비시킨 오랜 전제주의 역사와 관련되어 있었다.[47]

지드는 주장했다. "내가 전에 말한 것처럼 그들의 행복감은 확신, 무지, 그리고 희망에서 나온 것이다. (…) 만약 소련의 모든 것이 쾌활해 보인다면, 쾌활하지 않은 모든 것은 의심을 받기 때문이며, 불행해하는 것, 적어도 불행해 보이는 것이 극도로 위험한 일이기 때문에서다. 러시아는 비탄을 위한 장소가 아니다."[48] 지드가 볼 때, 소련인들의 웃음은 러시아 민족의 웃음이었지 쏘비에뜨인의 웃음은 아니었다. "이유를 알 수도, 뭐라 설명할 수도 없이 때와 장소와 방법을 가리지 않고 솟구쳐 오르는 기쁨에서 비롯된…… 나로서는 놀랍다고밖에 할 수 없는 그 능력. 무엇에도 아랑곳없이 그저 기뻐할 준비가 되어 있는 저 놀라운 성향. …… 도스또옙스끼를 통해, 그와 더불어 모든 러시아인이 나를 감동시킨다."[49]

이와 같이 지드가 불행을 허락하지 않았던 오랜 전제주의 역사 속에서 소련인들의 웃음의 원인을 찾았다면, 이태준은 철저히 스딸린 시대 소련의 역사 속에서 그 원인과 내용을 고찰했다. 소련인들이 일상적으로 웃으면서 지낼 수 있었던 배경에는 새로운 타입의 인간형을 창출해낸 쏘비에뜨 사회제도가 존재했다. 이를테면 앞서 제시된 "명랑한 웃음"을 주고받는 유쾌한 여성노동자들 또한 변화한 사회제도 덕분에 "명랑한 노동"을 할 수 있는 것으로 분석한다.

> 이런 암담한 근심걱정이라고는 그들의 가슴속에 한가지도 없는 때문이다. 자기들의 노동에서 나오는 소득은 곧 자기들에게 그만치 혜택이 공동으로 미치는 것이요 그것으로 어떤 특별한 사람들만이 놀고먹는 것은 아니다. 저주하려야 저주할 대상이 없는 내 일, 내가 하는 명랑한 노동인 것이다.[50]

이렇듯 소련인의 행복감과 웃음의 원인을 당대 소련 사회제도의 측면에서 찾는 것은 이태준뿐만 아니라 당대 여러 좌파적 성향의 작가들의 여행기에서 어렵지 않게 볼 수 있는 내용이다. 소련인의 건강한 웃음은 위대한 제도의 표식으로 당연시될 뿐, 그에 대해 더이상의 숙고나 회의는 필요하지 않았던 것이다.[51]

그런데 최근의 소련문화사 논저들은 스딸린 시기 소련의 웃음과 관련하여 지드나 이태준이 보지 못했던 특정한 정치·문화사적 요소를 중요하게 강조하고 있다. 이 연구들은 모순적이게도 스딸린 시대의 강력한 전체주의와 소련인들의 웃음을 직접적으로 연결하여 분석하고 있다. 요컨대 펠턴 일행이 보았던 것과 같은 모스끄바 시민들의 일상적 '웃음'은 러시아의 전통적 문화와는 무관한 것이고, 사실상 위로부터의 중요한 요구나 지령에 의해 의식적으로 형성된 측면이 있다는 것이다.

　이 논저들은 공히 1935년 스딸린의 언명을 중요하게 강조한다. 1935년 11월 17일 스딸린은 스따하노프 노동자 그룹을 대상으로 한 연설에서 변화된 시대의 새로운 감각의 필요성에 대해 다음과 같이 말했다. "동무들, 삶이 점점 더 나아지고 있습니다! 삶이 점점 더 즐거워지고 있습니다!" 이 말은 사실에 대한 언급이라기보다는 지령에 가까웠다. 외적 즐거움과 행복감의 표현은 소련공산당 지도부에 대한 순종과 감사함의 표출 방식이나 다름없었다. 소련의 모든 교실에는 다음과 같은 좌우명이 게시되었다. "우리의 행복한 어린 시절에 대해 스딸린 동지에게 감사드립니다."[52] 같은 시기 소련의 극장에서는 "승리한 계급은 기쁨에 차서 웃기를 원한다"는 문제의식과 "쏘비에뜨식 웃음 제공"이라는 목표 하에 뮤지컬 코미디 영화가 일대 붐을 이루기도 했다.[53]

　이렇듯 1930년대 중반 이후 소련공산당 지도부는 의도적으로 흥겨운 쏘비에뜨식 웃음을 민중에게 제공하고자 했고, 민중은 그 같은 웃음의 전파에 순응해야 했다. 스딸린의 표현처럼 "삶이 점점 더 즐거워지고" 있으므로 그 즐거운 감정을 제대로 표출할 줄 알아야만 했다. 이는 공적이고, 순응주의적이며, 경의를 표하는 방식의 웃음이었고, 따라서 자율과 창의성을 통해 긍정적 태도와 공감을 유발하는 유머의 안티테제나 다름없었다.

최초의 전체회의와 갈등의 폭발

다음날 아침, 펠턴은 조사위원들을 위해 준비된 식탁 위의 거나한 음식들을 보고 오히려 식사를 주저하고 있었다. 식탁 위에는 치즈, 소시지, 캐비어, 달걀 요리, 딸기잼과 크림버터, 세 종류의 먹음직스러운 빵 등이 놓여 있었다.

"드세요." 모스끄바 현지 호스트가 다소 강한 어조로 말했다. "좀 드세요!" 명령조의 식사 권유가 몇개 국어로 통역되어 전달되고 있었다. 식탁을 둘러보니 어느새 조사위원들은 자신들이 주로 사용하는 언어에 따라 소그룹을 형성하고 있었다. 이 소그룹은 훗날 북한 현지조사 과정에서 서로 다른 임무 수행을 위해 유용하게 활용될 수 있었다. 그러나 자칫하면 개별적 정치활동을 통한 적대적 파벌로 변화할 가능성도 병존했다.

이날 펠턴은 하루 종일 모스끄바의 도시개발 과정을 둘러볼 수 있는 시티투어를 즐겼다. 두명의 현지 건축가들이 펠턴의 투어를 도와주었다. 미국의 대도시들과는 달리, 모스끄바의 구도심과 신도심은 대부분 낮은 저층건물들로 구성되어 있었다. 특이한 점은, 그 낮은 평면의 스카이라인 특정 지점에서 갑자기 돌출적으로 매우 높은 고전적 양식의 타워형 건물이 불뚝불뚝 솟아 있다는 점이었다. 펠턴은 이른바 스딸린의 세븐 시스터즈(Seven Sisters)가 건립되고 있는 모습을 보았던 것이다.

스딸린의 세븐 시스터즈란, 모스끄바 건립 800주년을 기념하기 위해 스딸린의 지시하에 건립된 도시의 마천루를 지칭한다. 이 일곱채의 고층건물들은 1947년 9월 7일 오후 1시 동시에 기공식을 올렸는데, 스딸린의 의견에 따라 쏘비에뜨식 바로끄 양식과 고딕 양식의 융합 건축양식으로 건립되었다. 모스끄바국립대학교, 우끄라이나호텔, 레닌그라드호텔, 러시아 외교부 건물 등이 이에 속한다.[54]

펠턴의 투어를 도와주던 한 건축가가 모스끄바 도심에 높은 빌딩들

108

이 없는 이유에 대해 설명했다. 그의 설명에 의하면, 자본주의 국가에서는 땅값이 가장 비싼 곳에 고층빌딩을 짓고 노동자들을 도시 외곽에 수평적으로 수용하지만, 모든 토지가 민중의 소유인 소련에서는 민중들의 의사에 따라 공간이 계획적으로 분할되고, 그 공간에 딱 맞는 합목적적 건물들이 들어서기 때문에 굳이 도심에 고층건물을 지을 필요가 없다는 것이었다. 그의 설명의 진위 여부와 무관하게, 당대 런던과 직접적으로 비교되는 모스끄바의 정돈된 도심 풍경은 매우 훌륭하고 창의적이면서도 실용적임에 틀림없었다. 펠턴은 다음날 오전에도 모스끄바의 건축박람회장에서 혼자만의 시간을 즐겼다. 프라하로부터 계속 이어진 펠턴의 건축 기행은 그녀의 북한 방문이 스티버니지 개발계획과 밀접하게 관련되어 있음을 한번 더 상기시켜준다.

모스끄바에서의 마지막 날 오후에는 국제여맹 조사위원회의 향후 활동과 관련된 공식회의가 진행되었다. 회의에서는 프라하에서 결론을 내지 못했던 남한지역 조사 관련 사안이 논쟁적으로 토론되었다. 펠턴과 플레론은 남한지역 조사와 관련하여 유엔에 공식적으로 의뢰해보아야 한다고 주장했다. 두 사람의 의견은 확고부동했다. 그러나 이 견해는 다수의 지지를 얻지는 못했다. 옵샨니꼬바는 이 제안을 가볍게 무시하는 듯한 태도를 보여주었다. 논쟁은 조사위원회 내부에 "파벌"(factions)을 만들어내고 있는 것 같았다. 조사위원들 사이의 의구심은 계속 심화되었다.[55]

국제여맹 한국전쟁 조사위원회는 모스끄바에서 이틀 밤을 보낸 후 다시 극동으로 향하는 비행기에 몸을 실었다. 다행히 이번 비행에는 꾸바 대표 깐델라리아 로드리게스가 동행할 수 있었다. 그녀는 늦게나마 소련행 비자를 발급받아 가까스로 조사위원회에 합류할 수 있었다.

짙은 어둠이 내려앉은 새벽 3시에 이르러 극동행 비행기가 이륙했다. 비행기는 연료 보충을 위해 스베르들롭스끄(Sverdlovsk, 예까쩨린부르그의 옛 이름), 노보시비르스끄(Novosibirsk), 치따(Chita) 등의 도시를 경유했다. 노보시비르스끄와 치따에서는 현지인들의 안내에 따라 호텔에서 잠을 청할 수 있었다. 펠턴은 그 짧은 체류시간 동안에도 노보시비르스끄의 신축 연립주택 단지를 구경하기도 했다.

시베리아의 광활함은 비행기 안의 모든 여성들을 철학자로 변모시켰다. 고고도의 비행기 내부에서 시야를 최대한으로 뻗어봐도 그곳에는 오직 드넓은 평야만 존재했다. 인간의 흔적을 조금도 찾아볼 수 없는 드넓은 대지와 초원과 푸른 숲만이 반복될 뿐이었다.

어떤 산림지대에서는 1시간 15분 동안 비행한 후에야 나무숲과 나무숲 사이의 간격이 드러나기도 했다. 종종 등장하는 얼음 덮인 삐죽삐죽한 산과 끝도 없이 광활한 공터, 밤의 어둠을 한껏 머금은 남한 면적 3분의 1 크기의 칠흑의 바이깔 호수 등은 비행기 안의 모두를 침묵으로 인도했다. 펠턴은 몽환적 신비로움과 공허함 속에서 "언젠가 육로를 통해 시베리아를 횡단하고 싶다"는 소망을 품었다.[56]

그렇게 오랜 시간의 비행과 시베리아 중간 체류를 거쳐 마침내 조사위원들은 중국 선양(瀋陽)에 도착했다. 푸른 시베리아의 추위 직후에 만난 5월의 선양은 상대적으로 너무 덥고 칙칙한 회색빛 도시였다. 조사위원들은 호텔로 가기 위해 최신식의 전차를 이용할 수 있었다. 일제의 괴뢰국인 만주국의 중심지였던 선양(일제시기에는 펑톈奉天으로 불림)은 일본에 의한 근대화 프로젝트가 진행된 대표적인 도시였다. 주요 도로 주변에는 유럽식의 석조건물, 대형트럭, 버스 등이 즐비했다. 조사위원들은 유럽과 비슷하고 따분한 도시 외관에 실망감마저 느꼈다.

110

저녁에는 어김없이 환영 연회가 이어졌다. 사실 조사위원들은 그저 편하게 쉬고 싶은 생각뿐이었다. 조사위원 상당수가 40대 중반을 넘은 중년 여성들이었고, 여행은 어느덧 10여일을 넘어서고 있었다. 하지만 그녀들이 들르는 모든 곳에서 그녀들 스스로 기꺼이 수용하기 힘든 장시간의 환영 행사가 이어지곤 했다. 해당 지역 대표가 환영 연설을 하고, 조사위원장 노라 로드가 감사를 표하는 방식의 식순도 어김없이 반복되었다. 그렇지만 조사위원들은 그저 침대로 달려가 편하게 잠을 청하고 싶을 뿐이었다.

어느 눈치 빠른 중국 여성이 펠턴에게 물었다.

"피곤하세요?"

"네, 너무나……."

"걱정 마세요. 물을 뜨겁게 데우는 중이에요. 행사가 끝나자마자 목욕을 하실 수 있을 거예요." 펠턴에게는 더없이 반가운 말이었다.

선양지역의 대표가 환영 연설을 했다. 연설 내용은 러시아어, 프랑스어, 영어 순으로 통역되었다. 무대 뒤에는 스딸린과 마오쩌둥의 초상이 그녀들을 내려다보고 있었다. 아시아의 공산국가에 입성한 것이 실감나는 순간이었다.

만찬장의 한쪽 끝에 앉아 있던 노라 로드 위원장이 환영 연설에 답하기 위해 일어섰다. 화관처럼 땋아 올린 은빛 머릿결이 유난히 더 빛나는 것 같았다. 로드는 적절한 감사의 말을 하고 나서 다음과 같이 말했다.

우리 모두는 미제국주의 침략자들의 행위를 폭로하기 위해 한국에 가는 것에 매우 기쁩니다. …… 그리고 우리들 중 서구 국가들로부터 온 조사위원들은 우리 정부의 정책들을 매우 치욕스럽게 생각하고 있습니다.

우레와 같은 박수가 쏟아졌다. 그러나 펠턴은 그 박수에 동참하지 않았다. 모든 참석자들이 자리에서 일어났다. 연회가 끝난 것이다. 카테 플레론이 연회장을 가로질러 펠턴에게 다가왔다. "괜찮으세요?"

펠턴이 말했다. "저는 제 조국에서 제 정부를 비판할 거예요. 그러나 여기에서 저런 식의 발언을 해서는 안 돼요."

"맞아요. 로드 씨에게 말할까요?"

"물론요. 언제?"

"지금요. 괜찮으시다면."

다른 조사위원들은 벌써 자신의 방으로 향하고 있었다. 펠턴과 플레론은 로드 위원장을 가로막고 구석진 곳으로 데려갔다.

플레론이 말했다. "로드 씨, 저와 펠턴은 로드 씨의 연설 내용이 매우 우려스럽다는 사실에 대해 말해야 할 것 같아요."

"우려스럽다고요? 이런! 제가 무슨 말을 했죠?" 로드가 조금은 당혹스러운 표정으로 말했다. 플레론은 그녀의 발언을 상기시켜주었다. 그러고는 다음과 같이 말했다.

"우리는 한국에 대한 진실을 발견하기 위해 이 조사위원회에 참여했어요. 그러나 로드 씨가 말한 것과 같은 내용이 언론을 통해 공개된다면, 사람들은 매우 당연하게 우리가 특정한 마음을 먹고 눈을 가린 채 우리 일을 시작하는 것으로 판단할 거예요."

"하지만 저는 진실만을 말한걸요."

"여러 견해가 있을 수 있어요." 플레론이 강하게 말했다. "심지어 한국전쟁의 원인에 대해서조차 다른 견해가 있을 수 있죠. 따라서 조사위원으로서 우리는 각자의 정치적 주장을 유지해야만 해요."[57]

실제 그랬다. 펠턴은 한국전쟁 발발의 원인과 책임에 대해서는 당대 공산국가들의 공식적 주장과는 다른 생각을 품고 있었다. 이를테면 펠턴은 앞서 프라하 체류 중에 우연히 어느 초등학교 수업을 참관할 기회가 있었는데, 그 자리에서 한 어린이로부터 "왜 영국인들은 자신의 정부가 미제국주의자들의 명분을 지지하도록 내버려두는지" 궁금하다는 질문을 받은 적이 있었다. 이 자리에서 펠턴은 자신의 생각에 대해 다음과 같이 신중히 답변했다.

"대부분의 영국인들은 한국의 사건에 대해 매우 다르게 보고 있어요. 대다수의 사람들은 이 전쟁이 북한정권의 침략행위에 의해 시작되었다는 사실에 대해 '진실로 조금의 의구심도 없이' 믿고 있죠."

펠턴은 평소보다 천천히 또렷하게 말했다. 그녀는 조심스러우면서도 소신껏 자신의 생각을 밝혔던 것이다. 펠턴의 대답 이후에도 또다른 어린이가 "이승만 정부의 북침 계획" 등에 대해 발언하자, 펠턴은 자연스럽게 공산국가의 "길들이기"(conditioning), "세뇌"(indoctrination) 등과 같은 단어를 떠올리지 않을 수 없었다. 그녀는 쓴웃음을 지어 보였다(smiled wryly). 펠턴은 북한정권의 선제 남침공격에 대해서는 거의 확신하고 있었던 것이다.[58]

플레론은 조사위원회 내에 이와 같은 다양한 생각들이 공존해야만 한다고 주장했다. 조사활동 수행 과정에서 앞서 로드 위원장의 환영 답사와 같은 발언이 반복되어서는 안 된다고 힘주어 말했다. 노라 로드는 잠시 눈길을 돌리면서 무언가를 생각하는 듯했다. 그러고는 오래 지나지 않아 신중한 눈빛으로 자신의 생각을 말했다.

"네, 정말 그런 측면이 있네요. 그런데 저는 이미 말해버렸는데……

어떻게 하면 좋을까요?"

펠턴이 제안했다. "조사위원들이 다시 모였을 때, 당신이 연설에서 말한 내용들은 당신의 개인적 입장의 표명에 불과하며, 향후에는 그 같은 정치적 연설을 하지 않을 것이라고 해명하는 것이 좋을 것 같아요."

펠턴의 제안은 꽤나 도발적이었다. 펠턴이 요구한 내용은 노라 로드 위원장 개인의 입장에 불과한 주장을 조사위원회 전체의 입장인 것처럼 말한 데 대한 사과의 표명이자, 향후 그 같은 정치적 연설이 조사위원회 내부적으로 반복되어서는 안 된다는 경고의 메시지였다. 로드 입장에서는 당혹스러울 수 있는 제안이었다. 그러나 로드는 이미 펠턴과 플레론의 비판을 완전히 수긍하고 있었다. 그녀는 망설임 없이 대답했다.

"좋아요. 물론이죠. 기꺼이 그렇게 할게요."

로드의 대답은 단호했다. 펠턴과 플레론은 그녀의 어조에서 확고한 동의를 읽을 수 있었다. 영국과 덴마크 여성의 얼굴에 안도감이 번졌다.

때마침 중국인 가이드 한명이 세 여성에게 접근했다.

"객실로 안내해드릴까요?"

"네, 감사합니다."

세 여성들은 중국 여성의 안내를 따라 위층의 호텔 객실로 올라갔다.

"아직 우리는 그다지 좋은 팀은 아닌 것 같아요. 그렇죠?"

플레론이 펠턴을 향해 나지막이 속삭였다. 펠턴은 플레론의 말을 부정할 수 없었다.[59]

다음날 아침, 마침내 전체 조사위원들의 최초 회합이 성사되었다. 중국 현지에서 합류할 예정이었던 중국과 베트남 조사위원들이 등장한 것이다. 중국 여성 리컹(李鏗), 바이랑(白朗), 류칭양(劉淸揚)과 베트남

114

여성 리티꿰(Li Thi Quê)가 그들이다. 중국은 조사위원회 내에서 가장 많은 세명의 조사위원을 파견했다.

리컹은 이미 전날 환영 연회에서 여러 조사위원들과 인사를 나눈 사이였다. 그녀는 큰 눈, 그을린 피부, 짧은 단발머리에 날씬한 몸매를 지닌 여성이었다. 펠턴은 그녀의 밝은 웃음에 첫눈에 반해버렸다. 리컹은 자신을 보육교사훈련학교의 교장으로 소개했다. 바이랑은 작가, 류칭양은 베이징에 위치한 여자대학교의 교장이자 중국정부 산하의 민주동맹(democratic league) 위원장으로 소개되었다.[60] 조사위원들은 이 여행의 마지막 단계, 즉 중국-북한 국경지역 체류와 이동에 대한 중국 측 계획을 듣기 위해 조용히 앉아 있었다.

"로드 씨에게 어제 연설과 관련된 이야기를 상기시켜드릴까요?" 플레론이 펠턴에게 조용히 속삭였다. "원한다면 그렇게 하세요." 펠턴이 동의했다. 플레론은 방을 가로질러 로드에게 다가갔다. 그리고 몇분 후 펠턴에게 다시 돌아왔다. 건너편의 노라 로드가 자리에서 일어서는 모습이 보였다.

로드 위원장은 매우 짧지만 더할 나위 없이 솔직하게 말했다. 그녀는 정확히 펠턴과 플레론이 원하는 내용과 형식으로 발언했다. 로드의 발언에 대한 러시아어, 프랑스어, 중국어 통역이 끝나자마자 소련 조사위원 마리야 옵샨니꼬바가 자리에서 일어섰다. "누가 위원장의 발언에 이의를 제기했는지 물어도 될까요?"

"저와 카테 플레론 위원이 이의를 제기했습니다." 펠턴이 망설임 없이 대답했다. 펠턴은 플레론의 얼굴을 잠시 쳐다본 뒤, 자신과 플레론은 그와 같은 행동을 다시는 하지 않겠다는 로드 위원장의 발언에 지극히 만족한다고 말했다. 펠턴의 발언에 대한 통역이 끝나자마자 다시 옵샨니꼬바가 기립했다. 소련 대표는 무슨 근거로 어떠한 내용에 대해 반대했는지 정확히 알고 싶다고 말했다. 펠턴은 옵샨니꼬바의 질문에 매우 상세히 대답했다. 그리고 그녀는 자신의 설명을 다음과 같이 마무리했다.

이 조사위원회는 한국전쟁의 서로 다른 진영을 지지하는 국가들로부터 온 여성들로 구성되어 있습니다. 그리고 우리의 목적은 정치적인 것이 아니라 인도주의적인 것입니다. 만약 우리가 자본주의 호랑이에 대해 연설하는 것으로 우리 임무를 시작한다면, 우리는 어느 누구에게도 도움을 주지 못할 것이고, 진실성에 상처만을 가하게 될 것입니다.[61]

펠턴은 낮고 진지하고 단호하게 발언했다. 하지만 그녀의 말이 끝나자마자 거센 폭풍이 몰아치기 시작했다. 옵샨니꼬바가 다시 일어났다. 그녀는 펠턴을 한국과 아시아 여성들의 고통에 대해 제대로 이해하지 못하는 서구 여성으로 강하게 비난했다. 옵샨니꼬바에 동조하는 여타 여성들 또한 비슷한 맥락에서 거세게 펠턴을 공격했다. 펠턴은 그 여성들의 비난을 끝까지 들어줄 용의가 있었다. 런던 의회와 피털리 광산촌에서 거칠고 보수적인 남성들의 비난을 수년이나 견뎌냈던 펠턴이 아니었던가? 그녀는 다른 조사위원들의 비난을 제지하지 않았다.

약 예닐곱명에 달하는 여성들이 옵샨니꼬바의 견해에 강하게 동조했다. 이 여성들은 앞서 모스끄바에서 진행된 회의 과정에서도 옵샨니꼬바를 무턱대고 추종하는 듯한 인상을 준 조사위원들이었다. 당시 옵샨니꼬바는 공식적으로 유엔에 남한지역 조사를 신청하자는 펠턴과 플레론의 견해를 가볍게 무시하는 듯한 태도를 보여주었다. 그리고 몇몇 여

116

성들이 옵샨니꼬바의 입장에 강하게 동조했다. 이때 펠턴은 처음으로 조사위원회 내부의 파벌 형성 가능성에 대해 강하게 우려했다.[62] 그리고 이제 그 우려는 현실이 되는 듯했다.

중국 조사위원 바이랑이 자리에서 일어나 자신이 한국에서 본 비극적 상황에 대해 설명하기 시작했다. 그녀는 최근 북한에 다녀온 적이 있었던 것이다. 그녀는 펠턴을 똑바로 쳐다보면서 인간 인내심의 한계에 다다른 북한주민들의 고통에 대해 구체적으로 묘사했다. 바이랑이 펠턴을 향해 욕설을 내뱉듯이 미국 자본주의자들의 사악함에 대해 말할 때, 펠턴은 그녀 인생 최초로 마치 자신이 미국의 자본가 존 록펠러(John D. Rockefeller)나 사교계의 대명사인 바버라 허턴(Barbara Hutton)이라도 된 듯한 엄청난 수치심을 느꼈다. 펠턴은 자신을 비난하는 여성들의 도덕적 우월감에 젖어 있는 목소리에 엄청난 분노를 느꼈다. 그러나 그녀는 가까스로 화를 참으면서 자신의 신념에 대해 단호하게 이야기했다.

저는 진상조사위원회에 참여하기 위해 한국행 초대장을 받아들였습니다. 나는 이 이야기를 한번도 아니고, 여러 날에 걸쳐서 최소한 열다섯번은 말한 것 같아요. 한국에서 진실을 찾아낼 경우, 저는 타당해 보이는 어떤 결론도 수용할 준비가 되어 있어요. 그러나 만약 협박을 받아서 사전에 만들어진 결론을 갖고 한국에 들어간다면, 저는 차라리 저주를 받거나 심지어 여기에서 등을 돌려 집으로 되돌아가는 편이 나을 것 같습니다.[63]

펠턴은 이 모임에서 불편한 존재가 되기로 작정한 것 같았다. 그러나 이러한 결심을 한 사람은 펠턴만이 아니었다. 플레론도 마찬가지였다.

"비록 이곳에서 하루만 더 가면 한국의 국경에 다다를 수 있지만, 저 또한 정치적 편견이 아닌 객관적 증거에 의해 결론에 이를 수 있는 저의 자유가 침해된다면 이 전체 여정을 포기할 의사가 있습니다."

플레론은 저널리스트 특유의 크고 명료한 목소리로 자신의 생각을 뚜렷하게 제시했다. 회의장의 팽팽한 긴장감과 고조된 분위기는 언제라도 불꽃을 당기면 폭발할 듯한 화약통 같았다. 양 볼이 붉게 달아오른 로드 위원장이 정회를 선언할 때까지 격앙된 분위기는 누그러들 기색을 보이지 않았다.

휴식 시간 동안 몇몇 위원들이 펠턴과 플레론에게 다가와 자신들은 두 사람의 견해에 동의한다고 조용히 말했다. 펠턴은 자신의 기록에서 이 위원들의 실명을 밝혀놓지는 않았다. 왜냐하면 이 조사위원들이 두 여성의 곁을 떠난 직후, 플레론이 내뱉은 욕설을 자신의 기록에 고스란히 남겨놓았기 때문이다.

"저거 보세요. 공산주의자들은 항상 공산주의자처럼 행동하고, 사회 민주주의자들은 쥐새끼(dormice)처럼 행동한다니까요." 플레론은 자신의 입장을 분명히 나타내지 않은 채 은밀하게 속삭인 일부 여성들을 향해 경멸감을 드러냈다.

펠턴과 플레론은 자신을 배척하는 시선들을 의식하면서 회의장 바깥으로 나갔다. 차 한잔을 마시고 돌아오자마자 회의는 속개되었고, 상대 측의 공격이 다시 시작되었다. 그러나 그들의 주장에는 한계가 있었다. 같은 이야기를 반복할 뿐이었다. 펠턴과 플레론은 이번에는 크게 감정적으로 동요하지 않고 있었다. 그 침착과 냉정이 오히려 두 사람의 단호함을 대변하는 듯했다.

118

그때 오랫동안 침묵하고 있던 소련 조사위원 옵샨니꼬바가 자리에서 일어나 모두가 놀랄 만한 이야기를 꺼내놓기 시작했다. 그녀 또한 이전 과는 달리 더 침착하고 냉정해 보였다. 휴회와 침묵의 시간 동안 이 난 감한 상황의 타개 방안에 대해 깊이 고민했음에 틀림없었다.

"영국 조사위원은 그녀의 한국행의 이유가 진실을 발견하기 위한 것 이라고 말했습니다. 덴마크 조사위원 또한 같은 취지의 발언을 했습니 다." 옵샨니꼬바가 펠턴과 플레론 방향으로 몸을 돌리면서 말을 이어 갔다. "그러나 결국 그것은 이 방에 있는 우리 모두의 목적이기도 합니 다."

플레론이 낮은 목소리로 불만스럽게 웅얼거렸다. "펠턴 씨가 한 얘기 랑 똑같은 말을 하고 있네요."

옵샨니꼬바가 계속 말했다. "정녕 그러하다면…… 저는 우리가 협력 적 정신 속에서 함께 일하기 위한 진지한 시도를 해야만 하는 시점에 이 르렀다고 말하고 싶습니다." 그녀는 이전보다 더 큰 목소리로 또렷하게 자신의 의사를 전달하고 있었다. 다른 여성들은 미동도 하지 않고 그녀 의 말에 귀를 기울이고 있었다. 선 채로 이야기하던 옵샨니꼬바가 갑자 기 펠턴과 플레론을 향해 뚜벅뚜벅 걸어나갔다. 그러더니 두 여성의 볼 에 가볍게 사과와 화해의 키스를 전했다. 회의장에 커다란 박수소리가 울려 퍼지고 있었다.

펠턴과 플레론은 갑작스러운 상황 변화에 약간 당황했다. 조금 전까 지 자신들을 잔혹한 자본주의 흡혈귀처럼 거칠게 비난했던 여성들이 두 여성을 향해 커다란 박수를 보내고 있었다. 두 사람은 이 여성들의 박수에 마냥 기쁘지만은 않았다. 그러나 옵샨니꼬바의 행동만은 분명 신중하고 용감한 것이었다. 최소한 그것은 휴전과 양보를 의미함에 틀림없었다. 그리고 실제 이 논쟁 이후 최소한 북한 현지조사 과정에서는 위원장의 정치적 연설과 같은 것이 다시는 허용되지 않았다.[64]

이상과 같은 중국 선양에서의 뜨거운 격론은 사실 모니카 펠턴의 개인기록을 통해서만 확인할 수 있는 내용이다. 따라서 그 논쟁의 실존 여부에 대해 충분히 문제제기를 해봄직하다. 그럼에도 불구하고 펠턴의 기록에 등장하는 내부적 논쟁 과정을 거의 사료(史料) 그대로 길게 제시한 이유는 이 같은 논쟁이 실제 존재했을 것이라는 필자 나름의 확신 때문이며, 그 논쟁의 내용과 영향 또한 매우 중요하다고 판단했기 때문이다.

다른 무엇보다도 조사위원회 내부 논쟁 과정에서 지속적으로 펠턴과 같은 목소리를 냈던 카테 플레론의 실명이 직접적으로 거론된 사실을 중시했다. 펠턴의 기록은 1953년 영국에서 공식적으로 출간된 저서 형태의 기록물이었다. 당시는 카테 플레론이 조국 덴마크로 돌아가 한국전쟁 관련 활동을 매우 열성적으로 전개하고 있던 시점이었다. 그 같은 플레론이 펠턴의 저서 출간 사실을 몰랐을 리가 없고, 그 책의 내용을 간과했을 리도 없다.

플레론은 조사위원회 내부의 유일한 '독립적 참관인'이었다. 어떤 정치적 견해에도 휘둘리지 않고 북한 상황을 객관적으로 보도하기 위해 스스로의 선택에 의해 옵서버가 된 인물이었다. 그녀는 엄혹했던 나치 치하에서도 '목숨을 걸고' 지하신문을 펴냈던 강력한 소신의 레지스탕스였다. 그런 플레론이 정독할 가능성이 지극히 높은 책에서, 플레론의 실명 제시와 함께 그녀가 하지도 않은 말과 행동을 구체적으로 묘사하는 것은 현실적으로 불가능해 보인다. 심지어 펠턴은 플레론이 공산주의자들은 물론 사민주의자들에 대해서도 거칠게 '쥐'에 비유하며 비난

120

했던 장면을 직접적으로 제시하기도 했다.

앞서 언급했듯이, 플레론은 현시점의 덴마크 평화단체에 의해서도 정치적 보수주의자로 평가되는 인물이다. 그녀는 확실히 공산주의자나 사회주의자는 아니었다. 굳이 정치적 성향을 평가하자면 자유주의적 평화주의자(liberal pacifist) 정도로 구분될 수 있는 인물이었다. 하지만 플레론은 북한지역 진상조사를 마치고 덴마크로 돌아온 후 그 누구보다도 열심히 북한주민들의 불행한 현실을 알리는 데 집중했다. 북한 현실을 자신의 눈으로 확인한 후에는 공산주의나 사민주의적인 조사위원들보다 더 열심히 비극적 전쟁 상황을 고발하기 위해 노력한 인물이 카테 플레론이었다.

이 같은 독립적 지식인인 플레론이 한국전쟁과 국제여맹 관련 소식을 열정적으로 추적하고 있는 상황 속에서, 그녀가 하지도 않은 말과 행동을 공간된 책에 담는다는 것이 과연 가능한 일일까? 그것도 모든 조사위원들의 한국전쟁에 대한 기억이 여전히 생생하게 살아 있던 1953년의 시점에 허구의 논쟁 판을 조작해내는 것이 가능할까? 실제 플레론은 그 어디에서도 펠턴의 책 내용을 반박하는 기사를 발표하지 않았다. 플레론뿐만 아니라 책 내용을 확인했다면 상당히 분노했을 법한 옵샨니꼬바를 비롯한 스무명의 조사위원들 중 그 누구도 자신이 사망할 때까지 펠턴의 책을 조작이나 왜곡으로 비난한 사례가 없었다.

돌이켜보건대, 영국 집권여당의 유력 정치인, 미군 대령 출신의 덴마크 도서관장, 스딸린그라드에서 생환한 소련군 출신의 언론인, 자국의 식민지 민족해방운동가와 결혼한 여성 변호사까지 한데 모여 있는 상황에서, 그리고 1940~50년대 남성 중심 사회의 노골적 강철천장까지 뚫어냈던 소신 강한 여성들의 회합에서 이와 같은 논쟁이 존재했으리라는 것은 충분히 예상 가능하다. 이 개성 강한 여성들의 모임에서 논쟁이나 갈등은 필연적인 전제조건이나 마찬가지였다. 최소한 북한지역에 입성하기 전까지 국제여맹 조사위원회는 서로를 두려워하고 의심하는 낯선 이방인들의 집합소에 불과했다.

4장

지하의 아이들

조선시대까지만 해도 평안북도 신의주 일대는 홍수가 일어날 때마다 탁류에 잠겨버리는 늪지대이자 갈대밭에 불과했다. 그러나 일제시기 이 늪지대는 경의선의 종착역이자, 천 톤급 선박이 왕래할 수 있는 개항 장으로 급속히 변모했다. 강변 늪지대의 급속한 변화와 함께 평북의 중심지 또한 기존의 중심지인 의주(義州)로부터 새로운 의주, 즉 지금의 신의주(新義州) 지역으로 옮겨오게 되었다.

신의주는 압록강철교를 통해 만주, 시베리아, 유럽까지 이어지는 국제교통의 관문이었다. 또한 이곳은 압록강 상류에서 채벌한 목재가 흘러들어오는 목재의 집산지였고, 수풍발전소의 풍부한 전력의 혜택을 받을 수 있는 지역이기도 했다. 따라서 일제시기 이래 신의주에는 제재·펄프·성냥과 같은 목재산업 분야의 공장들뿐만 아니라, 화학·제련·경금속·기계산업 공장들까지 지속적으로 들어서고 있었다.[1]

1951년 5월 16일, 국제여맹 조사위원들이 압록강을 건너 신의주에 첫발을 내디뎠을 때, 달빛에 드러난 신의주는 불과 1년 전 석조건물이 즐비했던 근대적 도시 풍광과는 확연히 다른 모습이었다. 이곳은 몇몇 시멘트 담장들만 앙상하게 서 있는 드넓은 황무지에 불과했다. 일제시기 이전의 넓은 갈대밭은 이제 부서진 돌덩이와 흙먼지의 광활한 폐허로 변해 있었다. 달빛에 드러난 풍경은 우주 저편 어느 이름 모를 행성의 기괴하고 몽환적인 분위기마저 자아내고 있었다.

유서를 쓰고 강을 건너다

중국 선양의 호텔 회의장에는 뜨거웠던 논쟁의 열기가 아직 식지 않고 남아 있었다. 앞서 펠턴에게 모욕감을 안겨주었던 바이랑이 중국에서의 마지막 일정에 대해 설명하기 시작했다. 통통하고 창백한 얼굴이 붉게 달아올라 있었다.

"내일 저녁에 열차가 우리를 압록강변의 안둥(安東, 지금의 단둥시丹東市)으로 데려갈 겁니다. 그리고 그다음 날 저녁에 우리는 강을 건너 한국 영토로 들어갈 예정입니다. 그러나 우리는 한국에 도착하기도 전에 전쟁과 같은 상황에 직면하게 될 것이라는 주의를 드립니다. 선양에서 안둥으로 가는 도중에 우리는 미공군의 지속적 폭격하에 있는 지역으로 들어가게 될 것입니다. 우리 자신의 안전을 위해 이곳과 한국 모두에서 오직 밤에만 이동할 필요가 있습니다."[2]

바이랑의 이야기는 긴 여행과 논쟁으로 피로한 상태에 있던 조사위원들의 정신을 날카롭게 깨워주었다. 그들은 분명 전쟁터로 향하고 있었다. 그것도 이미 수십만명의 사람들이 희생되었다는 잔혹한 전장 안으로 들어갈 예정이었다. 펠턴은 불현듯 이 아침의 신선한 공기와 햇빛이 더없이 소중하게 느껴졌다.

누군가가 북한 현지조사 보고서의 최종 편집을 책임질 편집위원회의

124

구성을 제안했다. 편집위원회는 한국에 머무는 동안 여러 조사위원들이 수집해온 다양한 자료들을 분석하는 작업은 물론, 다수의 개별적 지역 보고서들을 통합하여 최종보고서로 완성해내는 업무를 수행할 예정이었다. 전문적 글쓰기와 편집업무를 자신의 직업으로 삼고 있던 마리야 옵샨니꼬바, 질레뜨 지글레르, 에바 프리스터, 바이랑, 카테 플레론 등이 편집위원으로 추천되었다. 하지만 플레론은 편집위원 업무를 거부했다. 그녀는 프라하에서 주장했던 것과 마찬가지로 독립적 참관인의 지위를 유지하길 고집했다.

"저는 편집위원회에 들어가고 싶어요." 갑작스레 펠턴이 플레론을 대신할 편집위원 역할을 자원했다. 그 말에 몇몇 조사위원들이 다소 놀란 표정을 지었다. 펠턴은 향후에도 조사위원들 사이에 더 많은 불일치와 갈등이 발생할 것으로 예상했다. 그럴 경우 그녀는 처음부터 그 갈등의 중심에 서 있는 편이 나을 것이라고 생각했다. 다행히 펠턴의 자원을 반대하는 여성은 없었다. 매우 거칠게 펠턴을 비난했던 여성들도 그녀의 자원을 반기는 듯했다. 그렇게 영국, 프랑스, 오스트리아, 중국, 소련의 조사위원으로 5인의 편집위원회가 구성되었다.[3]

조사위원회에는 내부적으로 일정한 서열, 혹은 직임의 구분(위원장, 부위원장, 비서 등)이 존재했다. 펠턴은 자신의 개인기록에서 해당 직책의 선정 과정에 대해서는 구체적으로 묘사하지 않는다. 펠턴의 기록에는 앞서 등장한 노라 로드 위원장 선정 과정만이 제시되었을 뿐이다. 아마도 조사위원회 내부 직임 또한 위원장이나 편집위원 선정 과정과 마찬가지로 토론, 추천, 투표 등의 과정을 통해 선정되었을 것으로 추측된다. 그 결과 조사위원회는 위원장(chairman)에 노라 로드(캐나다), 부위원장(vice-chairman)에 류칭양(중국)과 이다 바크만(덴마크), 제1비서(secretary)에 밀루셰 스바토쇼바(체코슬로바키아), 제2비서(assistant secretary)에 트레이스 헤일리허르스(네덜란드) 등을 선임했다. 나머지 조사위원들은 일반 조사위원으로 분류되었다.[4]

이렇게 국제민주여성연맹 한국전쟁 조사위원회는 18개국 21명(1명의 독립적 참관인 포함)의 여성들로 최종 구성을 마치게 되었다. 18개국은 유럽, 아시아, 아프리카, 남북아메리카 대륙의 국가들을 모두 포함했다. 우선 유럽에서는 덴마크·체코슬로바키아·네덜란드·영국·소련·프랑스·이딸리아·오스트리아·동독·서독·벨기에 등 11개국, 남북미에서는 캐나다·꾸바·아르헨띠나의 3개국, 아프리카에서는 튀니지·알제리의 2개국, 아시아에서는 중국·베트남의 2개국으로부터 조사위원들이 파견되었다. 복수의 조사위원을 보낸 국가는 중국(3명)과 덴마크(2명)뿐이었고, 나머지 국가들은 1명씩만 파견했다.

구성 비율을 살펴보면, 전체 조사위원 21명 중에서 유럽 출신의 조사위원이 12명으로 절반 이상(57퍼센트)을 차지했고, 공산국가(1951년 당시) 출신의 조사위원은 소련·중국·동독·체코슬로바키아의 4개국 6명(28퍼센트)이었다. 미국에 의해 국제여맹 조사위원회의 실질적 배후로 비난받은 소련은 평위원 1명만을 파견했다. 북한 방문 직후에 작성된 플레론의 글에 의하면, 실제 조사위원회는 위의 21명의 조사위원들과 언제나 함께 움직였던 통역원과 사진사까지 합하여 모두 27명에 달했다고 한다.[5]

이 같은 전체 구성원들은 중국 선양의 호텔에서 거의 이틀 동안 한걸음도 나가지 못하고 있었다. 이곳만 하더라도 중국-북한 국경에서 멀지 않기 때문에, 외유 중 언제라도 스파이에 노출될 수 있었다. 조사위원들의 이국적 외모는 쉽게 사람들의 시선을 끌 것이었다. 여성들은 답답함을 느끼고 있었다. 그들은 호텔의 유일한 손님이기도 했다.

호텔의 분위기는 발랄한 여학교 기숙사와 불안한 사형수 감방 그 어디쯤에 위치했다. 이곳저곳에서 적막을 찢는 비명과 커다란 웃음소리가 함께 들렸다. 그녀들은 중국 측 호스트들이 보안상의 문제로 내어준 중국 인민복을 억지로 욱여넣어 입고 있었다. 조사위원들의 이국적 외모와 옷차림은 그녀들을 현지의 다양한 위험에 노출시킬 수 있었다. 그러나 그 인민복들은 대체로 덩치 큰 서양 여성들에게는 너무 꽉 끼는 것들이었다. 여성들은 바지에 엉덩이를 밀어 넣을 수도 없었다. 억지로 옷을 껴입는 과정에서 누군가는 비명을 지르고, 누군가는 그 모습을 보며 크게 웃고 있었던 것이다.

얼마 후 이 여성들은 이곳저곳에 흩어져서 무언가를 열심히 작성하고 있었다. 그것은 가족과 지인들을 위한 일종의 '유서(遺書)'였다. 이것은 오직 북한지역 조사 과정에서 최악의 상황에 다다랐을 때에만 발송될 예정이었다. 몇몇은 2~3명이 어깨를 맞대고 구석진 곳에서 함께 유서를 작성하고 있었다. 불길하면서도 매우 현실적인 시간이 무거운 침묵 속에서 흘러가고 있었다. 이미 수십만명의 사람들이 죽어나간 전쟁터가 아니었던가? 만일의 사태에 대비해서 최소한 가족들에게라도 작별과 당부의 말을 남겨두는 것은 매우 당연했다. 변호사, 과학자, 공기업 총재, 기자, 작가, 도서관장, 학교 교장 등과 같이 자기 일에서 이례적 성공을 거두었던 세계 곳곳의 여성들은 이제 자발적 선택에 의해 유서를 써야만 하는 상황에까지 이르렀던 것이다.[6]

조사위원들은 선양의 호텔에서 48시간 이후 다시 기차를 타고 압록강변의 안둥으로 향했다. 이들은 저녁 6시에 출발하여 날이 밝을 때쯤에야 안둥에 도착할 수 있었다. 안둥에서는 도시 외곽에 위치한 사찰에 머물렀다. 이곳에서는 모두들 너무 피곤한 나머지 아무것도 안 하고 하루 종일 휴식을 취하기로 했다.

다시 어둠이 내려앉자 조사위원들은 지프를 타고 도시를 가로질러 압록강변으로 향했다. 여성들은 이 세상을 처음이자 마지막으로 보는 사람들처럼 가방을 꼭 껴안고 연신 차창 밖을 두리번거렸다. 덜컹거리며 달리던 차량이 시커먼 평야 앞에서 멈춰 섰다. 그것은 평야가 아니라 어둠 속의 드넓은 압록강이었다. 어둠 속에서 강 건너 북한 땅은 잘 보이지 않았다. 압록강은 유럽의 여느 강들보다 그 폭이 훨씬 넓었다.

일행은 압록강변의 어느 통나무집으로 인도되었다. 여성들은 그곳에서 자신들을 북한지역으로 안내해줄 사람들을 기다렸다. 오랜 시간이 지나지 않아 세 명의 낯선 남녀가 통나무집에 들어왔다. 그들은 펠턴의 기록에서 북한 부외무상으로 소개된 중년 남성 '닥터 한'(Dr. Han), 영어통역을 담당한 젊은 남성 '미스터 김'(Mr. Kim), 그리고 러시아어 통역을 담당한 젊은 여성이었다. 중년 남성의 직함이 정확하다면 '닥터 한'이라는 인물은 당시 실제 북한 부외무상이었던 주영하(朱寧河)여야만 한다. 따라서 '닥터 한'은 주영하의 이름에 대한 오기이거나, 실제 한 씨 성을 가진 다른 인물에 대한 직함(부외무상)의 오기일 수 있다.

'닥터 한'이라는 인물은 "무뚝뚝한 멕시꼬나 아스떼까 조각품"처럼 생겼다는 펠턴의 인물 묘사가 등장하는데, 이 묘사를 통해 과감히 추측해보자면 '닥터 한'은 소설가 한설야(韓雪野)일 가능성도 존재한다. 왜냐하면 한설야는 한국전쟁 발발 전후 '국제적 평화운동'과 관련된 대외활동을 가장 활발하게 전개했던 북측 인사이기 때문이다.[7] 게다가 실제 그의 얼굴 자체가 보기 드물게 큰 코와 각진 턱, 넓은 이마를 지녀서 아스떼까 조각상과 유사해 보이기 때문이다. 어쨌든 '닥터 한'이 주영하든 한설야든, 북한 내의 상당한 고위급 인사가 조사위원들을 직접 배웅 나왔다는 사실 자체가 중요할 것이다. 닥터 한은 추후 더 많은 통역원들이 조사위원들을 보좌할 것이라고 말했다.

얼마 후 조사위원들은 통나무집 인근의 부잔교로 인도되었다. 그곳에는 한척의 모터보트가 정박해 있었다. 여성들은 조용히 보트에 올라 좁은 선실로 내려갔다. 잠시 후 낡은 재봉틀 소리 같은 미약한 엔진 소리가 들리기 시작했다. 여성들은 서로의 얼굴을 마주보며 의구심 속에 머리를 양옆으로 가로저었다. 5분 정도 지나 엔진소리가 멈췄다. 배가 강 건너에 도착한 것이다. 비로소 18개국 21명의 조사위원들이 전쟁피해로 힘들어하는 여성과 어린이들의 전쟁경험과 생활환경을 조사하기 위해 극한의 전쟁터로 들어서고 있었다.[8]

하루 동안에 쏟아진 8만 5천발의 소이탄

1950년 10월 17일, 미 극동공군사령관 조지 스트레이트마이어 (George E. Stratemeyer)는 유엔군사령관 맥아더에게 신의주 파괴의 중요성을 강조하는 서한을 보냈다. 스트레이트마이어는 정치·군사적 관점에서 신의주가 북쪽으로 퇴각하는 북한군의 마지막 보루 역할을 담당할 수 있기 때문에 미리 파괴할 필요가 있다고 주장했다. 공격방법에는 "사전 경고 없이 소이탄과 고성능 폭탄을 사용해 도시 전반을 공격"(an attack over the widest area of the city, without warning, by burning and high explosive)하는 방법까지 포함되었다.[9]

이 편지를 받아든 맥아더의 입장은 의외로 냉담했다. 맥아더는 한국전쟁 초기부터 견지해온 군사목표를 향한 정밀폭격정책을 유지하고자 했다. 유엔군은 최소한 아직까지는 북한 도심지역을 향한 대규모 소이탄 공격을 실행한 전례가 없었다. 게다가 당시 맥아더는 전후 북한지역 복구정책까지 고민하고 있던 상황이기 때문에 신의주 전체를 불태워버리는 계획은 일면 어리석은 제안으로 보이기까지 했다. 맥아더는 10월 17일 스트레이트마이어에게 보내는 답신을 통해 자신은 "워싱턴에서 제시된 일반정책," 즉 군사목표만을 향한 정밀폭격정책을 준수할 것이라고 말했다. 신의주 대폭격을 직접적으로 거부했던 것이다.[10]

이렇게 신의주의 운명은 도시 전체가 완전히 파괴되는 최악의 상황까지 치닫지는 않을 것 같았다. 그러나 1950년 11월 8일 신의주를 향해 날아가고 있던 미공군 소속의 B-29 중폭격기 78대와 전폭기 87대는 20일 전과는 완전히 상이한 성격의 지령하에 움직이고 있었다. 이 비행기들 내부에는 총 640톤의 폭탄이 적재된 상태였다.[11] 이 폭탄들 중 상당수는 전쟁 초기에 사용 금지되었던 불 지르는 방식의 소이탄(incendiary bomb)이었다. 맥아더가 직접적으로 반대했던 신의주 대폭격이 실행으로 옮겨지고 있었던 것이다. 이는 한국전쟁기 유엔군 군사정책의 중요한 전환을 뜻했다.

국제여맹 조사위원들이 압록강을 건너 북한 땅에 발을 내디디던 1951년 5월의 시점은 위와 같은 유엔군 폭격정책의 중대한 변화가 발생하고 불과 6개월밖에 지나지 않았던 시점이었다. 조사위원들은 1950년 11월 수천 피트 하늘 위에서 시도된 미공군 초토화작전의 영향을 땅 위에서 생생하게 확인할 수 있는 기회를 포착했던 것이다. 몇 장의 항공사진만으로는 알 수 없는 소이탄 공격의 영향을 자신의 눈으로 직접 확인하고, 정치적 비난과 선전공세만이 난무하는 국제정치의 장에 구체적 자료를

130

제공할 수 있는 소중한 기회를 확보했던 것이다.

　21명의 외국인 여성들은 모터보트의 좁은 선실에서 선상으로 올라오
는 동안에 바깥에서 울려 퍼지는 커다란 박수소리를 들을 수 있었다. 약
30~50명의 북한 남녀들이 그녀들을 맞이하고 있었다. 대부분 민간인
복장이었고, 군복을 입은 소수의 사람들도 눈에 띄었다. 북한여성들은
모두 똑같은 모양의 치마를 입고 있었다. 달빛에 비친 폐허만 남은 도시
의 흔적이 조사위원들의 눈에 들어왔다. 인류사에서 가장 잔혹한 전쟁
이었다는 2차세계대전을 경험한 이 여성들조차 이토록 뼈대만 앙상하
게 남은 도시의 풍광을 거의 본 적이 없었다. 런던과 맨체스터의 몇몇
주요 건물들이 파손된 것만으로도 패닉에 빠졌던 이들이 아니었던가?
여성들은 처음부터 너무 큰 충격에 그저 침묵할 수밖에 없었다.

　한 여성이 북한여성들을 대표하여 조사위원들에게 꽃다발을 건넸다.
그 여성은 눈을 마주치고 가볍게 웃는 듯하더니 이내 울음을 터뜨리고
말았다. 여성은 짙은 검은색 머리를 가르마 타서 갈라 빗은 후 뒤에서
동그랗게 묶은 헤어스타일을 하고 있었다. 품이 넓은 검정색 치마는 바
람결에 나풀거렸고, 하이웨이스트의 꽉 끼는 흰색 블라우스(저고리를 지
칭)는 그녀의 가슴을 겨우 가릴 정도였다.[12] 그녀는 눈물을 닦고 다시 웃
음을 지어 보이며 프랑스어로 펠턴에게 어디에서 왔는지 물었다. 펠턴
이 자신의 국적을 말하자, 그녀는 더이상 어떤 반응도 보이지 않았다.

　조사위원들은 부서진 담벼락 옆에 은밀하게 정차되어 있던 4~5대의
지프 차량에 나눠 타고 신의주 시내를 가로질러 또다른 장소로 이동했
다. 차량은 곳곳이 움푹 패어 있는 도로 위를 휘청거리면서 달렸다. 조
사위원들의 시선은 계속 북한사람들의 삶의 흔적을 찾아내기 위해 애

쓰고 있었다. 그러나 길 양옆에는 어지럽게 부서진 파괴의 흔적만이 길게 늘어서 있었다. "이 모든 피해는 지상전투가 아닌 공중폭격에 의해 발생한 겁니다." 펠턴과 동승한 북한사람이 말했다.

차량은 건물이라기보다는 차라리 뼈대만 남은 커다란 시멘트 덩어리로 볼 수 있는 어느 구조물 앞에 갑자기 멈춰 섰다. 조사위원들은 이곳에서 지붕이 남아 있는 건물을 처음으로 볼 수 있었다. 정확히는 건물 상층부가 파괴된 상태에서 그나마 천장이 온전하게 남아 있는 커다란 시멘트 건물이었다. 조사위원들은 나중에 이 건물이 신의주 문화회관이라는 사실을 알게 되었다.

건물 안팎에서 나이 어린 소년·소녀들과 청년들이 기다리고 있었다. 이들은 대부분 제복 차림이었다. 조사위원들이 문화회관 건물 안으로 들어갈 때, 이들은 소리를 지르면서 조사위원들의 어깨를 두드리거나 움켜잡거나 힘껏 껴안곤 했다. 조사위원들은 모두 침묵했지만, 소년·소녀들의 따스한 환영과 웃는 얼굴에 크게 감동받고 있었다. 펠턴은 옆에서 함께 걷던 플레론이 떨고 있는 것을 느낄 수 있었다. 플레론이 어린 아이처럼 펠턴의 팔을 가볍게 잡으면서 말했다. "왜 저렇게 흥분해 있는 거죠?" 펠턴은 고개를 가로저으며 말했다. "글쎄요. 잘 모르겠네요."

조사위원들은 건물 내의 크고 음산하고 창 없는 방으로 안내되었다. 북한 측 호스트들이 자신을 소개하면서 짧은 환영 인사를 건넸다. 펠턴은 흰색치마의 물결 속에서 북한사람들을 일일이 구분하는 것에 애를 먹고 있었다. 북한여성들의 치마는 작은 움직임만으로도 구름 위에 떠 있는 듯한 부드러운 날갯짓을 만들어내고 있었다. 펠턴에게는 꽤나 비현실적인 꿈속의 한 장면처럼 느껴졌다. 그러나 그 와중에도 두명의 북한사람만은 뚜렷하게 구분할 수 있었다. 한명은 35세 정도의 남성이었고, 다른 한명은 유일하게 서양 옷차림을 한 여성이었다.

남성은 신의주시 인민위원장이었고, 여성은 북한 문화선전상 허정숙 (許貞淑)이었다. 남성은 다른 북한사람들과는 확실히 구분되는 창백한 피부톤 때문에 더욱 눈에 띄었고, 여성은 옅은 시나몬 색의 맞춤정장과 흰색 실크 블라우스의 옷차림 때문에 다른 여성들과 확연히 구분되었다. 여성의 얼굴 생김새는 평범했으나, 두꺼운 안경 뒤의 솔직해 보이는 커다란 눈이 인상적이었다. 그녀의 눈은 다정함이 넘치는 미소를 머금고 있었다.

허정숙은 펠턴에게 다가와 그 다정한 눈빛으로 웃으며 말했다. "제가 영어를 잘 못해서 죄송합니다. 우리는 조사위원회에 영국 여성이 있다는 사실에 매우 기뻤어요. 펠턴 씨가 우리나라에 머무는 동안 보고 싶은 것은 뭐든지 볼 수 있도록 최선을 다하겠습니다." 그녀의 눈빛에는 확신이 서려 있었다.[13]

허정숙은 온순해 보이는 외모와는 달리, 수십년의 항일운동과 여성운동으로 다져진 한국의 대표적 여성 혁명가였다. 그녀는 독립운동가이자 정치가로 활동한 허헌(許憲)의 큰딸로, 일제시기 조선여성동우회 결성에 참여했고, 1924년 11월 3일 『동아일보』에 「여자해방은 경제적 독립이 근본」이라는 글을 투고하여 필명을 떨쳤다. 1925~27년 미국에서 유학했고, 1928년 근우회(槿友會) 중앙집행위원으로 활약했으며, 광주학생운동과 관련해 1년간 옥고를 치르기도 했다. 1936년 남편 최창익(崔昌益)과 함께 중국으로 망명해 조선민족혁명당에 입당했다. 허정숙은 해방 후 서울에 와서 건국부녀동맹을 조직했으나 곧 월북했으며, 조선민주주의인민공화국 수립 이후 선전·문화·대외활동 관련 정부 부처의 요직을 두루 거쳤다.[14]

4-1. 허정숙(1945년)

허정숙은 이미 1920년대에 '여성해방'의 문제를 직접적으로 다루면서, "시부모와 그 남편 한 사람만을 지극히 정성으로 받들고 공경하는 것보다도 오히려 사람으로서의 우리의 개성을 살리고 우리의 인권을 차지하는 것이 무엇보다도 먼저 우리 눈앞에 급박한 큰 문제이다"라고 주장했던 강단 있는 여성운동가였다.[15] 그 이력 하나하나가 범상치 않은, 국제여맹 조사위원들을 향한 허정숙의 미소는 결코 가식적인 것이 아니었을 것이다. 펠턴 또한 허정숙의 긴 혁명가 경력과 여성운동가로서의 주요 주장들에 대해 전해 들을 기회가 있었다면 그녀에게 좀더 다정하게 대했을지도 모를 일이었다. 그러나 아직까지 펠턴을 포함한 대부분의 조사위원들은 이 새로운 공간에서 겪게 될 미지의 사건과 사람들에 대한 경계심을 더 강하게 품고 있었다.

시간은 이미 자정을 넘어서고 있었다. 늦은 시간이었지만 북한여성들은 환영 만찬을 통해 자신들의 성의를 보여주고 싶어 했다. 안동에서 이른 저녁식사를 마쳤던 조사위원들은 식사보다는 잠자리가 더 그리웠다. 그러나 북한여성들의 성의를 차마 거절할 수 없었다. 걸쭉하고 미지근한 수프, 완숙 달걀, 갈색의 육고기, 마늘향의 소스에 버무려진 잘게 썬 무와 채소 등이 테이블 위에 있었다. 이때까지만 해도 조사위원들은 이 정도 수준의 음식 대접이 당시 북한에서 얼마나 융숭한 것이었는지 전혀 알아차리지 못하고 있었다.

134

조사위원들이 먹는 시늉을 하는 동안 신의주시 인민위원장의 짧은 연설이 진행되었다. 연설에는 커다란 웅변도, 화려한 수사도, 다른 국가에 대한 적개심의 분출도 없었다. 그는 차분하게 신의주 파괴와 관련된 몇가지 사실을 전달하는 데 그쳤다. 어쩌면 노라 로드 위원장을 통해 정치적 연설을 자제해달라는 당부를 사전에 부탁받았을지도 모를 일이었다. 이어서 시 인민위원장은 다음날 첫 일정으로서 신의주 피해 상황에 대한 간략한 브리핑을 들어보길 제안했다. 브리핑 이후에는 피해 조사를 위해 만나고 싶은 사람은 누구든지 만나게 해주겠다고 약속했다.

밤의 신의주 거리는 여전히 황량했다. 그 거리를 가로질러 조사위원들을 태운 자동차들이 신속하게 시 외곽으로 빠져나갔다. 조사위원들은 신의주 조사기간 동안에 체류할 방 세개의 초라한 단층집에 도착했다. 세개의 조그만 방은 침대들로 가득 차 있었다. 어쨌든 그것은 진짜 침대였다. 외국인 여성들을 위해 다급히 이곳저곳에서 성한 침대들을 모아온 것 같았다. 피로와 긴장 때문인지 모든 여성들은 낯선 환경에도 불구하고 매우 빨리 깊은 잠에 빠져들었다.[16]

다음날 조사위원들은 예정된 계획에 따라 신의주시 인민위원회의 도시 피해 현황 설명회에 참석했다. 예상대로 공중폭격에 대한 설명이 주를 이루었다. 조사위원들은 이미 이날 아침부터 공중폭격이 인간에게 야기하는 끔찍한 공포를 몸소 체험한 상태였다. 여성들은 아침에 눈을 뜨자마자 다급하게 방공호로 달려가야만 했던 것이다. 공습경보가 울려 퍼졌고 실제 폭격이 진행되었다. 조사위원들은 이날 하루 동안에만 세차례의 공습경보를 들을 수 있었다.[17]

신의주 문화회관에서 진행된 브리핑은 여러명의 신의주 인민위원회 대표들에 의해 진행되었다. 그들의 공식적 설명에 의하면, 1950년 7월 신의주에는 1만 4000호의 가옥에 12만 6000명의 주민들이 거주하고 있었다. 인민위원회 대표들은 도시 내에 군수산업체는 부재하고, 성냥·신발·소금·젓가락 등을 생산하는 경공업 업체들만 존재한다고 설명했다.[18] 신의주 인민위원회는 도시 내 군수산업체의 부재를 강조함으로써 미공군 폭격의 비인도적 성격을 더 강하게 부각하고자 했던 것이다.

그러나 이 같은 설명은 부분적 진실만을 보여줄 뿐이었다. 앞서 언급했듯이 신의주에는 제재·펄프·성냥 등의 목재산업 공장들뿐만 아니라, 제련·경금속·기계산업 관련 공장들도 적잖이 들어서 있었다. 이 공장들은 그 규모 면에서 평양·원산·흥남 등의 대규모 산업단지들과 비교할 수준은 아니었지만, 그렇다고 군수산업과 무관한 공장들도 아니었다. 게다가 신의주는 천 톤급 선박이 왕래할 수 있는 주요 항구이자 경의선의 종착역으로서 국제교통의 관문이기도 했다. 이 도시는 교통 요충지라는 사실만으로도 중요한 군사거점으로서 유엔군의 주목을 받기에 충분한 곳이었다. 물론 이 같은 교통 요충지로서의 신의주의 중요성이 도시의 인구밀집지역 전반을 향한 무차별적 대량폭격에 어떤 정당성도 부여할 수 없다는 것은 자명했다.

신의주 대표들은 1950년 11월 8일의 공중폭격에 대해 설명하는 데 대부분의 브리핑 시간을 소비했다. 그들의 설명은 다음과 같았다.

11월 8일 유엔군 소속의 비행기 100대가 신의주를 집중폭격했다. 이날의 폭격이 신의주를 향한 최초의 공중폭격이었다. 이날 총 3017호에 달하는 공공건물들 가운데 2100호가 파괴되었다. 또한 1만 1000호 이상의 일반 주택들 가운데 6800호가 파괴되었다. 5000명 이상의 주민들이 살해되었는데, 그중 4000명 이상이 여성과 어린이들이었다.

THE DOCHO-DORI STREET WITH A ROW OF SHOPS, SHINGISHU.
道廳通る世比儲綿(新義州)

4-2. 대형 시멘트 건물들이 즐비한 일제하 1930년대 신의주 도청통(道廳通) 거리(위), 건물이 빼곡이 들어서 있는 신의주 시내(아래)

17개의 초등학교 가운데 16개가 파괴되었다. 그리고 14개 중등학교 가운데 12개가 역시 소이탄에 의해 불살라졌다. 17개의 교회 가운데 2개만 남아 있고, 2개의 시립병원은 지붕 위의 커다란 적십자 표시에도 불구하고 소이탄에 의해 파괴되었다. 적십자 표시가 보이는 병원에 대한 폭격은 국제협정을 위반하는 행위였다.[19] 11월 8일 하루 동안 5000명 이상의 사망자와 함께 3155명에 달하는 부상자가 발생했다. 이후 11월 10일과 11일에 두차례의 공습이 더 진행되었고, 이를 통해 신의주는 완전히 파괴되다시피 했다. 이후 1951년 5월까지 6개월 동안 지속적으로 빈번한 폭격이 진행되곤 했지만 도시의 피해가 그리 크지는 않았다. 왜냐하면 이미 1950년 11월 8~11일의 폭격을 통해 거의 다 파괴된 상태였기 때문이다.[20]

　　이와 같은 소이탄 공격을 통한 신의주의 완전 파괴는 당대 미공군 문서를 통해서도 직접적으로 입증된다. 앞서 간략히 설명했듯이, 1950년 10월까지만 해도 맥아더는 대량의 소이탄을 사용한 신의주 대공습 작전에 반대하는 입장이었다. 그러나 1950년 11월 유엔군은 공중폭격정책을 과감히 수정하여 기존과는 완연히 다른 노선을 전면적으로 채택했다. 1950년 11월 5일 맥아더의 초토화정책이 현실화된 것이다. 11월 8일 신의주 대폭격의 실행은 한국전쟁기 유엔군 작전사는 물론, 인류평화사와 냉전사에서도 매우 중요한 터닝포인트 중 하나였다. 유엔군은 과거의 역사 속에 박제해버리고자 했던 2차세계대전의 악령을 한반도 상공에 다시 불러들이고 있었다.

　　한국전쟁 발발 불과 5년 전인 2차세계대전 시기만 해도 인구밀집지역을 향한 소이탄 대량폭격작전은 미군에게 매우 친숙한 군사작전이었다. 1945년 봄부터 여름까지 미군 폭격기들은 토오꾜오를 비롯한 일본의 주요 도시들을 대량의 소이탄을 사용해 말 그대로 불태워 없애버렸다. 1945년 3월 9일 '미팅하우스 작전'(operations meetinghouse)으로 불린 토오쿄오 폭격은 단 하루의 폭격으로 약 10만명의 희생자를 발생시켰다.[21] 이후 미군은 3월 11일 나고야, 13일 오오사까, 16일 코오베, 19일 나고야 등의 대도시 공습을 전개했고, 6월 이후에는 중소도시들까지 불태우기 시작했다.[22] 일본의 전국전재도시연맹(全國戰災都市聯盟)의 조사에 따르면, 공습에 의한 사망자는 50만 9649명, 이재민은 964만 771명에 달했다.[23] 미국의 역사학자 마크 셀든(Mark Selden)은 이를 '잊힌 대학살'(forgotten holocaust)이라고 불렀다.[24]

이렇듯 2차세계대전은 모든 인류에게 엄청난 충격과 공포를 안겨주었다. 대학살을 주도했던 나치 독일이나 일본 제국주의 세력뿐만 아니라, 그에 맞서 싸웠던 연합군도 독일과 일본 민간인들에게 혹독한 방식을 사용했다. 그러나 전쟁이 끝난 후 이 같은 비인도주의적 전쟁수행 방식에 대한 진지한 비판이 사회 곳곳에서 연이어 분출되었다. 심지어 미군 내부적으로도 인구밀집지역을 향한 무차별적 폭격작전은 미국의 민주주의적 가치와 상충한다는 비판이 일어났다. 이는 미국 의회의 논쟁으로까지 확산되었다. 1949년 10월 6일 의회청문회에서 아서 래드퍼드(Arthur W. Radford) 태평양함대 사령관은, 미공군의 도시폭격 전략이 군사적 측면에서 비효율적일 뿐 아니라 도덕적으로도 미국인의 정서와 맞지 않는다고 비난했다.[25]

한국전쟁 직전 세계 여론은 더 심상치 않았다. 1950년 3월 발표된 반핵과 반전을 핵심 내용으로 하는 「스톡홀름 호소문」(Stockholm Appeal)에 대한 전세계인들의 호응은 그 대표적 사례이다. 당시 세계평화회의 의장인 프레데리크 졸리오뀌리(Frédéric Joliot-Curie)의 주장에 의하면, 1950년 7월 중순까지 무려 전세계 인구의 약 8분의 1이자 전체 성인 인구의 4분의 1에 해당하는 2억 7347만 566명의 사람들이 직접 「스톡홀름 호소문」에 서명을 했다. 이중에는 서독인 200만명, 프랑스인 1200만명, 이딸리아인 1463만 1523명, 영국인 79만 277명, 미국인 135만명도 포함되어 있었다. 당시 프랑스 전체 인구(4120만명)의 약 30퍼센트, 이딸리아 전체 인구(4600만명)의 약 32퍼센트가 「스톡홀름 호소문」에 직접 서명했다는 것이다. 성인인구 숫자만 따질 경우 이 비율은 훨씬 더 높아질 것이다. 이 같은 서유럽과 미주지역에서의 대규모 서명 양상은 당대 평화운동이 얼마나 강력한 영향력을 발휘했는지 직접적으로 보여준다.[26] 미국정부는 세계의 반전 여론과 국내의 비판적 견해들을 의식하지 않을 수 없었다.[27]

이러한 이유로 한국전쟁 초기 미군은 나름대로 세계 여론을 의식하면서 북한지역을 일본 본토처럼 완전히 불태우는 작전을 구사하지는 않았다. 최소한 1950년 11월 5일까지는 그러했다. 맥아더는 전쟁 발발 직후부터 북한 도시들을 일본처럼 불태워버려야 한다는 극동공군 핵심인사들의 지속적인 주장들을 계속 무시하고 거부했다. 맥아더는 북한지역의 군사목표만을 정밀폭격한다는 워싱턴의 일반원칙을 계속 준수해나가고자 했다.[28] 그러나 10월 말과 11월 초에 발생한 사건들이 미 극동공군 폭격작전의 급격한 성격 변화를 야기했다. 중국인민지원군이라는 무시무시한 새로운 적이 등장했고, 그들과의 최초 격전에서 미군과 한국군이 절멸되다시피 연전연패해버리고 만 것이다.[29] 맥아더 입장에서는 새로운 응급조치와 돌파구가 필요했다. 그 돌파구는 2차세계대전의 악령을 다시 한반도에 소환하는 조치였다.

140

나진과 수풍댐과 여타 북한 내의 발전소를 제외하고, 모든 통신수
단, 모든 설비, 공장, 도시와 마을을 파괴할 것. 현 상황에서 이러한 모든
것들은 군사적 잠재력을 지니고 있으며, 따라서 군사시설로 간주될 뿐임. 이
파괴 작전은 한국-만주 국경에서 시작해 남쪽으로 진행될 것임.[30](강
조는 원문)

신의주 대폭격에 신중했던 맥아더는 급격한 전황의 변화와 함께 미
극동공군 강경세력의 견해에 동의해주었다. 그리고 11월 8일 무렵 78대
의 B-29기와 87대의 전폭기를 동원해 신의주 대폭격을 실행에 옮겼다.
신의주 인민위원회 대표들은 11월 8일 100대의 비행기가 신의주 상공
에 등장했다고 주장했지만, 실제 신의주 상공에 등장한 비행기는 165대
에 달했던 것이다. 최소한 비행기 대수의 측면에서 신의주 대표들의 브
리핑이 과장되지는 않았다는 사실을 확인할 수 있다.

11월 8일 신의주 상공에 등장한 78대의 B-29 중폭격기들 중에서
70대는 신의주 도시 전체를 소이탄으로 육안폭격(visual bombing)했고,
6대는 신의주 국제교량을 파괴폭탄(general purpose bomb)으로 공격
했으며, 2대는 신의주 동쪽 9마일 지점의 복선철도교량을 레이존폭탄
(razon bomb)으로 폭격했다. 신의주와 압록강 사이에는 1908년에 착공
해 1911년에 준공된 철교와 1937년 착공해 1943년 완공된 복선형 철교
의 두개 교량이 존재했다. 요컨대 미공군은 도심을 향해서는 소이탄 대
량폭격을, 두개의 철교를 향해서는 파괴폭탄과 레이존폭탄 공격을 실
시했던 것이다.[31]

소이탄 육안폭격이란 공격 타깃을 B-29기 조종사의 눈으로 직접 확
인하면서 소이탄을 대량으로 투하하는 폭격방식을 가리킨다. 이는 높

은 고도의 구름 위에서 초보적 수준의 레이더에 의존해 공격을 실시했던 맹목적 레이더폭격(radar bombing; blind bombing)과 구분되는 폭격방식이었다. 한국전쟁 당시에는 레이더폭격보다 육안폭격의 목표물 적중률이 훨씬 더 높았고, 신의주 폭격에서는 중국지역 오폭을 방지하기 위해 오히려 육안폭격을 의무화했었다. 파괴폭탄은 GP폭탄, 보통폭탄, 다목적폭탄, 일반용폭탄 등으로도 불리는데, 대한민국 공군교범상의 정식 명칭은 파괴폭탄이다.[32] 레이존폭탄은 무선 신호를 받을 수 있는 날개를 통해 투하 방향과 속도를 제어하는 폭탄을 지칭한다. 레이존폭탄은 한국전쟁 초기부터 교량 파괴에 시험적으로 활용된 사실을 확인할 수 있다.[33]

B-29 중폭격기 외에 제5공군 소속 전폭기 87대 역시 B-29기 호위임무를 수행하면서 함께 폭격작전을 수행했다. 11월 8일 단 하루 동안 신의주에는 640톤의 폭탄이 투하되었고, 도시 전체는 순식간에 잿더미로 변했다.[34] 신의주 폭격 직후 미 극동공군은 사진정찰을 통해 신의주시 184만 제곱미터 중 약 110만 4000제곱미터 이상이 완전 파괴되었다고 결론 내렸다.[35] 이날 하루 동안에만 약 8만 5000발의 소이탄이 투하되었다.[36] 앞서 신의주 인민위원회의 브리핑 내용에 의하면, 한국전쟁 발발 당시 신의주에는 1만 4000호의 가옥에 12만 6000명의 시민이 거주했다고 한다. 이에 의거해 폭격의 정도를 가늠해보면, 11월 8일 하루 동안 건물 1채당 평균 6.07발, 사람 1명당 평균 0.67발에 달하는 소이탄이 신의주 상공으로부터 투하되었음을 확인할 수 있다.

70대의 B-29기가 투하한 8만 5000발의 소이탄의 수는 일면 굉장히 과장된 것처럼 보이기도 한다. 그러나 미 극동공군 폭격기사령관 에밋 오도넬(Emmett O'Donnell, Jr) 소장이 스트레이트마이어에게 발송한

4-3. 1950년 11월 8일 폭격 직후의 신의주

보고서를 보면 11월 8일 신의주에 투하된 소이탄의 수가 결코 과장되지 않았음을 쉽게 확인할 수 있다. 즉 70대의 B-29기는 각각 32발의 소이 집속탄(incendiary cluster bomb)으로 무장했는데, 각각의 집속탄 안에는 38발의 소이탄이 들어 있었던 것이다. 결과적으로 당일 신의주에는 정확히 8만 5120발(70×32×38)의 소이탄이 투하되었음을 알 수 있다. 보고서상의 8만 5000발은 결코 과장이 아니었던 것이다. 오도넬은 "시가지가 사라졌다"(the town was gone)고 보고했다.[37]

사진 4-3은 11월 8일의 폭격에 의해 불타고 있는 신의주의 모습이다. 화염으로 인해 발생한 흰색과 검은색의 연기는 도시의 피해 양상조차 파악할 수 없을 정도로 도시 상공을 자욱하게 뒤덮고 있다. 사진은 당일 총 8대의 B-29기에 의해 공격을 받았다는 두개의 압록강 철교의 모습과 폭격 피해를 전혀 입지 않은 압록강 너머 중국 안둥지역도 생생하

게 보여준다. 신의주 폭격 당시 합동참모본부와 맥아더는 중국지역 오
폭 가능성에 대해 철저히 경계하면서, 압록강 철교 또한 북한쪽 경간(徑
間)만을 공격하라고 명령했다.[38] 실제 이때 파괴되어 중국쪽 교량 절반
만 남아 있는 압록강단교(鴨綠江斷橋)를 지금까지도 확인할 수 있다. 오
늘날의 중국정부는 이 압록강단교를 미국 침략의 역사적 증거로서 파
괴된 상태 그대로 보존하고 있다. 또다른 복선형 철교는 1990년 조중우
의교(朝中友誼橋)로 개칭되어 수많은 인적·물적 교류의 장으로 활용되
고 있다.

이날 미 극동공군은 언론 브리핑을 통해 도시의 90퍼센트가 파괴되
었다고 평가함과 동시에, 군사적 성격만 지니는 목표물만을 공격했다
고 주장했다.[39] 극동공군의 평가는 모순적으로 보이지만, 그들 입장에서
는 일면 정당한 평가로 볼 수도 있었다. 그들은 1950년 11월 5일의 초토
화정책을 통해 북한지역의 도시와 농촌 지역 자체를 공식적인 군사적
목표(military target)로 간주하고 있었기 때문이다.

8만 5000발의 소이탄이 투하되고, 단 하루 동안 5000명 이상의 사망
자와 3000명 이상의 부상자가 발생하는 동안 지상에서 어떤 생지옥 같
은 상황이 펼쳐졌을지 상상하기란 쉽지 않다. 2차대전기 신의주처럼 대
량의 소이탄 공격을 받았던 함부르크, 드레스덴, 토오꾜오 등의 주민들
의 피해에 대한 묘사는 당일 신의주 지상의 상황을 미루어 짐작케 해주
는 측면이 있다.

이를테면 1943년 7월 27일 단 하룻밤 사이에 약 5만명의 민간인들을
학살한 함부르크 폭격은 소이탄의 괴력을 생생히 보여준다. 폭격기들
은 조명탄이 떨어진 주거지역에 1200톤의 소이탄을 순차적으로 대량
투하했다. 신의주에 투하된 소이탄 640톤의 약 1.8배에 달하는 양이었

다. 함부르크는 그 자체로 커다란 불덩어리로 변했다. 불바다의 중심부는 섭씨 800도에 달했고, 불길이 확산됨에 따라 상승기류로 허리케인과 같은 불꽃 회오리바람이 거칠게 불었다. 아이들은 거센 바람으로 부모의 손을 놓치고 불 속으로 날아가버렸다. 불에 타 죽는 것을 피해 방공호로 피난했던 사람들도 대부분 질식사했다. 도시 내 젊은 남성 대부분이 전선에 배치되어 있는 상황에서 희생자의 압도적 다수는 여성, 아이, 노인으로 구성되어 있었다.[40] 앞서 살펴보았듯이, 11월 8일 신의주에서도 5000명 이상의 사망자 중에 4000명 이상이 여성과 어린이들이었다.

1945년 3월 9일 토오꾜오 폭격에서는 신형 소이탄 M69가 대량으로 사용되었다. M69는 지상 착지와 함께 네이팜을 사방 30미터에 흩뿌리면서 주변의 가옥과 사람들을 순식간에 불쏘시개로 만들어버리는 가공할 폭탄이었다. 토오꾜오 시내는 삽시간에 불바다로 변했다. 가족들은 아기들을 등에 업고 거리로 뛰쳐나갔다. 그러나 거리 또한 온통 불길에 휩싸여 있었다. 그들은 불기둥 속에서 살아 있는 횃불이 되어 재로 사라져갔다.[41] 이날 단 하루 동안 10만명이 넘는 시민들이 목숨을 잃었고, 그 중에는 약 1만명의 조선인도 포함되어 있었다. 이 조선인들은 대부분 토오꾜오의 군수공장에서 일하다가 참상을 당했다.[42]

1950년 11월 8일 신의주 시내 곳곳에서도 함부르크나 토오꾜오와 유사한 상황들이 펼쳐졌을 것이다. 함부르크의 5만명이나 토오꾜오의 10만명에 비해 신의주의 5000명 희생은 얼핏 작은 규모처럼 보일 수 있지만, 당시 함부르크나 토오꾜오는 신의주와 병렬적으로 비교할 수 없는 세계적 규모의 대도시였다. 오히려 독일 제2규모의 도시 함부르크 폭격의 절반 수준에 이르는 대량의 소이탄을 인구 12만 6000명에 불과한 당시 영국 "울버햄프턴 크기 정도"[43]의 북한 국경도시에 퍼부었다는 사실에 주목할 필요가 있을 것이다. 유엔군은 신의주라는 도시 자체를 과거 아무런 인공적 구조물도 없었던 시절로 돌려놓으려는 듯이 맹렬하게 파괴했다. 1950년 11월 17일, 맥아더는 주한미대사 존 무초를 만난 자리에서 북한지역 전체가 사막화될 것이라고 공언했는데, 이는 결코 과장된 허풍만은 아니었다.[44]

우리는 충분히 보았다

신의주 인민위원회의 브리핑과 질의·토론이 끝난 후, 조사위원들은 작은 그룹을 형성하여 자유롭게 도시 곳곳을 돌아다닐 수 있었다. 조사위원들은 11월 8일 하루 동안에 쏟아진 8만 5000발의 불비가 신의주 시내를 어떻게 순식간에 폐허로 변화시켰는지 어렵지 않게 확인할 수 있었다. 2100호의 공공건물, 6800호의 일반주택, 16개 초등학교와 14개 중등학교, 15개 교회와 2개 병원의 파괴의 흔적을 확인하는 과정은 너무나 쉬운 일이었다.

앞서 살펴보았듯이, 신의주는 철도교통의 중심지이자 활발한 국제 상업 교류의 장이었기 때문에 시내에는 보기 드문 규모의 큰 석조건물들이 즐비했다. 그러나 신의주 시내 전체를 커다란 불구덩이로 만들어버린 소이탄 집중폭격 때문에 목조건물들은 모두 전소되었고, 석조건물도 대부분 파괴된 상태였다. 1만 4000여호의 기존 건물들 중에서 4000여호의 건물들만이 여전히 완파되지 않은 상태에서 잔존해 있었는데, 그것들 또한 시멘트 벽채만 서 있는 경우가 대부분이었다. 그 벽채 내부에는 어떤 가재도구도 남아 있지 않았다. 수만발의 소이탄이 내뿜

4-4. 신의주 문화회관에서 신의주 시내를 내려다보고 있는 모습으로 추측된다. 조사위원들은 수일 전 중국 선양에서 보안상의 문제로 지급받은 중국 인민복 복장을 하고 있다.

은 네이팜이 도시 안의 모든 가연성 물질들을 불태워버린 듯했다.

신의주 시내에는 황갈색의 흙먼지와 새까만 잿더미가 뒤섞여 어둡고 음산한 분위기를 내뿜고 있었다. 북한정권이 도저히 의도적으로 조작해낼 수 없는 파괴의 흔적이 광활하게 펼쳐져 있었다. 조사위원 개개인들은 그 파괴의 흔적들 속에서 유엔군의 공격 방식과 북한사람들의 피해 정황에 대한 자기 나름의 객관적 인식을 형성해내기 위해 애쓰고 있었다. 도시의 폐허들 사이에는 위험천만한 불발탄들도 눈에 띄었다. 조사위원들은 이 불발탄들의 일련번호를 자신의 수첩에 열심히 옮겨 적기도 했다. 보고서에는 다음과 같은 폭탄의 일련번호가 등장한다: Amm. Lot RN 14-29 shell MJ For M2 a MFL1 Lot-GL-2-116 1944 MJBCA 2 ACT 464.[45]

기존의 12만 6000명의 시민들 중에서 이미 많은 이들이 폭격으로 사망했고, 대부분의 젊은 남성들은 전선으로 불려갔으며, 생존한 여성과 아이들도 계속되는 폭격을 피해 도시 외곽으로 빠져나간 경우가 많았다. 그러나 여전히 수만명의 사람들이 도시의 폐허 사이에서 힘들게 생존을 이어가고 있었다. 대부분의 사람들은 폭격으로 파괴된 건물 아래에 토굴을 만들어 생활하거나, 땅을 파고 그 위에 거적을 얼기설기 엮어 만든 토막(土幕)에 거주했다. 몇몇은 무너지지 않고 남아 있는 담벼락 주변에 돌덩이를 쌓고 나무기둥을 세우고 거적을 둘러 아슬아슬하게 은신처를 유지하고 있었다. 신의주 시민들에게 바람을 막아주는 사방의 흙벽과 지붕은 사치스러운 상상에 지나지 않았다. 설령 그런 집이 존재한다 해도 폭격이 지속되는 한 제대로 된 은신처 역할을 할 수도 없었다.

조사위원들은 통역원을 대동한 채 소그룹을 이루어 신의주 시내 곳곳을 무계획적으로 돌아다녔다. 펠턴의 표현에 의하면, 통역원들은 "이쪽보다는 저쪽으로 가보는 것이 낫다는 식의 제안을 단 한번도 하지 않았다."[46] 조사위원들이 방문하는 모든 곳에서 시민들은 하던 일을 멈추고 그녀들을 응시하곤 했다. 몇몇 남성들은 거칠고 허름한 서구식 의복을 입고 있었지만, 여성들은 모두 빳빳하고 짧은 흰색 재킷(저고리를 지칭)에 길고 펄럭이는 스커트 차림을 하고 있었다. 그들의 끔찍한 현실에도 불구하고 시민들은 대부분 생생하고 깨끗해 보였다. 그들의 흰옷은 티 없이 깨끗했고, 정갈하게 빗질된 머릿결은 반지르르 윤이 났다.

"왜 다들 흰옷을 입고 있는 거죠?" 어느 조사위원이 통역원에게 물었다. 조사위원들은 선양에서 눈에 띄는 흰색이나 강렬한 색의 옷을 한국에 가져가지 말라는 경고를 들었다. 굳이 작고 칙칙한 무채색의 인민복을 욱여 입었던 이유도 그 때문이었다. 그런데 정작 북한에 와보니 모든 여성들이 눈에 띄게 밝은 흰옷을 입은 채로 거리를 활보하고 있었다. 조사위원들은 의아하지 않을 수 없었다. 그러나 통역원의 대답은 의외로 간단했다. 치마저고리는 한국여성들의 전통적 옷차림이라는 것이다.

148

전통한복을 부분적으로 개량한 치마저고리는 전쟁 이전 시기부터 북한 여성들의 가장 대중적인 평상복일 뿐이었다.

얼마쯤 걷다가 넓은 폐허의 건너편에서 한 여성이 아기를 등에 업은 채 조사위원들을 바라보고 있는 모습이 눈에 띄었다. 서양에서는 포대기를 사용하지 않기 때문에 등 뒤에 아기를 묶어둔 모습이 다소 기이하게 느껴졌다. 여성의 얼굴은 경직되어 있었다. 그녀는 조사위원들을 향해 소심하게 손을 흔들었다. 조사위원들은 이를 초대의 의미로 해석하고 길을 건너 그녀에게 다가갔다. 통역원들이 조사위원들의 방문 목적에 대해 설명해주면서 그녀의 집을 보여줄 수 있는지 물었다. 그러고 얼마 후 조사위원들은 그녀의 주거공간을 방문할 수 있었다.

그녀의 주거공간은 무덤 크기 정도의 토굴이었다. 그녀는 그 구덩이 안에서 남편 및 네 아이들과 함께 살고 있었다. 목재가 토굴을 떠받치고 있긴 했지만, 어린아이의 주먹질만으로도 곧 무너져버릴 것 같았다. 토굴 안에는 양초와 작은 양푼 하나만이 놓여 있었다. 그것이 가재도구의 전부였다. 그외에는 정말 아무것도 없었다. 가족의 식량은 시 당국에서 배급하는 쌀과 콩에 의존한다고 말했다. 물은 200~300미터 떨어진 곳에 있는 급수 펌프에 의존했다.[47]

북한정권은 1950년 11월 20일에 이르러서야 미공군의 초토화작전과 관련된 최초의 대민지원정책을 발표했다. 그 내용은 기존의 내각결정서들과는 달리 온전히 북한주민의 긴급한 의식주 문제 해결에 초점을 두고 있었다. 우선 북한정권은 '폭격'으로 인해 피해를 입은 전재민(戰災民) 구호를 위해 전재민 수용소를 설치할 것을 지시했고, 전재민 중에서 자신의 생활을 위탁할 지인이 있는 사람들에게는 5일분의 양곡만을 배급하고, 위탁할 곳이 없는 사람들에 대해서는 양곡을 중단 없이 지속

4-5. 토굴 입구의 북한여성과 아이

적으로 배급하라는 결정을 하달했다. 또한 추운 겨울 날씨에도 불구하고 제대로 걸칠 옷이 없는 사람들을 위해 10~20만 미터의 옷감을 12월 10일까지 무상으로 공급하라고 지시했다. 마지막으로 전재민의 주택을 보장해주기 위해 각 면·리 인민위원장들에게 농촌지역의 전재민 수용능력을 조사토록 했고, 부족한 주택문제 해결을 위해 11월 말까지 '토막(土幕)'을 구축케 하며, 이를 위해 필요한 목재 등 자재를 적극 알선·보장하라고 명령했다.[48]

이상의 1950년 11월 20일의 내각결정은 당시 북한정권과 북한주민들의 상황이 얼마나 다급했는지 미루어 짐작케 해준다. 북한정권은 의식주의 위기상황에 처한 북한주민들을 위해 생명을 연장해갈 수 있는 '응급조치'만을 겨우 내릴 수 있었던 것이다. 추운 날씨에 자국민들이 얼어 죽고 굶어 죽지 않도록 최소한의 옷감과 음식을 제공하고, 일제시기 도시빈민들의 주거형태였던 토막이라도 지어서 생명을 연장해가라는 결정이었다. 그저 죽지만 말고 견뎌보자는 결정이었다. 전국토가 불타고 있는 상황에서 사실 이 이상의 결정을 내리는 것도 불가능하긴 했다.

"전쟁 전에는 어디에 사셨죠?" 누군가가 물었다.

"이 부근에 살았어요." 그녀는 흑갈색의 빈 공터 쪽을 손으로 가리켰다.

"방 세개의 제대로 된 집이었는데, 모두 불타버렸어요. 그 안에 있는 것들까지 모두⋯⋯" 그녀는 잠시 멈칫하다가 계속 말을 이어갔다. "그래도 우리는 운이 좋아요."

"운이 좋다고요?" 누군가 큰 소리로 물었다. 그녀는 미소를 지었다. 심중을 알 수 없는 깊은 눈에 따스함이 서렸다. "남편과 아이들이 모두 온전하잖아요. 화재를 피해 달아날 때 비행기들이 기총소사를 했어요. 많은 사람들이 가족을 잃었죠. 하지만 우리는 운이 좋았어요. 정말 행운이었죠."[49]

이 여성 외에도 많은 신의주 시민들이 소이탄 폭격 당시의 저공 기총소사(strafing)에 대해 증언했다. 조사위원들은 이 기총소사로 인해 신의주 시내 전반이 더욱 철저하게 불타버린 것으로 파악했다. 조사위원들은 "어째서 피해가 이다지도 막심한지 처음에는 알 수 없었"지만, 반복적 인터뷰를 통해 그 이유를 다음과 같이 파악할 수 있었다.

"시의 직원들이나 대중들을 만나 우연히 대화를 나누며 질문한 결과 그 이유를 알 수 있었다. 우리와 인터뷰한 모든 사람들은 첫번째의 파상적인 소이탄 투하 이후 불을 끄기 위해 거리로 나간 사람들이 저공비행 기총소사에 의해 조직적으로 사살되었다고 말했다. 도시에 대한 완전소각은 화재진화를 시도한 민간인들을 조직적으로 기총소사하는 과정에서 초래되었다."[50]

조사위원과의 인터뷰에 응한 모든 신의주 시민들은 하나같이 폭격후 전폭기 기총소사 사실에 대해 언급했고, 이것이 도시지역 완전소각의 주요 원인이라고 주장했다. 실제 1950년 말 미공군의 폭격작전에 대한 소련군 총참모부 작전총국의 분석에 의하면, "폭격 7~10분 후 폭격장소에 적 전폭기가 나타나 공중청소를 실시"했다고 한다. 이 보고서는 대외선전을 위한 문서가 아니라, 미공군 전투행동 분석을 위한 소련군의 내부 비밀문서였다.[51]

북한주민들의 진화작업을 방해하기 위한 또다른 활동은 소이탄 투하 직후 도시 전역에 걸쳐 시한폭탄을 투하하는 행위였다. 국제여맹 조사단의 조사 결과에 의하면, 미공군 폭격기들은 주로 소이탄 투하 후에 다량의 시한폭탄을 떨어뜨렸다고 한다. 시한폭탄은 다양한 시간대에 걸쳐서 산발적으로 폭발했는데, 낙하 후 20일 이후에 폭파하는 경우도 있었다.[52] 며칠 뒤 국제여맹 조사위원들은 평양지역 현지조사 과정에서 10~20분 간격으로 세발의 시한폭탄이 폭발하는 광경을 지척에서 목격하기도 했다. 자칫하면 조사위원들의 생명까지 위태로울 수 있는 아찔한 순간이었다.[53]

미공군의 시한폭탄 투하 사실은 미군 측 기록을 통해서도 확인할 수 있다. 미 극동공군은 이미 남한지역에서도 북한군 점령지역 내의 교량복구사업을 방해하기 위해 다량의 시한폭탄을 투하한 경험이 있었다.[54] 한국전쟁기 화재진압 및 전시복구 활동은 남북한을 막론하고 해당 도시 거주민들이 그 업무의 상당 부분을 직접 책임지는 경우가 많았다. 다시 말해 미공군의 시한폭탄 투하는 도시 거주민 상당수를 향한 군사작전이었다고도 볼 수 있다. 북한주민들은 소이탄 화염 속에서도 기총소사와 시한폭탄의 두려움 때문에 감히 불 끌 엄두를 내지 못했다.

도시 곳곳에는 방치된 어린아이들도 다수 눈에 띄었다. 이들은 어른들과 달리 낡고 누추한 옷차림에 지저분한 얼굴을 하고 있었다. 아이들은 거리 어느 곳에나 있었고, 어른들과는 달리 조사위원들과 마주치면 공포에 질려 달아나기에 바빴다. 조사위원들의 이국적 외모가 아이들을 놀라게 했던 것이다. 아이들의 이야기를 듣고 싶었던 조사위원들로서는 난감한 일이 아닐 수 없었다. 하지만 여러 조사위원들은 플레론과 바크만을 통해 아이들에게 접근하는 방법을 쉽게 터득할 수 있었다. 사탕과 초콜릿이라는 뇌물만 있으면 아이들과의 대화가 매우 용이했던 것이다.

플레론과 바크만은 한 작은 여자아이와 이야기를 나누고 있었다. 그 아이는 여섯살에 불과했다. 하지만 이 여아는 한손으로는 등에 업은 작은 아기를 달래고 있었고, 다른 한손으로는 조그만 남자아이의 손을 꽉 부여잡고 있었다. 아이는 등에 업힌 아기의 무게 때문에 연신 휘청거렸다. 아이의 엄마는 폭격으로 사망했고, 아빠는 온종일 일터에 머무르고 있었다. 때문에 아빠가 없는 동안에 이 여섯살 어린아이가 어두운 토굴 안에서 돌도 지나지 않은 아기와 세살 된 남동생을 돌보고 있었던 것이다. 자신도 어른들의 돌봄이 필요한 아가였음에도 불구하고 말이다. 세살 된 동생을 꼭 부여잡은 손에서는 보호자로서의 책임감마저 느껴졌다.

신의주에서 아이들은 계속 조사위원들을 피해 다녔지만, 어른들은 조사위원들을 그냥 지나가게 내버려두지 않았다. 특히 성인 여성들이 더욱 그러했다. 조사위원들이 방문하는 모든 곳에서 사람들은 분주히 움직이고 있었다. 누군가는 일하고, 누군가는 이웃과 수다를 떨고 있었

는데, 이 외국인 여성들을 보면 어김없이 자신의 행위를 멈추고 조사위원들과 이야기 나누길 갈망했다.[55]

권문수도 그 같은 사람들 중 한명이었다. 그는 조사위원들을 자신이 거주하는 토막으로 안내했다. 그는 허물어진 건물들의 돌무더기로 자신의 토막을 쌓아올렸는데, 그곳에는 아내와 세명의 아이들이 함께 거주하고 있었다. 돌무더기로 구분된 두개의 방은 문이나 창문이 없었고, 몇개의 거적으로 지붕을 대신하고 있었는데 비가 오면 영락없이 빗물이 샐 수밖에 없는 엉성한 지붕이었다. 3×2미터의 방과 0.5×3미터의 부엌에는 어떤 가구도 없었다. 그러나 이웃사람들은 권문수 가족을 행복한 사람들이라고 부러워했다. 이들은 다른 사람들이 가지지 못한 담요 한장을 갖고 있었기 때문이다. 조사위원들은 이 가족이 부러움을 산다는 말에 크게 놀라지 않았다. 조사위원들은 그의 말이 농담이나 자기위안의 말이 아니라는 사실을 잘 알고 있었다. 대부분의 사람들은 표현 그대로 거주지에서 제대로 돌아누울 공간조차 없이 열악하게 살아가고 있었다.[56]

"우리는 충분히 보았다"(We had seen enough).[57]

조사위원들은 진심으로 그렇게 생각했다. 이들은 신의주의 전쟁피해 현황과 지역민들의 열악한 일상에 대해 상당한 정도 파악했다고 말할 수 있을 만큼 충분히 돌아다니면서 많은 이야기를 주고받을 수 있었다. 폐허의 패턴은 단조로웠고, 시민들의 주거환경과 식생활도 최악의 상황의 일정한 반복에 불과했다.

펠턴은 문화회관 앞에서 장윤자라는 이름의 여성과 이날의 마지막 인터뷰를 수행했다. 원래 계획에는 없던 인터뷰였다. 펠턴은 이미 이날의 일정을 마치고 문화회관 앞에서 잠시 휴식을 취하고 있었다. 마침 그

154

때 아기를 업은 장윤자가 통역원 미스터 김에게 펠턴이 누구인지 물어
보았고, 그녀가 영국인이라는 사실을 듣고서는 금세 굳은 표정으로 침
묵하고 있었다. 펠턴은 혐오의 말이 쏟아질 것 같아 긴장했다. 그런데
장윤자는 갑자기 오열하기 시작했다. 그것도 마치 펠턴이 오래전에 헤
어진 소중한 친구라도 되는 듯 펠턴의 목을 부여잡고 큰 소리로 울기 시
작했다. 펠턴은 장윤자의 사연에 대해 알지도 못한 채 그녀를 따라서 눈
물을 흘렸다.

　장윤자는 자신의 아버지, 남편, 아이들과 함께 한집에서 살았다고 말
했다. 그러나 그녀의 집은 11월 8일의 폭격에 의해 전소되고 말았다. 게
다가 집에 붙은 불을 끄기 위해 애쓰던 남편과 아버지도 기총소사에 의
해 죽임을 당했다. 현재 그녀는 자신의 무너진 집 아래에 토굴을 파서
아이들과 함께 생활하고 있었다. 이 가족의 유일한 먹을거리는 시 당국
에서 배급하는 쌀과 콩이 전부였다.

　장윤자가 말했다. "전쟁이 곧 끝날까요?"

　이날의 인터뷰 과정에서 가장 빈번하게 들었던 질문이 장윤자의 입
을 통해 반복되고 있었다. 이는 그녀와 그녀 가족의 생존이 걸린 절박한
질문이었다. 평화를 향한 처절한 호소나 다름없었다. 펠턴은 고개를 저
었다. "모르겠어요. 모르겠어요." 펠턴은 어떤 이야기도 해줄 수 없었다.
그녀에게 절망적 이야기도, 헛된 희망도 주고 싶지 않았다.

　펠턴은 문화회관으로 들어가려다가 마침 주변에서 나무를 심는 북
한주민들을 볼 수 있었다. 그들은 버드나무와 포플러나무의 어린 묘목
으로 보이는 작은 나무들을 거친 황무지 위에 옮겨 심고 있었다. 폭격
은 거의 매일 어김없이 반복되고 있었지만, 도시 재건사업은 이미 시작
되고 있었다. 그들은 지옥 같은 현실 속에서도 미래에 대한 신념을 잃지

않기 위해 발버둥치고 있었다. 그리고 보니 인터뷰했던 많은 사람들이 가족을 잃은 비탄과 최악의 환경 속에서도 "운이 좋다"고 말했던 모습이 떠올랐다.

"미래라……."

펠턴은 저도 모르게 긴 한숨을 내쉬었다.[58]

5장
그을린 사람들

평양으로 가는 길

신의주 이후의 현지조사 과정에서 지휘본부(HQ)로 사용될 안전가옥은 평양에서 25킬로미터 떨어진 도시 외곽에 위치해 있었다. 조사위원들은 신의주로부터 이곳까지 야간에 자동차를 이용해 이동할 예정이라는 통보를 받았다. 미공군의 폭격으로 인해 주간의 차량이동은 현실적으로 불가능했다.

조사위원들의 평양행은 아직 해가 완전히 지지 않은 이른 저녁부터 시작되었다. 몇대의 지프와 승용차가 여성들을 기다리고 있었다. 펠턴은 노라 로드 위원장과 함께 승용차를 타고 이동했다. 운전석 옆자리에는 순박한 농부의 얼굴을 지닌 젊은 군인이 앉아 있었다. 그는 인사말과 함께 주머니에서 담배를 꺼내 펠턴과 로드에게 권했다. 북한 담배는 중국 담배보다 독하긴 했지만 꽤 피울 만했다.

폐허의 도시를 벗어나자 봄날의 아름다운 전원 풍경이 눈앞에 펼쳐졌다. 조사위원들은 가파른 언덕, 뾰족한 산, 기기한 형상의 바위, 흑갈색의 나무숲 등을 유심히 바라보았다. 물기 많은 바닥의 논, 적갈색 토양의 밭, 그리고 그 위에서 땀 흘리며 일하는 흰옷의 사람들이 잠시 가혹한 전쟁의 비극을 잊게 해주었다. 하지만 그 같은 마음의 여유도 결코 오래가지는 못했다. 갑자기 날카로운 기관총 소리 같은 것이 멀지 않은 곳에서 울려 퍼진 것이다.

비행기가 상공을 선회하는 듯했다. 펠턴 일행의 자동차는 개활지에 노출되어 있었다. 운전사가 정신없이 좌우를 둘러보며 자동차의 속도를 높였다. 그리고 차량을 숨길 수 있는 적절한 나무숲 지대가 등장하자 재빨리 차를 멈추고 펠턴과 로드를 차 밖으로 끄집어냈다. 두 여성은 두 북한 남성들에게 거의 끌려가다시피 하여 길 바깥쪽 도랑에 던져졌다. 네 사람은 비행기가 이 지역을 계속 선회하는 동안 도랑에서 꼼짝도 않고 엎드려 있었다. 다행히 도랑에는 물기가 거의 없었다. 비행기가 돌아간 후 네 사람은 몸을 일으켜 서로의 몸에 붙어 있는 먼지를 털어주었다.

이들의 위험한 여행은 계속되었다. 아직 해가 서산으로 완전히 떨어지지 않은 상황에서 펠턴 일행은 어느 소도시(town)를 지나갔다. 이곳도 신의주 같은 또 하나의 넓은 폐허나 다름없었다. 단지 이곳은 신의주처럼 대형 석조건물들이 많지 않았기 때문에 잔해의 패턴이 조금 달랐을 뿐이었다. 사람들은 도로가에 우두커니 서 있거나, 삼삼오오 무리를 지어 대화를 나누고 있었다. 그들 뒤편으로 무너진 기와지붕과 무수한 기왓장 파편들이 눈에 들어왔다. 그것들은 마치 오래전에 생명을 잃은 커다랗고 텅 빈 홍합 껍데기 같았다. 기와집 뒤로는 서구식 석조건물들의 흔적이 보였다. 그러나 그 모든 건물들은 지붕 없이 하늘을 향해 개방되어 있었다. 이 도시는 완전히 불타기 전에 어느 정도 규모였는지 가늠하기조차 쉽지 않았다. 펠턴은 잔해의 면적을 통해 약 2~3만명의 사람들이 이 소도시에 거주했을 것으로 추측했다. 하지만 지금은 주거공간으로 쓸 만한 건물이 단 하나도 눈에 띄지 않았다. 펠턴과 로드는 아무 말도 하지 않고 황혼 녘의 광활한 폐허를 계속 바라만 보았다.

달이 떠올랐다. 보름달에 가까운 커다란 둥근달이었다. 일행은 몇킬로미터를 더 달린 후에 최근까지 작은 시골 마을(village)이었던 지역을 통과했다. 이곳에는 단 하나의 벽도 온전히 서 있지 않았다. 오직 검은 굴뚝들만이 건물 잔해 사이에 우뚝 솟아 있었다. 가지가 모두 잘려버린 앙상한 나무들처럼 우뚝우뚝 솟아 있는 굴뚝들의 풍경은 밝은 달빛 아래에서 기괴한 분위기 자아냈다.[1]

1951년 8월 북한에 특파된 헝가리 기자 티보르 메러이(Tibor Méray) 또한 압록강에서 평양까지 가는 길에 보았던 북한의 풍경에 대해 펠턴과 매우 유사하게 묘사했다. 메러이 일행은 지속적인 미공군의 폭격 때문에 오직 밤에만 이동할 수 있었다.

우리는 달빛 속에서 이동했다. 눈에 띄는 것은 황폐함뿐이었기 때문에 마치 달을 여행하고 있는 기분이었다. …… 어느 도시를 가든 굴뚝밖에 없었다. 집들은 무너졌는데, 왜 굴뚝은 안 무너졌는지 그 이유를 알 수 없었지만, 예전에 20만명이 거주하던 도시를 지나갈 때조차 내가 본 것은 오로지 수천개의 굴뚝뿐이었다. 그것이 내가 본 전부였다.[2]

펠턴은 평양으로 가는 도중에 5개의 소도시와 다수의 촌락들을 지나갔다. 펠턴은 그 마을들의 수를 세다가 중도에 포기했다. 펠턴은 나름대로 민간지역 파괴 비율을 계산해보려 했던 것이다. 그러나 그 같은 행위는 사실상 불필요했다. 그녀의 시선에는 어김없이 폐허만이 등장했다.

폐허의 형태만이 조금씩 다르게 반복될 뿐, 파괴의 정도는 상상을 초월하는 것이었다. 펠턴과 로드는 너무나 망연자실하여 아무 말도 할 수 없었다. 이 모든 파괴가 인간의 삶과 역사에서 어떤 의미를 지닐지 감히 상상조차 할 수 없었다.[3]

신의주에서 평양으로 가는 도중에 조사위원들이 거쳐간 소도시와 촌락에 대한 묘사는 국제여맹 최종보고서에 다음과 같이 매우 짧게 소개되었다. "신의주에서 평양까지 가는 도중에 조사위원들은 자신들이 지나간 소도시들과 촌락들이 완전히 파괴되거나 거의 파괴된 것을 보았다. 그 소도시들은 남시, 정주, 안주, 숙천, 순안 등이다. 파괴된 촌락들은 너무 많아서 일일이 열거할 수 없다."[4]

어쩌면 펠턴은 국제여맹 보고서가 이와 같이 북한 소도시와 농촌의 파괴 양상에 대해 너무 짧게 다룬 데 다소간의 불만을 품었는지도 모르겠다. 왜냐하면 그녀는 자신의 책에서는 한 챕터 전체를 통해 평양까지 가는 길 위에서 본 민간지역 파괴 양상에 대해 자세히 설명했기 때문이다. 아마도 펠턴은 2차세계대전기 유럽지역 군사작전과는 달리 소도시와 농촌지역까지 완전히 파괴해버린 미공군의 폭격 양상에 커다란 충격을 받은 듯하다. 그리고 이 같은 파괴 양상이야말로 한국전쟁의 성격을 파악하는 데 매우 중요한 부분으로 판단한 것 같다.

이 시기 미공군의 소도시와 농촌지역 초토화작전 또한 당대 미공군 문서를 통해 직접적으로 입증되는 역사적 사실이다. 앞서 살펴보았듯이, 맥아더는 11월 5일 초토화정책 하달 과정에서 '촌락' 또한 군사목표로 간주하라는 명령을 하달했다. 그리고 그는 11월 17일 주한미대사 무초를 만나서는 사실상 북한지역 전체가 사막으로 변할 것이라고 공언하기도 했다.[5] 아마도 소규모 촌락까지 완전히 파괴해버리는 군사작전

160

은 이 같은 공언의 가장 단적인 현실화 과정이었을 것이다.

미공군의 대도시 폭격과 소도시·촌락지역 폭격은 그 공격의 수행 주체가 상이했다. 신의주나 평양과 같은 대도시에 대해서는 주로 미 극동공군 폭격기사령부(FEAF Bomber Command) 소속의 B-29 중폭격기(重爆擊機, heavy bomber)가 폭격작전을 수행했고, 상대적으로 규모가 작은 소도시나 촌락에 대해서는 제5공군(Fifth Air Force) 소속의 B-26 경폭격기(輕爆擊機, light bomber), 혹은 F-51기나 F-80기와 같은 전폭기(戰爆機, fighter-bomber)가 폭격작전을 실행했다.

초토화작전이 시작된 1950년 11월 제5공군 소속의 B-26 경폭격기들은 몇개의 편대로 분산되어 북한지역 대도시부터 작은 마을에 이르기까지 타깃의 크기를 가리지 않고 작전구역 전반을 불태워버리고 사라지곤 했다. 이를테면 11월 8일 B-29기들의 신의주대공습이 진행되는 동안 28대의 B-26 경폭격기들은 한반도 북서쪽 도시 7곳을 공격했다.[6] 11월 9일에는 무려 63대의 B-26기들이 북서지역 도시 12개소를 불태워버렸다. 이 도시들 중 평안북도 정주시, 구성군 천마면 탑동, 위원군 구읍동 등은 심하게 손상되거나 파괴되었다.[7] 11월 12일에는 17대의 B-26기들이 구성과 태산에 네이팜탄을 투하하여 많은 화재를 발생시켰다.[8] 11월 13일에는 16대의 B-26기들이 평안북도 대관군을 공격하여 도시의 60퍼센트를 파괴했다.[9] 11월 14일에는 29대의 B-26기들이 구성과 운성지역을 광범위하게 파괴했다.[10] B-29기들이 규모가 큰 도시들을 중심으로 대량파괴를 진행하는 동안, B-26기들은 인근의 주요 중소도시와 마을들을 광범위하게 파괴하고 있었던 것이다.

제5공군의 전폭기들도 소규모 마을 파괴에 직접적으로 참여했다. 1950년 11월 북한지역에서 폭격작전을 수행한 전폭기들의 임무보고서

5-1. 1950년 겨울 B-26 경폭격기의 북한 농촌지역 네이팜탄 투하 장면

(mission reports)를 살펴보면, 이 시기 전폭기 편대들의 상당수가 마을이나 도시를 주요 공격 대상으로 설정했고, 네이팜탄을 주무기로 활용했으며, 기지로 돌아오기 직전 마지막 타깃으로 마을을 공격하곤 했다는 사실을 확인할 수 있다. 이들은 임무구역에서 적 병력이나 보급품을 수색하다가 적절한 목표물을 발견하지 못하면 해당 구역 내의 마을과 도시를 무차별적으로 공격하곤 했다.[11]

적 병력이나 보급품의 존재 유무는 중요하지 않았다. 이미 '마을' 자체가 군사목표로 설정되어 있었기 때문이다. 그렇게 압록강에서 전선에 이르는 광범한 북한지역이 꼼꼼하고 철저하게 파괴되어갔다. 그 이

전의 어떤 전쟁에서도 볼 수 없었던 완전하고 광범한 파괴가 현실화되고 있었다.[12]

절대적 폐허의 무(無)

조사위원들이 어두운 밤길을 헤치며 평양까지 가는 길은 결코 만만치 않았다. 폭격으로 도로 곳곳이 파손되어 있는데다가, 불빛 없는 굽이진 길을 달리는 일은 매우 위험천만했다. 행여나 자동차 불빛이 미공군 비행기에 노출될 경우 매우 손쉬운 타깃으로 전락할 수도 있었다. 그렇게 펠턴 일행은 몇차례 위험한 순간들을 넘기면서 수시간 만에 평양 인근의 은밀한 안전가옥에 도착할 수 있었다.

아직 주위는 캄캄했다. 그러나 별빛은 점점 희미해지고 있었다. 주위에는 풍성한 잎을 지닌 커다란 나무들이 즐비했다. 집 안에 들어섰을 때 에바 프리스터가 펠턴 일행을 향해 소리쳤다. "신이여, 감사합니다. 영원히 못 오는 줄 알았어요."

손을 부여잡는 프리스터를 향해 펠턴이 물었다. "우리가 마지막인가요?"

"아니에요. 플레론과 바크만이 아직 도착하지 않았어요. 하지만 나머지 조사위원들은 이미 몇시간 전부터 와 있었어요." 두명의 덴마크 조사위원들 외에는 모두가 무사히 지휘본부에 도착해 있었다. 방 안에는 신의주에서 함께 이동해온 허정숙, 닥터 한(한설야로 추측되는 인물), 미스터 김(통역사) 외에 처음 보는 한국인 여성 한명도 동석해 있었다. 그녀는 일제시기의 유명한 혁명가 박정애(朴正愛)였다. 박정애는 국제여

5-2. 1951년 덴마크 언론 『비 크빈노르』(*Vi Kvinnor*, We Women) 표지 모델로 게재된 박정애의 사진과 자필 편지

맹 조사단의 북한 파견을 촉발한 1951년 1월 4일자 「전세계 녀성들에게 보내는 편지」의 대표 필자이자, 조선민주여성동맹의 위원장이기도 했다.[13] 때문에 국제여맹 조사위원들은 박정애의 생김새와 삶에 대해 대략적으로나마 이미 알고 있었다.

박정애는 1907년 소련에서 태어나 동방노력자공산대학을 마치고, 1931년 공산주의자 김용범(金鎔範, 모스끄바 동방노력자공산대학 속성과 졸업)의 내연의 처가 되었다. 그녀는 코민테른의 지시를 받아 입국하여 1935년 3월경까지 적색노동조합 조직을 위한 활동을 하다가 체포되었다. 10년이 넘는 오랜 수감생활 후 출감하여 북한정권 출범 과정에서 중요한 역할을 수행했다. 박정애는 해방 이후 북조선인민위원회 중앙위원, 북조선로동당 중앙위원회 상무위원, 최고인민회의 제1기 대의원 등의 국가 요직을 두루 역임했고, 1945년 11월부터 이 시기까지 계속 초대 조선민주여성동맹 위원장 역할을 수행하고 있었다.[14]

박정애는 옅은 미소를 머금고 조사위원들을 조용히 바라보고 있었다. 조금은 낯설고 불가해한 미소였다. 그녀의 코는 작고 납작했는데, 과거 일본인들의 고문에 의해 일그러졌다는 이야기를 전해들을 수 있었다. 하지만 전반적으로 박정애는 인형처럼 오목조목 예쁜 인상이었다. 깊게 빛나는 눈, 높고 둥근 이마, 가르마를 탄 정갈한 머리, 티 없이 하얀 치마저고리까지 박정애는 그 외모만으로는 일제 감옥에 장기 투옥되었던 열혈 혁명가처럼 보이지 않았다. 일부 조사위원들은 박정애의 뜨거운 환영과 열정적 연설을 기대했지만, 그녀는 조사위원들에게 휴식과 수면을 권하고 조용히 사라졌다.

오전 내내 잠을 자고 일어나보니 지난밤 어둠 속에 가려져 있던 집 안팎과 마을의 윤곽이 제대로 시야에 들어왔다. 펠턴의 방에는 침대, 의자, 테이블이 하나씩 놓여 있었다. 침대는 푹신했고, 흰색 침대시트에는 비단이 누벼져 있었다. 테이블은 깨끗한 흰색 면포로 덮여 있었고, 그 위에는 야생화 꽃병, 담배, 칫솔, 치약, 비누 등이 놓여 있었다. 미공군의 초토화작전 이후 북한지역 물자가 극도로 부족했다는 사실을 상기해볼 때, 북한정권이 국제여맹의 방문에 얼마나 세심한 주의를 기울였는지 짐작케 해준다.

외국인 여성들에게는 낯설기만 한 창호지 문(paper door)을 열고 밖으로 나가니 이제야 이 집의 구조가 한눈에 들어왔다. 집은 중앙의 출입구, 작은 마당, 낮은 마루, 두터운 흙벽, 세개의 방 등으로 구성된 전형적인 한국 전통가옥이었다. 건축에 관심이 많은 펠턴의 입장에서는 아궁이와 온돌을 이용한 전통가옥의 난방 시스템이 가장 인상적으로 느껴졌다.

펠턴은 숙소 출입구 앞쪽의 꽤 큰 바위 위에서 마을의 전체적 구조를 조망할 수 있었다. 마을의 삼면은 가파른 언덕의 나무숲으로 둘러싸여 있었고, 다른 한면은 구불구불한 숲길과 연결되어 있었다. 그 길을 따라 이 마을에 들어온 것이었다. 오른편으로 조사위원들이 분산·수용되어 있는 7~8채의 집이 보였고, 왼편으로 100미터쯤 떨어진 곳에 식당이자 회의실로 사용될 조금 큰 건물이 눈에 들어왔다. 원래 이 마을에 거주했던 사람들은 3~4킬로미터 떨어진 옆 마을로 잠시 이주하는 데 동의해 주었다고 한다. 덕분에 조사위원들은 빡빡한 조사활동 기간 중에도 이 마을에서만큼은 편안한 휴식을 취할 수 있었다. 물론 거의 한시간에 한번꼴로 울려대는 공습경보 때문에 온전한 휴식을 취하는 것은 불가능했다.

오후 늦게야 플레론과 바크만이 지휘본부에 나타났다. 두 여성을 태운 지프 차량이 어두운 밤길을 달리다가 배수로에 빠져버리고 말았던 것이다. 다행히 아무도 심하게 다치지는 않았다. 그러나 차량 사고는 도시 간 이동의 위험성을 단적으로 보여주었다. 플레론 일행은 차량을 움직일 수 없어서 어쩔 수 없이 인근 마을까지 걸어서 이동했다. 그리고 그곳 인민위원장의 도움으로 어느 헛간에서 잠을 청할 수 있었다. 그 헛간은 이미 많은 사람들로 붐비고 있었다.

플레론과 바크만은 아침에 일어나 헛간에서 동침했던 여러 북한사람들과 이야기를 주고받을 수 있었다. 이들은 자신의 마을에서 발생했던 끔찍한 일들에 대해 상세히 알려주었다. 독일어를 할 줄 아는 이 지역 인민위원장이 통역사 역할을 자임했다. 그런데 그 마을 사람들이 두 덴마크 여성에게 전한 이야기들은 난생처음 들어보는 너무나 끔찍한 만

166

행에 관한 것이었다. 두 여성은 마을 사람들의 이야기를 온전히 믿을 수 없을 정도였다. 그것은 여성에 대한 강간과 고문, 작물과 식량에 대한 냉혹한 파괴 등에 관한 이야기였다. 플레론과 바크만은 구체적 증언을 해준 여성들의 실명과 구술 내용을 수첩에 자세하게 적어두었다. 이다 바크만이 평소 말투보다 신중하고 느리게 다음과 같이 말했다.

"일단 조사를 시작하면 우리 스스로 알게 되겠죠. 아마도 그것이 일반적인 사례가 아닐 수도 있어요. 정말 일반적인 사례가 아니었으면 좋겠어요. 하지만…… 어쨌든 알게 되겠죠."[15]

조사위원들은 평양 조사계획에 대해 논의하기 시작했다. 우선 평양시 당국 인사들이 한국전쟁 이전 평양의 상황과 전쟁의 영향 등에 대해 브리핑해주었다. 이들은 전쟁 이전 시기 평양에 대한 오래된 영상과 사진을 보여주었다. 사진에 등장하는 대도시 평양의 외관은 광활한 돌밭으로 변해버린 전쟁기 평양의 모습과 극단적 대비를 이루었다. 이들은 북한사람들의 상당수가 여전히 서울을 수도로 생각하고 있으며, 국토분단으로 인해 불가피하게 평양을 임시수도로 정했다고 설명해주었다.[16]

한국전쟁 이전 시기 평양의 인구는 40만명에 달했다. 평양 시내에는 벽돌과 시멘트로 지어진 현대식 건물들이 즐비했다. 평양의 주요 건축물로는 국립예술극장을 비롯한 9개의 극장과 20개의 영화관, 1개의 종합대학, 6개의 단과대학, 43개의 소학교, 20개의 중학교, 5개의 전문학교, 4개의 기술전문학교, 다수의 교회와 병원 건물 등이 있었다. 또한 북한 당국의 설명에 의하면, 평양시의 주요 사업으로는 방직업, 고무신 제조업, 각종 식료품 가공업, 양조업, 맥주·담배·화학비료 생산업 등이 있었다.[17] 이러한 전쟁 이전 평양에 대한 설명은 거짓 정보를 포함하고 있지는 않았지만, 그렇다고 온전히 타당한 설명으로 볼 수도 없었다. 왜냐하면 평양은 분명히 군사적 관점에서도 중요한 도시였는데, 이에 대한 설명이 의도적으로 생략되었기 때문이다.

이를테면 북한 당국은 평양병기제조소의 존재에 대해서는 브리핑하지 않았다. 그러나 이 시설은 유엔군의 전략폭격 타깃으로 설정되기에 충분한 군사적 가치를 지니고 있었다. 평양병기제조소는 일제시기 육군병기창 소속의 병기공장으로서, 각종 포용 탄환과 항공기탄을 제조하는 곳이었다. 소재지는 평양 중심부에서 가까운 대동강 왼쪽 기슭이었다. 1935년 당시 제조소 부지 면적은 약 20만평이었고, 가까운 곳에 생산물을 보관하는 육군병기창 평양출장소(1940년 이후에는 평양병기보급창)가 있었다. 2차세계대전 종전 직전 평양병기제조소의 탄환 제조 능력은 월간 18만발(연간 200만발 이상)이었고, 종전 당시에는 6000명의 노동자가 근무할 정도로 대규모였다.[18]

해방 후 김일성은 평양병기제조소에 남겨진 설비와 기술자, 노동자를 모아서 북한 병기공업의 중핵으로 삼았다. 1947년 9월에 기관총의 시험적 제작을 시작했고, 이듬해인 1948년 3월에는 최초의 제품을 완성했다. 1949년 2월 김일성의 지시하에 평양의 공장은 설비를 확장하고 '65공장'이라는 암호명으로 불리게 되었다. 훗날 김일성은 한국전쟁기 평양 65호 공장의 성과에 대해 다음과 같이 평가했다. "우리는 많은 힘과 자금을 들여 65호 공장을 꾸리고 처음으로 총과 포탄을 생산하기 시작하였습니다. (…) 조국해방전쟁 때 비행기라든가 큰 포 같은 것은 자체로 만들지 못하였지만, 기관단총, 박격포, 탄약과 포탄 같은 것은 적지 않게 자체로 생산 보장하였습니다."[19]

168

이처럼 평양 시내 한가운데 위치했던 대규모 병기공장은 응당 한국 전쟁 초기 미공군 전략폭격의 핵심 타깃으로 설정되지 않을 수 없었다. 그리고 실제 미공군은 1950년 7월 22일경부터 군사적으로 중요한 의미를 지니는 평양의 산업과 교통 중심지를 순차적으로 파괴해나갔다.[20] 그러나 이 시기까지만 해도 미공군의 폭격은 도시 전체를 완전히 불태워버리는 방식으로 진행되지는 않았다. 펠턴 또한 유엔군의 평양 철수가 결정되기 전까지만 해도 도시의 외관이 상당한 정도 유지될 수 있었다는 설명을 전해들었다.[21] 그러나 앞서 신의주의 사례에서 볼 수 있던 것처럼 평양 또한 초토화라는 파괴적 운명으로부터 결코 예외일 수 없었다.

국제여맹 조사위원회의 집행본부가 위치한 곳은 평양으로부터 25킬로미터나 떨어져 있었지만 이 근방에서도 거의 매일 폭격이 지속되었다. 조사위원들이 평양 조사 방법에 대해 회의를 진행하는 동안에도 공습경보가 계속 울려댔다. 여성들은 어느새 공습경보에 익숙해져가고 있었다. 최소한 공습경보를 처음 들었을 때처럼 패닉에 빠져 허둥대지는 않았다. 조사위원들이 마을에 머무는 동안에도 실제 두발의 폭탄이 촌락 내에 떨어지기도 했다. 그러나 다행히 이 폭탄들은 조사위원들에게 직접적 위해를 가하지는 않았다.

조사위원들은 평양 조사에 어느 정도의 시간을 쏟을지, 그리고 짧은 시간 내에 어떻게 최대한 많은 사안을 조사할 수 있을지 진지하게 논의했다. 여성들은 제약된 시간 내에 최대한 많은 것을 보는 것이 중요하다고 생각했다. 여기에 더해 황해도, 강원도, 함경도, 자강도 등의 지역을 두루 살펴보는 것의 중요성에 대해서도 모두 동의했다. 제약된 짧은 시간 내에 이 모든 곳에서 현장조사를 실시할 수 있는 가장 현실적인 방법은 전체 조사단을 몇개의 그룹으로 나누는 방법밖에 없었다. 이에 조사위원들은 당장 평양 조사에서부터 몇개의 소그룹으로 나누어 시내 곳곳을 골고루 둘러보기로 합의했다.

마을에 어둠이 내려앉은 후에야 평양으로의 이동이 시작되었다. 차량은 계곡을 따라 구불구불 이어진 도로를 천천히 달려나갔다. 비포장도로는 온통 울퉁불퉁했고 곳곳에 위험한 폭탄구멍(폭탄으로 인해 움푹 파인 곳)까지 있었다. 어두운 도로를 달리다가 플레론 일행처럼 언제든지 도로가로 고꾸라질 수 있었다. 게다가 대부분의 도로 양쪽으로는 회색빛 제복을 입은 어린 군인들이 일렬로 지나가고 있었다. 그들은 소총과 배낭을 짊어지고 있었다. 전선으로 향하는 중국군 병사들이었다. 조사위원들은 이렇듯 사람으로 붐비고 위험한 도로 사정으로 인해 몇시간이 지난 후에야 평양 교외에 도착할 수 있었다. 이후 조사위원들은 지하 토굴에서 잠시 휴식을 취하며 날이 밝기를 기다렸다.

아침햇살에 모습을 드러낸 토굴 인근의 풍경은 예상 외로 너무 아름다워 당황스러울 정도였다. 물론 이곳에서도 인공적인 것들은 여지없이 파괴되어 흉한 몰골을 드러내고 있었다. 그러나 신록의 계절인 5월의 아름다운 산과 강은 전쟁기에도 어김없이 새로운 생명들을 잉태해내고 있었다. 깎아지른 회색빛 절벽, 은빛의 도도한 강물, 폭신한 낙엽 송림, 분홍빛의 봄꽃들, 그리고 온기를 머금은 상큼한 아침 공기까지. 조사위원들은 잠시 본분을 잊고 아름다운 자연에 심취했다.[22]

조사위원들이 아침을 맞은 곳은 평양의 오랜 사찰 영명사(永明寺)였다. 조사위원들은 미처 알지 못했지만, 이곳은 이른바 '평양팔경(平壤八景)'에 속하는 대표적 명승지 중 한곳이었다. 평양팔경이란 을밀대의 봄맞이, 부벽루의 달구경, 영명사의 노을빛, 보통강 나루의 나그네 배웅,

170

5-3. 일제시기의 영명사와 대동강

대동강의 뱃놀이, 애련당의 빗물소리, 마탄의 눈석임물, 대성산(용악산)의 푸른 숲을 지칭한다. 그중 을밀대, 부벽루, 대동강을 한눈에 조망할 수 있는 곳이 바로 영명사였다.[23] 영명사는 고구려 제1대 동명성왕의 유지로 창건된 평안도 지역의 대표적 역사유적이었다. 그러나 이 또한 미공군의 폭격에 의해 거의 전소된 상태로 남아 있었다. 펠턴은 비통한 목소리로 옆 사람에게 물었다. "이 세상 어느 누가 저 건물을 군사적 목표물(military objective)로 부를 수 있을까요?"

국제여맹 조사위원들이 일제히 한 중년 남자의 얼굴을 바라보았다. 그는 부드러운 학자적 용모를 지닌 허정숙의 아버지 허헌(許憲)이었다. 허헌은 보성전문학교와 메이지(明治)대학 법학과를 졸업하고, 일제시기 고등문관시험 사법과에 합격하여 변호사가 된 인물이었다. 그러나 그는 일제시기 노동자와 빈민층을 위한 재판에 변호사로 활동하면서

5-4. 허헌

조선인들의 깊은 신망을 얻은 대표적 법조인이었다. 해방 이후에는 여운형(呂運亨)과의 깊은 연대감 속에서 조선건국준비위원회 부위원장으로 일하기도 했다. 1947년경 입북한 것으로 추측되며, 북한에서는 박헌영(朴憲永)의 남로당 계열로 활동하기보다는 김일성의 권력 장악을 지지하는 입장을 보였다. 한국전쟁기에는 김일성대학 총장의 직임을 맡고 있었다.[24]

허헌은 도저히 중년의 딸을 둔 남성으로 보이지 않을 정도로 말쑥한 외모와 총명한 눈빛을 지니고 있었다. 그는 전시의 혼란한 와중에도 단정한 넥타이 정장 차림으로 조사위원들을 맞았다.

"이 절은 미군과 이승만 군대가 평양에서 철수하고 3일 후 대낮에 폭격을 당했습니다. 미국인들은 평양에서 가장 사랑받는 건물이 무엇인지 충분히 알 정도의 시간 동안 이곳에 머물렀었죠." 허헌은 사실상 미군이 대낮에 이 유서 깊은 고찰을 의도적으로 파괴했다고 주장하고 있었다. 그는 머리를 흔들면서 말을 이어갔다. "물론 우리는 전쟁이 끝난 후에 이 절의 재건을 시도하겠죠. 그러나 결코 그 전과 같을 수는 없을 겁니다."

그의 딸과 똑 닮은 둥근 눈에 슬픔이 고여 있었다. 하지만 딸을 좇는 안경 너머의 둥근 눈에는 그녀를 향한 애정과 자부심이 숨김없이 드러나곤 했다. 허헌은 외국인 조사위원들과 대화를 이어가는 자신의 딸을 너무나 순진하고 뿌듯한 표정으로 바라보고 있었다.[25] 그런데 어쩌면 이 순진한 눈빛에는 자신의 슬픈 운명에 대한 직감이 서려 있었을지도 모를 일이었다. 허헌은 불과 3개월 후인 1951년 8월 병사하고 말았기 때문이다. 병명은 알려지지 않았다. 그의 나이 만 67세였다.

조사위원들은 네개의 소그룹으로 나뉘어 평양 시내를 둘러보았다.[26] 고문서학과 고고학 관련 경력을 지닌 질레뜨 지글레르와 리컹이 박물관을 조사했다. 깐델라리아 로드리게스는 여전히 운영 중인 담배공장을 방문했다.[27] 나머지 조사위원들은 평양을 네개 권역으로 나누어 자유롭게 자료수집과 인터뷰를 실시했다.

펠턴 일행은 대동강변을 따라 자동차로 이동했다. 얼마 지나지 않아 벽과 천장이 상당한 정도로 파괴되었지만 여전히 사람들이 거주하는 2층 건물들을 볼 수 있었다. 이 건물들 중 세개의 건물은 시민들을 위한 상점으로 이용되고 있었다. 상점들은 시장 가판대와 같은 전면개방형 구조였다. 진열된 상품들은 약간의 머리빗, 칫솔, 중국 담배, 조악한 바느질 도구 등에 불과했다. 열악한 상점 풍경은 전쟁기 북한의 절대적 생필품 부족현상을 대변하고 있었다.

상점으로부터 이어진 넓은 길은 조사위원들을 "절대적 폐허의 무"(nothingness of absolute ruin)의 세계로 인도했다. 그곳에는 식은 용암지대와 같은 회색의 돌무더기와 자갈밭이 끝없이 펼쳐져 있었다. 무질서하게 흩어진 돌조각과 콘크리트 건물의 잔해, 여기저기 크게 쌓여 있는 돌무더기, 부서진 벽, 불타고 남은 건물 목재, 잿빛의 기둥, 바닷가에서 퍼온 것처럼 산산이 부서져 있는 자갈들까지 그곳에는 무엇 하나 온전한 것이 없었다. 몇시간의 조사를 통해 대략적으로 과거의 건물들이 어떤 모양을 하고 있었을지 그저 추측 가능했을 뿐이다.[28]

붉은 벽돌의 학교 건물은 지붕뿐만 아니라 내부의 벽까지 모조리 사라지고 없었다. 대규모 극장은 전면 출입구의 커다란 벽만이 아슬아슬하게 버티고 서 있었다. 각종 관공서와 사무실이 운집해 있었던 구역은 복구 불가능해 보일 정도로 산산조각 나 있었다. 또다른 구역의 병원 건물 잔해 주변에서는 직접 조준폭격을 의심해볼 수 있는 커다란 폭탄구멍들도 발견되었다.[29] 북한 당국의 설명에 의하면, 이 병원 건물들 옥상에는 6000~8000미터 상공에서도 볼 수 있는 커다란 적십자 표시가 뚜렷하게 새겨져 있었다.[30]

도시 외곽지역으로 나가자 심하게 손상되긴 했지만 여전히 운영 가능한 몇개의 공장과 주거지역을 확인할 수 있었다. 이곳의 작은 정원들에는 늦게 핀 라일락과 모란이 환하게 빛나고 있었다. 그러나 예외 없이 파손된 건물들은 음침하고 무거운 분위기를 자아냈다.

도시 외곽의 또다른 구역은 온통 흑갈색의 토막(土幕)으로 빼곡했다. 토막은 목재와 흙과 거적을 얼기설기 엮어서 만든 움막집으로, 추위나 비바람만을 겨우 가릴 수 있는 정도의 임시 주거공간이다. 이 열악한 공간에 수많은 사람들이 빼곡히 들어차 있었다. 그리고 이 외곽지역에서도 어김없이 폭격은 반복되고 있었다. 종종 무언가 타고 있는 불쾌한 냄새를 맡을 수도 있었다.

때론 후각이 시각보다 훨씬 더 강력하게 과거를 소환한다. 펠턴은 본능적으로 2차세계대전기의 세인트제임스 공원과 빅토리아 거리를 머릿속에 떠올렸다. 당시 런던 폭격의 강도나 충격도 결코 작지 않았다. 그러나 이는 한국전쟁기 북한지역과는 비교조차 할 수 없는 수준이었다. 북한의 도시와 농촌의 파괴 정도는 훨씬 더 "광범하고 경악스러운 수준"이었다.[31]

북한사람들은 이 광범한 파괴가 미공군의 소이탄 대량폭격에 의한

5-5. 드넓은 돌밭의 폐허로 변해버린 평양 시내(위)와 진화 작업을 진행하고 있는 평양 시민
들(아래)

것이라고 주장했다. 사람들은 전쟁 초기부터 평양 폭격이 지속되었는데, 그중에서도 1951년 1월 3일의 폭격이 가장 심했다고 말했다. 북한 당국은 1월 3일 미국의 B-29 폭격기 80여대가 해질 무렵부터 이튿날 정오까지 15~20분 간격으로 폭격을 계속했다고 주장했다. 폭격기들은 먼저 대량의 소이탄을 퍼붓고, 이후 대형폭탄을 투하하여 수많은 평양 시민들이 다치고 질식하여 죽게 만들었다고 한다. 평양 사람들은 건물의 잔해 아래에 여전히 수많은 시체들이 파묻혀 있다고 말했다.[32]

1951년 1월 6일 북한의 외무상 박헌영은 1월 3일의 평양 공격과 관련하여 「유엔 및 전세계 인민들에게」라는 제목의 항의성명을 공식적으로 발표하기도 했다. 박헌영은 1월 3일 82대의 B-29기가 평양시에 쏟아부은 "죽음의 짐"에 의해 "도시 전체가 불덩어리가 되어 연소하고 있다"고 주장했다. 그의 주장에 의하면, 하루 동안에 7812개의 가옥이 소각되었고, 이미 이전의 폭격에 의해 파손되었던 많은 대형건물들이 이제는 완전히 붕괴되고 말았다.[33]

1961년 출판된 로버트 푸트럴(Robert F. Futrell)의 저서 『한국전쟁기의 미공군, 1950~1953』(The United States Air Force in Korea, 1950-1953)은 한국전쟁에 관한 미공군의 입장을 충실히 반영한 연구 결과물로 알려져 있는데, 이 저서는 1월 3일과 5일의 평양 폭격에 대해 다음과 같이 매우 간략히 언급했다. "1월 3일에는 63대의 B-29기가, 1월 5일에는 60대의 B-29기가 북한의 수도에 소이탄을 투하했다. 지붕에 쌓인 눈이 화재의 확산을 방해해서 시내 건물의 35퍼센트만이 불탔다. 그러나 평양방송은 온 시가지가 이틀 내내 용광로처럼 불탔다고 통렬히 비난했다."[34]

이상과 같은 푸트럴의 평가는 과연 어느 정도 정확하고 온당한 평가일까? 당시 작성된 미공군 문서에 의하면, 1월 3일 67대의 B-29기가 평양을 육안폭격했고, 그 결과가 "매우 훌륭"(excellent)했다고 한다.[35] 자체 결과 보고에서 일반적으로 보수적 입장을 취했던 미공군이 스스로 "매우 훌륭"했다고 평가한 것은 결코 쉽게 무시할 수 있는 내용이 아니다. 미공군은 상공으로부터 폭격의 결과를 확인할 수 없는 경우에는 "결과를 알 수 없음"(results unknown; unobserved results), 폭격의 결과가 좋지 않을 경우에는 "좋지 않음"(poor results) 등으로 냉정히 평가하고 있었다.

게다가 B-29기의 육안폭격은 맑은 날에만 가능한 군사작전이었기 때문에 최소한 1월 3일 폭격 당일에는 눈이 오지 않았음을 뜻하기도 한다. 당시 미공군 날씨정보 기록을 살펴보아도, 1950년 12월 25일 밤에 "가벼운 눈"(light snow)이 서북지역에 내린 이후에는 1월 3일까지 눈 소식이 기록되지 않았다. 1월 3일의 평양 소이탄 폭격은 약 9일 동안의 건조한 날씨 이후에 진행된 군사작전이었다.[36]

반면에 미공군은 평양 폭격 다음날인 1월 4일에는 눈이 내려 B-29기들을 출격시키지 않았고, 그다음 날인 1월 5일에야 다시 평양에 59대의 B-29기를 보내어 구름 위에서 레이더폭격을 실시할 수 있었다. 미공군은 1월 5일의 폭격 결과에 대해서는 "결과 관측 불가"(unobserved results)로 평가했다.[37] 요컨대 푸트럴의 "지붕에 쌓인 눈"으로 인해 소이탄의 효과가 반감되었다는 평가는 사실상 1월 3일이 아닌 1월 5일 폭격 결과에 대한 평가로 볼 수 있을 것이다. 게다가 1월 3일과 5일의 평양 폭격으로 인해 설령 평양 시내의 35퍼센트만이 파괴되었다 할지라도, 이 또한 대도시 평양의 규모를 생각해보면 결코 가볍게 무시할 수준은 아니었다. 그 폭격으로 인해 자신의 가족과 이웃을 잃고 전재산이 한줌의 재로 변해가는 과정을 본 상당수의 평양 시민들에게는 35퍼센트라는 파괴율은 그 몇십배에서 몇백배의 충격으로 다가왔을 것이다.

초대형 지하벙커와 불편한 환대

평양 시민들도 신의주 시민들처럼 비행기 기총소사와 시한폭탄의 공포에 대해 토로했다. 사람들은 화재 진압을 방해하기 위해 기총소사가 진행되었다고 말했다. 조사위원들은 종종 무너진 건물의 잔해 사이에서 반짝이는 탄피들을 발견할 수 있었다. 조사위원들은 탄피들을 일일이 주워서 그 위에 새겨진 글자를 확인했다. 탄피의 생산지나 생산 주체를 확인하기 위해서였다. 조사위원들은 여러 탄피뿐만 아니라 위태롭게 나뒹구는 대형 불발탄도 볼 수 있었다. 그 위에는 "high Explosive. GB 5143"과 같은 일련번호가 새겨져 있었다.[38]

전쟁피해 구술 채록 과정은 크게 어렵지 않았다. 평양 시내를 돌아다니면서 아주 자연스럽게 인터뷰가 성사되곤 했다. 평양 시민들은 낯선 얼굴의 외국인 조사위원들과의 대화를 두려워하지 않았다. 물론 몇몇 사람들은 조사위원들의 얼굴을 보자마자 큰 웃음을 터뜨리거나 깜짝 놀라면서 달아나기도 했다. 그러나 대부분의 사람들은 꺼리는 마음 없이 외국 여성들과의 대화에 적극적으로 참여하곤 했다. 다수의 북한사람들은 조사위원들에게 다가와 누구인지 물었고, 통역사의 설명을 들은 후에는 자신의 전쟁 체험에 대해 적극적으로 말하고자 했다. 특히 여성들이 그러했다.

평양 여성들은 이 낯선 얼굴의 외국 여성들과의 대화에 상당한 적극성을 보여주었다. 그러나 일단 대화가 시작되면 잊고 싶은 기억에 대

5-6. 평양 영명사 앞의 불발탄을 확인하고 있는 국제여맹 조사위원들

한 공포와 치욕감이 밀려들면서 이내 자신의 경험에 대해 말하기를 꺼리곤 했다. 이들은 유엔군 점령기간 동안에 많은 여성들이 유곽(遊廓, brothel)으로 끌려갔다는 사실에 대해 증언했다. 또다른 상당수는 자신의 친구들과 같은 운명을 피하기 위해 지하에서 여러주 동안 숨어 있었다고 말했다. 평양 여성들은 자신이 직접 겪었거나 가족 혹은 이웃이 겪은 성폭력에 대해 말할 때 조바심 속에서 입술을 한껏 오므리거나, 머리를 흔들거나, 얼굴이 상기되거나, 화를 내거나, 눈물을 흘리곤 했다.[39]

대부분의 평양 시민들은 매우 열악한 토굴(dugout) 안에서 살고 있었다. 폭격으로 파괴된 건물 아래 지하에서 살고 있는 사람들도 많았다. 이 모든 지하의 주거공간들은 끔찍하게 비좁고 깜깜하고 위험했다. 파괴된 상부구조물이 약간만 움직여도 토굴의 입구 혹은 토굴 전체가 붕괴될 수 있었다. 조사위원들이 방문한 한 토굴은 가로 1미터 세로 2미터 정도에 불과했는데, 8개월 된 아기를 포함한 다섯 식구가 거주하고 있

5-7. 북한주민들의 토굴 생활 모습

었다. 다른 수많은 토굴도 이와 크게 다를 바 없었다. 하지만 그곳에 거
주하는 사람들은 대개 쾌활했고 예외 없이 깨끗했다.

　그러나 평양에는 지하 은신처조차 구하지 못한 사람들도 있었다. 조
사위원들과 대화를 나눈 한 노년의 여성도 그러한 경우였다. 그 노인은
자기 가족 중의 유일한 생존자였다. 그녀는 폭격으로 파괴된 건물의 한
쪽 벽면에 한장의 거적을 고정시킨 후 그것을 천막처럼 바깥쪽으로 펼
쳐서 자신의 은신처로 삼고 있었다. 그녀는 이 반쪽짜리 거적 천막과 하
루 두번 제공되는 빈약한 배급식량에 의존하면서 생을 이어가고 있었

다. 거적 한장과 배급식량 외에는 어떤 것도 갖고 있지 않았다. 표현 그 대로 어떤 종류의 물건도 지니고 있지 않았다. 하지만 이 노인조차도 쾌활함을 잃지 않고 있었다. 그녀는 자신의 힘이 닿는 한 다른 여성들의 육아를 도와주면서 바쁘게 생활하고 있었다.

평양의 아이들은 신의주 아이들처럼 도시 어디에나 있었고, 대부분 제대로 된 돌봄을 받지 못해 지저분하고 위태로워 보였다. 몇몇 아이들은 도시의 돌밭이나 지하 토굴 이곳저곳을 뛰거나 기어 다니면서 놀고 있었다. 또다른 아이들은 소그룹을 이루어 그냥 멍하니 조사위원들을 바라보기만 했다. 많은 아이들 얼굴에는 공포가 서려 있었고, 놀라울 정도로 빠르게 움직였으며, 먼 거리에서 들리는 비행기 소리에도 긴장하면서 하늘을 올려다보곤 했다.[40]

다수의 조사위원들이 평양 시내를 돌아보는 동안 질레뜨 지글레르와 리킹 등을 포함한 일부 조사위원들은 평양의 국립중앙역사박물관에서 많은 시간을 보냈다. 북한의 저명한 큐레이터 리여성(李如星)이 박물관의 과거와 현재에 대해 설명해주었다.[41] 리여성은 북한 최고인민회의 제1기 대의원 출신으로서 조선화를 잘 그린 역사학자이자 미술사가였다. 그는『조선미술사개요』와『조선건축미술의 연구』의 저자로도 잘 알려져 있다.[42] 그의 동생은 1938년 일본의 제국미술학교(帝國美術學校)를 졸업하고, 일제시기와 해방직후 활발한 작품활동을 벌였던 유명한 서양화가 리쾌대(李快大)였다.[43]

박물관 건물 자체는 일부 손상에도 불구하고 여전히 건재했다. 그러나 그 내부를 가득 채우고 있어야 할 유물들의 상당수는 더이상 그곳에 없었다. 리여성은 두개의 유명한 불상을 포함한 분실 유물 리스트를 보여주었다. 두개의 불상은 모두 2천년 전에 제작된 귀중한 역사적 유물이라고 말했다. 4만여점의 회화, 조각, 도자기, 장신구, 불상 등은 모두 가격을 매길 수 없는 특별한 역사 유물들이었다. 리여성은 이 대부분의 소장품들이 개인적 약탈행위에 의해 소실되었다고 주장했다. 그는 그 대부분의 귀중한 유물들이 그 가치를 알지 못하는 미국의 개인 가정집에 일종의 기념품이나 작고 특이한 수집품 정도로 흘러들어 뿔뿔이 흩어질 가능성에 대해 이야기하면서 매우 비통해했다.[44]

조사위원들은 평양 현지조사를 마치고 시내의 지하 깊숙한 곳에 층층이 자리한 대형 지하벙커를 방문할 수 있었다. 이곳은 폭격을 견딜 수 있는 이상적 방공 피란처였다. 조사위원들은 어두운 콘크리트 계단을 조심스럽게 내려갔다. 매우 가파르고 적막한 계단은 흘러내리는 물 때문에 미끄럽기까지 했다. 각층 계단 사이의 층계참(層階站)에는 양쪽으로 나갈 수 있는 두개의 문이 있었다. 이 문은 각층의 물품보관실과 회의실로 연결되는 출입구였다. 조사위원들은 이 문들을 지나치면서 계속 아래로 내려갔다.

아직 맨 아래층까지 내려가지 않았을 때, 북한 가이드가 어느 층계참의 왼쪽 문을 열어젖혔다. 조사위원들은 제법 큰 방으로 인도되었다. 방에는 창문이 없었지만 환기가 잘되고 있었다. 방은 길쭉한 노출 콘크리트 형태를 띠고 있었다. 방 가운데 흰색의 깨끗한 식탁보 위에는 장밋빛 사과와 과자가 담긴 접시, 은박지에 싸인 초콜릿, 보드까 병과 유리잔, 생수 등이 놓여 있었다.

조사위원들은 이런 환대가 전혀 반갑지 않았다. 펠턴은 자연스럽게 이런 호화로운 환대를 제공하기 위해 북한사람들이 치러야 했을 희생에 대해 생각했다. 그녀들이 지상에서 보았던 것들과 이 방의 화려함 사이에는 엄청난 괴리가 있었다. 조금 전까지 조사위원들은 폐허 위에 서 있었다. 그 폐허 위에 발 딛고 서서 자신들의 질문에 속절없이 무너져 내리던 수많은 북한여성들을 만나고 왔다. 조사위원들은 최대한 이성적으로 현상을 파악하기 위해 노력했지만, 무너지는 북한여성들 앞에서 감성적으로 동요하지 않을 수 없었다. 조사위원들은 그 같은 감성을 최대한 억제하면서, 개인적 비극과 전체적 재앙의 구조를 구별해서 파악하기 위해 노력했다. 그러나 지하 밀실의 고요 속에서 지상의 비극적 이미지들이 다시 떠오르지 않을 수 없었다.

잠시 후 문이 열리고 박정애와 허정숙이 방으로 들어왔다. 두 사람은 여러 북한여성들이 조사위원들을 만나기 위해 한자리에 모여 있다고 말해주었다. 조사위원들은 방을 나와 희미한 복도 끝에서 환한 불빛이 쏟아져 나오는 것을 확인할 수 있었다. 또다른 방으로 이어지는 문틈에서 쏟아지는 빛이었다. 그 문을 열어젖히자 갑자기 커다란 박수소리가 조사위원들을 향해 쏟아졌다. 조사위원들은 자신들이 소극장 무대 위로 안내되었다는 사실을 뒤늦게 자각했다.

극장은 작고 수수했지만 깨끗했다. 새하얗게 칠한 벽면과 천장은 북한여성들의 얼굴을 더욱 환하게 빛내주고 있었다. 모여 있는 사람들은 두명의 사진사 외에는 모두 여성들이었다. 약 300여명의 여성들이 그곳에 모여 있었다. 대부분 젊은 여성들로서 카키색 유니폼을 입은 일부 여성들을 제외하곤 모두 흰색의 한국 전통복을 입고 있었다. 그들은 흥분되고 즐거워 보였다. 펠턴은 한국여성들이 중국이나 일본 여성들에 비해 외형적으로 더 튼튼하고 다부지다는 인상을 받았다. 높은 이마와 두드러진 광대, 길고 각진 턱, 빛나는 흑발, 장밋빛 볼 등이 인상적이었다.

이윽고 조선민주여성동맹의 대표인 박정애가 북한여성들을 대표하여 짧은 연설을 했다. 무대 위로 인도되었던 노라 로드 위원장을 비롯한 여러 조사위원들도 짧게 답사를 이어갔다. 조선로동당의 기관지 『로동신문』(1951년 5월 22일자)은 이 환영대회의 분위기를 전하면서, 참석자들이 "평화의 적 미제침략자의 죄악을 격분으로써 규탄"했다고 선전했다. 신문에 의하면, "미제국주의"를 규탄하는 내용이 포함된 박정애의 연설에 이어, 노라 로드, 마리야 옵샨니꼬바, 류칭양, 힐데 칸, 밀루셰 스바토쇼바, 아바시아 포딜 등과 같이 주로 공산주의 국가 출신이거나 공산당원이었던 조사위원들이 짧은 답사를 이어갔다.

현재 남아 있는 이날의 『로동신문』은 대부분의 글자가 뭉개져서 정확한 내용을 확인하기는 어렵다. 그러나 노라 로드 위원장이 조사위원회 활동의 평화적 의미를 강조하면서 비교적 짧고 담담하게 연설을 마친 사실을 확인할 수는 있다. 옵샨니꼬바 또한 자신의 2차세계대전 경험을 회고하면서 그리 길지 않은 답사를 전했다. 하지만 옵샨니꼬바는 연설의 마지막에 김일성의 이름을 직접적으로 언급했고, 펠턴의 묘사에 의하면 이날 청중으로부터 가장 큰 박수소리를 들을 수 있었다. 몇몇은 감정을 억제하면서 자신이 본 것에 대해 담담하게 말했지만, 중국 대표 류칭양을 비롯한 몇몇은 분노 속에 목소리를 한껏 드높이며 "미제국주의"를 비판하는 연설을 이어갔다.[45]

장내는 뜨겁게 달아오르고 있었다. 어느새 10명 정도의 조사위원들이 짧은 연설을 마친 상태였다. 그 분위기를 이어서 모든 조사위원들이 아주 짧게라도 북한여성들의 환영에 호응하는 답사를 전해야 할 것 같았다. 그러나 중국 선양에서 공산주의자들과 정면으로 충돌했던 서방 국가 출신의 펠턴, 플레론, 바크만, 안네바르, 헤일리허르스 등은 모두 침묵을 지켰다. 특히 미군 대령 출신의 덴마크 대표 바크만은 조사위원회

184

내에서 형식상의 서열 2위인 부위원장(vice-chairman)의 중책을 맡고 있었음에도 불구하고 끝까지 연단에 오르지 않았다. 청중들은 교전국 영국 대표의 강렬한 연설도 듣고 싶었지만, 펠턴 또한 자신의 자리에서 미동도 하지 않았다. 노라 로드를 비롯해 어느 누구도 그들에게 연설을 권하거나 강요하지는 않았다. 그러나 조사위원회 내의 보이지 않는 미묘한 갈등과 파벌이 여전히 작동하고 있다는 사실만큼은 분명했다.

무대 위에서는 옵샨니꼬바가 북한여성들을 위해 준비한 작은 선물을 전달하고 있었다. 연설을 한 조사위원들은 대부분 연설 직후 작은 선물을 직접 전달했다. 옵샨니꼬바는 두개의 실크 스카프가 담긴 작은 상자를 선물했다. 이딸리아 조사위원 엘리사베트 갈로는 다수의 인사말과 사진이 수록된 앨범을 선물했다. 그외 몇몇 조사위원들이 북한의 여성과 어린이들을 위한 의약품 상자를 선물로 준비해왔다. 하지만 펠턴은 어떤 선물도 준비해오지 않았다.

이미 자정이 넘은 시간이었지만 이날의 일정은 여전히 진행 중이었다. 조사위원들은 휴식시간 동안 잠시 문밖으로 나가 있다가 다시 극장으로 돌아왔다. 무대 위의 조사위원들을 위해 준비한 의자들이 모두 무대 아래로 내려와 있었다. 무대에는 커튼이 드리워져 있었다.

"쉬! 쉬!" 누군가가 공연의 시작을 알리면서 커튼이 올라갔다. 커다란 피아노가 무대 위에 자리 잡고 있었다. 스무명의 젊은 남녀가 피아노 주위에 모여 쇼스따꼬비치(D. Shostakovich)가 스딸린에게 바친 노래를 힘차게 불렀다.[46] 그들은 강력하고 숙련된 성음을 지니고 있었다. 임시변통의 소박한 소극장 같았던 분위기는 어느새 사라지고 없었다. 전문적 음악인들의 놀라운 기교가 좌중을 압도할 뿐이었다.[47]

펠턴은 객석에서 북한 젊은이들의 노래를 듣고 있던 옵샨니꼬바가 눈물을 흘리는 모습을 보았다. 펠턴은 위로를 해주거나 손수건을 건넬 수도 있었지만 그냥 못 본 척했다. 그후 옵산니꼬바는 그 눈물의 이유에 대해 펠턴과 이야기 나눌 기회가 있었다. 옵산니꼬바는 고작 스카프 두 장을 선물로 들고 올 수밖에 없었던 자신의 행동에 대한 자괴감과 미안함에 눈물을 흘렸다고 말했다.

"저는 아무것도 안 가져왔는걸요." 펠턴이 말했다.

"아니에요. 만약 당신이나 내가 이곳 여성들과 아이들에게 실질적인 도움을 줄 수 있는 선물들을 가져왔다면, 우리 행동은 분명히 곡해될 것임에 틀림없어요. 비록 다른 방식이긴 하겠지만……."

"맞아요."

펠턴은 옵산니꼬바의 말처럼 원래는 런던에서 쉽게 구할 수 있는 의약품을 선물로 가져갈까 고민했었다. 그러나 이는 펠턴을 공산주의 원조자로 그럴 듯하게 윤색하고자 하는 이들에게 좋은 빌미를 제공할 수 있는 행동이었다. 이와 마찬가지로 옵산니꼬바도 북한여성들을 위한 생필품이나 의약품 대신 고작 두장의 스카프만을 들고 올 수밖에 없었던 것이다. 그녀는 자신의 행동이 일종의 소련 "군사원조"(military aid)로 날조될 것을 걱정했다. 하지만 옵산니꼬바는 북한 현지에서 처참하게 생활하는 여성과 아이들의 일상을 보고서는 너무 조심스럽게 처신한 자신의 행동이 부끄럽고 미안해서 눈물을 흘릴 수밖에 없었다고 고백했다. 미안하기는 펠턴도 마찬가지였다.[48]

무대에서는 노래가 계속 이어졌다. 합창곡뿐만 아니라 두명의 솔로이스트들에 의한 독창곡도 불렸다. 그런데 아쉽게도 한국 음악을 들을수는 없었다. 이 외국 여성들은 오히려 한국 노래를 듣고 싶어 했다. 그러나 아쉽게도 모차르트의 음악을 마지막으로 합창단은 사라졌다. 아

186

마도 북한사람들은 외국인 여성들을 배려하여 일부러 그들에게 친숙한 모차르트나 쇼스따꼬비치의 음악을 선곡했을 것이다. 그러나 조사위원들은 그 같은 선곡에 진한 아쉬움을 느끼고 있었다.

합창 이후에는 발레 공연이 이어졌다. 공연의 내용은 철저히 정치선전적 성격을 지니고 있었다. 발레는 해방 이후 조선사람들의 일상의 변화를 보여주는 내용이었다. 농부들은 마침내 자기 소유가 된 자경지에서 평화롭게 생업에 종사했다. 이들은 작고 평범한 일상의 행복을 만끽하고 있었다.[49] 그러다 무대 위에 새로운 침략자가 등장하는데, 그는 희극적 사실주의로 포장된 한명의 미국 군인이었다. 이 작은 무대에서 여러 남성들 사이에 싸움판이 펼쳐지고, 미군은 한반도의 당대 상황을 상징하는 듯한 두명의 소녀들을 차지하기 위해 발버둥 쳤다. 싸움이 격렬해지면서 두 소녀는 시야에서 사라졌고, 북한군 복장의 남성에게 강한 일격을 당한 미군은 잠시 쓰러졌다가 다시 일어나 비틀거리면서 무대 밖으로 사라졌다. 무대 위로 우레와 같은 환호와 박수가 쏟아졌다.[50]

잠시 별세계에 다녀온 듯 정신이 멍했다. 그러나 변함없는 지상의 파괴적 일상은 여성들의 정신을 지체 없이 번뜩 흔들어 깨웠다. 비행기는 여전히 적막을 찢으면서 밤하늘을 배회했고, 하늘 이곳저곳은 폭탄의 섬광에 의해 순간적으로 밝아졌다가 금세 어두워지곤 했다. 평양에서 집행본부로 돌아가는 길은 소란하고 불안하고 느릿느릿했다.

하지만 조사위원들은 어느새 이곳에서의 불안정한 일상에 어느 정도 적응해가고 있었다. 평양 근교의 집행본부로 가는 길은 집으로 돌아가는 길처럼 설레기도 했다. 실제 집행본부에 도착하자마자 이곳 생활을 도와주던 북한여성들이 가족과 재회하는 것처럼 반갑게 뛰어나와 조사위원들을 맞아주었다. 아직 날도 새지 않은 캄캄한 밤이었다.

작은 방의 테이블 위에는 생생한 야생화들이 보기 좋게 꽂혀 있었다. 하얀 산사나무꽃, 자줏빛 살갈퀴꽃, 연노란 머위꽃이 아름답게 어우러져 있었다. 조사위원들의 속옷들도 깨끗하게 세탁되어 침대 머리맡에 다소곳이 놓여 있었다. 펠턴은 정성스럽게 다림질까지 된 자신의 속옷을 확인하고서는 이곳 여성들의 자신을 향한 마음을 간접적으로 읽어낼 수 있었다.

펠턴의 이곳 일상을 돌봐주던 젊은 여성의 이름은 동종희(Tong Jong Hi)였다. 꽤 예쁜 얼굴의 동종희는 항상 흰색과 검은색의 치마저고리 차림이었다. 언젠가 펠턴은 동종희로부터 그녀의 개인사에 대해 상세히 전해들을 수 있었다. 그녀 또한 다른 많은 북한여성들처럼 가족을 잃은 상처를 안고 있었다. 최전선에서 싸우고 있는 남편은 아직 살아 있지만, 그녀의 부모님은 유엔군 점령기간 동안에 모두 죽임을 당했다. 그녀의 한살 된 아기 또한 감금생활을 견디지 못하고 끝내 죽고 말았다. 동종희는 하루 대부분의 시간 동안 결연히 현재에 몰두하는 모습을 보여주었다. 그러나 과거에 대한 이야기만 나오면 금세 그녀의 커다란 두 눈에는 눈물이 그렁그렁 고였다.[51]

이렇듯 수많은 북한사람들은 일상 속에서 유쾌하게 웃으면서 지내다가도, 언제든 마음속의 가장 어두운 심연으로 급속히 추락하곤 했다. 사실상 이 당시 북한사람들의 상당수가 일종의 정신적 외상증후군에 시달리고 있었던 것이다. 이는 어쩌면 매우 당연한 현상이었다. 가족과 이웃을 잃고 자신의 모든 재산이 한줌의 재로 사라진 상황 속에서, 그리고 여전히 폭격기가 일상적으로 머리 위를 배회하는 상황 속에서 정신적 건강함을 유지하기란 여간 어려운 일이 아니었다. 조사위원들을 위해

방을 청소하고, 속옷을 다림질하고, 들판의 머위꽃을 꺾는 행위는 어쩌면 이 북한여성들에게 단순한 노동 그 이상의 숭고한 의미를 지녔을지도 모를 일이었다. 그 노동에는 현재의 고통에 대한 일시적 망각, 외국인 여성들에 대한 고마움, 미래에 대한 희망의 감정 등이 복잡하게 뒤엉켜 있었다.

6장

거대한 무덤의 산 위에서

황해도 대학살: 안악과 신천

조사위원회는 4개조로 흩어지기로 결정했다. 제한된 기간 내에 최대한 방대하고 다양한 지역에 대한 현지조사를 실시하기 위한 결정이었다. 4개조는 개별적으로 한반도 최북부 지역(평안북도와 자강도), 평안남도 남서부 지역(남포시와 강서군), 북강원도 지역(원산시, 문천군, 철원군), 황해도 지역(안악시와 신천시)을 돌아보기로 했다. 지역 보고서는 전적으로 해당 지역을 방문한 조사위원들에 의해 개별적으로 작성될 예정이었다.

릴리 베히터(서독), 힐데 칸(동독), 바이랑(중국), 트레이스 헤일리허르스(네덜란드)는 평안북도 개천군, 자강도 희천군, 강계시, 만포군 등을 조사하기로 했다. 질레뜨 지글레르(프랑스), 파트마 벤 슬리만(튀니지), 아바시아 포딜(알제리), 리티께(베트남), 이다 바크만(덴마크), 카테 플레론(덴마크)은 평양 남서쪽의 강서군과 남포시를 방문하기로 했다. 류칭양(중국), 제르맨 안네바르(벨기에), 엘리사베트 갈로(이딸리아), 밀루셰 스바토쇼바(체코슬로바키아)는 강원도 원산시, 문천군, 철원군을 조사하기로 했다. 마지막으로 모니카 펠턴(영국), 노라 로드(캐나다), 깐델라리아 로드리게스(꾸바), 마리야 옵샨니꼬바(소련), 에바 프리스터(오스트리아), 리컹(중국)이 황해도 안악시와 신천시를 탐방하기로 했다. 대체로 언어 소통이 용이한 조사위원들끼리 같은 조를 구성한 사실을 확인할 수 있다. 독일어 의사소통이 용이한 서독·동독·네덜란드 조사위원들이 한조를, 프랑스어로 소통이 가능한 프랑스·튀니지·알제리·베트남 위원들이 같은 조를 구성하는 방식이었다.[1]

이때까지만 해도 펠턴은 북한지역에서 이제껏 자신이 직접 보았던 것보다 더 끔찍한 장면들을 보게 되리라고는 상상도 못 했다. 그녀는 신의주와 평양, 그리고 이동 중에 본 여러 소도시와 촌락의 외관을 통해 이 전쟁의 잔혹함에 대해 충분히 이해할 수 있었다. 그녀는 극도로 부족한 식량, 열악하고 위험한 지하생활, 여전히 지속되는 폭격의 공포에도 불구하고 일상을 이어가는 북한사람들로부터 경외감마저 느끼고 있었다. 이 같은 철저한 파괴가 당대 사회와 인류 역사에서 의미하는 바가 무엇인지 이성적으로 해석해내기 위해 펠턴은 혼자만의 힘겨운 싸움을 여행 내내 지속하고 있었다.

펠턴과 다섯명의 다른 조사위원들은 전선에서 가장 가까운 황해도 지역으로 내려갔다. 이번 이동도 여느 때와 같이 폭격을 피하기 위해 야간에 진행되었다. 로드 위원장과 펠턴은 선두 차량에 동승했고, 깐델라리아 로드리게스, 마리야 옵샨니꼬바, 에바 프리스터, 리컹 등을 태운 지프들이 그 뒤를 따랐다. 일행은 평양을 비롯한 여러 작은 마을을 지나면서 계속 남쪽으로 내려갔다. 차량은 폭격을 피하기 위해 전조등을 켜지 않은 상태에서 천천히 이동했다. 달빛조차 없는 구간에서는 단속적으로 불을 켰다 껐다 하면서 조심스럽게 전진했다. 종종 달빛이 환하게

192

주변 마을을 비출 때면 그곳에는 어김없이 "완벽한 폐허"(total ruins)가 흉한 몰골을 드러내곤 했다. 전쟁의 피해를 입지 않은 인공 시설이 거의 없었다.

새벽이 밝아올 때쯤 황해도 안악에 도착했다. 이 지역의 집행본부로 사용할 가옥 앞에 차량들이 줄지어 정차했다. 이전 숙소들보다 꽤나 큰 규모의 가옥이었다. 그러나 그 구조 자체는 이전 건물들과 다를 바 없었다. 마당을 향해 열려 있는 방들은 네개에 불과했다. 그중 두개의 방은 조사위원들의 침실, 하나의 방은 통역원들의 침실, 그리고 나머지 하나는 모두를 위한 식당이자 회의실로 사용되었다.

조사위원들은 황해도 집행본부에 도착하자마자 안악시 인민위원회의 현지 상황 브리핑을 경청할 수 있었다. 안악시 인민위원회는 폭격으로 희생된 사람들을 제외하고, 유엔군 강점기간 동안 약 12만명 ─ 국제여맹 보고서에는 12만명, 펠턴의 개인기록에는 12만 3000명으로 기록되어 있다 ─ 의 황해도민들이 희생되었다고 주장했다. 이들은 안악시에서만 1만 9092명의 주민들이 미군, 영국군, 남한군에 의해 학살되었다고 말했다. 이때까지만 해도 조사위원들은 1만 9000명이라는 희생자 규모가 어떤 사회적 충격을 의미하는지 쉽게 가늠할 수 없었다. 그러나 이 중소도시에 대한 현지조사를 실시하고 지역주민을 만나면서 그 숫자의 끔찍한 사회적 의미를 이해할 수 있었다.

조사위원들과 이야기를 나눈 사람들 중 다수는 자기 가족의 유일한 생존자인 경우가 많았다. 불과 몇달 전까지만 해도 대가족의 일원이었던 이들은 가족의 유일한 생존자로 세상에 홀로 남겨졌다. 이 유일 생존자들은 자신이 겪었던 끔찍한 육체적 고통, 혹은 그의 가족들이 감내해야만 했던 비인간적 고문 방식들에 대해 상세히 설명했다. 몇몇은 집 밖으로 끌려가 사살되었고, 또다른 사람들은 필설로 형언하기 어려운 가혹한 육체적 수난 끝에 목숨을 잃기도 했다. 또 어떤 이들은 다수의 어른과 아이들이 한데 과밀하게 수감되어 있던 감옥에서 생을 마감했다. 이들 중 상당수는 음식이나 물이 제공되지 않은 채 여러날 방치되다가 사망했다. 감옥은 너무나 붐벼서 바닥에 눕는 것조차 쉽지 않았다.[2]

이 감옥들은 전쟁 이전 시기의 물류창고인 경우가 대부분이었다. 마을 내에서 가장 큰 농산물 보관소나 화약창고 같은 곳이 사람들을 수용하는 감옥으로 활용되었다. 응당 이곳에는 화장실이나 세면실 같은 것이 따로 설비되어 있지 않았다. 이는 이곳에 함께 수용된 수많은 성인 남녀와 아이들에게 엄청난 수치심과 모욕감까지 안겨주었다. 마치 2차 세계대전 당시 아우슈비츠를 향해 달려가던 유대인 수송열차 안처럼 수많은 사람들이 좁은 공간에 빽빽하게 수용되어 있었던 것이다. 수용소행 열차 안에서 수많은 사람들이 쪄 죽고 밟혀 죽고 병들어 죽었던 것과 마찬가지로, 황해도의 여러 창고 안에서도 병약한 아기들과 노약자들로부터 시작하여 수많은 사람들이 차례차례 죽어나갔던 것이다.

국제여맹 조사위원들은 이 창고들 중에서 두곳을 직접 둘러볼 수 있었다. 첫번째 건물은 안악시 중심가 바로 뒤편에 위치한 개활지에 자리잡고 있었다. 전쟁 이전에 이 건물은 농민은행의 창고였다. 건물은 네개의 방으로 나뉘어 있었는데, 각 방의 규모는 3×4미터 크기에 불과했다. 그곳에는 창문이 없어 공기는 지붕 아래 좁은 틈을 통해 겨우 순환되었다. 이 지역 사람들은 이곳에 수백명의 사람들이 한꺼번에 수용되어 있어서 앉는 것조차 힘들었다고 주장했다. 몇몇 생존자들이 조사위원들을 보러 왔는데, 너나 할 것 없이 너무나도 간절하게 자신의 체험을 증언하고 싶어 했다.[3]

서상리 172번지에 사는 김상영은 그런 생존자 중의 한명이었다.[4] 국제여맹 보고서에는 단지 "노인"(elderly man)으로 묘사되어 있지만,[5] 펠턴의 개인기록에는 그의 생김새와 증언이 보다 상세하게 제시되어 있다. 김상영은 키가 작고, 주름이 자글자글했으며, 가는 턱 양쪽으로 콧수염이 길게 늘어져 있는 노년의 남성이었다. 그는 지저분한 잿빛 상의와 헐렁한 반바지 차림을 하고 있었다. 양쪽 위로 한껏 치켜올라간 그의 가는 눈꼬리에는 눈곱이 잔뜩 껴 있었다. 김상영은 증언하는 내내 지팡이에 몸을 기댄 채 앞뒤로 왔다 갔다 하거나, 조사위원들의 얼굴을 빤히 바라보거나, 갑자기 한 손을 높이 치켜드는 것과 같은 행동을 보여주었다.

그는 미군 점령 며칠 후에 영문도 모른 채 체포되어 이곳에 수용되었다고 말했다. 창고에는 수많은 남성, 여성, 아이들이 있었다. 정확히 며칠 동안 감금되어 있었는지 확신할 수는 없지만, 약 10~12일이 지난 후에 석방될 수 있었다고 말했다. 집에 돌아와보니 그의 식구 열두명 모두가 사라지고 없었다. 처음에 그는 자신의 가족들에게 무슨 일이 생긴 건지 알 도리가 없었다. 나중에 그의 아내와 아들 부부, 두살배기 손자까지 모두 시 외곽으로 끌려가 죽임을 당했다는 사실을 알 수 있었다. 식구들 중 어느 누구도 정당에 가입하거나 정치활동을 한 적이 없었다. 다만 그의 아들이 국영 상점의 모범 노동자였을 뿐이었다. 유엔군 철수 후, 그는 학살된 이들의 집단매장지에서 아들과 며느리의 시신을 찾아낼 수 있었다.

"아들 내외는 밧줄로 한데 묶여 있었어. 시신에 아무런 상처가 없었기 때문에 생매장을 떠올릴 수밖에 없었지."

그의 주름진 얼굴 위로 두 줄기의 굵은 눈물이 계속 흘러내렸다. 그러다 어느 순간 펠턴을 올려다보는 그의 눈이 원망과 비난으로 차갑게 메

말라 있는 것을 알아챌 수 있었다.

"나는 미국인들이 신사라고 생각했어! 미국인들은 기독교도이고, 따라서 그들이 우리나라에 들어온다는 소식을 들었을 때, 나는 그들이 그런 짓을 저지를 것이라고는 생각지도 못했지."

역사적 관점에서 황해도 기독교인의 이와 같은 대미(對美) 인식은 어쩌면 매우 당연한 것이었다. 일제시기까지만 해도 황해도와 평안도 지역은 한반도에서 가장 친미적이고 기독교적인 공간이었기 때문이다. 평안도와 황해도의 기독교 교세는 청일전쟁 직후에 폭발적으로 증가하여 한국 기독교를 주도했다. 일제시기 총독부 자료에 의하면, 1932년 한국 전체 인구 가운데 평안도인의 비율은 13.9퍼센트, 황해도인의 비율은 7.4퍼센트에 불과했지만, 당시 전체 기독교 인구의 46퍼센트 정도가 이 지역에 집중되어 있었다는 사실을 확인할 수 있다.[6]

그런데 흥미롭게도 이 지역 기독교 인구가 급증하는 데 '전쟁'이라는 비평화적 상황이 매우 크게 기여했다는 사실에 주목할 필요가 있다. 청일전쟁의 전화(戰禍) 속에서 민중들이 자신의 생명과 재산을 보호받기 위해 서양 선교사들이 주관하는 교회로 몰려들면서 기독교가 평안도와 황해도 각처로 급속히 확산되어나간 것이다.[7] 그런데 한국전쟁기에는 동일한 믿음을 갖고 생존을 위해 교회로 몰려갔던 사람들이 과거와는 달리 비참한 상황을 맞는 경우가 많았다. 북한주민들은 미군이 교회를 폭격할 리가 없다고 확신했지만, 오히려 그곳에서 집단적으로 폭사하는 경우가 적지 않았다.[8] 기존 연구에 의하면, 도시에서 가장 눈에 띄는 건물들 중 하나였던 교회는 오히려 미군 폭격기의 주요 타깃으로 설정될 수밖에 없었다.[9]

펠턴이 노인에게 물었다.

6-1. 폭격으로 파손된 평양의 교회 건물들

"당신은 기독교도인가요?"

그는 대답하기를 거부하면서 고개를 떨구었다. 펠턴은 다시 물었다.

"크리스천이세요?"

노인은 고개를 들면서 펠턴을 응시했다. 그러나 여전히 아무런 대답
도 하지 않았다.

펠턴은 포기하지 않고 세번째로 반복해서 물었다. 그러자 노인은 이
렇게 대답했다.

"나는 기독교인이었지. 평생 독실한 기독교인으로 살았어. 하지만 지
금은……" 그는 고개를 살짝 옆으로 돌렸다. 그의 노쇠한 몸이 떨리고
있었다. "스스로 기독교도라고 부르는 사람들이 하는 짓거리를 보았기
때문에 나는 더이상 아무것도 믿을 수 없어."

펠턴은 열두명 가족구성원 중에서 홀로 살아남은 노인의 비애와 분
노에 대해 충분히 공감할 수 있었다. 평생 독실한 크리스천으로 살았다
는 노인은 자기 삶 전체를 부정할 수밖에 없는 압도적 비애감에 휩싸여
있었다. 그의 떨리는 몸과 굵은 눈물이 그 모든 상황을 대변하고 있었

다.[10]

　이번에는 한 중년 여성이 펠턴 앞으로 다가와 인터뷰를 청했다. 그녀의 등은 굽어 있었고, 손은 쭈글쭈글하고 거칠었다. 여성은 순산리 194번지에 사는 한남선이라고 자신을 소개했다. 한남선은 1950년 11월 10일 자신의 남편과 시숙이 두명의 미군과 네명의 남한군에 의해 체포되어 감옥으로 이송되었다고 말했다. 그녀는 남편과 시숙이 평범한 농부였으며 노동당원도 아니었다고 주장했다. 한남선은 감옥에서 15일 동안이나 음식물 없이 지냈다고 말했다. 또한 한남선 외 여러 사람들이 감금생활 동안 "쇠막대기"(iron bar)로 구타당했으며, 이 구타는 미군 감독하에 남한군에 의해 자행되었다고 증언했다. 여성과 어린이를 포함한 피수감자들은 1950년 11월 25일 언덕으로 끌려가 구덩이 안에 생매장당했다.[11]

　두번째 감옥은 시내에서 조금 떨어진 곳에 위치하고 있었다. 시내 중심 도로에는 몇몇 유럽풍의 현대식 건물들이 자리 잡고 있었다. 그런데 이 건물들은 이미 상당한 정도 파손된 상태로 방치되어 있었다. 중심 도로의 오래된 전통가옥들 사이에는 여러 공터들이 있었는데, 이는 여러 채의 건물들이 한꺼번에 전소하고 남아 있는 폐허의 상흔이었다. 이 좁고 긴 시내 중앙도로 뒤편으로는 여러 가옥과 공터들이 무질서하게 배치되어 있었다. 두번째 가옥은 이 열린 공터의 한편에 자리 잡고 있었다. 이 건물은 애초부터 감옥으로 사용하기 위해 만들어진 것 같았다. 긴 복도에는 많은 문들이 있었다. 이곳에서도 수감자들이 앉거나 누울 만한 공간이 거의 없을 정도로 많은 사람들이 한꺼번에 감금되어 있었다고 한다.

　이곳에서 조사위원들을 기다리고 있던 사람들은 구타용으로 사용되었다는 쇠방망이를 보여주었다. 그 방망이는 가장 흔한 형태의 미군 야구방망이였다. 이것은 증거품으로 채택되었다.[12] 감옥 복도의 나무 바닥에는 선명한 핏자국이 여기저기에 남아 있었다.

이곳에서도 여러 생존자들이 자신의 이야기를 들려주기 위해 조사위원들을 기다리고 있었다. 펠턴은 그 무리에서 조금 떨어져 서 있던 한 여성과 남자아이를 주목했다. 그 남자아이의 이름은 박창옥이였고, 여성은 이 아이의 어머니였다. 두 사람은 아이의 아버지와 함께 이 감옥에 수감되어 있었다고 말했다. 아이의 아버지 박명수는 다른 많은 성인 남성들처럼 이곳에서 죽임을 당했다. 여성은 빨갛게 달군 뜨개질바늘을 손가락과 손톱 사이에 박아 넣는 고문을 당했다고 증언했다. 그녀는 험악하게 뒤틀린 자신의 손가락을 펠턴에게 보여주었다.

펠턴 주위에는 포대기로 아기를 감싸 안은 채 힘들게 버티고 선 노년의 여성이 있었다. 그녀는 신년한리 187번지에 거주하는 배운복이라는 이름의 여성이었다. 그녀의 몸에 감겨 있는 아기는 그녀의 힘으로 지탱하기에는 너무 무거워 보였다. 그녀는 마르고 구부정한 몸매에 좁고 날렵한 얼굴을 지니고 있었다. 가까이 다가가보니 아기 또한 매우 야윈 상태였다. 아기는 창백한 얼굴에 거의 초점 없는 빈사 상태의 눈을 갖고 있었다.

"내 손주는……" 배운복이 입을 열었다. 그녀는 아기를 살짝 들어 올리면서 말을 이어갔다. 그녀의 주장에 의하면, 자신과 자신의 남편, 아들, 며느리, 손주가 미국인들에 의해 체포되어 이곳에 감금되어 있었다고 한다. 그녀의 남편과 아들은 바로 사살되었고, 며느리는 심하게 구타당하여 여전히 병상에 누워 있었다. 며느리는 너무 병약해져서 도저히 어린 손주에게 모유 수유를 할 수 없었다. 아기는 너무 어리고 허약해서

6-2. 펠턴과 플레론의 개인기록에 등장하는 여성과 아이에 대한 설명에 의하면, 사진 속 여성은 배운복이 확실하다.

노인이 구하는 음식물을 섭취할 수 있는 상황도 아니었다. 우유는 구할 수조차 없었다. 어린 아기는 죽음을 향해 말라가고 있었다. 노인은 너무 지쳐서 화를 낼 수조차 없었다. 그저 좌절할 뿐이었다.

"여기 봐요!" 그녀는 눈물을 흘렸다.

"내 손주 다리를 좀 봐요!" 노인은 아기의 쪼글쪼글해진 팔다리를 보여주기 위해 포대기를 풀어헤쳤다. "내가 어떻게 해야 이 아이를 살릴 수 있을까요? 어떻게 해야 합니까?"

조사위원들 그 누구도 노인의 질문에 답을 하지 못했다.[13]

조사위원들은 피학살자 집단매장지를 방문하기 위해 다시 차를 타고 안악시에서 빠져나왔다. 좁고 먼지 날리는 도로를 달리면서 여러 작은 민가들을 지나치자 갑자기 확 트인 개활지가 나왔다. 이어 차량은 경작지와 목초지를 지나치면서 계속 위로 올라갔다. 날씨는 구름 한점 없이 맑고 따뜻했다. 들판에는 봄날의 야생화들이 점점이 피어오르고 있었다. 첫번째 능선의 정상에 올라 아래를 내려다보니 푸른 초원 사이사이에 모싯대와 백리향이 수를 놓은 듯 아름답게 솟아 있었다.

바로 이곳이 수많은 안악지역민 집단학살이 자행된 장소였다. 안악 시내로부터는 약 1.6킬로미터 떨어진 곳이었다. 유엔군 점령기간 동안에 수많은 사람들이 이곳으로 끌려와 학살된 후 매장되었다. 매장지마다 묻혀 있는 시신의 수는 다양했다. 몇몇 매장지에는 소수의 시신만이 눈에 띄었고, 또다른 곳에서는 수백구의 시신들이 한데 매장되어 있는 모습을 확인할 수 있었다.

첫번째 집단매장지로 지목된 곳을 파내기 시작하자 수백구의 시신이 모습을 드러냈다. 조사위원들은 미리 제공된 흰색 마스크를 착용하고 일련의 공개 과정을 자세하게 관찰할 수 있었다. 현지 주민들은 이미 유엔군 철수 직후에 신원이 확인된 시신들을 개인 묘소로 이장했다고 증언했다. 그러니 지금 현지 주민들은 국제여맹의 집단학살 진상조사를 돕기 위해 이 매장지를 다시 열고 있는 것이었다.

어느 매장지에는 어린아이들만 묻혀 있었다. 아래를 내려다보니 훼손되고 부패한 시신들뿐만 아니라 다수의 신발, 머리다발, 책, 작은 소지품, 밧줄 다발 등이 한데 뒤엉켜 있었다. 이 모든 시신들은 신원확인이 불가능할 정도로 심하게 훼손되어 있었다.

또다른 인근의 매장지에는 약 450구의 성인 남성과 여성의 시신이 매장되어 있었다. 학살의 목격자 황승야는 그녀의 어머니가 이곳에 생매장되었다고 증언했다. 안악 주민들은 이 언덕에만 스무곳의 집단매장지가 존재하고, 이 같은 목적으로 사용된 언덕들이 이 지역에만 열두군데나 있다고 말했다. 조사위원들은 세계대전 기간 동안에 나치의 갖은

6-3. 안악의 집단매장지 공개 과정을 지켜보고 있는 국제여맹 조사원들

6-4. 신원 확인이 불가능할 정도로 휘발유에 의해 까맣게 불타버린 시신들

만행에 대해 전해 듣긴 했지만, 이렇게 생생하게 자신의 감각으로 잔혹행위를 간접 체험할 일은 거의 없었다. 증언의 진위 여부를 떠나 이 불타고 훼손된 수백구의 시신들은 최소한 이 지역에서 발생한 잔혹행위의 실존을 증명하기에는 부족함이 없었다.[14]

다시 조사위원들은 안악 시내로 내려와 다른 여러 여성들의 증언을 채록할 수 있었다. 어디를 가든지 사람들은 매우 적극적으로 자신의 체험에 대해 말하고 싶어 했다. 흥분한 사람들은 이제껏 들어본 적 없는 너무나 잔혹하고 파괴적인 체험들에 대해 거침없이 증언했다. 증언자들은 여러 주민들이 전쟁 이전의 좌파적 정치활동으로 인해, 혹은 전쟁기에 주변 사람을 숨겨준 것으로 인해 체포되었다고 말했다. 그러나 대부분의 사람들은 영문도 모른 채 끌려와 가혹행위를 당했다고 진술했다. 국제여맹 조사위원회는 이 같은 증언 채록 과정의 반복을 통해 보기 드물게 잔인한 역사의 한 국면을 천천히 그려갈 수 있었다.

조사위원들은 반복적인 인터뷰를 통해 이곳의 많은 사람들이 앞서 만난 김상영 노인처럼 개인적 체험을 통해 기독교에 대한 신념을 상실했다는 사실을 확인할 수 있었다. 반면에 자신이 겪은 고초에도 불구하고 기독교에 대한 신념을 여전히 유지하고 있는 사람들도 있었다. 이들은 대부분 여성이었다. 그들은 기독교 국가에서 온 사람들의 폭력적 행위와 자신의 기독교적 신념 사이의 모순과 부조리로 인해 커다란 정신적 혼란에 휩싸여 있었다.

한 여성이 분노 섞인 목소리로 이 외국인 여성들을 향해 소리쳤다.

"도대체 우리가 당신네 서양인들에게 어쨌기에…… 우리를 다 파괴하려고 이 나라에 왔소?" 그녀는 불끈 쥔 주먹을 허공에 내저었다. 강한 턱선의 얼굴이 분노로 일그러졌다.

"우리가 당신들에게 무슨 해를 끼친 거요? 말해보시오! 우리가 당신들한테 뭘 요구한 적이 있습니까? 우리 방식으로 우리 삶을 평화롭게 살아갈 수 있도록 내버려달라는 것 외에 뭘 원한 것이 있습니까?······ 우리는 당신네들에게 아무것도 원하지 않아요. 아무것도!"

펠턴은 조사위원들을 향한 이러한 분노와 비난의 원성을 자주 듣지는 않았다고 회고했다. 다른 지역을 방문한 조사위원들의 노트에도 이 같은 비난의 기록은 거의 없었다. 서구 세계의 여러 정부들을 향한 비난은 많았지만, "그 나라의 평범한 사람들에 대한 증오의 표현"(expressions of hatred against the ordinary people)은 거의 들을 수 없었다. 오히려 조사위원들은 북한사람들의 인류애적 감성과 적국 출신의 사람들에게 보여준 예의 바른 태도에 다소 어리둥절할 지경이었다.[15]

그런데 이 지역 주민 인터뷰 과정에서 일부 조사위원들을 진실로 혼란스럽게 만든 사실은 학살의 '가해 주체'와 관련된 증언이었다. 주민들은 학살의 가해자로 '미군'만을 계속 거론하고 있었던 것이다. 신천과 안악의 주민들은 어김없이 각종 학살과 가혹행위의 주체로 미군을 지목했다. '미군' 혹은 '미군 감독하의 한국군'만이 각종 고문과 학살의 주체로 반복적으로 거론되었다.

이를테면 조사단의 안악 방문 소식을 듣고 멀리서부터 찾아왔다는 12명의 성인 여성과 2명의 소녀 무리로부터도 비슷한 증언을 들을 수 있었다. 옵샨니꼬바는 두 소녀에게 먼저 발언할 기회를 주자고 말했다. 이에 우선 안악에서 32킬로미터 떨어진 음곡리에서 왔다는 8세 소녀 김성애가 자신의 사연에 대해 말하기 시작했다. 그 소녀는 자신과 자신의 부모가 미군에 의해 투옥되었는데, 감금생활 12일 만에 아버지는 십자

204

가에 묶인 채 강물에 던져졌고, 어머니는 유방과 목이 잘려 사망했다고 증언했다.[16]

또다른 11세 소녀 신순자는 어머니, 언니와 함께 피란을 떠났다가 미군에 의해 체포되었다고 말했다. 그녀에 의하면, 미군은 질의응답을 거절하는 언니와 어머니를 구타하고 총살했다. 소녀는 이날의 구타로 발생한 머리털 속의 깊은 상처 자국을 조사위원들에게 보여주었다. 상흔은 소녀의 정수리에서 목까지 길게 이어져 있었다. 어린 소녀들이 자신의 사연에 대해 조용히 말하는 동안, 그 아이들 부모의 친구였던 몇몇 여성들이 비통한 눈물을 흘리고 있었다.[17]

이렇듯 미군을 학살의 직간접적 주체로 지목하고 있는 증언들은 사실상 국제여맹 조사단 활동의 정치적 성격을 평가하는 데 매우 중요한 분석 대상으로 간주될 수 있다. 왜냐하면 최근 국내학계의 황해도 집단학살에 대한 연구 성과들에 의하면, 학살사건의 명백하고 중요한 가해자 중 하나로 이 지역에 뿌리를 둔 한국인 '우익치안대'를 지목하고 있기 때문이다. 이 같은 주장을 개진하고 있는 논저들은 대체로 한국전쟁 당시 황해도 지역에 거주했던 사람들(대부분 피란민)의 구술자료에 의존하고 있다. 관련 구술자료는 꽤나 일관성 있고 방대한 편이다. 우익청년들의 학살행위에 대한 미군의 직접적 지시나 방조 여부에 대해서는 여전히 학계 내의 합의된 결론에 도달하지 못했지만, 황해도 본토박이 우익청년들의 학살행위 가담은 부인하기 힘든 역사적 사실로 인정받고 있다.[18]

반면에 국제여맹 최종보고서는 학살의 주체로서 우익청년 세력의 존재를 거론조차 하지 않았다. '미군' 혹은 '미군 감독하의 한국군'의 학살에 대해서는 반복적으로 제시하면서도, '우익치안대'의 학살 참여 사실은 철저히 은폐되어 있다. 이 같은 은폐와 봉쇄의 주체가 누구든지 간에, 그 은폐 사실 자체가 국제여맹 활동에 대한 평가에서 매우 중요한 분석 대상이 될 수밖에 없다는 사실은 자명하다. 이에 대해서는 이 책의 뒷부분에서 보다 면밀히 다루도록 하겠다.

조사위원들은 안악지역 조사를 마치자마자 어둠 속에서 바로 신천으로 이동했다. 신천은 더딘 야간주행으로 약 2시간 정도 소요되는 거리에 위치했다. 조사위원들은 이곳에서도 현지 여성단체가 마련해준 어느 가옥에서 머물 수 있었다. 조사위원들은 씨앗으로 가득 찬 딱딱하고 둥근 베개를 머리에 베고, 고급 비단 소재의 누비이불을 깔고 덮은 채로 잠을 청했다. 어느새 조사위원들은 잠을 적게 자는 상황에 익숙해져가고 있었다.

조사위원들은 제대로 된 음식을 거의 먹을 수도 없었다. 그녀들은 주로 사과를 먹는 것으로 식사를 대신했다. 종종 빵이 나올 때면 그 상태가 별로 좋지 않더라도 먹어보려고 노력했다. 다른 음식이 나올 경우, 식욕을 잃었다고 변명하면서 조금씩 먹는 시늉만을 했다. 음식의 질이나 양도 볼품없었지만, 이제 북한주민들의 고된 일상에 대해 자세하게 알게 된 상황에서 그 음식들을 맘 편히 먹을 수도 없었다.

그럼에도 불구하고 본능적이면서도 항시적인 배고픔은 엄연한 현실이었다. 때문에 이 외국인 여성들은 종종 한쪽 구석에 삼삼오오 모여 앉아 이 공포스러운 환경으로부터 잠시나마 일탈할 수 있는 탐욕스러운 음식 수다를 떨곤 했다. 조사위원들은 고국으로 돌아가는 길에 선양에서 먹고 싶은 중국요리에 대해 부끄럼 없이 웃으면서 재잘댔다. 그러나 이내 조사위원 주위의 사람들이 가장 기초적인 생필품조차 부재한 상

206

태에서 고단하게 생을 이어간다는 사실을 떠올리고서는 자신의 머릿속에 그렸던 생각들에 대해 커다란 자괴감을 느끼곤 했다.

신천은 안악과 비슷한 크기의 중소도시였다. 도시는 많은 손상을 입긴 했지만, 신의주나 평양처럼 전반적으로 파괴된 상태는 아니었다. 신천시 인민위원회 구성원들은 유엔군 점령기간 동안에 약 2만 3000명의 민간인들이 학살되었다고 주장했다.[19] 희생자 수를 2만명 내외로 평가할 경우, 앞서 1만 9000명의 희생자 수를 제시한 안악과 유사한 상황이었음을 알 수 있다.

조사위원들은 시내 중심가에서 멀지 않은 가파른 언덕 아래에 위치한 과거의 학교 건물로 안내되었다. 이 건물은 현대적 외관을 지닌 시청 건물과 크게 다르지 않았다. 유엔군 점령기간 동안에 이 건물은 지역 행정과 경찰력 집행의 핵심 공간으로 활용되었다고 한다.[20] 건물 뒤편에는 두개의 천연동굴이 있었다. 주민들의 주장에 의하면, 첫번째 동굴에서 여성 30명과 어린아이들이 총살을 당했고, 두번째 동굴에서는 104명의 지역 주민들이 휘발유에 불타 죽었다고 한다. 화염에 직접 닿지 않았던 사람들도 대부분 가스에 질식해 숨졌다. 총기 학살이 진행된 첫번째 동굴의 벽에는 끔찍하고 생생한 혈흔이, 두번째 동굴의 벽에는 새까맣게 불탄 흔적이 남아 있었다.

건물 앞쪽에는 유엔군 점령 이전 시기 공중폭격을 피하기 위해 대규모로 확장된 방공호가 있었다. 인민위원회 사람들은 유엔군 철수 직전에 미국인들이 건물 내의 수감자들을 이곳으로 옮겨서 한꺼번에 불태워 죽였다고 주장했다. 희생자 수는 총 479명에 달했다. 또다른 방공호에서도 1000명의 사람들이 기관총에 의해 학살되었다는 증언을 들을 수 있었다. 조사위원들은 동굴로 이어지는 좁은 통로를 따라 아래로 내

6-5. 다수의 민간인들이 불타 죽었다는 동굴 앞에서

려갔다. 이미 이장을 마쳤기 때문에 시신들을 볼 수는 없었지만, 어두운 벽면에 횃불을 비추자 흉하게 모습을 드러낸 그을린 화염의 흔적을 어렵지 않게 발견할 수 있었다. 미처 완벽하게 정리되지 않은 시신의 흔적도 눈에 띄었다.[21]

현지 여성단체 성원들은 도시 외곽에 위치한 창고 건물을 방문할 의사가 있는지 조사위원들에게 물었다. 그 건물은 유엔군 점령기간 동안에 여성과 아이들을 위한 감금시설로 이용되었다고 말했다. 조사위원들은 그곳에 가보고 싶다고 했다.

조사위원들은 지프 차량에 올라 빠르게 도시 외곽으로 빠져나갔다. 그리고 어느 순간 펠턴은 자신의 뒤를 따르던 차량들이 하나도 보이지 않는다는 사실을 알아챘다. 운전사에게 이 사실을 알리자 그는 아무 일도 아니라는 듯 엄지손가락을 들어 펠턴을 향해 흔들었다. 최소한 그가 길을 잃은 것 같지는 않았다.

몇개의 작은 민가 군락을 지나 도시 외곽으로 빠져나가자 갑자기 드넓은 초록의 들판이 펼쳐졌다. 펠턴을 태운 차량은 주도로에서 왼쪽으로 회전하여 오르막으로 올라갔다. 경작지를 관통하는 비좁은 길을 따라 올라가자, 그 길 끝에서 볼품없이 덩치만 커다란 콘크리트 건물이 나타났다. 30피트(9.1미터)의 폭에 12피트(3.6미터) 정도의 길이를 지닌 이 창고형 건물은 마치 언덕 한쪽 면과 이어진 것처럼 만들어져 있었다.

현장에는 이미 이 건물과 관련된 사연을 지닌 듯한 6~7명의 여성들이 조사위원들을 기다리고 있었다. 이 여성들은 펠턴이 지프에서 내려 건물 쪽으로 이동하는 사이에 먼저 다가와 인사를 건넸다. 여성들은 펠턴의 손을 꽉 움켜쥐면서 두 눈을 빤히 바라보았다. 그러더니 그들 중 한 명이 끓어오르는 감정을 주체하지 못하고 갑자기 목 놓아 울기 시작했다. 그녀는 콘크리트 건물을 가리키다가 땅바닥을 향해 몸을 한껏 구부리더니 다시 허공을 향해 한 손을 치켜드는 제스처를 반복적으로 취하면서 울음을 터뜨렸다. 통상적으로 엄마들이 자신의 아이가 얼마나 자랐는지 말할 때 사용하는 제스처였다. 그녀는 이 똑같은 몸짓을 서너 번 반복했다. 눈 깜짝할 사이에 굵은 눈물 줄기가 그녀의 턱 밑까지 흘러내리고 있었다.

이 세상 어느 최고의 배우도 이토록 짧은 순간에 이렇게 큰 격정적 감정 변화를 보여줄 수는 없을 것 같았다. 주위에 있던 여성들이 그녀를 진정시키기 위해 애썼다. 그녀는 고개와 어깨를 뒤로 젖히면서 정신을 차리려고 노력했다. 펠턴의 눈에는 꽤 어려 보였다. 위로 봉긋 솟아 있는 입술과 둥글고 부드러운 얼굴 생김새에서 생동감이 느껴졌다. 그러나 그녀의 전반적 태도에는 이제껏 그 어디에서도 본 적 없는 절대적 절망감이 서려 있었다. 그리고 그녀는 펠턴에게 무언가를 강렬히 말하고 싶어 했다. 5~10분 후에 뒤쳐졌던 다른 조사위원들과 통역원들이 도착하고 나서야 펠턴은 그 여성이 무엇을 말하고 싶었는지 구체적으로 전해 들을 수 있었다. 그러나 그 이야기를 듣기도 전에 펠턴은 이미 그녀가 말하고자 하는 내용의 핵심을 충분히 짐작할 수 있었다.

그녀는 송와리 117번지에 사는 28세의 량영덕이었다. 미군이 마을을 점령하자마자 남편은 학살되었고, 그녀와 그녀의 다섯 아이들 모두는 이 콘크리트 건물에 감금되었다. 건물 안에는 약 300명의 여성과 아이들이 빽빽하게 수용되어 있었다. 그녀는 어느날 밤의 혼란과 소동 속에서 자신의 가장 어린 두살 아기가 사람들에 의해 밟혀 죽었다고 말했다.[22] 며칠 후 량영덕은 두명의 미군에 의해 건물 밖으로 끌려나가 강간과 구타를 당한 후 바깥에 방치되었다. 그녀는 어둠 속에서 가까스로 그곳을 벗어났고, 인근 마을의 한 가족으로부터 보살핌을 받을 수 있었다. 그리고 그 집에서 미군이 철수할 때까지 숨어 지냈다. 량영덕은 자유의 몸이 된 이후에야 콘크리트 건물에 감금되어 있던 자신의 나머지 네 아이들이 모두 그곳에서 불타 죽었다는 사실을 알게 되었다.

펠턴은 량영덕의 이야기에 대해 어느 정도 짐작은 하고 있었다. 그러나 남편이 총살당하고, 아이들도 밟혀 죽거나 불타 죽었으며, 그녀 자신도 구타와 강간의 수모를 겪었다는 말에 놀라지 않을 수 없었다. 그처럼 충격적인 일을 짧은 기간 동안 한꺼번에 경험한 여성의 비애를 온전히 이해할 수는 없을 것 같았다. 그 이전에 어디에서도 본 적 없는 량영덕의 감정적 격변에는 그 나름의 충분한 이유가 있었던 것이다.

량영덕의 증언이 끝나고 얼마간 정적이 흘렀다. 그녀를 위로해주던 한 노년의 여성이 갑자기 말하기 시작했다.

"우리도 이 아낙이 얼마나 끔찍한 일을 당했는지 잘 알지. 그이가 겪은 일에 대해 잘 알고 있어. 하지만 이 아낙은 아직 젊어. 이 전쟁이 끝나고 나면 새롭게 시작할 수 있을 거야. 삶을 다시 꾸려갈 수 있겠지. 그러

6-6. 인터뷰 상황을 묘사한 펠턴의 기록에 의하면 사진 속의 여성은 신천 외곽 콘크리트 건물 주변에서 목 놓아 울었던 량영덕이 확실하다. 사진은 덴마크 조사위원 플레론이 편집위원으로 재직했던 『프리트 단마르크』(Frit Danmark, Free Denmark) 7월호 표지에 게재되어 있다.

나 나는…… 나도 모두를 잃었어. 내 남편, 아들과 딸들…… 모두를 잃었어. 그리고 나는 늙었고, 가진 것도 없고, 가족도 없고…… 살아 있는 동안에 다시 희망이라는 것도 품을 수 없을 거야."

다른 여성들도 차례차례 자신의 체험에 대해 증언했다. 모두가 이 건물에서 자신의 자식을 잃었다. 주변에는 죽은 자들의 시신이 묻혀 있는 매장지가 있었다. 그리고 그 너머에는 또다른 감금시설의 파괴된 잔해가 남아 있었다. 이 건물은 거의 전적으로 아이들을 감금하기 위한 목적으로 사용되었다고 한다. 그러나 이 건물은 최근 미공군의 공중폭격에 의해 파괴되었다. 주변에 사는 사람들의 증언에 의하면, 이 건물뿐만 아니라 매장지와 주변 마을에 대해서도 폭격이 매우 빈번히 진행되었다고 한다. 마을 사람들은 이 같은 폭격이 잔혹행위의 근거를 없애기 위한 조치인 것 같다고 믿고 있었다. 이는 검증 불가능한 왜곡된 믿음일 가능성이 매우 높았다. 그러나 실제 이 주변에는 무수히 많은 폭탄구멍들이 있어서 걷는 동안에도 계속 구멍들을 우회하면서 다녀야만 했다.[23]

증언에 대한 의구심

국제여맹 조사위원들은 신천에 머무는 동안 다수의 현지 여성들을 만날 수 있었다. 어디를 가든지 여러 사람들이 조사위원들 주위에 몰려들곤 했다. 어떤 여성들은 조사위원들의 숙소에 개인적으로 찾아왔다. 이 여성들은 아주 적극적으로 자신의 체험에 대해 이야기하고 싶어 했다.

어느날 저녁 에바 프리스터와 모니카 펠턴은 모든 방문객들이 숙소를 떠난 이후에도 여전히 마당 한쪽에 남아 있던 한명의 노인과 만날 수 있었다. 잿빛 머리의 노인은 흰옷을 입고 대문 바로 안쪽의 긴 의자에 홀로 앉아 있었다. 그녀는 매우 꼿꼿한 정자세를 취하고 있었다. 손을 자신의 무릎 위에 가만히 올려둔 채 미동도 하지 않았다. 프리스터가 물었다. "저분이 하루종일 저기에 앉아 있었다는 사실을 알고 있었어요?"

펠턴은 그 노인을 본 것 같았지만 특별히 의식하지는 않았다. 그러나 이제 두 사람은 호기심이 발동하기 시작했다. 이미 무척 피곤한 상태였지만 그 나이 든 여성이 누구인지, 왜 그곳에 미동도 없이 앉아 있는지 알고 싶었다. 프리스터와 펠턴은 통역원을 불렀다.

노인은 두 조사위원의 손을 꼭 부여잡았다. 그녀의 이름은 김영희였다. 신천에서 35킬로미터 떨어진 금계리에 살고 있는 64세의 노파였다. 그녀는 조사위원들이 이 마을에 온다는 소식을 전해 듣고 일부러 찾아왔다고 말했다.

"아마도 내 딸이 내가 이곳에 오길 바랐을 거예요. 왜냐면 내 딸은 당신들처럼 항상 이 세상을 더 좋은 곳으로 만들기 위해 노력했기 때문이죠."

노인의 딸인 반동난은 조선로동당의 열혈 당원이었다. 반동난은 마을 내에서 지도적 역할을 담당했기 때문에 미군 점령 직후에 체포·감금되었다. 노인은 한차례 옥중의 딸을 면회할 기회가 있었는데, 오히려 감금된 딸로부터 위로의 말을 전해 들을 수 있었다. 딸은 어머니에게 자신의 죽음을 너무 슬퍼하지 말라고 말했다. 딸은 자신의 죽음을 직감했던 것이다. 그리고 실제 며칠 뒤 노인은 딸과 손주들이 총검에 찔려 살해되었다는 소식을 전해 들을 수 있었다.

"내 손주들……" 노인의 목소리가 떨렸다. 그녀는 말을 멈추고 프리스터와 펠턴의 눈을 똑바로 바라보았다. 황혼 녘의 햇빛이 그녀의 머리 뒤편에서 강하게 빛나고 있었다. 그녀의 두 눈에는 눈물이 가득 고여 있었다. 노인은 왼팔을 들어 흰색 저고리 소매로 얼굴에 흐르는 눈물을 닦아내더니 이내 꼿꼿하게 허리를 펴면서 다시 말을 이어갔다.

"나는 내 딸을 위해 당신들을 환영하는 의미에서 무언가를 하고 싶었어요. 나는 아직 돼지 한마리를 갖고 있었죠." 노인은 조사위원들을 위해 그 돼지를 잡았다고 말했다. 돼지는 당연히 집안 최고의 자산이었다. 노인은 도살한 돼지를 끌고 35킬로미터를 걸어왔는데, 조사단의 일정 지체로 인해 그들보다 이틀이나 일찍 이곳에 도착했다. 그래서 그녀는 어쩔 수 없이 그 고기를 전부 고아원 아이들에게 나눠주었다. 노인은 다시 눈물을 흘리기 시작했다. 노인은 죽은 딸을 대신하여 조사위원들에게 고마움을 표하고 싶었는데, 이제는 돼지 하나 제대로 잡지 못하는 늙은이가 되어버렸다면서 자신을 원망했다.[24]

아마도 펠턴에게 이 노인의 이야기는 꽤나 울림 있게 다가왔던 것 같다. 자신에게 먼저 적극적으로 다가오지도 않고 하루 종일 먼발치에서 바라만 보던 노인의 태도로부터 일종의 진정성이 느껴졌던 것이다. 앞서 말한 콘크리트 건물 앞에서의 량영덕의 사례도 마찬가지였다. 펠턴은 통역원들이 도착하기도 전에 바닥에 주저앉아 대성통곡했던 량영덕의 태도와 증언의 구체성으로부터 그 말의 진정성을 간접적으로 느낄 수 있었다. 펠턴은 황해도 곳곳의 감금시설이나 집단매장지에서 꽤나 많은 여성들과 대화를 나누었다. 그러나 그녀는 자신의 개인기록을 통해 그 수많은 인터뷰 내용들을 일일이 제시하지 않고, 량영덕과 김영희 등의 극히 제한적 사례만을 아주 구체적으로 보여주었다.

사실 펠턴은 기존 조사지역인 신의주나 평양과 달리, 안악과 신천에서의 인터뷰 과정에서는 그 내용의 진정성에 대해 계속 의심하는 듯한 태도를 보여주곤 했다. 그렇다고 펠턴이 황해도 지역의 대학살 사실 자체에 대해 의구심을 품었던 것은 아니다. 그러나 그녀는 감금시설이나 집단매장지에서 미리 '대기하고 있던 증언자들'을 완벽히 신뢰할 수는 없었다. 그들은 현지 인민위원회나 중앙정부, 여성단체 등의 특정 지시나 교육을 통해 일정한 정치적 지향성을 갖고 인터뷰에 임했을 가능성이 있었다. 현장에 미리 대기하고 있던 일종의 '선발된 증언자들'의 존재는 이전의 신의주나 평양에서의 인터뷰 환경과는 분명히 차별화된 것이었다.

그러나 현실적으로 학살에 대한 증언자들이 학살 관련 장소에 미리

214

6-7. 신의주지역에서 여성에 대한 인터뷰를 진행하고 있는 국제여맹 조사위원들

대기하고 있는 상황은 어쩔 수 없는 측면이 있었다. 평양이나 신의주의 무차별적 공중폭격의 근거는 질적·양적으로 너무나 풍부하고 명확했다. 국제여맹 조사위원들에게 보여주기 위해 도시 전체를 파괴할 수는 없는 노릇이었다. 게다가 평양이나 신의주에서는 사실상 시민 전체가 폭격의 피해자였기 때문에 도시 내에서 무계획적으로 어느 누구와 인터뷰를 진행해도 폭격의 양상과 영향에 대해 구체적으로 전해 들을 수 있었다. 증거 조작 자체가 현실적으로 불가능했다.

반면에 학살 관련 인터뷰는 위와 같이 광범한 불특정 도시민들을 대상으로 무계획적으로 진행할 수는 없었다. 학살사건과 관련해서는 구체적 목격자나 생존자의 증언이 필수적이었기 때문이다. 이러한 까닭에 국제여맹 조사위원들은 현지의 인민위원회나 여성단체, 생존자들의 안내와 도움에 상당한 정도 의지해야만 했다. 그러나 이렇듯 사전 선발된 면담 대기자의 증언은 상대적으로 의심 많은 조사위원들의 지속적 검증 대상이 될 수밖에 없었다. 그리고 이 같은 검증 과정은 인터뷰 현장에서 면담자(interviewer)와 구술자(interviewee) 사이의 묘한 신경전을 불러일으키기도 했다.

이를테면 펠턴은 학살 현장에 잔뜩 모여 있는 사건의 목격자나 생존자 중에서도 이른바 "가장 목소리 큰 사람의 떠들썩한 주장"에 의해 영향받지 않으려고 꽤나 노력했다.[25] 안악과 신천에서는 어디를 가든지 다수의 사람들이 몰려들어 자신의 이야기를 전하고 싶어 했다. 그러나 제약된 시간과 번잡한 면담 과정(구술 내용의 통역, 구술자의 신원 검증 등)으로 인해 그들 모두를 인터뷰하는 것은 불가능했다. 구술자 선별은 불가피한 과정이었다.

펠턴은 이 과정에서 너무 분명하고 논리적인 "목소리 큰" 여성보다는, 오히려 무리 주변에서 겉돌고 있는 노인, 열살 내외의 어린이, 조사위원들을 보자마자 증언이 어려울 정도로 목 놓아 울기만 하는 젊은 여성, 고통스러운 과거의 기억을 견디지 못해 어쩔 줄 몰라 하는 사람 등에 대한 인터뷰를 선호했다. 앞서 인터뷰 내용이 구체적으로 제시된 사례도 대부분 그러했다. 포대기로 아기를 감싸 안은 채 무리 바깥에서 힘들게 서 있던 안악의 배운복 노인, 안악의 숙소를 찾아온 12명의 성인 여성과 2명의 소녀 무리 속에 있던 8세의 김성애와 11세의 신순자, 학살지 인근에 주저앉아 대성통곡했던 량영덕의 사례 등은 그 대표적 예이다. 펠턴은 국제여맹 보고서를 통해서는 알 수 없는 위와 같은 여성들에 대한 구체적 구술 상황 묘사를 통해 증언의 진정성을 전달하려고 애썼다.

216

반면에 펠턴은 자신의 개인기록을 통해 안악과 신천의 구술현장에 "목소리 큰" 달변의 여성들이 꽤나 많았다는 사실에 대해서도 가감 없이 드러냈다. 물론 이러한 묘사는 국제여맹 보고서에는 등장하지 않는 내용이다.

이를테면 펠턴은 소련 조사위원 옵샨니꼬바와의 일상적 잡담 과정에서 신천지역 여성들의 달변에 대해 이야기 나눌 기회가 있었다. 당시 펠턴은 자신보다도 옵샨니꼬바가 이 농촌여성들의 달변에 훨씬 더 충격받았다는 사실에 내심 놀랐다. 두 조사위원은 신천지역 농촌여성들의 "사실을 입증하기 위해 노력하는 달변, 그래서 제지하지 않을 수 없었던 달변"[26]에 충격을 받았다. 북한여성들은 쉽고도 유창하게 말할 줄 알았다. 그녀들은 자신의 농업활동, 토지개혁, 문맹퇴치사업 등에 대해 자랑스럽게 설명했다. 그들은 자신들의 작물이나 가축이 어떻게 파괴되었는지 논리적으로 설명할 줄 알았다.[27]

이 같은 농촌여성들의 "사실을 입증하기 위해 노력하는 달변"은 오히려 펠턴의 의구심을 야기했다. 그러나 펠턴은 한국전쟁 이전 시기 북한의 벽촌지역에 이르기까지 매우 강력하고 광범한 선전선동활동이 전개되었고, 그 결과 상당수의 평범한 농촌여성들까지도 북한사회 변화에 대해 논리적으로 말할 줄 알게 되었다는 사실까지 알 수는 없었다. 한국전쟁 이전 시기 북한 농촌지역 선전선동사업에 대한 기존 연구에 의하면, 당시 북한에서는 벽촌의 평범한 농민들까지도 거의 매일 일상적으로 정치·경제·사회문제에 대한 토론활동에 의무적으로 참여해야만 했다. 독보회(讀報會)의 존재는 그 대표적 사례였다.

독보회란 한자의 뜻 그대로 당대의 중요 신문을 읽는 모임이었다. 당시 북한 농촌지역에서는 일반인들이 신문을 일상적으로 구매하거나 개

6-8. 국제여맹 조사위원들을 찾아온 신천지역의 여성과 아이들

인적으로 소유하기가 거의 불가능했다. 따라서 마을 단위나 사회단체
별로 배분된 제한적 『로동신문』이나 『민주청년』 등을 특정 장소에 모
여 함께 읽고, 해당 내용에 대해 자유롭게 토론하는 독보회라는 모임이
광범하게 조직되었다. 예컨대 1947년 말~1948년 초의 2개월 동안 강원
도 인제군에서는 연인원 96만 8000명의 청년들이 총 290개의 민주청년
동맹 산하 독보회에 출석률 70퍼센트를 기록하면서 열성적으로 참가했
다는 기록이 남겨져 있다.[28] 1949년의 『선전원수책』은 독보회를 "군중
선동사업의 중요한 투쟁적 무기"라고 소개하면서, "독보회는 실지와 긴
밀히 련결되어 북조선 민주건설에 적지 않은 공헌을 하였다"고 평가했
다.[29]

　토지개혁, 문맹퇴치운동 등에 대해 줄줄이 얘기할 수 있었던 신천지
역 젊은 여성들의 답변은 당대 북한사회를 반영한 독특한 문화적 단면

이었다고 볼 수 있다. 북한사회의 변화에 대한 적극적 발화와 토론 능력은 당대의 수많은 강연회, 강습회, 독보회, 전시회 등에 광범하게 참여했던 북한 민중들의 일상의 결과물이었다. 그러나 영국 의회와 신도시 사업현장에서 수많은 연설과 논쟁을 경험한 펠턴에게도 북한 농촌여성들의 달변은 분명히 놀랍고 의문스러운 것이었다. 때문에 앞서 살펴보았듯이 펠턴은 이 같은 달변가들보다는 오히려 무리의 주변에서 맴도는 노인과 어린이, 슬픔에 북받쳐 발화조차 힘들어하는 여성, 불안에 떨며 인터뷰를 망설이는 여성 등에게 더 적극적으로 다가갔던 것이다.

펠턴은 학살이나 고문 관련 묘사의 과도한 '잔혹성'에 대해서도 의구심을 표했다. 학살과 관련된 구체적 설명이 너무나 비인간적이고 잔혹해서 그 모두를 사실로 받아들이기에 힘들 정도였다. 펠턴은 이러한 잔혹하고 비인간적인 행위에 대한 북한사람들의 설명을 처음 접했을 때, "우리는 그런 일들이 사실이라고 도저히 믿을 수 없었다"고 고백했다. 이다 바크만 또한 처음 접한 잔혹한 학살과 고문 관련 증언에 대해 "정말 일반적인 사례가 아니었으면" 좋겠다고 말했다.[30] 2차세계대전 시기 나치의 잔혹행위를 경험한 유럽인들에게도 북한여성들의 증언은 믿을 수 없을 정도로 충격적이었던 것이다. 그러나 "일반적인 사례"가 아니길 바란다는 조사위원들의 소망은 금세 산산이 부서졌다. 도저히 필설로 담기 힘든 잔혹한 증언들이 줄줄이 이어졌기 때문이다.

이 같은 학살에 대한 잔혹한 묘사는 국제여맹의 최종보고서에 구체적으로 제시되어 있다. 이를테면 앞서 돼지를 잡아서 국제여맹 숙소까지 끌고 온 김영희 노인의 증언 속에도 펠턴의 기록에는 제시되지 않은 잔인한 학살 장면이 등장한다. "미군 장교는 그 여성(노인의 딸)을 죽이는 데 탄환을 없애기는 아깝다고 말했다. 그러더니 그 여성의 손발을 동여매고 창으로 그녀와 그녀의 등에 업혀 있던 두 살 난 아기를 찔러 죽였다. 그 여성이 김일성과 공화국 만세를 외칠 때에 그녀의 혀를 베어 던지고 생매장하였다.”[31] 이러한 비인간적이고 잔인한 묘사는 펠턴의 개인기록에는 등장하지 않는 내용이다. 펠턴은 단순하게 노인의 딸과 손주들이 총검에 찔려 살해되었다고만 서술했다.

국제여맹 최종보고서에는 펠턴의 기록에 등장하지 않는 잔인한 묘사가 다수 등장한다. 앞서 언급된 안악에서 32킬로미터 떨어진 음곡리에서 왔다는 8세 김성애의 증언, 즉 아버지는 십자가에 묶인 채 강물에 던져졌고, 어머니는 젖가슴과 목이 잘려 사망했다는 발언도 펠턴의 기록에는 없고 국제여맹 보고서에만 등장하는 내용이다.[32] 보고서에 의하면, 보호리의 16세 옥분전이라는 소녀의 아버지와 어머니도 체포되어 목이 잘린 후 강물에 던져졌다. 옥분전이 투옥되어 있던 감옥에서는 우는 아기를 창으로 찔러 죽이는 만행이 벌어지기도 했다. 44세 옥녀봉이라는 여성은 자신의 아들이 체포되어 쇠망치로 구타당한 후 땅속에 생매장되었다고 말했다.[33] 22세 박은인은 미국인들이 사람들을 빨갛게 달군 쇠꼬챙이로 콧구멍을 꿰어 끌고 다녔다고 증언했다.[34]

그런데 위와 같은 비인간적이고 잔인한 학살 장면은 펠턴의 개인기록에는 거의 등장하지 않는다. 국제여맹 보고서에는 목을 베고, 생매장하고, 코를 뚫어 끌고 다니고, 사람을 십자가에 못 박고, 강물이나 우물에 던져버리고, 어린 아기를 짓밟아 죽이고, 젖가슴이나 성기를 함부로 훼손하는 등의 잔인한 장면들이 다수 등장하지만, 펠턴의 기록에는 이러한 묘사들이 거의 등장하지 않는다. 이를 어떻게 해석할 수 있을까?

두 가지 상황에 대해 고려할 수 있다. 첫째는 앞서 펠턴 스스로 언급한

220

것처럼 이렇게 끔찍하고 잔혹한 일들이 현실에서 실제로 발생했을 리가 없다는 개인적 판단에 의해 관련 서술을 제시하지 않았을 수 있다는 점이다. 둘째는 자신의 책을 읽는 영국 독자들이 이 같은 잔혹한 묘사를 과장이나 거짓으로 받아들이면서 펠턴의 기록 전체에 대해 의심할 수 있는 상황을 고려한 조치일 수도 있다. 살아 있는 타자의 신체를 그토록 잔인하게 훼손하고 조롱하는 일이 현대 문명사회에서 과연 발생할 수 있을까? 아마도 펠턴은 이러한 질문으로부터 그 자신도, 혹은 그 자신의 책을 읽게 될 일반 독자들까지도 논리적으로 설득해낼 자신이 없었던 것 같다.

이 같은 의구심을 반영하듯, 펠턴은 학살과 관련된 한 장소에서 다른 장소로 이동하기 전에 항상 "사건에 대한 보다 직접적 정보"(direct knowledge of the events)를 제공해줄 수 있는 사람이 있는지 "조심스럽게 질문"(careful to question)하곤 했다. 펠턴은 다른 무엇보다도 자기 조국의 많은 사람들이 잔혹한 학살 관련 주장의 상당 부분을 믿지 못할 것이라고 추측했던 것이다. 그녀는 더 확실한 증거가 필요했다.[35]

어쩌면 펠턴은 내심으로 이러한 잔혹행위와 관련된 증언들을 온전히 믿을 수 없었는지도 모르겠다. 그러나 그녀는 한국전쟁 발발 전후 남한지역에서도 그러한 일들이 광범하게 발생했다는 사실에 대해서는 전혀 알지 못하고 있었다. 즉 당대 한반도에서 이처럼 잔혹한 신체 고문이나 집단학살사건은 전혀 예외적이고 돌출적인 사건이 아니었던 것이다. 제주도 4·3사건과 여순사건 당시 이른바 '빨갱이'라고 주장된 사람들에 대한 무차별적 폭력과 학살은 그 잔혹성의 측면에서 상상을 뛰어넘는 경우가 많았다. 여성의 옷을 벗긴 채 장작으로 매질하거나, 가족 간에 서로 말 태우고 뺨을 때리도록 시키거나, 여성의 유방을 도려내거나, 임산부의 배를 가르고 창으로 찌르거나, 죽창으로 여성의 국부를 찌르거나, 장모와 사위를 알몸으로 벗겨 성교를 시킨 다음 죽이거나, 방금 출산한 부인을 아이와 함께 총으로 쏴서 죽이는 등의 잔인한 폭력과 학살이 제주도 4·3사건 당시 빈번하게 발생했다.[36]

1948년 6월, 제주 오라마을을 습격한 경찰은 한 남성을 붙잡은 뒤 불속으로 뛰어들면 살려주겠다고 말하고, 실제 그 남성이 불 속으로 뛰어드는 순간 총을 쏴 죽였다. 한 여성을 잡아서는 남편의 행방을 취조하면서, 여성을 누인 후 배 위에 긴 통나무를 얹고 양쪽에 두 남성이 올라앉아서 지속적으로 고문했다. 또한 경찰은 한 할아버지와 할머니를 불러내어, 엎드린 할아버지 등 위에 할머니가 올라타 마부 흉내를 내며 빈터를 돌게 했다. 시아버지, 시어머니, 며느리를 동시에 불러내어 며느리로 하여금 두 노인의 위에 올라타 말 타는 흉내를 내도록 강요하기도 했다.[37]

1948년 5월, 제주 한림면 청수2구(지금의 한경면 산양리) 지역에서는 토벌대가 수룡국민학교 운동장에 집결한 지역민들을 모두 나체로 만든 뒤 무차별적 구타를 가했다. 토벌대는 구타에 싫증이 났던지 얼마 지나지 않아 젊은 여성 한명과 남성 한명을 지목해 앞으로 불러내어 모든 사람들이 보는 앞에서 성행위를 하도록 강요했다.[38] 구좌면 하도리에서는 남녀 15명을 일렬로 세워 한꺼번에 총살하거나, 세살 아기와 열살 어린아이가 포함된 일가족을 몰살하거나, 남자의 국부를 잘라서 희롱하는 등의 끔직한 만행이 자행되었다.[39]

1948~49년 4·3사건 당시의 만행은 실로 현대인의 시선으로는 상상조차 잘 되지 않는 극단적 잔혹행위이다. 그런데 우리는 이 같은 비인도적 잔혹행위의 역사적 이해를 위해 일제시기 일본군과 경찰의 잔혹한

222

6-9. 1952년 미국의 『라이프』(*Life*)지 사진작가 마거릿 버크화이트(Margaret Bourke-White)가 남한지역에서 촬영한 사진. 이보다 더 잔혹한 그녀의 사진들, 예컨대 사람의 목을 도끼로 자른 직후 그 잘린 머리를 바라보며 환하게 웃고 있는 사람의 사진 등이 있지만, 그 모습이 너무 잔인해서 차마 이곳에 게재할 수 없었다. 사람을 꿰어서 끌고 다니고, 목을 잘라 강물에 던져버렸다는 북한여성들의 끔찍한 증언은 당대 현실 속에서는 완전히 허황된 이야기만은 아니었다.

학살과 고문 방식에 주목할 필요가 있다. 왜냐하면 1948년 제주4·3사건과 여순사건 진압을 진두지휘했던 군과 경찰의 지휘관들 중에서 일제시기 일본군 장교나 경찰로 복무했던 이들이 적지 않았기 때문이다. 이를테면 4·3사건 시기 강경 진압을 주도했던 한국군 지휘관은 박진경(朴珍景) 9연대장(임명 직후 11연대로 재편), 최경록(崔慶祿) 11연대장, 송요찬(宋堯讚) 11연대장, 함병선(咸炳善) 2연대장이었는데, 이들 모두 일본군 출신이라는 공통점을 지니고 있었다. 박진경은 일본군 소위, 그외 세 사람은 준위 출신이었다.

미 군정장관 윌리엄 딘(William F. Dean) 소장은 일제 말기 박진경의 일본군 경력을 높이 사서 그를 직접 발탁한 것으로 알려져 있다. 그러나 박진경은 제주도 도착 후 불과 한달 열흘 만에 부하에게 암살되고 말았다. 그의 잔혹한 진압방식이 부하 대원들의 항명을 야기했던 것이다. 박진경은 연대장 취임 연설에서부터 "폭동사건을 진압하기 위해서는 제주도민 30만을 희생시키더라도 무방하다"고 발언했고,[40] 그 이후에도 "조선민족 전체를 위해서는 30만 도민을 희생시켜도 좋다"고 명령했다.[41] 이 같은 비인도적 명령의 하달과 집행은 제주도 현지 출신 하급 군인들의 커다란 원성을 야기할 수밖에 없었다.[42]

박진경이 암살된 후 미군사령부는 새로운 11연대장에 최경록 중령을, 부연대장에 송요찬 소령을 임명했다. 이후 송요찬은 9연대장으로 재임명되어 제주 전역에 걸친 초토화작전의 지휘관으로서 민간인 대량학살을 주도했다. 송요찬 연대장이 재임 중이던 1948년 11월부터 1949년 2월까지 약 4개월 동안 벌어진 강경진압작전은 제주도 중산간 마을들을 문자 그대로 초토화시켰고, 젖먹이로부터 80대 노인에 이르기까지 남녀노소를 가리지 않는 대규모 민간인 희생을 야기했다. 이후 송요찬의 제9연대는 함병선의 제2연대로 교체되었는데, 제2연대는 제9연대보다 더욱더 강경하게 작전을 수행한 것으로 평가되고 있다.[43] 4·3특별법에 의거해 수립된 제주4·3사건위원회는 1만 4028명의 희생자 신고를 접수했는데, 이들 중에서 일본군 출신인 박진경, 최경록, 송요찬, 함병선 네명의 연대장 재임시절에 희생된 이들은 1만 2245명, 즉 전체의 87.3퍼센트에 달하는 것으로 집계되었다.[44] 『제주4·3사건 진상조사보고서』는 일본군 출신의 연대장 임명에 대해, "일본군으로서 만주지역 등지에서 중국군이나 항일 빨치산과 싸웠던 전투 경력을 인정해 제주 진압전을 맡긴 것으로 보인다"고 평했다.[45]

만주를 포함한 동아시아 각지에서 전투를 벌였던 일본군은 매우 잔혹한 방식의 군사작전과 대민활동을 펼쳤던 것으로 잘 알려져 있다. 그 중에서도 1937년 12월 중국 난징에서 발생한 대학살 사건은 가장 대표적인 사례로 거론된다. 12월 13일 일본군은 난징 점령 직후 시내 도처에 숨어 있는 패잔병들을 색출한다는 명목 아래 수많은 사람들을 잡아들였다. 이후 일본군은 체포한 사람들을 양쯔강 강변과 난징 교외로 내몰아 집단학살했다. 중국 측의 주장에 의하면, 중국인 약 30만명이 학살되었는데, 수많은 사람들이 산 채로 매장당했고, 성내에서는 장난 섞인 살인 경쟁이 펼쳐졌으며, 9세 여아로부터 76세 노인에 이르기까지 다수의 여성들이 성폭행을 당했다.[46]

일본군은 만주지역에서 항일무장단체를 진압하는 과정에서도 현지 주민들에 대한 잔혹한 약탈, 방화, 집단학살 행위를 벌이기도 했다. 1920년 일본군의 봉오동전투와 청산리전투 참패 직후의 이른바 '경신년대토벌(庚申年大討伐)' 과정에서 발생한 '경신참변(庚申慘變)'은 그 대표적 사례로 꼽을 수 있다. 일본군은 자신의 대패에 대한 보복을 위해 중국 연길현, 화룡현, 왕청현 등의 지역에 거주하는 한인들을 대상으로 필설로 묘사하기 힘들 정도의 참혹한 죄악을 저질렀다. 중국 측 기록에 의하면, 수많은 지역민들이 집안에 갇힌 채 불타 죽거나 땅속에 생매장되었다. 이를테면 용정촌 제창병원 원장 스탠리 마틴(Stanley H. Martin)은 1920년 10월 30일 무장한 보병 1개 대대가 야소촌을 포위하고 불을 질러, 그곳에서 밖으로 나오는 사람들을 눈에 띄는 대로 사격하여 죽였다고 주장했다. 연길현 와룡동의 창동학교 교사 정기선은 얼굴 가죽이 몽땅 벗겨지고 두 눈이 도려진 채 처형당했다. 연길현 춘양향 일 대에서는 무고한 한인 3명을 붙잡아 쇠못으로 그들의 손바닥에 구멍을 낸 후 쇠줄로 손과 코를 꿰어 10여리를 끌고 다니다가 총살했다. 연길현 소영자에서는 25명의 여성들이, 이도구에서는 20명의 여성들이 성폭행 을 당했다. 그외에도 경신참변 당시 일본군의 잔혹행위에 대한 당대 신 문들의 고발은 무수히 많았다.[47]

1948~49년 제주4·3사건 당시 진압군을 지휘했던 박진경, 최경록, 송 요찬, 함병선이 그로부터 불과 3~4년 전까지만 해도 위와 같은 폭력적 군사문화의 일본군 하급 장교였다는 사실은 결코 쉽게 간과할 사안이 아니다. 게다가 4·3사건의 연장선상에서 발생한 1948년 여순사건 당시 에도 온건한 입장의 송호성(宋虎聲, 광복군 출신)을 대신하여 일본군 출신 의 백선엽(白善燁), 백인엽(白仁燁), 김백일(金白一), 김종원(金宗元) 등이 강경진압을 주도했다는 사실에도 주목할 필요가 있다.[48] 경신참변과 난 징대학살로 이어진 일본군의 잔혹한 폭력성은 불행히도 해방 직후의 친일파 미청산 및 친일군인들의 권력 장악과 함께 한국현대사 속에서 부활한 측면이 있었던 것이다. 펠턴은 산 사람을 생매장하고, 나체로 끌 고 다니고, 무차별적으로 신체를 훼손하는 일이 믿기지 않았겠지만, 수 년 전 일본군이 점령했던 동아시아의 여러 지역에서 이 같은 일들은 언 제든 현실에서 재발 가능한 악몽이자 트라우마와도 같은 사건들이었다.

펠턴이 황해도 지역 여성들의 증언에 대해 의구심을 보인 또다른 이 유는 학살의 가해자와 관련되어 있었다. 거의 모든 증언에서 매우 일관 되게 '미군' 혹은 '미군 통제하의 한국군'만이 학살의 가해 주체로 지목

226

되었던 것이다. 이는 황해도 신천 학살에 대한 현재 북한정부의 공식 주장과도 사실상 일치한다. 북한은 황해도 신천지역의 학살사건을 '신천 대학살'이라고 부르면서, 신천에서만 3만 5000여명의 민간인들이 '미군' 명령하에 학살되었다고 주장하고 있다.[49]

그런데 가해 주체에 대한 위와 같은 주장은 실제 역사적 사실과는 일정한 괴리가 있다. 최근의 한국전쟁기 북한지역 학살 관련 논저들은 황해도 지역 학살의 주요 주체로서 '치안대'로 불린 현지의 한국 우익청년들을 지목하고 있다. 우익청년들의 잔혹행위는 신천과 안악 등을 중심으로 한 황해도 지역에서 특히 극심했던 것으로 알려져 있다.[50]

이 같은 황해도 지역의 갈등적 상황은 이 지역 고유의 역사·지리·문화적 특성과 밀접한 상관성을 지닌다. 대학살이 진행된 신천, 안악, 재령 등의 지역은 구월산 자락에 위치한 곡창지대로서 한반도에서 기독교가 가장 먼저 들어온 곳이기도 했다. 따라서 계급적으로는 지주와 중농이, 종교적으로는 기독교와 천주교 세력이 다른 지역에 비해 월등히 많은 지역이었다. 이러한 역사·문화적 특성은 해방 직후 북한지역에서의 사회주의적 개혁에 반대하는 반공단체 결성에 직접적 영향을 미쳤고, 그 반공단체 청년들 중 일부가 구월산으로 들어가 유격대를 조직하는 상황으로까지 이어졌다. 그리고 1950년 10월 유엔군의 북진에 의해 북한군이 후퇴하자 구월산에는 황해도 은율, 신천, 안악, 송화 등으로부터 모여든 다수의 반공청년들을 중심으로 반공유격대가 조직되었다. 이 우익청년들이 피의 보복의 주요 주체 중 하나로 활약했던 것이다.[51]

한국전쟁기 황해도 지역 학살에서 우익청년들의 역할에 대해 강조하는 논저들은 대체로 전쟁 당시 해당 지역에 거주했던 사람들의 구술자료에 의존하고 있다. 관련 구술자료들은 매우 일관되게 우익치안대의 역할을 강조한다.[52] 반면에 미군의 직접적 학살 가담이나 명령, 방조 여부에 대해서는 여전히 학계 내의 합의된 결론에 이르지 못했다. 한편으로는 "대학살이 벌어지고 있던 상당 기간 동안 신천이 미군의 통제하에 있었다는 것만은 분명"하고, "공식적으로 보고를 받고 있으면서 사태의 추이를 파악하고 있었"으며, "민간유격대들을 통제하면서 그들에게 임무를 부여하거나 그들과 협동작전을 구사하기도 했다"는 사실을 강조하는 연구가 있다.[53] 그리고 또다른 한편에서는 학살이 "미군의 지속적인 직접 명령하에 이루어졌다기보다는 오히려 점령통치에 관한 체계가 없었기 때문에 발생"했다는 사실을 강조한다.[54] 두 주장 사이에는 미국의 역할과 관련해 미묘한 차이가 존재한다. 그러나 두 연구 모두 학살의 핵심 주체가 우익청년단체라는 사실에 대해서는 동의하고 있다. 생존자들의 증언이나 최근의 연구 모두 황해도 현지의 한국인 우익청년들을 학살행위의 핵심 주체로 지목하고 있는 것이다.

반면에 국제여맹 보고서는 사실상 '미군' 혹은 '미군 통제하의 한국군'만을 학살의 주체로 강조하고, 한국 우익청년단체에 대해서는 아예 거론조차 하지 않았다. 이 같은 사실은 국제여맹 조사위원회 활동과 최종보고서의 신빙성에 대한 가장 심각한 문제제기가 될 수 있다. 만약 조사위원들이 한국 우익청년들의 학살 가담을 '고의적으로 누락'한 것이라면, 이는 조사단 활동 자체를 상당한 정도 재평가할 수밖에 없는 주요 근거가 될 수밖에 없다.

반면에 우익청년들의 학살 가담 사실이 조사위원들에 의해 의도적으로 삭제된 것이 아니라면, 학살 관련 증언의 1차 정보원인 '구술자' 혹은 1차 정보의 전달자 역할을 수행한 '통역원'을 정보 조작의 주체로 의심할 수밖에 없을 것이다. 우리는 국제여맹 조사위원, 구술자, 통역원

세 주체 모두를 가해자 정보 왜곡의 주체로 상정하고 하나하나 면밀히 검토해볼 필요가 있다.

우선 집단학살과 감금 현장에 미리 대기하고 있던 여성들, 즉 핵심 '구술자'에 의한 가해자 정보 왜곡 가능성에 대해 살펴볼 필요가 있다. 이들처럼 현장에 미리 대기하고 있던 여성들은 구술 내용과 관련하여 일정한 사전 교육을 받았을 가능성이 존재하기 때문이다. 특히 이 여성들의 증언에서 현지 우익치안대의 존재가 거론조차 되지 않았다는 측면에서 더욱 그러하다. 이들은 북한 당국으로부터 '미군' 혹은 '미군 통제하의 한국군'만을 학살 가해자로 지목하라는 사전 지침을 받았을 가능성이 충분히 존재한다.

하지만 우리는 황해도 지역 구술자들의 상당수 또한 여타 지역처럼 무작위적으로 선정된 측면이 있었다는 사실에 주목할 필요가 있다. 물론 대표적인 학살 장소, 시신 매장지, 감금 장소 등에서는 현지 생존자 혹은 목격자의 진술이 필수적이었다. 그러나 조사위원들은 이 같은 장소 외에도 황해도 지역 곳곳에서 우연히 만난 지역민들과 심층 인터뷰를 진행하곤 했다. 이를테면 조사보고서에는 황해도 지역 이곳저곳을 이동하는 동안에 차를 잠시 세워두고 현지 농민들과 인터뷰하는 장면이 등장하기도 한다. 이 농민들은 하던 일을 멈추고 "발에 진흙이 가득 묻은 채로" 수개월 전 강에 던져졌던 사람들에 대해 이야기했다. 이동 중에 만난 다수의 현지인들은 "미군들이 그들에게 가져온 수많은 고통에 대해" 거리낌 없이 증언했다.[55]

요컨대 황해도 지역에서도 애초 계획에 없던 구술자들에 대한 인터뷰가 다수 진행되었음을 알 수 있다. 여기서 중요한 사실은 이러한 무작위적 인터뷰 상황 속에서도 어김없이 '미군' 혹은 '미군 통제하의 한국

6-10. 조사위원들이 야간 이동 중에 만난 밭일하는 북한 농민들

'군'만이 가해자로 지목되었다는 것이다. 북한 당국이 아무리 치밀하게 학살 가해자에 대한 정보 왜곡을 시도했다 할지라도, 전쟁 시기에 황해도 지역민 전체의 입을 완벽하게 통제하는 것은 사실상 불가능했다. 그러면 이 같은 상황은 어떻게 가능했을까?

여기서 주목해야 할 대상이 현지조사 과정에서 국제여맹 조사위원들을 그림자처럼 수행했던 '통역원들'이다. 앞서 필자는 학살 가해자 왜곡 —우익치안대의 삭제—의 주체로서 조사위원, 구술자, 통역원이라는 세 주체 모두를 검증할 필요가 있다고 말했다. 필자는 이 세 주체들 중에서 실제 증언의 주체이자 1차 정보원인 현지 주민들보다는, 정보 전달자인 통역원들에 의한 정보 왜곡 가능성이 상대적으로 가장 클 것으로 보고 있다. 왜냐하면 소수의 통역관들은 북한정부의 지시에 의해 충분히 통제될 수 있는 대상이었음에 반해, 수많은 임의적 구술자들은 절대 천편일률적으로 완벽하게 통제될 수 없는 존재였기 때문이다.

펠턴의 저서에는 북한 측에서 제공한 '미스터 김'(Mr. Kim)과 같은 통역원들이 등장한다. 펠턴은 신의주로 들어오기 직전에 압록강변의 통나무집에서 영어 통역을 담당한 젊은 남성 '미스터 김'과 러시아어 통역을 담당한 젊은 여성을 최초로 만났다. 당시 이 통역원들은 주영하 혹은 한설야로 추측되는 '닥터 한'(Dr. Han)이라는 북한 최고위급 인사의 동행하에 국제여맹 조사위원들과 만남을 가졌다. 당시 닥터 한은 또다른 남녀 통역원들이 추가적으로 조사활동을 도울 것이라고 말했다.[56]

여기서 우리는 통역원들과 북한 고위급 인사들 사이의 밀접한 관계에 대해 미루어 짐작할 수 있다. 또한 이 통역원들이 국제여맹 조사위원들과 첫 만남을 갖기 전에 북한 최고위급 인사들과 일정한 사전 회의를 가졌을 것이라는 점도 추측할 수 있다. 이 통역원들은 국제여맹 조사위원들과 첫 만남을 가진 이후에는 자신의 담당 언어에 따라 특정 조사위원 개인 혹은 조사위원회 내의 특정 소그룹과 지속적으로 동행했을 가능성이 높다. '미스터 김'이라는 젊은 통역원은 여행 내내 펠턴과 동행했음을 확인할 수 있다.[57]

통역원들의 전체 규모에 대해서는 어떤 기록에도 구체적으로 제시되어 있지 않다. 그러나 필자는 통역원의 모습과 규모를 추측해볼 수 있는 한장의 사진을 1951년 출판된 덴마크 저널에서 우연히 발견할 수 있었다. 사진은 북한 방문 직후 플레론에 의해 작성된 덴마크 언론 기사에 게재되어 있다.

사진 6-11은 국제여맹 조사위원회 회의 장면으로서, 조사위원들의 모습들을 가장 생생하게 보여주는 사진 중 하나이다. 사진 제일 앞쪽 왼편에서 땋아 올린 머리를 푹 숙이고 있는 여성은 벨기에 조사위원 제르맨 안네바르 교수이다. 그리고 그녀 옆에서 자신의 왼팔을 턱에 괴고 있

6-11. 국제여맹 조사위원회의 북한 내 작은 마을에서의 회의 모습

는 은발의 여성은 덴마크 조사위원 이다 바크만이다. 그 옆에 안경을 쓴 은발의 여성은 노라 로드 위원장이다. 그 옆에 시계방향으로 북한의 박정애, 영국의 모니카 펠턴, 프랑스의 질레뜨 지글레르가 앉아 있다. 그리고 그 뒷줄 제일 왼쪽에 기립한 여성이 체코슬로바키아 대표 밀루셰 스바토쇼바, 그 옆에 오스트리아의 에바 프리스터, 그 옆에 스카프를 두르고 앉아 있는 소련의 옵샨니꼬바, 그리고 오른쪽 뒷줄에 나란히 앉아 있는 세명의 동양인 여성들이 모두 중국 조사위원들이다. 그리고 사진 속의 나머지 인물들은 모두 통역원들이었다.[58]

플레론의 설명에 의하면, 사진 6-11에는 총 다섯명의 통역원들이 존재한다. 네명의 동양인 남성과 한명의 서양인 여성이 그들이다. 네명의 동양인 남성은 아마도 북한 측에서 제공한 통역원들일 것이다. 그리고 옵샨니꼬바 얼굴 옆에 자신의 얼굴을 바짝 붙이고 있는 서양인 여성은 모스끄바에서 동행한 소련 통역원일 것이다. 국제여맹 최종보고서에

232

는 두명의 소련인 통역원의 실명이 제시되어 있다. 일리야나 디미뜨레바(Ilyana Dimitreva)와 라라 플레롭스까야(Lala Flerovskaya)가 그들이다.[59] 사진 속의 통역원은 두 여성 중 한명임에 틀림없다. 그리고 우리는 사진 6-11을 통해 체코슬로바키아 조사위원 스바토쇼바가 수첩을 보여주면서 무언가를 말하는 동안에 소련 통역원이 옵샨니꼬바의 귀에 바싹 붙어 이야기를 전하는 모습을 확인할 수 있다. 플레론의 사진 설명처럼 실제 사진 속의 여성은 통역원으로서의 자기 역할을 수행하고 있는 것으로 추측된다.

국제여맹 조사위원회는 18개국 21명의 여성들로 구성된 다국적 모임으로서 통역원의 존재는 필수적이었다. 그러나 추측컨대 1951년의 북한에서 이 모든 여성들의 모국어 통역을 감당하기란 현실적으로 매우 어려웠을 것이다. 이런 현실적 문제는 우선 2개 언어 이상을 구사할 줄 아는 여러 조사위원들의 개인적 능력에 의해 어느 정도 해소될 수 있었다. 아마도 영어, 러시아어, 독일어, 프랑스어, 스페인어 등이 주요 언어로 간주되었을 것이다. 그럼에도 불구하고 분명히 북한 스스로 통역원을 제공할 수 없는 사례가 발생했을 수 있다. 그리고 이 같은 어려움을 소련의 도움으로 해결했을 가능성이 높다. 당시 북한에서 순차통역이 가능할 정도로 높은 수준의 프랑스어와 스페인어를 구사할 줄 아는 사람이 몇 명이나 존재했을지 의구심이 드는 것이 사실이다.

더불어 국제여맹 조사위원회의 활동 자체를 주시했던 소련이 통역원들을 통해 일정한 영향력 행사를 시도했을 가능성도 배제할 수 없다. 혹은 소련의 정부나 여성단체가 북한 측의 통역원에 대한 일정한 의구심 속에서 옵샨니꼬바를 직접적으로 보좌할 수 있는 개별 통역원을 함께 딸려 보냈을 가능성도 존재한다. 아무튼 이 모든 것들은 현재 시점까지는 추측의 영역에 머무르는 문제들이다. 최소한 펠턴과 플레론의 개인 기록에서 이 소련 통역원들이 자신의 본분을 넘어서 조사단 내에 어떤 영향력을 행사했다거나 갈등을 야기했다는 내용은 전적으로 부재하다. 추측컨대 국제여맹 조사위원들에게 공식적으로 배정된 통역원들은 대부분 북한 측에서 제공한 통역원들일 가능성이 높고, 소련인 통역원들은 사진에서처럼 옵샨니꼬바의 곁에서 개인적인 다중언어 통역원 역할을 수행했거나, 북한 측이 감당할 수 없는 외국어에 대한 통역원 역할을 수행했을 가능성이 높아 보인다. 물론 이 모두는 추측의 영역에 남겨져 있다.

다시 학살 가해자 문제로 돌아가보자. 앞서 우리는 국제여맹 보고서에서 학살 가해자로 '미군' 혹은 '미군 통제하의 한국군'만이 제시되었다는 사실을 확인했다. 그리고 황해도 지역의 주요 학살 가해자인 현지 '우익치안대'는 가해자 목록에서 제외된 점을 확인할 수 있었다. 그 제외의 주체로는 국제여맹 조사위원, 구술자(북한여성), 통역원 등을 상정할 수 있고, 필자는 이중에서 통역원을 가장 의심스러운 존재로 지목했다. 다른 무엇보다도 소수의 통역원들은 북한정부의 지시에 의해 충분히 통제될 수 있는 대상이었지만, 수많은 임의적 구술자들은 절대 천편일률적으로 완벽하게 통제될 수 없는 존재였기 때문이다.

그럼 여기서 우리는 한걸음 더 나아가, 황해도 집단학살의 가해자 목록에서 현지 우익치안대의 존재를 삭제시킨 진정한 주체가 '통역원'이 아닌 '북한정부'일 것이라는 사실을 매우 쉽게 추리할 수 있다. 사실상 통역원은 명령에 따라 자신의 임무를 수행한 실행자이자 대리인일 뿐이고, 그들 배후에는 북한정부가 있었다고 보는 것이 합당한 추론일 것이다. 그리고 그 같은 명령의 실질적 수행 주체는 아마도 앞서 등장한

234

닥터 한, 허정숙, 박정애 등과 같은 사람들이었을 것이다.

이렇듯 북한정부와 그들의 대리인인 통역원이 '우익치안대' 삭제의 주체라고 추론할 경우, 국제여맹 조사위원들은 단순하게 기만당한 사람들로 평가될 터인데, 과연 이는 정당한 평가로 볼 수 있을까? 1950년대 초반의 남성중심적 세계에서 이례적 성공을 거둔 정치인과 법률가와 과학자와 저널리스트들이 그렇게 호락호락 북한 당국에 의해 기만당하기만 했을까? 실은 펠턴과 플레론의 개인기록에는 학살의 가해자·피해자에 대한 다양한 의구심과 스스로에게 던지는 다수의 질문들이 등장한다. 국제여맹 최종보고서에는 이런 내용들이 등장하지 않지만, 사실 이 여성들은 지속적으로 의심하고 캐묻고 있었다.

앞서 학살 관련 감금 장소와 매장지에서 펠턴이 인터뷰 내용에 대해 지속적으로 의구심을 보였다는 사실에 대해서는 충분히 언급하였다. 펠턴은 인터뷰를 진행하는 동안에 좀더 확실한 증거를 확보하기 위해 구술자들을 집요하게 추궁하곤 했는데, 종종 학살 가해자와 관련해서도 그 같은 태도를 보여주었던 것으로 추측된다. 한 북한여성은 다음과 같이 소리치면서 펠턴에게 강력히 항의하기도 했다. "당신은 왜 그렇게 질문하는 거죠? 그녀(증언하는 어린 여성)를 믿지 못하는 건가요? 미국인들이 이 모든 일들을 저질렀다는 것을 모르겠어요? 미국인들뿐만 아니라, 이곳에 나타난 다른 모든 군인들도 그러했어요."[60] 당시 증언하고 있던 어린 소녀는 미군들에 의해 구타와 총살을 당한 자신의 가족 이야기를 하고 있었고, 이야기 속 희생자(구술자의 어머니)의 친구들인 다수의 여성들이 펠턴 주위에서 비통하게 소리 내어 울고 있었다. 이 같은 구체적 인터뷰 내용과 절규하는 광경이 수일간 반복되면서, 종국에는 펠턴 자신도 미군을 학살의 가해자로 믿게 된 것으로 추측된다. 펠턴은 땅속에

6-12. 학살 장소에서 울부짖는 북한여성들. 왼쪽 사진에서 모자와 마스크를 쓴 채 함께 울고 있는 여성은 쿠바 조사위원 깐델라리아 로드리게스이다.

묻혀 있는 수많은 훼손된 시신들, 고통 속에 절규하는 여성들, "도대체 우리가 당신네 서양인들에게 어쨌기에…… 우리를 다 파괴하려고 우리 나라에 왔느냐"[61]는 비난 등을 지속적으로 보고 들으면서 그들의 반복적 주장을 진실로 받아들이지 않을 수 없었을 것이다.

플레론의 개인기록에도 그 자신이 학살의 가해자에 대해 묻고 또 물었다는 내용이 등장한다. 펠턴이 황해도 지역을 조사하는 동안 플레론은 평양 남서쪽의 강서군과 남포시에 대한 현지조사를 실시하고 있었다. 이곳에도 학살에 의해 조성된 집단매장지들이 존재했다. 그곳에서 플레론은 학살 가해자와 관련된 질문을 계속 반복해서 던졌다. 그 이유는 학살의 가해자로 남한군이 거론조차 되지 않았기 때문이다. 플레론은 이를 꽤나 "당혹스러운" 상황으로 묘사했다. 현지인들은 "이곳에는 오직 미군만이 존재했다"고 단언했다. 아마도 플레론은 이 지역에서의

236

이 모든 잔혹한 학살행위가 오직 미군에 의해 직접적으로 수행되었다는 사실에 대해 의구심을 품었던 것으로 보인다. 그러나 플레론은 학살의 주요 주체로서 북한 현지 우익청년들까지 추측해내지는 못하고 있었다.

흥미롭게도 플레론은 학살의 가해자뿐만 아니라 피해자까지도 그 정체성에 대해 의구심을 표하기도 했다. 플레론은 자신이 방문하는 피학살자 집단매장지에서 과연 이곳에 매장된 사람들은 어떤 사람들일지, 그리고 실제 그곳에 묻혀 있는 사람들이 증언과는 무관한 사람들은 아닐지 매번 의심하는 모습을 보여주었다. 심지어 그녀는 땅속에 묻혀 있는 사람들이 미국인일 수도 있다고 의심했다. 이에 현지인들은 직접 땅을 파서 그곳에 묻혀 있는 사람들을 보여주었다. 그들은 분명히 한국인들이었다. 의심의 여지가 없었다. 그러나 플레론의 의구심은 여기서 멈추지 않았다. 그녀는 매장지에 누워 있는 사람들이 남한사람들일 수도 있다고 생각했다. 그러나 플레론은 매장지 주변에서 정신 나간 사람처럼 우두커니 서 있거나, 같은 곳을 향해 울고 또 우는 지역민들의 모습을 보면서 자신의 의심을 거둘 수밖에 없었다.[62]

앞서 필자는 국제여맹 조사위원이나 현지 구술자들보다는 통역원과 그들 배후의 북한정부가 가해자 정보 왜곡(우익치안대의 존재 배제)의 주체일 가능성이 가장 높다고 보았다. 필자가 펠턴이나 플레론과 같은 국제여맹 조사위원들이 아닌, 북한 측에 의한 정보 왜곡 가능성을 의심하는 정황적 증거는 몇가지 더 있다. 필자는 국제여맹 최종보고서의 영문판과 한글판을 비교하는 과정에서, 북한 측에서 번역한 것으로 추측되는 한글판 보고서의 일부 내용이 영문판과는 다르게 수정된 사실을 확인할 수 있었다.

예컨대 강원도 문천군 마전리에서 발생한 학살사건에 대한 설명에서 영문 보고서에는 "며칠 뒤 그들(미군)은 다수의 여성들을 풀어주었다"는 내용이 등장한다. 당시 미군은 북한군과 전투 과정에서 자신들의 진지를 공고히 하기 위해 촌락 주위의 산림들을 불사르고 인근에서 발견된 주민들을 모두 임시 감옥에 감금해두고 있었다. 국제여맹 영문 보고서에 의하면, 미군이 이렇게 감금된 현지인들 중에서 "다수의 여성을 풀어주었다"(set free a number of women)는 것이다.[63]

그러나 한글판에는 이 문장이 완전히 삭제되어 있다. 아마도 국제여맹 조사단은 미군이 감금했던 여성들을 풀어주기도 했다는 사실을 인터뷰 내용 그대로 서술한 것으로 추측된다. 당시 마전리에 파견된 조사위원단에는 덴마크 조사위원 플레론과 바크만이 포함되어 있었다. 반면에 북한 측은 미군이 조금이라도 인도주의적으로 간주될 수 있는 내용을 의도적으로 삭제한 것으로 추측된다.[64] 북한 측이 국제여맹 조사결과에 대해 보다 정치적으로 접근했음을 확인할 수 있다.

위의 사례뿐만 아니라 영문판 보고서와 한글판 보고서에는 미묘한 차이점들이 여럿 등장한다. 황해도 안악의 학살 주체와 규모에 대한 일반적 해설에서, 영문판 보고서는 "미군, 영국군, 남한군"을 학살 주체로 명기한 반면에, 한글판 보고서는 "미국 군대와 리승만 군대"로 표기하면서 영국군의 존재를 삭제했다.[65] 펠턴은 자신의 개인기록을 통해 학살행위와 관련하여 "영국군"(British troops)을 비난하는 여성들을 만나기도 했다는 사실에 대해 가감 없이 제시했다.[66] 영문 보고서는 아마도 이러한 인터뷰 내용들에 근거하여 영국군도 학살의 주체로 명기한 것으로 추측된다. 반면에 한글판 보고서는 안악지역 학살 가해자 목록에서 영국군의 존재를 삭제해버렸다.

그외에도 영문판과 한글판 사이의 미묘한 차이는 다수 존재한다. 한

238

글판은 대체로 미군의 학살이나 가학행위를 좀더 잔인한 방식으로 묘사하곤 했다. 예컨대 감옥 내에서 구타용으로 사용되었다는 "미군 야구 방망이"(USA army baseball bat)는 "망치"로, "뜨개질바늘"은 "쇠꼬챙이"로 각색되었다. 북한사람들에 의해 조사위원들에게 제시된 고문 도구(Members were shown an instrument) 또한 조사위원들이 직접 "도구들을 발견"한 것으로 각색되었다.[67]

"시체들에는 아무런 상처도 없었다"(Neither body had any wounds)는 문장도 "시체에는 상처가 있었으며"로 변화되었고,[68] "한 여성의 아이(the child of a woman)가 울기 시작하자 미국인들이 창으로 찔러 죽였다"는 문장은 영문판에 존재하지 않는 정보까지 추가하여 "거기에는 어린애 밴 어머니들이 많이 있었는데 애기들이 울기 시작하면 우는 애들을 창으로 찔러 죽였다"는 해석으로 확대되었다.[69]

국제여맹 조사위원들은 북한 당국에 의해 제시된 증거품의 경우에는 사실 그대로 "제공된" 증거품으로 기록하고, 학살된 시체에 상처가 없을 때에는 "아무런 상처도 없는" 것으로 온당하게 기록했다. 반면에 북한 당국이 번역한 것으로 추측되는 한글판 번역본은 좀더 가학적이면서도 미국에게 책임과 비난이 집중되는 방식으로 내용을 미묘하게 수정한 사실을 확인할 수 있다. 이 같은 사례는 앞서 제시된 예시들 외에도 한글판 보고서에 여럿 등장한다. 북한은 국제여맹 활동을 보다 정치적으로 활용하고자 하는 분명한 의지를 갖고 있었음에 틀림없었다.

펠턴과 플레론을 포함한 여러 조사위원들은 진실의 발견을 북한 방문의 가장 중요한 목표로 간주하고 있었다. 이들은 조사위원회 활동이 진실 추적이라는 궤도로부터 이탈하려는 움직임을 보일 때면 종종 거칠게 저항하기도 했다. 필자는 펠턴과 플레론을 포함한 여러 조사위원들이 북한여성들 입에서 쏟아져나온 '우익치안대'의 존재를 의도적으로 은폐했을 가능성은 매우 낮다고 생각한다. 조사위원회에서 굳이 학살의 가해자로서 '우익치안대'의 존재를 감출 이유가 없기 때문이다. 미군 외에도 '미군 통제하의 남한군'이나 '영국군' 등을 학살의 주체로 제시한 상태에서, 현지의 '우익치안대' 혹은 '미군 통제하의 우익치안대'의 존재를 은닉할 이유가 없다.

반면에 북한은 우익치안대의 존재를 감춰야 하는 충분한 이유를 지니고 있었다. 그들의 존재를 북한 내부와 외부에 광범하게 알리는 것 자체가 정권 입장에서는 커다란 정치적 부담이 아닐 수 없었다.

한국전쟁 이전까지 북한정권은 토지개혁을 중심으로 한 이른바 '민주개혁'의 성과에 대해 대대적으로 선전하고 찬양했다. 동시에 북한정권은 자신이 인민의 확고한 지지 위에 수립되었다는 사실을 대내외적으로 광범하게 선전했다. 이는 해방 이후 10월항쟁, 제주4·3사건, 여순사건 등과 같은 정치·사회적 저항과 혼란을 겪고 있던 남한정권과 대조적인 모습이기도 했다.[70]

그런데 한국전쟁 시기에 다수의 북한청년들이 우익치안대를 조직하여 정권에 반대했다는 사실, 게다가 그들이 대규모 유혈사태를 주도했다는 사실이 북한 대내외적으로 공공연하게 알려지는 것은 북한정권 입장에서 결코 바람직한 현상이 아니었다. 북한 내 반정부 세력의 적극적 활동을 대내외적으로 널리 알리는 일은 김일성 정권의 정치적 입지를 크게 약화시킬 것임에 틀림없었다. 북한정권 입장에서는 우익치안대 관련 정보를 적극적으로 통제해야 할 그 나름의 충분한 정치·사회적 이유를 갖고 있었던 것이다.

7장

나의 이름으로

황해도 지역을 비롯해 평안도, 자강도, 강원도 등의 지역에 파견됐던 조사위원들이 하나둘 평양 집행본부에 재집결하기 시작했다. 그들은 한 사람의 부상자도 없이 무사히 귀환한 사실에 안도했다. 몇몇 조사위원들은 직접적인 공중폭격에 노출되기도 했고, 조사현장 인근에서 발생한 생생한 폭발음을 듣기도 했다. 그러나 다행히도 모든 조사위원들은 아무런 부상 없이 무사 귀환할 수 있었다.[1]

낮 동안에 이들은 파괴된 도시 위로 작열하는 태양과 악취 속에서 고군분투했고, 밤에는 산 아래 동굴 안에서 불편한 잠을 청해야만 했다. 지역조사 과정에서 두명의 조사위원이 급성질환으로 앓아눕는 일시적 위기상황에 처하기도 했다. 이들은 마늘 냄새로 가득 찬 좁은 방 안에서 잠시 휴식을 취하는 것 외에는 별다른 의학적 치료를 받지 못했다. 그 정도로 북한 현지 상황은 매우 곤궁했다. 몸이 아픈 조사위원들조차 당대 북한사람들의 지옥 같은 일상을 생생히 보고 듣고 있었기 때문에 자신의 처지에 대해 어떤 불평의 말도 꺼낼 수 없었다. 그나마 조사위원들은 "며칠 후면 이 지옥으로부터 벗어날 수" 있다는 사실에 안도하고 있었다. 그들은 마음속으로 감사했다. 그러나 이내 다른 모든 한국인들은

이 지옥에 계속 머물러야 한다는 현실을 자각하며 다시 괴로워할 수밖에 없었다.[2]

이제 조사위원들은 북한 내의 서로 다른 지역에서 보고 들었던 것들을 공유하면서 보고서를 완성해가야만 했다. 가장 중요한 보고서 작성 원칙 중 하나는, 실제 특정지역 현장조사에 참여한 사람들만 해당 지역 보고서 집필에 관여할 수 있다는 것이었다. 따라서 평양 이후 조사보고서는 네개 지역으로 분산·파견된 개별 소그룹들에 의해 따로따로 작성되었다. 이를테면 황해도 지역 보고서는 펠턴 일행만이 집필을 전담하고, 강원도 지역 보고서는 안네바르 일행만이 집필을 전담하는 방식이었다. 이 같은 이유 때문에 덴마크 언론인 플레론은 귀국 후 한국전쟁 관련 기사작성 과정에서, 자신이 직접 조사위원으로 참여하지 않은 지역의 조사 결과에 대해서는 "동일한 수준의 책임성"을 보장할 수는 없다고 솔직하게 발언하기도 했다.[3]

그러나 이러한 원칙에도 불구하고 네개의 개별적 지역 보고서들은 하나의 최종보고서 내의 하위 장(章)으로 편입되기 위해 일정한 편집과정을 거쳐야만 했다. 게다가 최종보고서 마지막 부분에는 전체 조사위원들의 서명이 들어가야 했기 때문에 소그룹 조사 결과들 또한 반드시 전체적 공감과 동의를 필요로 했다.

조사위원들은 둥글게 모여 앉아 각자의 파견지역에서 보고 들은 것들에 대해 이야기하기 시작했다. 그 이야기들은 기존의 잔혹한 그림 위에 훨씬 더 강렬하고 끔찍한 색채를 무자비하게 덧칠했다. 대부분은 상상을 초월하는 내용들이었다.

모든 조사위원들은 도저히 '군사목표'로 간주할 수 없는 수많은 마을과 소도시들이 전면적으로 파괴된 모습을 보고 또 보았다고 말했다.

"바로 우리 눈앞에서 커다란 숲이 활활 타오르는 장면을 봤어요. 정말 무서웠어요." 평안북도와 자강도에 다녀온 네덜란드 여성 헤일리허르스가 말했다. 헤일리허르스 일행은 이례적으로 여섯곳에서나 산불을 볼 수 있었다. 그중 두곳은 그들의 바로 눈앞에서 불붙기 시작했다. 두 장소 모두에서 항공기 소리를 들을 수 있었고, 커다란 불길이 번쩍 치솟은 후 화염이 순식간에 확산되는 광경을 충격 속에 바라보았다.[4] 이미 화마를 입어 시커멓게 타버린 산등성이들도 눈에 띄었다.[5]

평양 남서쪽의 강서군과 남포시를 조사한 플레론 일행 또한 지역주민들의 폭격과 학살 경험에 대해 전해 들을 수 있었다. 남포는 서해안의 항구도시로서 전쟁 전에 2만여개의 건물이 있었는데, 조사단 방문 시에는 거의 전부가 파괴되고 없었다. 강서군 또한 건물의 대부분이 파괴된 상태였다. 플레론은 펠턴 일행과 마찬가지로 집단학살 장소에서 땅속에 묻혀 있는 다수의 시신들을 직접 확인할 수 있었다. 어떤 매장지에는 20구의 어린이 시신들만 묻혀 있기도 했다.[6]

강원도 원산시와 문천군을 방문한 안네바르 일행도 전쟁 초기부터 지속된 폭격, 유엔군 점령기간의 감금과 학살 등에 관한 증언을 들을 수 있었다. 문천군에서는 1950년 10월 14일부터 12월 5일 사이에 발생한 감금과 피살에 대한 증언이 주를 이루었다. 반면에 원산시에서는 1950년 7월부터 지속되고 있는 공중폭격과 함포사격에 관한 증언이 대부분이었다. 심지어 조사가 진행되는 동안에도 도심을 향한 함포사격이 계속되었다. 조사위원들은 폭격 경보를 세차례나 들을 수 있었고, 그럴 때마다 주민들의 유일한 은신처인 산 아래 방공호로 대피해야만 했다. 산 옆쪽에 흙을 파낸 굴들은 방공호라기보다는 일상적 주거공간이었다. 당대 과학기술의 결정체인 최첨단 폭격기와 군함이 북한주민들을 원시

혈거(穴居) 상태로 밀어내고 있었다.[7]

그런데 안네바르 일행의 강원도 지역 보고서는 특정 유형의 전쟁피해에 대해 여타 지역 보고서보다 훨씬 더 비중 있게 다루고 있었다. 그 특정 유형이란 미군과 남한군에 의해 자행되었다는 현지 여성들을 향한 성폭행 사건들을 지칭한다.

이를테면 국제여맹 영문 보고서는 13만명의 강원도민 중에 2903명의 여성들이 미군과 남한군에 의해 강간을 당했다는 통계수치를 제시했다. 그런데 우선 이 대목에서 국제여맹의 영문판과 한글판 보고서가 해당 통계의 조사범위에 대해 조금은 상이하게 기록하고 있다는 사실을 지적해둘 필요가 있다. 영문 보고서는 조사 범위(대상)를 "13만명의 거주민이 살고 있는 강원도 지역에서"(In the province of Kang-Won alone, which had 130,000 inhabitants)로 기록한 반면, 한글 보고서는 "전 북강원도[8]에서 조사된 13만명 여자 중에서"로 표기하고 있다. 아마도 이 통계수치는 현지의 강원도 인민위원회에 의해 제시됐을 가능성이 높기 때문에 한글 보고서상의 설명, 즉 "전 북강원도에서 조사된 13만명의 여자"라는 표현이 사실에 더 가까울 것으로 추측된다. 물론 영문 보고서의 기록처럼 다수의 주민들이 피란을 떠난 상황에서 당시 실제로 현지에 남아 있던 북강원도민 숫자가 13만명에 불과했을 수도 있다. 어쨌든 여기서 중요한 것은 강원도 인민위원회가 2903명이라는 구체적인 전시 강간 피해자 수치를 조사위원들에게 제시했다는 사실일 것이다.[9]

이 같은 통계수치와 함께 제시된 북강원도민들의 성폭력 관련 진술은 매우 상세했다. 북강원도 안변군 안도면에서는 미국인들이 세명의 여성을 방공호로 끌고 가 강간하려 했다. 미국인들은 이 여성들이 강하게 저항하자 젖가슴을 도려내고 뜨겁게 달군 쇠막대기를 국부에 밀어 넣었다. 평강군 옥동리에서는 임신 8개월의 임산부가 나체의 상태로 나무에 묶여 복부가 절개되는 만행을 당했다. 원산시에서는 42세 여성이 14명의 미국인들에게 윤간당하는 사건이 발생했다. 철원군 이동면 로곡리에서는 32세의 여성이 벌거벗겨진 상태에서 창으로 배를 찔린 후 총살되었다. 49세의 기독교 목사 천경화는 자신의 젊은 며느리가 한밤중에 납치·호송·도주·체포되는 과정에서 강간 후 총살당했다고 말했다. 원산시 경산리에 거주하는 46세 여성 신영옥은 임신 중이던 자신의 며느리가 '빨갱이'라는 명목하에 체포되어 광장에서 발가벗겨진 후 자궁에 막대기가 박혀 태아와 함께 즉사했다고 말했다.[10] 강원도 지역 보고서는 이례적으로 전체 분량의 4분의 1 이상을 할애하여 성폭력 관련 증언을 집중적으로 강조했다.

전시 성폭력의 주요 유형들

전시 성폭력은 인류 전쟁의 역사 속에서 지속적으로 되풀이되고 있는 가장 대표적인 범죄 중 하나이다. 전시 성폭력의 가장 전형적 형태인 전시 강간은 인류사에 발생했던 거의 모든 전쟁에서 어김없이 반복되었다. 중세시대 여성은 전쟁 승리자의 전리품으로 간주되곤 했고, 다수의 군인들은 성욕의 해소를 위해 죄책감 없이 강간을 시도했다. 일부 지휘관들은 병사들의 공격적 행동을 불러일으키기 위해 의도적으로 강간을 조장하기도 했다. 이는 전장에서 남성들 사이의 동료의식(male bonding)을 강화한다는 명목하에 정당화되곤 했다. 이에 더해 전쟁이라는 극한상황에서의 이성과 자제력의 상실, 압도적 무기의 소유, 타오르는 복수심, 특정집단에 대한 편견과 혐오 등이 집단적이고 야만적인 전시 성폭력 사건의 발생에 영향을 주기도 했다.

성폭력은 전쟁기 여성을 대상으로 한 가장 대표적인 '고문'(torture)의 한 형태로 활용되기도 했다. 전시 강간과 성고문은 주로 남성 가해자가 여성 피해자를 향해 압도적 지배력과 힘을 과시하면서 원하는 정보를 획득해내는 수단으로 전쟁기간 동안에 악용되었다. 또한 체포된 여성 자신, 혹은 해당 여성의 남성 동료의 행위를 앙갚음하기 위해 여성성이나 모성성에 대한 가학적 폭력이 자행되기도 했다.[11]

국제여맹 조사위원들의 북한 현지조사 결과에 의하면, 한국전쟁기 북한에서도 위와 같은 성폭력 사례들이 어김없이 반복되었다. 그리고 이 같은 사례들은 앞서 언급된 북강원도뿐만 아니라 다른 여러 지역에서도 중요하게 거론되었다.

국제여맹 보고서에 등장하는 여성에 대한 성폭력은 크게 세가지 유형으로 구분될 수 있다. 첫번째 유형은 전시 성폭력의 가장 대표적인 형태인 전시 강간이고, 두번째는 여성성과 관련된 신체의 특정 부위에 대한 가학행위나 야만적 성희롱·성고문 행위, 세번째는 여성을 납치하여 '유곽' 등으로 불리는 특정 장소에 감금한 후 장기간에 걸쳐 집단적 성폭력을 가하는 행위이다.

보고서에 등장하는 첫번째 성폭력 유형, 즉 '전시 강간'의 사례로는 다음과 같은 증언들이 등장한다. 황해도 신천의 28세 량영덕은 두명의 미군에 의해 감금 장소 밖으로 끌려나가 강간과 구타를 당한 후 바깥에 방치되었다.[12] 18세 김윤순은 강간을 당한 직후 학살되었다.[13] 원산시의 21세 신화순은 두 어린 동생이 보는 앞에서 다섯명의 미군들에 의해 강

246

간을 당했다.[14] 원산시의 42세 최옥희는 열네명의 미군들에 의해 윤간을 당했다. 그녀는 아직 생존해 있었지만, 몸이 너무 아파서 거동이 어려운 상태였다.[15] 개천군의 김병호는 해당 지역에서 "860명 이상의 여성들이 겁탈당했으나 부끄러워서 말을 하지 않는다"고 주장했다.[16] 그리고 앞서 언급했듯이, 강원도에서는 2903명의 여성들이 미군과 남한군에 의해 강간 피해를 입었다고 주장했다.[17]

두번째 성폭력 유형, 즉 여성성과 관련된 신체의 특정 부위에 대한 가학행위, 야만적 성희롱과 성고문 등의 사례로는 다음과 같은 것들이 있다. 평양 인근 송산리의 여성동맹 위원장은 거리에서 나체로 끌려다니다가 국부에 쇠망치가 박히는 가혹행위에 의해 즉사했다.[18] 신천군에 거주하는 김숙선의 스무살 된 딸은 등에 북을 짊어진 나체의 상태에서 공개적으로 끌려다녔다.[19] 개천시의 임산부 리확실은 남편이 빨치산 지도자라는 이유로 체포되어 심문을 받았는데, 잔혹한 고문 끝에 배가 갈리고 배 속 아이가 끄집어내어지는 만행을 당했다.[20] 개천시 여성동맹의 책임자는 나체로 나무에 결박되어 구타를 당했다.[21] 이렇듯 다수의 북한여성들이 유엔군 점령기간 동안에 성적 가학행위, 성희롱, 성고문 등을 당했다고 주장했다.

국제여맹 보고서에 등장하는 세번째 성폭력 유형으로는 여성을 납치하여 '유곽' 등으로 불리는 특정 장소에 감금한 후 장기간에 걸쳐 집단적 성폭력을 가하는 사례를 들 수 있다. 국제여맹 조사위원들은 평양시 여성동맹 청사 아래에 거주하고 있던 한 여성(강북산의 딸)으로부터 미국인들이 평양시 국립예술극장을 '군인유곽'(army-brothel)으로 활용했다는 증언을 들을 수 있었다. 미국인들은 거리에서 여성들을 마구 잡아 감금했기 때문에, 강북산의 딸은 이를 무서워하여 40일 동안이나 지하 토굴에서 나오지 못했다고 주장했다. 평양 시민 66세 권송동 또한 미국인들이 평양시 국립예술극장을 유곽으로 사용했다고 증언했다.[22]

신천군의 김숙선은 미군이 시내에 들어왔을 때 유곽을 설치하고 여성들을 잡아 이에 감금했다고 증언했다. 그녀의 주장에 의하면, 고운 처녀들은 미군과 영국군 장교들에게, 곱지 않은 여성들은 남한군에게 성노예로 제공되었다고 한다. 이 여성은 유곽에 감금되었던 여성들 중에 세 사람은 여전히 생존해 있고, 나머지는 모두 학살되었다고 주장했다.[23] 개천시의 리춘형은 미국인들이 부녀자들을 붙잡아 지프차에 태워 유곽으로 데려갔다고 말했다.[24]

그외에 평양이나 신천과 같은 '유곽' 시설은 아니지만, '임시 감금 장소'나 '감옥'에 수감되어 있는 상태에서 지속적으로 강간을 당한 사례들도 여럿 확인된다. 이를테면 강원도 문천군 마전리에서는 약 500명의 지역민들이 임시 감옥에 감금되어 있었는데, 그들 중 20명의 여성들이 미군에 의해 강간을 당했다고 한다.[25] 21세 송숙마는 해주감옥에서 나체 상태로 감금되어 있었다고 증언했다.[26] 27세 차옥순은 원산감옥으로 끌려갔는데, 그곳에서 매일 밤 미군 병사들이 몇몇의 소녀들을 골라서 강간하는 것을 보았다고 말했다.[27] 개천시의 리순실은 12일 동안이나 다수의 군인들이 거주하는 방 안에서 나체 상태로 감금되어 있었다.[28]

20세기의 전쟁과 전시 성폭력

이상과 같은 전시 성폭력과 관련된 잔혹한 증언들은 현대인의 관점에서 쉽사리 믿기지 않는 것이 사실이다. 아무리 전시라고 하지만 거리

248

에서 무차별적으로 여성들을 납치·강간하고, 나체 상태로 끌고 다니거나 나무에 묶어두고, 심지어 젖가슴이나 음부를 가학적으로 훼손하는 것과 같은 행위가 문명세계에서 실제로 발생 가능할까? 무차별적으로 납치한 여성들을 특정시설에 감금해놓고 집단적이고 지속적인 성폭력을 가하는 행위는 또 어떠한가. 이렇게 비이성적이고 반평화적인 일들이 20세기 중반 한반도에서 벌어졌다는 주장을 과연 곧이곧대로 믿어야 할까?

놀랍게도 20세기 전쟁사는 위와 같은 잔혹한 전시 성폭력이 전혀 예외적인 현상이 아니었다고 말하고 있다. 굳이 양차세계대전과 한국전쟁이 발발했던 20세기 전반기까지 거슬러 올라갈 필요도 없다. 20세기 말과 21세기만 해도 세계 곳곳에서 잔혹한 전시 성폭력 사건들이 끊임없이 반복되곤 했다.

예컨대 유엔여성기구(UN Women)의 발표에 의하면, 1990년대 초반 보스니아 전쟁에서는 2~5만명의 여성들이 성폭력 피해를 입었고, 1994년 아프리카의 르완다 집단학살 기간 동안에는 약 25~50만명의 여성들이 강간을 당했다고 한다. 1991년부터 약 10년간 이어진 아프리카의 시에라리온 내전에서는 5만에서 6만 4000여명의 여성들이 전투원에 의한 성폭력 피해를 입었다.[29] 특히 세계문명의 중심이라 자부했던 유럽지역에서 발생한 보스니아 전쟁 과정에서의 끔찍한 성폭력 사례들은 전쟁과 여성, 평화, 문명 등의 문제에 대해 많은 것들을 숙고하게 만들어준다. 이 전쟁에서 세르비아계 군인들은 적어도 2만명의 여성들을 노예로 만들거나 강간하고 고문했다. 일부 여성들은 강간을 목적으로 만들어진 16개 수용소에 감금당한 채 지속적으로 성폭행 피해를 입었다. 여성들은 강제로 임신을 당했고, 출산 전까지 수용소에 붙잡혀 있었다.

세르비아인들은 이렇게 강간으로 생긴 아이들을 "깨끗하게 정화"된 존재로 간주했다. 강간을 특정 인종집단 말살을 위한 인종청소의 한 방식으로 사용한 것이다.[30]

한국전쟁이 발발하기 불과 5년여 전의 유럽에서도 매우 잔혹한 전시 성폭력 사건들이 다수 발생했다. 특히 동유럽지역에서 독일군과 소련군에 의해 발생했던 성폭력 사건들은 그 대표적 사례로 거론할 수 있으며, 그중에서도 베를린을 향해 진군해오던 소련군의 성폭력 사건들이 오래전부터 학계에 잘 알려져 있다. 소련군에 의해 강간당한 여성은 동유럽의 여타 지역 사례까지 포함하여 최소 200만명이 넘는 것으로 파악된다.[31]

소련군 성폭력의 희생자들은 단지 독일 국적의 여성들로 국한되지는 않았다. 소련군이 지나간 거의 모든 국가들에서 성폭력 사건들이 광범하게 발생했다. 폴란드, 루마니아, 헝가리, 심지어 러시아와 우끄라이나 지역에서도 같은 문제가 발생했다. 더 끔찍한 예로는 강제수용소에서 갓 해방된 여성들이 윤간을 당했던 사례들을 들 수 있다. 이 같은 소련군의 전시 강간은 1945년 1월 동독지역으로부터 시작하여 베를린에서의 전투기간 동안 최고조에 달했는데, 충격적인 사실은 소련군 장교들이 이를 제어할 의사가 전혀 없었다는 것이다. 스딸린과 여러 장교들은 성폭력 문제에 대해 인지하고 있었지만, 이를 멈추게 할 어떤 행동에도 착수하지 않았다. 강간에 대한 소련의 공식적 정책은 이 문제를 범죄행위로 다루기보다는 소련의 국제적 이미지를 손상시키는 문제, 혹은 군인들의 건강과 관련된 사안 등으로 취급하는 것이었다.[32]

베를린에서 독일 여성들에 대한 강간은 점령 첫주에 가장 심했고 사실상 1948년까지 지속되었다. 베를린에서의 전투기간 중에만 13만명의 여성들이 성폭행을 당했고, 이중 약 10퍼센트에 달하는 1만명 이상의 여성들이 폭력과 수치심을 견디지 못해 자살하고 말았다. 때문에 독일 여성들은 스스로를 지키기 위해 소련군 접근에 대한 경고신호를 울려 대거나 자신의 외모를 더럽게 위장하기도 했다.[33]

반복적이고 지속적인 성폭력에 노출된 독일 여성들은 집단성폭행에 희생되기보다는 연합군 '보호자'를 통해 스스로를 지키려는 시도를 하기도 했다.[34] 그러나 이 여성들은 연합군 병사와의 성관계를 이유로 아버지에 의해 자살을 강요당하거나 남편에 의해 살해되기도 했다. 여성들은 독일 남성들에 의해 "연합군 창녀"라는 비난을 들어야만 했고, 수많은 군중 앞에서 머리를 깎이는 수모를 겪기도 했다. 종전 시기 베를린에는 5만여명의 직업적 매춘부와 반(半)직업적 매춘부(semi-professional prostitutes)가 존재했는데, 1946년에는 그 수가 3배로 증가했다. 전후에도 독일 여성들은 원하지 않는 출산, 낙태, 트라우마, 주위 사람들의 냉대 등으로 끔찍한 인고의 시간을 견뎌내야만 했다. 1945년 5월 유럽에서의 전쟁은 끝났지만, 독일 여성들의 전쟁은 여전히 지속되고 있었다.[35]

최근에는 소련군뿐만 아니라 독일군 또한 소련으로 진군하는 과정에서 광범한 성폭행을 자행했다는 사실이 학계의 연구들을 통해 구체적으로 입증되고 있다. 독일 군인들은 러시아인들의 확고한 저항에 의한 정신적 스트레스, 비아리아인(non-Aryan)에 대한 만행을 독려했던 나치의 인종정책 등에 영향을 받으면서 광범한 성폭력을 저질렀다. 소련 군인들은 독일군을 서쪽으로 밀어내는 과정에서 수많은 러시아 성인 여성들과 어린 소녀들이 강간 후 살해된 모습을 보고 또 보았다. 소련 군인들은 책가방을 멘 10대 초반의 소녀가 강간 후 총검으로 난자당한 모습을 보면서 집단적 증오심에 불타올랐다. 독일군의 성폭력이 유대인이나 슬라브인과 같은 이른바 '열등인간'에 대한 인종적 편견에 뿌리를 두었다면, 소련인들의 성폭력은 독일의 만행에 대한 들끓는 증오와 복수심으로부터 상당한 정도 유발된 것이었다.[36]

한국전쟁이 발발하기 불과 5년여 전에 유럽에서 위와 같은 잔혹한 성폭력이 광범하게 자행되었다는 사실은 현재의 우리에게 시사하는 바가 결코 적지 않다. 어떤 이들은 이른바 '문명화'된 백인 군인들이 한국전쟁 과정에서 그토록 야만적인 성폭력을 저질렀을 리가 없다고 확신할 수도 있다. 그러나 앞의 예에서 살펴볼 수 있는 것처럼 그 같은 주장은 오히려 매우 몰역사적일 수밖에 없다. 전시 성폭력은 인류 대부분의 역사는 물론 20세기 역사 전체를 관통하는 전쟁의 가장 본질적 요소 중 하나였다.[37]

'전시' 혹은 '준전시' 상황에서의 성폭력 사건은 한반도에서도 예외일 수 없었다. 1948~49년 제주4·3사건 진압 과정에서 발생한 비인도적 성폭력 사건들은 그 대표적 예이다. 국제여맹 보고서에 등장하는 한국전쟁기 북한지역 성폭력 사례들과 마찬가지로, 대한민국 정부 수립 전후 시기 제주도에서도 다수의 가학적 성희롱, 성고문, 납치, 강간 사건들이 줄지어 발생했다.[38]

이를테면 1948년 5월 제주도 한경면 산양리 지역을 기습한 토벌대는 초등학교 운동장에 집결한 마을사람들을 모두 나체로 만든 후 매질을 가했다고 한다. 얼마 지나지 않아 토벌대는 젊은 남녀 한명씩을 임의로 지목하여 앞으로 나오게 한 뒤 성행위를 강요했다.[39] 제주읍 월평리 출신의 여성 강○○는 군인에게 강간을 당한 후 함께 살다가 죽임을 당했다. 양○○는 서북청년단 제주단장 김재능에 의해 강간을 당했는데,

죽을 위기에 놓인 남동생을 살리기 위해 성폭력을 감수할 수밖에 없었다.[40] 한 젊은 여성은 경찰의 결혼 강요를 거부했다가 죽임을 당했고, 또 다른 여성은 토벌대에게 산 채로 유방이 잘리는 고통을 당했다.[41] 4·3사건 당시 제주지역 경찰간부로 재직했던 김호겸(金浩謙)은 제주경찰서에서 한 여성이 나체로 거꾸로 매달려 고문당하는 모습을 보았다고 증언했다.[42] 이상의 사례들은 모두 자신의 실명을 밝힌 구술자들에 의한 성폭력 증언 사례일 뿐이고, 실제 4·3사건 당시 제주지역 여성들을 향한 납치, 강간, 가학적 성폭력 등의 사례들은 무수히 많았을 것으로 추측된다.

1945년 유럽지역은 물론 1948~49년 남한지역에서도 잔혹한 성폭력 사건이 광범하게 자행되었다는 사실은 한국전쟁기 성폭력 사건들을 이해하는 데 중요한 시사점을 던져준다. 특히 여성을 공개적으로 성폭행하고, 나체로 끌고 다니고, 나무에 묶어두고, 유방을 자르고, 산모의 배를 가르는 것과 같은 가학적 성폭력의 실제 발생 가능성에 대해 매우 부정적으로 평가할 수도 있는 전후세대나 전쟁 미경험자들은 이러한 역사적 사례들로부터 적잖은 정신적 충격을 받을 수도 있다. 하지만 20세기 전쟁사는 오히려 가학적 성폭력 사건들이야말로 전쟁의 가장 본질적 구성요소 중 하나였다고 분명하게 말하고 있다.

한국전쟁기 월남민을 분석한 최근의 논저들 또한 국제여맹 보고서의 성폭력 관련 주장들을 검증하는 데 중요한 논거들을 제공한다. 특히 월남민들의 정치적 성향이 대체적으로 반공·반북주의적 성향이 강했다는 측면에서, 이들에 의한 미군과 한국군의 성폭력 사건들에 관한 증언은 좀더 유의미하게 살펴볼 가치가 있다. 왜냐하면 연구에 참여한 월남민 구술자들 상당수가 그들의 반공주의적 성향에도 불구하고 "아군(我

軍)"성폭력 사건이 광범하게 자행되었다고 증언했기 때문이다.

　월남민의 증언에 기초하여 한국전쟁기 성폭력 사건에 대해 조사한 김귀옥(金貴玉)은, "반공콤플렉스에 빠져 있는 월남인들이 자신의 고향인 북한지역에서 일어났던 일을 회고할 때면 인민군과 한국군에 대해 정반대의 증언을 하였다"고 주장한다. 김귀옥은, "인민군의 경우 강간 사건을 경험한 경우가 거의 없었던 반면, 한국군의 경우 내가 조사했던 월남인들이나 대부분의 한국전쟁 관련 구술자들로부터 거의 빠짐없이 증언되었다"고 강조한다. 이 같은 김귀옥의 주장은 미군과 중국군에 대해서도 유사하게 적용된다. 김귀옥은, "중국군의 경우 여성에 대한 강간은 즉결 처분감"이었지만, "미군은 광범위하게 여성들에 대한 성폭력, 강간을 자행하였다"고 단언한다.[43]

　위와 같은 김귀옥의 주장은 꽤나 과감한 측면이 있다. 다른 무엇보다도 이 주장의 논거로 제시된 자료들이 중국인의 회고록[44]이나 몇몇 월남민들의 구술자료에 그쳤기 때문이다. 그러나 김귀옥이 1990년대 후반부터 최근까지 오랜 기간에 걸쳐 한국전쟁기 성폭력 문제에 천착해 왔다는 측면에서,[45] 그녀의 숙련된 연구감각으로부터 도출된 직관적이면서도 과감한 주장을 쉽게 일축해버리기 힘든 측면이 있다. 몇몇 월남민들은 자신의 강고한 레드콤플렉스에도 불구하고, "아군이 우리 고향에 들어와서는 부락 처녀들을 많이 강탈"했다, "군부대 인근 마을의 처녀뿐만 아니라 과부들도 군인들에게 겁탈당했다", "어떤 처녀는 3번 이상 겁탈을 당하고는 결국 마을을 떠나고 말았다"[46] 등과 같은 '아군(한국군)'의 악행에 대해 용기 내어 발화했다. 이 같은 '아군'의 성폭력에 대한 기억은 아마도 전후 수십년 동안 공개적으로 꺼내놓을 수 없었던 마음속의 커다란 짐이었을 것이다.

254

김귀옥은 월남민 구술자료에 기초하여 한국전쟁기 북한지역에서 발생한 한국군 성폭력의 유형을 네가지로 분류했다. ① 강간, ② 모성성 또는 여성성에 대한 폭력, ③ 강제결혼 및 납치, ④ 성고문이 그 네가지 유형이다. 이 같은 유형화는 앞서 국제여맹 보고서에 근거하여 본서에서 분류한 세가지 성폭력 유형과 매우 유사하다. 김귀옥의 ① ② ④ 유형은 앞서 국제여맹 보고서에 의거하여 본서에서 유형화한 ① 전시 강간, ② 여성성과 관련된 신체 특정부위에 대한 가학행위나 야만적 성희롱·성고문 유형과 사실상 일치한다. 반면에 김귀옥의 세번째 유형인 '강제결혼 및 납치' 항목은 국제여맹의 '유곽'의 존재에 대한 강조와는 일정하게 구별된다. 국제여맹 보고서에는 '강제결혼'과 관련된 증언이 아예 부재하지만, 평양·신천·개천 등의 지역에 실재했다는 '유곽' 관련 증언은 매우 중요하게 강조되어 있다.

최근 몇몇 한국 여성연구자들의 주목할 만한 연구성과에 의하면, 국제여맹 보고서상의 '유곽'(brothel)은 한국전쟁기 한국군 내부에 실존했던 '위안소(慰安所)'와 유사한 성격의 장소였을 가능성이 존재한다. 대부분의 사람들은 '위안소'라고 하면 일제시기 일본군 성노예들을 강제적으로 수용했던 장소를 가장 먼저 떠올릴 것이다. 실제 역사적으로 '종군위안부(從軍慰安婦)'와 '위안소'는 2차세계대전기 일본 군부에 의해 만들어진 명칭이었다.[47] 그런데 충격적이게도 최근 학계의 몇몇 연구들은 한국전쟁기 한반도에도 '위안부'와 '위안소'라고 불린 역사적 실체가 존재했다는 사실을 당대 자료를 통해 보여준다.

김귀옥, 이임하(李林夏), 박정미 등은 한국전쟁기 이승만 정부가 한국군과 유엔군을 위한 '위안소'를 설치하고, '위안부'를 동원하는 데 직간접적으로 개입했다는 사실을 학술적으로 입증한 대표적 연구자들이다.[48] 특히 김귀옥은 1956년 육군본부에서 발간한 『6·25사변 후방전사: 인사편』 자료를 통해 '특수위안대'와 '위안부'의 실체를 객관적으로 증명해내는 데 최초로 성공했다.[49] 전후 한국군이 자체적으로 공식 발간한 책자를 통해 '위안부'의 역사적 실체를 증명해낸 것이다. 한국전쟁기 한국군 '위안부'의 존재 자체도 놀랍지만, 그를 공간된 책자에 기록해둔 당대 한국 군부의 성인지 감수성 또한 충격적이지 않을 수 없다.

이 육군본부 기록에 의하면, "사기앙양은 물론 전쟁사실에 부수하는 불선한 폐단을 미연에 방지"하고, "이성에 대한 동경에서 야기되는 생리작용으로 인한 성격의 변화 등으로 우울증 및 기타 지장을 초래함을 예방하기 위하여" 특수위안대(特殊慰安隊)가 설치되었다고 한다. 특수위안대는 서울지구 3개 소대와 강릉지구에 1개 소대를 비롯해 춘천·원주·속초 등의 지역에도 설치되었다. '위안부'의 수는 총 79명이었고, "운영중 일선부대의 요청에 의하여 출동 위안을 행"하기도 했다. 이 책자는 1952년 위안대의 실적 통계표까지 제시하고 있는데, 해당 자료에 의하면 1952년 '위안부' 여성들을 찾아온 '피위안자'들의 수는 연인원 20만 4560명에 달했다.[50] 김귀옥은 위의 육군본부 자료 외에 채명신(蔡命新), 김희오(金喜午) 등의 회고록에 등장하는 '위안부' 관련 내용을 발굴하여 한국군 '위안부'와 '위안소'의 존재를 역사적 사실로 확증했다.[51]

이임하와 박정미는 김귀옥의 연구로부터 한걸음 더 나아가, 한국전쟁기 한국군을 위한 '위안소'뿐만 아니라 유엔군을 위한 '위안소' 또한 별도로 운영되었다는 사실을 당대 자료를 통해 폭로했다. 이임하는 한국전쟁 초기인 1950년 8월 초 마산시가 "연합군의 노고에 보답하는 연합군 '위안소' 5개소를 신·구마산에 설치하기로 되어 이의 허가증을 이

미 발부"했고, 1950년 11월 서울시 경찰국장이 "연합군 상대 댄스홀이나 위안소 설치"를 위해 "적절한 건물, 기타 장소까지라도 물색하여 허가해줄 용의가 있"다고 말한 사실을 당대 신문 자료를 통해 직접적으로 보여주었다. 또한 이임하는 유엔군 '위안소'의 존재를 추정케 해주는 「UN군인 위무방식에 관한 건」(1951년 5월, '대통령원본결재' 인장 포함)이라는 한국정부 측 문서를 발굴·소개하기도 했다.[52]

여기에 더해 박정미는 한국정부가 유엔군 '위안소' 설치에 개입했음을 입증하는 결정적 자료로서 1951년 10월 10일자 「청소 및 접객영업 위생사무 취급요령 추가지시에 관한 건」(보방 제1726호)을 제시했다. 이 자료는 '위안부'의 의미까지 구체적으로 규정하고 있다. 이 자료에 의하면, "위안부라 함은 위안소에서 외군을 상대로 위안접객을 업으로 하는 부녀자"를 뜻한다. 해당 자료에는 "단 위안업(慰安業)은 유부(有夫)의 부(婦)로써 할 수 없다"는 위안부 불허(不許)의 조건까지 제시되어 있다. 즉 유부녀는 '위안부'가 될 수 없다고 적시한 것이다. 또한 이 자료는 접객영업의 "허가 신설은 주둔군 당국의 요청"에 의하고, 접객부의 "건강 진단을 취체하기 위하야 외군헌병대에도 연락"할 것을 규정하고 있다. 이 같은 지시사항은 유엔군 '위안소'의 신설과 운영에 있어서 유엔군이 직접 개입했을 가능성을 강하게 시사한다.[53]

이상과 같은 한국전쟁기 남한 후방지역의 한국군과 유엔군 전용 '위안소' 운영 사실에 의거해볼 때, 1950년 유엔군 점령 북한지역 내의 '위안소' 혹은 '위안소'와 유사한 형태의 "위안접객" 시설의 운영 가능성을 무조건적으로 묵살해버릴 수는 없을 듯하다. 특히 평양과 원산 지역 '유곽'의 실체에 대해서는 복수의 구술자들이 증언했고, 그 위치 또한 '평양시 국립예술극장'을 특정했다는 점에서, 향후 연구를 통해 그 진위 여부를 객관적으로 검증해볼 필요가 있을 것이다.

만약 한국전쟁기 평양시 국립예술극장이 실제 한국군이나 유엔군을 위한 일종의 '유곽' 혹은 '위안소' 건물로 사용되었다면, 이 공간이 지니는 비극적 역사성에 다시금 주목해보지 않을 수 없다. 다름 아니라 일제시기 이곳은 일본의 천조대신(天照大神)과 국혼대신(國魂大神)을 제신(祭神)으로 섬겼던 평양신사(平壤神社)가 위치했던 장소이기 때문이다. 평양의 숭실학교와 숭의학교 등은 이곳에서의 신사참배를 거부하다가 폐교되는 아픔을 겪기도 했다. 1946년 북한정권은 이곳의 평양신사를 철거한 뒤 그 자리에 국립예술극장을 건설하여 공연장과 회의장으로 활용했다. 1948년 4월 국립예술극장에서는 김구, 김규식, 조소앙, 홍명희, 김일성, 김두봉, 허헌, 박헌영 등이 참석한 역사적인 남북연석회의(南北連席會議)가 개최되기도 했다. 1948년 9월에는 최고인민회의 제1차 회의가 이곳에서 개최되어 김일성을 국가수반으로 추대하기도 했다. 한국 근현대의 식민지·분단·전쟁이라는 영락(榮落)의 기억을 고스란히 간직한 역사적 공간이 바로 1950년의 평양시 국립예술극장(현재의 모란봉극장)이었던 것이다.[54]

북한정권은 해방 후 평양신사를 허물어버리고, 바로 그곳에 중요한 국가적 행사와 공연을 진행할 수 있는 예술극장을 건립함으로써 일제와의 단절과 청산을 상징적으로 보여주고 싶었을 것이다. 그런데 만약 이 공간이 국제여맹 보고서에 등장하는 것처럼 한국전쟁기 군인들을 위한 일종의 '유곽' 시설로 활용되었다면 그 또한 매우 의미심장하게 해석될 수 있을 것이다. 그 의도와 무관하게, 북한정권과 평양 시민들에게는 상당한 슬픔과 모욕감을 안겨줄 수 있었기 때문이다. 그러나 최소한 아직까지 국제여맹 보고서 외에 어떤 자료도 유엔군 점령기 평양시의 '유곽' 운용을 역사적 사실로 입증하지는 못하고 있다.

증언의 고통

국제여맹 조사위원회의 면담에 응한 대부분의 평양 여성들은 매우 적극적으로 자신의 고통에 대해 이야기하고 싶어 했다. 여성들은 미군 폭격의 잔혹성과 가족의 희생에 대해 상세하게 진술했다. 그러나 종종 여성들의 적극적 태도는 인터뷰를 진행하는 과정에서 상당히 소극적이고 방어적으로 변하기도 했다. 다름 아닌 성폭력 관련 질문이 나올 때마다 그러했던 것이다. 여성들의 얼굴은 금세 수치심으로 발갛게 달아올랐다. 그들은 잊고 싶던 기억에 대한 공포와 조바심에 증언을 거부하기도 했다.

이 같은 인터뷰 '분위기'에 대한 묘사는 국제여맹 최종보고서에는 전혀 등장하지 않는다. 보고서는 구술자의 증언 내용만을 건조하게 제시할 뿐이다. 그러나 펠턴의 개인기록에는 성폭력 관련 증언 당시의 긴장된 분위기가 가감 없이 제시되어 있다.

종종 사람들은 우리가 누군지 물어보기 위해 가까이 다가오곤 했다. 통역원들이 우리에 대해 설명하고 나서, 여러 사람들 특히 여성들은 피점령 기간 동안 겪은 일들에 대해 말할 기회를 얻을 수 있었다. 그러나 일단 면담이 시작되면, 그들은 잊고 싶은 기억에 대한 수치심으로 인해 초조해하거나 망설이는 모습을 보여주곤 했다. 많은 여성들은 점령기간 동안에 납치되어 유곽으로 보내졌다. 다른 여성들은,

그들의 동성친구들이 겪었던 것과 같은 운명을 피하기 위해 여러주 동안 지하에 숨어 있었다고 말했다. 이런 이야기를 전한 여성들은 대부분 젊은 여성들이었다. 그러나 그들 중에는 젊지 않은 여성들도 있었다.[55]

이와 같은 펠턴의 기록에 의하면, 유엔군 점령기 평양 여성들의 성폭력에 대한 공포는 매우 컸던 것으로 추측된다. 납치되어 유곽으로 보내졌다는 여성들의 규모가 불명확("많은 여성들many women")하게 제시되어 있긴 하지만, 상당수의 여성들이 지하에서 수주 동안 은신할 수밖에 없을 정도로 성폭력 사건이 만연했다는 것이다. 나이 많은 성폭력 피해자들의 존재에 대해 굳이 적시한 이유 또한 성폭력의 만연과 그 피해대상의 다양성에 대해 폭로하기 위해서였을 것이다.

펠턴에게 성폭력 관련 증언을 한 여성들 중에는 평양시의 폐허 한가운데에서 만난 25세의 젊은 여성도 있었다. 그녀는 예쁜 얼굴은 아니었지만, 생생한 혈색을 지닌 날씬한 몸매의 여성이었다. 펠턴 일행이 다가갈 때, 그녀는 자신의 지하 주거공간 부근에서 다른 중년의 여성들과 수다를 떨고 있었다. 그녀는 자신의 남편과 함께 거주하던 주택이 소이탄에 의해 어떻게 파괴되었는지, 그리고 이 특별한 지하 주거공간을 어떻게 발견해냈는지 조사위원들에게 설명해주었다. 주위의 나이 많은 여러 여성들은 그녀의 이야기를 주의 깊게 경청하고 있었다.

그러다 그 주변의 한 여성이 무언가를 이야기했는데, 그 말은 순식간에 젊은 여성의 얼굴을 시뻘건 분노와 수치심으로 물들게 했다. 그녀는 자신의 입술을 한껏 삐쭉 내밀더니 머리를 좌우로 흔들다가 한동안 침묵했다. 몇분의 침묵의 시간이 흐른 후에 그녀는 주위 사람들의 설득을 받아들여 자기 여동생의 경험에 대해 말하기 시작했다.

그녀는 유엔군 점령기간 동안 여동생이 어떻게 유곽으로 납치되었는지 설명했다. 그리고 자신의 남편 덕분에 어떻게 여동생이 도시의 다른 구역으로 탈출해 은신할 수 있었는지 소상히 말했다. 여러 사람들 앞에서 친동생의 성폭력 피해 사실에 대해 상세히 묘사한다는 것은 심리적으로 매우 고통스러운 일이었을 것이다. 그럼에도 불구하고 이 여성은 낯선 외국여성과 이웃들 앞에서 동생의 고통에 대해 상세히 설명했고, 증언 직후에는 더 직접적인 설명을 제공하기 위해 여동생의 행방을 분주하게 찾아 다녔다.[56]

1950년대 초반의 극도로 남성 중심적인 한국사회에서 성폭력 피해 여성이 자신의 피해 사실을 공개적으로 증언한다는 것은 매우 두렵고 수치스러운 일이었을 것이다. 앞서 개천군에서는 "860명 이상의 여성들이 겁탈당했으나 부끄러워서 말을 하지 않는다"는 주장도 있었다. 개천군의 피해 사례를 전달한 남성은 여성들의 증언 거부 이유에 대해 "부끄러워서"(ashamed)라고 표현했는데,[57] 실제 피해 여성들이 느꼈을 감정은 아마도 성폭력 피해 여성의 주요 심리적 후유증인 '죄의식'이나 '수치심'에 가까운 정서였을 것이다.

성폭력 피해 여성들의 심리적 후유증에 대한 의학적 연구에 의하면, 다수의 피해 여성들은 자신이 인간적인 모욕을 당했고, 더럽혀졌으며, 다른 모든 사람들 또한 자신을 그렇게 바라볼 것이라는 수치심에 사로잡히곤 한다. 현대사회에서도 적잖은 여성들이 죄의식이나 수치심 같은 감정 때문에 자신에게 발생한 끔찍한 피해를 경찰이나 가족에게 알리지 못하는 사례가 빈번히 발생하고 있다.[58] 자살로 생을 마감한 1만명 이상의 베를린 전시 성폭력 피해 여성들 중에도 반복적 성폭력에 의한 일종의 수치심과 모욕감을 견디지 못하고 최악의 선택을 한 여성들이 적지 않았다.

마끼아벨리(N. Machiavelli)에 의하면, 폭력의 효율적 사용법은 일단 그 폭력의 적용을 통해 소기의 목적을 달성한 후, 다음부터는 폭력의 사용 가능성을 상기시키는 것만으로도 원하는 목적을 달성하는 데 있다. 즉 피해자를 철저하게 파괴시키는 가장 확실한 방법은 수치심과 굴욕감을 갖게 하여 육체적으로는 물론 정신적으로도 완전히 굴복시키는 것이었다. 특히 1950년대 한국처럼 가부장제의 이중적인 성문화가 지배하는 사회에서, 성폭력은 남녀를 막론하고 상대에게 수치심과 굴욕감을 안겨주는 가장 효과적인 방법 중 하나였다. 결국 전쟁기 북한여성에 대한 성폭력은 피해 여성 자신은 물론, 그 가족이나 그가 속한 커뮤니티 자체를 무력화시키는 효과를 낳을 수 있었다.[59]

이 같은 이중삼중의 폭력적이고 차별적인 사회 환경에도 불구하고, 수많은 북한여성들은 자신의 실명을 내걸고 자기 자신의 성폭력 피해 사례, 혹은 가족이나 이웃의 성폭력 피해 사례에 대해 구체적으로 증언했다. 말 그대로 '나의 이름으로' 전시 성폭력 피해 사례들을 상세히 고발한 것이다. 전쟁이 한창 진행되던 시기에 외부의 조사위원들이 전장으로 직접 들어와 피해자의 실명을 밝히면서 전시 성폭력의 실태를 분석·보고한 사례는 역사적으로 극히 보기 드물다.

전시 성폭력 피해에 대한 실명 증언의 어려움은 일본군 '위안부'의 사례를 통해서도 단적으로 드러난다. 한국사회 내적으로는 해방 직후부터 '위안부'의 존재에 대한 인지가 없지 않았지만, 제대로 된 사회적 각성과 조사가 진행된 시기는 1991년 8월 일본의 태도에 분노한 피해 여성 김학순(金學順)이 자신의 경험을 공개 증언한 이후부터였다고 볼 수 있다. 이후 북한, 타이완, 필리핀, 인도네시아 등 과거에 일본군의 침략과 군사 점령을 경험했던 아시아 각국에서 '위안부' 피해자들이 속속 자신의 이름을 밝히면서 성폭력의 실상을 폭로하기 시작했다. 해방 후 46년이 지나고서야 비로소 최초의 피해자 실명 증언과 함께 진실의 문이 활짝 열리게 된 것이다.[60]

1999년 콩고 내전에서의 성폭행 피해 여성들을 돕기 위해 마련된 피신처의 이름이 '경청의 집'(listening house)인 것은 결코 우연이 아닐 것이다. 당시 콩고 내전은 "여성을 향한 전쟁"이라 일컬어질 만큼 여성들에 대한 강간이 조직적으로 자행되고 있었다.[61] 그러한 시점에 누군가가 피해 여성을 피신처로 데리고 와 새로운 삶을 시작할 수 있도록 도와주고, 그들의 목소리에 귀 기울여주는 것만으로도 피해자들에게는 매우 큰 힘이 되었을 것이다.

북한여성들 또한 마찬가지였을 것이다. 피해 여성들은 이 낯선 외국인 여성들을 향해 "세계에 알려달라. 사람들이 이해해주길 바란다"[62]고 직접적으로 호소했다. 어쩌면 북한여성들은 현지 일상과는 동떨어진 낯선 외국인 면담자들에게 오히려 더 진실되게 피해 사실을 진술할 수 있었을지도 모른다. 면담자가 같은 여성이라는 사실 또한 인터뷰 과정을 훨씬 더 수월하게 만들었을 것이다.

북한여성들은 자주 국제여맹 조사위원들의 손을 꽉 잡고 눈물을 쏟아내곤 했다. 피해 여성들은 자신의 머릿속에서 완전히 지워버리고 싶었던 일들을 다시 상기해내면서 고통에 울부짖었다. 반면에 조사위원들은 여성들의 피해 사례들에 대해 좀더 정확하고 상세하게 알고 싶어했다. 때문에 조사위원들의 질문은 매우 집요할 수밖에 없었다. 그리고 그렇게 조사위원들로부터 집요하게 질문을 받을 때마다 북한여성들은

7-1. 1951년 5월, 폐허로 변한 도심을 걷고 있는 평양의 여성들

가슴 제일 깊숙한 곳에 묻어둔 어두운 기억이 발현되어 속절없이 무너져 내리곤 했다.

펠턴은 거의 매일 자신 앞에서 무너져 내리는 북한여성들을 지켜보면서, "사실로부터 감정을 분리"(to separate emotion from fact)해야만 한다고 스스로를 독려했다. 그녀는 최대한 정확하게 "공적 재난과 사적 비극의 패턴"(the pattern of public disasters and of private tragedy)을 파악해내기 위해 최선을 다했다. 자신의 기억과 감정을 불신하면서 북한여성들의 증언을 노트 위에 빼곡히 적어나갔다. 펠턴은 여행 직전에 선물받은 펜의 의미를 퇴색시킬 수 없었다.[63]

개전과 관련된 북한 측 주장의 불수용

강원도 조사보고서는 이례적으로 전체 분량의 4분의 1 이상을 성폭력 관련 내용에 집중적으로 할애했다. 이 같은 내용 구성이 이 지역에서 성폭력이 상대적으로 더 성행했음을 의미하는지는 알 수 없다. 그러나 2903명이라는 구체적 성폭력 피해 수치를 제시한 데서 알 수 있는 것처럼 강원도 지방정부 관리들이 성폭력 문제를 중요 사안으로 간주했던 것만은 틀림없는 사실이었다.

그런데 정작 강원도 원산에서 국제여맹 조사위원들을 극한의 공포로 몰아넣은 존재는 따로 있었다. 그것은 도시 체류기간 동안 연일 반복된 대량폭격이라는 괴물이었다. 원산지역 일대는 미공군 전략폭격의 핵심 타깃이었을 뿐만 아니라, 해상에서 지속된 미해군 함포 사격의 주요 파괴 대상이기도 했다. 도시는 이미 수개월 전에 그 원형을 상실했고, 인구 또한 과거의 절반 이하로 줄어든 상황이었다.[64]

조사위원들이 체류하던 밤에도 약 6000~7000천개의 폭탄이 원산에 투하되었다. 조사위원들은 이미 폐허가 된 도시 위로 이렇게 많은 폭탄을 연일 쏟아붓는 이유를 쉽게 이해하기 힘들었다. 군사적으로 무의미한 작전임에 틀림없었다. 경제적으로도 비효율적일 수밖에 없었다. 밑 빠진 독에 물 붓듯이 값비싼 폭탄을 폐허 위에 쏟아붓는 미군의 행위를 합리적으로 이해하기란 매우 힘들었다.

"다음날 아침에 여전히 불타고 있는 폐허를 보러 갔어요. 그곳에서 수많은 시신들을 봤죠. 사람들은 작은 초가집 잔해 아래에서 시신들을 꺼내고 있었어요." 원산에 다녀온 네덜란드 변호사 헤일리허르스가 말했다. 작은 안경 너머로 그녀의 눈동자가 일렁이고 있었다.

헤일리허르스는 수천명의 원산 시민들을 수용한 방공호도 방문했다. 방공호는 도시 외곽 산골짜기 아래쪽에 조성되어 있었다. 여러 동굴들의 입구는 푸른 나뭇가지들로 철저하게 위장되어 있었다. 그곳은 방공

7-2. 폭격 직후 폐허 위의 원산 시민들(위), 어머니의 목관을 껴안고 울고 있는 북한여성(아래)

7-3. 지하 방공호 학교에서 나오는 평양 어린이들

호라기보다는 일상생활을 영위하는 주거공간이었다. 사람들은 이 어둡고 습한 동굴에서 선사시대 사람들처럼 열악하게 살아가고 있었다.

은신처 곳곳에서는 아이들을 위한 교육활동이 진행되고 있었다. 원산에는 단 하나의 학교도 남아 있지 않았다. 교사도 절대적으로 부족한 상황이었다. 집과 가족을 상실한 고아들도 많았다. 지방정부 관리들은 이렇게 세상 밖으로 내던져진 아이들을 한데 모아 상대적으로 안전한 곳에서 보호하고 있었다. 그리고 그곳에서 아이들이 학업을 이어갈 수 있도록 조치했다. 교사들은 이 구역에서 저 구역으로, 아니 사실상 이 산에서 저 산으로 이동하면서 어린 학생들의 미래를 향한 희망의 끈을 연결해주고 있었다.[65]

조사활동이 마무리되어가면서 조사위원들은 더이상 정치를 자신들의 논의 밖으로 내몰 수만은 없었다. 앞서 살펴보았듯이, 조사위원들은 북한지역 전쟁피해 관련 자료들을 수집·평가하는 과정에서 그 진위 검증을 위해 철저하게 정치적 논의를 배제하려고 애썼다. 서로 다른 정치적 배경을 지닌 이 한 무리의 조사위원들은 일단 조사의 객관성을 가장 중요한 가치로 내세우면서 상호 간의 판이한 정치적 견해에 대해서는 애써 외면하거나 존중해왔다.

그러나 이제 증거가 충분히 축적되고 전쟁피해의 실체에 대해 구체적인 그림을 그릴 수 있는 단계에 이르게 되자, 조사위원들은 자연스럽게 이 잔혹한 전쟁의 역사적·구조적 배경과 원인에 대해 진지하게 자문하지 않을 수 없었다. 조사위원들은 가해자 개인의 관점에서 생각하길 멈추고, 도대체 어떤 정치·경제적 상황이 이토록 수많은 사람들을 끔찍한 가해자 혹은 피해자의 형편으로 내몰았는지 진지하게 고민하기 시작했다. 도대체 어떤 국내외적 여건이 한국인들을 이토록 가혹한 폭력의 "소우주"(microcosm)로 밀어 넣었는지 진심으로 알고 싶어졌다.

이 같은 정치적 질문들은 자연스럽게 "전쟁의 기원"(the origins of the war)에 대한 논쟁으로 이어졌다. 잘 알려져 있는 것처럼 한국전쟁의 기원 문제는 전쟁 발발 후 매우 뜨거운 국제적 논쟁 대상 중 하나가 되었다. 다른 무엇보다도 전쟁 도발의 주체인 북한이 전쟁 초기부터 미국과 남한을 선제 침략국으로 맹렬히 비난했기 때문이었다.[66]

그런데 흥미롭게도 1950년 한국전쟁 발발 당시 개전 주체 논쟁이 가장 뜨겁게 전개된 지역은 전쟁 당사국인 남북한이나 미국이 아닌 서유럽 지역이었다는 사실에 주목할 필요가 있다. 전쟁 발발 직후 당대 유럽의 수많은 사회과학자, 인문학자, 예술가들이 선제공격의 주체에 대해 신랄한 논쟁을 전개했다. 이를테면 20세기 프랑스의 대표 지성인 장

268

뽈 싸르트르(Jean Paul Sartre)와 모리스 메를로뽕띠(Maurice Merleau-Ponty)는 2차세계대전 당시 대독(對獨) 비밀저항단체에서 함께 활동했던 절친한 친구였음에도 불구하고, 한국전쟁 발발과 관련된 논쟁을 계기로 오랜 우정에 마침표를 찍어야만 했다. 메를로뽕띠는 한국전쟁을 계기로 소련이 제국주의 국가의 면모를 보인 것으로 해석한 반면, 싸르트르는 메를로뽕띠의 해석을 일종의 사상적 전향의 관점에서 바라보면서, "많은 사람들과 마찬가지로 메를로뽕띠에게 있어서도 1950년은 결정적인 해였다"고 회고했다.[67]

유럽의 지식인들이 이와 같이 한국전쟁 발발 문제에 대해 심각하게 고심했던 가장 중요한 이유는, 이 문제가 당시 유럽인들로부터 매우 커다란 호응을 얻고 있던 세계적 반전평화운동과 밀접히 관련되어 있었기 때문이었다. 이 반전평화운동의 세계적 불길은 명백히 소련과 유럽의 사회주의자들로부터 비롯되고 있었다. 냉전 초기 소련과 유럽의 사회주의 세력은 '반전평화'를 자신의 핵심적 주장 중 하나로 설파하면서, 유럽에서 자신의 영향력을 급속히 확장해나갔다. 그리고 당대 서유럽의 많은 지식인과 문화인과 과학자들은 이 같은 사회주의 세력의 반전평화운동에 뜨거운 성원을 보냈다. 2차세계대전 직후 서유럽 대부분의 국가들에서 소련과 사회주의 세력의 입지가 날로 강화되어간 것이다.

이상과 같은 현상은 전후 폐허가 된 유럽에서 매우 강한 호소력을 지닐 수밖에 없었던 '평화' 담론의 선점과 활용에 의해 나타난 것이다. 전후 유럽의 현실은 최악의 상황이었다. 전쟁 직후 영국 주택의 30퍼센트, 프랑스 주택의 20퍼센트, 독일 주택의 40퍼센트가 사라지고 없었다. 바르샤바 같은 도시는 전체 주택의 90퍼센트가 파괴된 상태였다. 1939년에서 1945년 사이에 전쟁과 관련된 이유로 사망한 유럽인은 전쟁 발발 당시 프랑스 전체 인구수와 같은 3650만명으로 추산되었다.[68] 이렇듯 끔찍한 파괴의 현장 위에 던져진 '평화'의 메시지는 매우 강한 호소력과 영향력을 지닐 수밖에 없었다. 전후 사회주의 진영은 이 같은 유럽의 평화를 향한 대중적 열망을 재빨리 자신들의 담론으로 선점해버렸고, 미국은 이를 '평화공세'(peace offensive)라고 부르며 노골적으로 비난하고 있었다. '평화'와 '공세'라는 상반된 단어의 조합을 통해 사회주의 평화론의 모순성을 폭로하고자 했던 것이다.[69]

'반전(反戰)' 메시지는 당대 사회주의 진영의 평화론의 핵심에 위치했다. 한국전쟁 직전 시기 다수의 서유럽인들은 반전평화에 대한 지지속에 소련과 사회주의 세력의 평화담론과 평화운동에 상당한 호감을 표현했다. 앞서 4장에서 살펴본 「스톡홀름 호소문」에 대한 서유럽 국민들의 강력한 지지는 그 대표적 사례였다. 따라서 당시 유럽 사람들의 관점에서 볼 때 소련의 강력한 영향력하에 있던 북한이 선제공격으로 전쟁을 일으킨다는 것은 절대 있을 수 없는, 아니 있어서도 안 되는 일이었던 것이다. 이에 서유럽인들 사이에서 한국전쟁 주체에 관한 신랄한 논쟁이 발생한 것은 매우 자연스러운 현상이었다. 많은 사람들이 소련과 북한의 주장을 진지하게 의심하기 시작했고, 그 의심의 연장선상에서 메를로뽕띠와 같이 사실상의 사상적 전향을 선언한 사람들도 등장했다.[70]

이제 북한지역 현지조사를 마무리하는 과정에서 국제여맹 조사위원들도 이 전쟁의 배경과 원인에 대해 궁금해지기 시작했다. 북한사람들은 과연 자기 주장에 대한 객관적 근거를 갖고 있는지 확인해보고 싶었다. 당시 국제여맹 조사위원들은 북한정부가 자신의 주장을 증명할 남한 측의 문서를 갖고 있다는 사실에 대해 알고 있었다. 이 문서들은 북한군이 서울을 점령했던 시기에 경무대에서 탈취한 것으로서, 유엔총회 석상에서 소련 대표 뱌체슬라프 몰로또프(Vyacheslav Molotov)에 의해 공식적으로 제출되기도 했다.[71]

북한 측의 주장에 의하면, 이 문서들은 이승만과 그의 정치·군사고문들이 오랫동안 북침을 준비했다는 사실을 증명하고 있었다. 펠턴 또한 그 문서들의 존재에 대해 이미 알고 있었다. 그녀는 해당 문서들의 복사본이 유엔에 제출되었다는 기사를 읽은 적이 있었다. 응당 그녀는 북한에 머무르는 동안 그 문서 더미를 직접 확인해보고 싶었다. 많은 유럽 지식인들의 논쟁에 불꽃을 당긴 논쟁적 문서들의 진위를 직접 검증해보고 싶었던 것이다. 게다가 북한 현지조사가 마무리되어가는 시점에서 다른 조사위원들도 보고서 영역 바깥의 문제들에 대해 관심을 갖기 시작하면서, 그 문서들의 진위를 확인해봐야 한다는 펠턴의 생각은 동의를 얻을 수 있었다. 조사위원들은 더이상 지체할 것 없이 바로 행동에 착수했다. 한설야로 추정되는 '닥터 한'이라는 인물에게 해당 문서들의 복사본을 직접 확인해볼 수 있는지 물어본 것이다.

다음날, 어느 북한 관료가 펠턴을 찾아와 그녀의 품에 문서 한다발을 안겨주었다. 그 안에는 이미 세계적으로 유명해진 문서들의 원본이 들어 있었다. 펠턴은 깜짝 놀랐다. 이 문서들은 어쩌면 북한정부가 소유한 가장 중요한 국제정치적 문서일 수도 있었다. 북한지도부는 그토록 중요한 문서의 원본을 국제여맹 조사위원들에게 조건 없이 제공했던 것이다. 김일성의 지시 없이는 실행 불가능한 파격적 조치임에 틀림없었다. 조사위원들 입장에서도 약간은 당황스러울 정도였다. 북한 관료들은 조사위원들에게 해당 원본 문서들을 검토할 수 있는 최대한의 시간과 여건을 제공했다. 조사위원들은 문서 검토 과정에서 어떠한 제약도

받지 않았다.

그것은 정말 깜짝 놀랄 만한 문서 더미였다. 문서들의 일부는 한국어로, 그외 상당수는 영어로 작성되어 있었다. 이 문서들 중에는 이승만과 그의 정치고문 사이에 주고받은 서신들도 포함되어 있었는데, 해당 정치고문 중에는 미국인도 있었다.[72] 지면의 상단에는 각인되거나 인쇄된 글자가 새겨져 있었고, 미국무부나 주한미대사관의 인장이 찍혀 있기도 했다. 변호사로 일하는 헤일리허르스와 로드리게스가 그 문서들의 진위 여부를 검토했다. 두 사람은 문서들의 워터마크를 최대한 주의 깊게 검사했고, 그것들이 확실한 진본이라고 확증해주었다.

두 변호사가 문서의 진위 여부를 검증하는 동안 다른 조사위원들은 그 내용을 주의 깊게 읽어 내려갔다. 문서들은 깜짝 놀랄 만한 내용들로 구성되어 있었다. 첫번째 문서는 1949년 4월 10일 이승만 대통령이 미국에 체류 중인 조병옥(趙炳玉) 대통령특사에게 보낸 서한이었다. 서한의 핵심 내용은 미국에게 추가적인 군사원조를 요청하는 것이었는데, 편지에는 다음과 같은 내용이 포함되어 있었다.

우리가 남북통일을 위해 어떤 계획을 갖고 있는지 그들에게 매우 은밀한 방식으로 전하십시오. 우리는 다른 무엇보다도 단 하나의 요소만 제외하고는 모든 방면에서 통일을 달성할 준비가 되어 있습니다. 즉 우리는 무기와 탄약이 부족합니다……. 우리는 충분한 군사력을 갖추어야만 합니다. 그래야만 우리는 북한지역에 있는 우리의 충성스러운 군대와 합류할 수 있도록 북진을 할 수 있고, 철의 장막을 38선에서 압록강으로 밀어낼 수 있으며, 그곳에서 외부로부터의 침략을 막아낼 수 있습니다.[73]

요컨대 이 서한에서 이승만은 남북통일을 위해 충분한 군사력을 통한 "북진"(proceed into the north)의 실행을 주장하고 있다. 북한지역에 자리 잡은 공산세력을 한반도 밖으로 몰아내기 위해 북침을 실행해야 하고, 그의 현실화를 위해 미국의 "무기와 탄약" 지원이 필요하다고 말한다. 이렇듯 이 문서는 한국전쟁 발발 1년 전에 남한정부가 북침 '의향'이 있었음을 보여주는 하나의 증거가 될 수는 있었다. 그러나 이 같은 의향의 표명이 북침의 실질적 근거가 될 수 없다는 사실은 명백했다.

다음 문서는 이승만 대통령이 그의 개인적 대리인(personal representative)과 주미한국대사에게 동시에 보낸 비망록이었다. 이승만은 몇가지 행정적 문제들에 대해 언급한 후, 남한군 증강과 군사원조 문제에 대해 이야기했다. 그는 한국이 다른 어느 나라보다도 "많은 몫"(lion's share)의 군사원조를 받아낼 수 있도록 트루먼 대통령을 설득해내라고 지시했다. 이승만은 이 과정에 방해가 되는 모든 것을 제거해야 한다고 강조했다. 이 비망록 또한 군사원조 요청과 관련된 문서로서, 1950년 6월 25일 남한군 선제북침 주장의 근거가 될 수는 없었다. 그외의 문서들 또한 이승만의 군사원조 요구와 북진통일에 대한 야망을 직접적으로 보여주기는 했지만, 한국전쟁 선제공격 관련 논쟁을 명쾌하게 해소해줄 만한 문서는 존재하지 않았다.

그밖의 중요한 주제의 문서 다발로서 1950년 1월부터 3월까지 한국군이 작성한 북한지역 첩보와 사보타주 관련 문서들이 있었다. 어떤 문서는 유사시 파괴해야 할 북한지역 통신시설들을 제시했다. 또다른 문서는 발전소를 비롯한 기타 중요시설 사보타주 방법을 보여주었다. 네 명의 정치지도자 암살에 관한 문서도 있었다. 이 문서 다발의 제일 마지막에는 한국전쟁 발발 직전 38선 지역을 둘러본 미국무부 존 덜레스(John F. Dulles) 고문의 서한 두통도 포함되어 있었다. 하나는 한국 외무장관의 저녁 만찬에 대해 고마움을 표현하는 편지였고, 또다른 하나는 이승만 대통령에게 보내는 개인적 메모였다. 그 메모는 다음과 같은 문장으로 끝났다. "나는 향후 전개될 위대한 드라마에서 귀국이 담당할 결정적 역할에 대해 매우 중요하게 생각합니다." 이 메모 또한 음모론적으로 해석될 여지가 있었지만, 남한군 북침의 증거가 될 수 없다는 사실만은 명백했다.[74]

그렇다면 김일성은 왜 이처럼 중요하고 민감한 군사·외교적 문서들의 원본을 국제여맹 조사위원들에게 조건 없이 제공했을까? 아마도 북한정권은 개전과 관련된 북한의 주장에 대해 국제여맹이 전폭적으로 지지해주리라 기대했던 것 같다. 국제여맹 조사보고서가 남한군의 선제공격을 강력하게 비난해주길 희망했던 것이다. 한국전쟁 발발 불과 몇년 전의 뉘른베르크 국제군사재판과 극동 국제군사재판에서 독일과 일본의 선제적 침략행위는 A급 전쟁범죄행위(평화에 반하는 죄, crimes against peace)로 간주되었다. 따라서 국제여맹의 전쟁범죄행위 조사보고서에도 이와 관련된 내용이 충분히 포함될 수 있었다.[75] 그러나 결론적으로 이러한 북한지도부의 기대는 현실화될 수 없었다. 국제여맹 조사위원들은 내부적 논쟁 끝에 해당 문서들이 남한군 선제공격의 명백한 증거가 될 수는 없다고 결론 내렸다.

펠턴은 이와 관련해 다음과 같이 간략히 설명했다. "우리는 문구들의 의미에 대해 논쟁할 수 있었다. 이제껏 우리가 그래왔던 것처럼 1950년 6월 25일 치명적인 일요일 아침에 38선에서 실제 어떤 일이 일어났는지 논쟁을 펼칠 수 있었다."[76]

274

펠턴은 논쟁의 주체와 과정에 대해서는 구체적으로 묘사하지 않았다. 그러나 펠턴이 개전과 관련된 북한 측 주장에 개인적으로 동의하지 않았다는 사실만은 확실하다. 앞서 펠턴은 "이승만 정부의 북침 계획"에 대한 체코슬로바키아 어린이의 발언을 들으면서, 공산국가의 "길들이기"(conditioning), "세뇌"(indoctrination)와 같은 단어를 떠올렸다고 말했다.[77] 펠턴은 개전과 관련된 북한의 주장에 대해서는 전혀 동의하지 않았던 것이다. 펠턴뿐만 아니라 다른 몇몇 위원들도 그녀와 같은 생각을 하고 있었다. 바로 이 조사위원들의 반박에 의해 논쟁의 소지가 다분한 '평화에 반하는 죄' 관련 내용은 결국 최종보고서에 포함될 수 없었다. 문서 원본을 제공한 북한 최고지도부의 과감한 배려에도 불구하고 당대 가장 뜨거웠던 한국전쟁 관련 이슈는 결국 증거 불충분의 이유로 최종보고서에 채택되지 못했던 것이다.

조선로동당의 기관지 『로동신문』에 의하면, 1951년 5월 27일 국제여맹 조사위원들과 김일성의 짧은 만남이 있었다는 사실을 확인할 수 있다. 당시 국제여맹 조사위원들은 이미 개별적 지역 보고서 작성을 완료한 상태였다. 즉 김일성은 국제여맹 보고서 작성이 사실상 완료된 시점에 이르러서야 조사위원들과 최초이자 마지막의 만남을 가졌던 것이다. 앞서 평양 조사기간 동안 이 같은 회동을 주선할 수도 있었겠지만, 아마도 국제적 시선에 대한 의식, 혹은 조사활동에 집중해야만 하는 조사위원들에 대한 배려 등의 차원에서 조사기간 중의 만남을 자제했을 가능성이 높아 보인다.

김일성은 21명의 외국인 조사위원들에게 짧은 환영사를 건넸다. "나는 여러분이 조선에 대한 진상과 우리 인민들의 정의의 투쟁을 전세계 사회에 알려준다면 매우 감사할 것입니다. 당신들의 항조는 우리들이 우리 강토에서 침략자를 몰아내는 데 도움이 된다는 것을 확신하는 바입니다. 조선은 자유스러운 독립국가로 될 것입니다. 조선은 어느 때든지 미제국주의자들의 식민지로 될 수 없으며 또는 되지 않을 것입니다. 여러분은 편안히 귀국하여 사업에서 큰 성과를 거두기를 바랍니다.”

조사위원들을 대표하여 노라 로드 위원장이 짧게 답사를 전했다. “우리 조사단은 □□□□ 18개 국가에서 20명의 대표와 1명의 옵서버로 구성되었습니다. 우리는 평화를 위하여 최선을 다하겠다는 충분한 □□에 단결되어 있습니다. 조사사업을 진행하는 데 있어서 모든 기회를 우리에게 내어준 데 대하여 □□□□ 감사를 올립니다. 우리는 모든 것을 볼 수가 있고 우리에게 관심 있는 부분에 대하여 어떠한 사람에게도 질문할 수 있도록 배려를 받았습니다. (…) 인민들은 자유롭게 우리를 만날 수 있었으며, 수백명의 사람들은 우리에게 자기들의 고통을 말하여 주었습니다. (…) 우리는 조선이 자유로운 나라가 되고 세계에서 전쟁이 소멸할 때까지 평화를 위한 우리 사업을 계속할 것입니다.”[78](□는 해독 불가)

김일성의 메시지는 짧고 분명했다. 미국을 “침략자”로 규정함과 동시에 북한이 “미제국주의자들”의 식민지가 되지 않도록 “조선에 대한 진상”을 세계에 잘 알려달라는 것이었다. 전쟁의 기원에 대한 북한의 공식적 입장을 되풀이하는 비교적 짧은 메시지였다. 김일성의 환영사에 대한 노라 로드 위원장의 답사도 간단명료했다. 북한 현지에서 조사활동을 무사히 수행할 수 있도록 배려해준 데 대한 감사의 표현이 내용의 거의 전부였다. 프롤레타리아 국제주의나 공산국가 지도자들에 대한 개인숭배적 찬사 같은 것은 아예 없었다. 심지어 미국을 향한 직접적 비난도 없었다. 조사를 무사히 수행할 수 있도록 통역사, 자동차, 의식주 등을 제공해준 데 대한 감사의 말이었다.

펠턴은 북한에 머무는 동안 김일성, 허헌, 박정애, 허정숙 등과 같은 북한 내의 주요 정치·사회적 리더들을 만날 수 있었다. 그러나 그녀는 자신의 글에서 이들에 대한 특별한 찬사, 애정, 감사의 표현 같은 것을 전혀 제시하지 않았다. 그저 그들의 외모로부터 느낄 수 있었던 간략한 인상평 정도를 제시할 뿐이었다.

반면에 펠턴은 길 위에서 만난 불특정의 북한여성들과 아이들에 대한 연민과 애정은 가감 없이 드러내곤 했다. 펠턴은 인터뷰하는 과정에서 여러차례 눈물을 흘렸다는 사실을 굳이 감추지 않았다. "나 또한 피와 살로 빚어진 인간이기 때문에 더이상 질의를 계속할 수 없다는 사실을 갑자기 깨달았다. 나는 내 눈에서 쏟아져 나오는 눈물을 통제할 수 없었다."[79] 펠턴은 조사의 객관성을 확보하기 위해 자신의 감정을 억제하려고 최선을 다했다. 그러나 어느 순간 그 억누른 감정이 폭발할 때면 자신도 주체하기 어려울 정도로 눈물이 쏟아져 나오곤 했다. 자신이 영국인이라는 이야기를 전해 듣고 갑자기 돌변한 표정으로 오열하는 여성 앞에서는 심지어 그녀의 사연을 듣지 않고도 한동안 함께 울기도 했다.[80]

북한여성들은 펠턴을 비롯한 국제여맹 조사위원들에게 빈번히 고마움을 표현하곤 했다. 일부 여성들은 인터뷰를 거부하면서 낯선 이방인들을 의심의 눈초리로 바라보았다. 하지만 대부분의 사람들은 그들에게 감사의 말을 전했다. 북한여성들은 "세계에 알려달라. 사람들이 이해해주길 바란다"고 반복적으로 말했다. 무너진 폐허 아래의 작은 흙구덩이에서 기어 나온 여성은 자신의 한쪽 팔에 어린아이를 감싸 안은 채로 웃으면서 이렇게 말했다. "비록 당장에 먹을 것도 없는 형편이지만,

당신들이 이곳에 와주었다는 사실만으로도 저녁을 행복하게 보낼 수 있을 것 같아요."[81]

특히 펠턴은 황해도 신천에서 마지막으로 만났던 현지 여성들과의 에피소드를 매우 인상적으로 기록해두었다. 이 여성들은 조사위원들을 위해 마지막 성찬을 베풀어주었다. 식탁 주변에는 조사위원들과 신천 여성들 7~8명이 함께 둘러앉았다. 리넨(linen)처럼 새하얀 정육면체의 쌀로 만든 찐빵(쌀떡을 지칭), 밤과 대추와 쌀을 끓여 만든 걸쭉한 스튜, 갈색의 소스를 곁들인 돼지고기 등이 테이블 위에 있었다. 이제 조사위원들은 이러한 음식들이 북한에서 얼마나 귀한지 잘 알고 있었다.

테이블에 둘러앉은 현지 여성들도 신천의 커다란 비극으로부터 예외일 수는 없었다. 그러나 이 순간 그들은 자신의 개인적 고난에 대해 쏟아내려고 하지 않았다. 조사위원들도 그들의 개인사에 대해 질문하기를 망설였다. 모든 여성들의 태도는 쾌활했다. 그러나 그 쾌활함도 오래 지속될 수는 없었다. 조사위원들이 신천에서 본 것들에 대해 이야기하기 시작했기 때문이다. 그들은 전쟁이 인간성을 파괴하는 방식에 대해 진지하게 토론했다.

식사와 대화가 끝나갈 무렵, 한 중년 여성이 자리에서 일어나 식탁 주위를 돌면서 매끈하게 생긴 나무상자들을 조사위원들 앞에 하나씩 내려놓았다. 나무상자의 크기와 모양은 아이들의 필통과 비슷했다. 조사위원들은 그 나무상자를 집어 들고 매만지기만 했다. 그것을 바로 개봉해보는 것이 예의에 맞는지 망설이고 있었다. 그때 상자를 나눠준 여성이 기립해 있는 상태에서 짧은 담화를 시작했다. 그녀는 꽤 크고 날씬했다. 흰색 저고리 위에 한갈래로 바싹 묶인 검은 머리가 인상적이었다. 그녀의 표정은 진지하면서도 매우 온화했다.

그녀가 말했다. "한국에서는 남녀가 결혼할 때, 남성이 여성에게 각별히 아름다운 한쌍의 젓가락과 숟가락을 선물하는 풍습이 있습니다. 이것은 결혼생활의 영원성을 상징하는 것으로 간주되죠." 그녀는 잠시 말을 멈추었다. 표정에 서린 온화함이 일순간 사라졌다. 그녀는 말을 이어갔다. "미국인들이 우리나라에 들어왔을 때 수천명의 한국여성들은 자신의 숟가락과 젓가락을 땅속에 묻었습니다. 전쟁으로 인해 삶이 뒤틀려버린다 해도, 자신의 결혼이 위태로워져서는 안 된다는 의지의 표현이었습니다. …… 친애하는 여러분, 우리가 여러분들에게 선물을 주기로 결심했을 때, 한국의 은으로 만든 숟가락과 젓가락을 선물하는 것보다 더 나은 우리 감정의 표현법을 찾을 수는 없었습니다. …… 그리고 우리는 특별히 영국으로부터 온 손님에게 말하고 싶습니다." 그녀는 탁자 너머로 몸을 구부리면서 살짝 눈웃음을 지었다. "이 선물이 우리 두 나라 인민의 영원한 우정의 상징이 되길 기원합니다."[82]

북한여성이 자리에 앉았다. 방 안에는 무거운 침묵이 흘렀다. 펠턴은 영국 런던의 공항에서 펜을 선물받고, 한국을 떠나기 직전에는 은수저를 선물받았다. 그 선물의 의미를 마음속으로 되새겨보았다.

'진실의 기록, 국적을 초월한 여성들 간의 우정, 그리고 평화의 약속.' 문득 펠턴은 북한여성과 아이들을 위해 약소한 구호품조차 준비해오지 않은 자신이 부끄럽게 느껴졌다.

저 멀리 어딘가에서 폭탄 파열음이 어렴풋이 들렸다. 오늘도 어김없이 미공군의 야간공습이 시작되고 있었다. 다시 길고 험한 야간주행을 떠나야 하는 시간이 되었다. 펠턴의 얼굴에 근심이 서렸다.

8장

억압된 시선들

조사위원들의 마음은 복잡했다. 물론 그녀들은 이 위험한 조사활동을 무사히 마치고 고향으로 돌아갈 수 있게 되었다는 사실에 매우 기뻤다. 반면에 여전히 수많은 여성과 아이들이 이 지옥 같은 곳에 머물러야 한다는 사실에 큰 비애를 느끼고 있었다. 18개국에서 온 21명의 조사위원들은 이제 다시 압록강을 건너야만 했다. 이후 그들은 중국 선양의 한 호텔에서 2~3일 더 체류한 뒤 각자의 나라로 흩어지기로 했다. 체류의 이유는 개별적 지역 보고서들을 하나의 최종보고서로 묶어내는 작업을 수행하기 위해서였다.

원래 펠턴은 이 최종편집 과정에는 참여하지 않을 예정이었다. 이 절차는 사실상 이미 작성 완료된 개별적 지역 보고서들을 하나의 보고서로 통합하는 과정에 불과했다. 게다가 펠턴은 더이상 귀국을 지체해서는 안 될 중요한 이유가 있었다. 스티버니지 개발공사 총재로서 6월 7일로 예정된 영국 하원 공공회계위원회에 참석해야 할 의무가 있었기 때문이다. 북한지역 현지조사가 마무리된 시점이 5월 26일이었으므로, 펠턴에게는 10일 정도의 시간적 여유가 있었다. 통상적 항공 스케줄에 따르면 충분히 여유로운 일정이었다. 그러나 한국으로 올 때와 마찬가지로 런던으로 돌아가는 여정 또한 결코 만만치 않았다. 신의주, 선양, 모스끄바, 프라하 등의 경유지마다 예상치 못한 변수들이 계속 등장했다.

일단 평양에서 신의주까지 가는 데 이틀 밤이나 보냈다. 폭격을 피해 야간에 자동차 전조등을 끈 상태에서 거친 도로를 저속으로 달려야 했기 때문이다. 신의주에 도착한 이후에도 압록강을 바로 건널 수 없었다. 이해 5월에는 가뭄이 심해서 압록강 수위가 상당히 낮아져 있었다. 조사위원들은 신의주 문화회관에서 대기하다가, 평평한 바닥의 노 젓는 배가 당도한 후에야 조심스럽게 압록강을 건널 수 있었다.

강 건너편의 안둥에서는 대기 예정이던 기차가 제시간에 나타나지 않았다. 따라서 국제여맹 조사위원들은 예정보다 24시간이나 늦게 선양에 도착했다. 설상가상으로 선양에서는 모래폭풍이 심하게 몰아치고 있었다. 비행기 이륙이 불가능해진 것이다. 펠턴은 모래폭풍이 잠잠해질 때까지 며칠 더 선양에 머물 수밖에 없었다. 이후 펠턴은 시베리아의 치따와 이르꾸쯔끄를 경유하여 모스끄바에 도착했다. 그런데 그녀는 모스끄바에서도 여러날 체류할 수밖에 없는 불행한 사건에 휘말리고 말았다. 펠턴이 북한에 머무는 동안 영국해외항공사(British Overseas Airways Corporation)가 런던-프라하 정기노선을 일방적으로 폐쇄해버린 것이다.

펠턴은 하원 공청회에 출석할 수 없는 위기상황에 처하게 되었다. 그러나 펠턴은 일정이 지체될 때마다 자신에게 닥친 불운을 최대한 긍정적으로 활용하고자 노력했다. 선양에서는 중국의 사회주의적 변화 양상을 더 많이 살펴보고자 했고, 모스끄바에서는 미처 둘러보지 못했던 교회와 박물관 등을 답사했다. 지인들에게 선물하기 위한 초콜릿, 보드까, 장난감을 구입하기도 했다. 그러나 그 무엇보다도 의미 있는 활동은

282

애초 관여하지 않을 예정이었던 선양에서의 최종보고서 편집 과정에 동참하게 된 일이었다.[1]

펠턴과 옵샨니꼬바는 최종편집 과정에서도 계속 논쟁을 벌였다. 돌아보면 두 사람 사이에는 여러차례 심각한 언쟁이 있었다. 앞서 살펴보았듯이, 그중 몇차례는 조사위원회가 해체될 수 있을 정도의 중대한 논쟁이었다. 그러한 논쟁 과정에서 조사위원회 내부에는 눈에 보이지 않는 두개의 낮은 수준의 파벌이 형성되어 있었다. 그리고 그 형체 없는 파벌의 리더가 영국 대표 펠턴과 소련 대표 옵샨니꼬바라는 사실은 부정할 수 없는 사실이었다. 펠턴은 공산국가 출신의 여성들로부터 그녀 생애 최악의 모욕적 비난을 들었고, 그녀 자신도 사민주의·공산주의 여성들을 향한 저열한 욕설에 동참하기도 했다.[2] 물론 앞서 살펴보았듯이, 양 집단 사이의 간극은 북한의 파괴적 현실을 마주한 후부터 급속히 좁아졌고, 언쟁의 강도도 확연히 약해진 상태였다.

"정말 이상한 일이죠?" 펠턴이 옵샨니꼬바에게 말했다. "예전에 선양에 머물던 때와 비교해보면 우리의 토론 방식이 얼마나 달라졌는지 몰라요."

옵샨니꼬바는 아무 말 없이 펠턴을 응시했다. 그러더니 이내 큰 웃음을 터뜨렸다. "모스끄바에서 당신을 만나본 여성이 말하길…… 당신과 내가 친하게 지낼 수 있을 거라고 하더군요."

"나에게도 그렇게 얘기했어요."

"그러나 나는…… 나는 당신이 무서웠어요(terrifying)."

"내가요? 무서웠다고요? 그럴 리가요!"

"정말, 정말로 그랬어요!"

펠턴이 말했다. "하지만 나는 당신이 무서워 죽는 줄 알았어요"(I was

scared to death of you).

두 사람은 동시에 큰 웃음을 터뜨렸다. 옆에서 지켜보던 오스트리아 언론인 에바 프리스터가 말했다. "나중에 더 많은 사람들을 한국으로 보내는 것도 나쁘진 않을 것 같군요." 그녀의 주름진 눈가에 미소가 번졌다.[3]

우리는 고발한다

북한 현지조사 종결과 함께 그 최종보고서는 『우리는 고발한다』(*We Accuse*)라는 제목의 소책자로 전세계에서 동시에 발간되었다. 보고서는 영어, 한국어, 중국어, 프랑스어, 러시아어, 스페인어, 독일어 등과 같은 여러 언어로 번역되어 전세계적으로 보급되었고, 유엔에도 공식적으로 제출되었다.[4]

국제여맹의 한국전쟁 조사보고서는 조사위원, 일정, 지역의 차이를 반영하여 총 6개 장(章)으로 구분되었다. 각 장의 내용은 1장 신의주시 조사보고서(1951년 5월 18일 완성), 2장 평양시 조사보고서(5월 21일), 3장 황해도 안악시와 신천시 조사보고서(5월 26일), 4장 평안남도 남포시와 강서군 조사보고서(5월 27일), 5장 북강원도 원산시·문천군·철원군 조사보고서(5월 26일), 6장 평안남도 개천군과 자강도 희천군·강계시 조사보고서(5월 27일) 등으로 구성되었다. 최종보고서는 사실상 6개의 상이한 지역 보고서들의 합본 형식을 취했다. 따라서 보고서의 개별 장들의 마지막 부분에는 지역 보고서들 제각각의 완성 날짜와 실제 해당 지역 현지 조사 수행자들의 서명까지 적시되었다. 최종보고서의 내용에 대해서는 전체 조사위원들이 공동의 책임을 지되, 그 개별적 지역 보고서들에 있어서는 실제 그 작성 주체들에게 더 강한 책임감을 부과했던 것이다. 이같은 이유로 덴마크 조사위원 플레론은 귀국 후 자국 언론에 기고한 글을 통해, 자신이 직접 현지조사를 실시하지 않은 강원도 지역에 대해서는 그 내용의 신뢰성을 완전히 보장할 수는 없다고 말하기도 했다.[5]

이와 같은 보고서의 외적 형식과는 달리, 최종보고서의 실제 핵심 내용은 크게 세가지로 구분할 수 있다. 첫째, 공중폭격의 양상과 영향, 둘째, 집단적 고문이나 학살의 주체와 양상, 셋째, 여성에 대한 성폭력의 주체와 양상 등이다. 이 세가지 내용은 주요 인터뷰 대상인 현지 여성과 어린이들이 감내해야만 했던 전쟁 후방지역의 대표적인 폭력 양상이었다.

우선 공중폭격의 양상과 영향에 대한 조사는 관련 증거들이 질적·양적으로 너무나 풍부했기 때문에 비교적 수월하게 임무를 수행할 수 있었다. 앞서 살펴보았듯이, 조사위원들은 신의주, 평양, 원산 등지의 폭격 피해조사 과정에서 북한 현지 당국자들이나 통역원들의 제재 없이 원하는 곳은 어디든지 들를 수 있었고, 이야기하고 싶은 사람 누구와도 자유롭게 대화를 나눌 수 있었다. 통역원들은 도시의 이쪽보다는 저쪽이 낫다는 식으로 조사의 방향성을 유도하지도 않았다. 조사위원들은 이렇듯 자유로운 조사 과정에서 커다란 잿더미로 변해버린 도시의 모습을 비롯해, 산 아래 동굴에서 원시인류처럼 살아가는 다수의 여성과 아이들, 최소한의 쌀과 콩 배급으로 간신히 목숨만 부지해가는 평범한 사람들의 고달픈 일상을 보고 또 볼 수 있었다. 모든 조사위원들은 도저히 '군사목표'로 간주할 수 없는 수많은 도시와 농촌 마을들의 전면적 파괴에 커다란 공포심마저 느꼈다.

이렇듯 1951년 5월 북한지역의 모든 도시와 농촌이 사실상 잿더미로 변해 있었다는 국제여맹 조사위원회의 주장은, 2000년 이후 본격적으로 공개되기 시작한 미공군 문서들에 의해 명백한 사실로 입증되었다.[6] 국제여맹의 현지조사 시점은 미공군의 '초토화정책' 수행 직후의 시점이었던 것이다. 1950년 11월 5일, 유엔군사령관 맥아더는 북한지역 내의 모든 도시와 농촌을 군사적 목표로 간주하라고 명령했다. 그리고 실제 11월 8일 신의주 대공습을 시작으로 북한의 모든 도시와 농촌을 불살라버리는 작전을 본격적으로 실시했다. 1950년 11월 북한 주요 도시들의 파괴율에 대한 미공군 자체 평가에 의하면, 만포진 95퍼센트, 고인동 90퍼센트, 삭주 75퍼센트, 초산 85퍼센트, 신의주 60퍼센트, 강계 75퍼센트, 희천 75퍼센트, 남시 90퍼센트, 의주 20퍼센트, 회령 90퍼센트가 완전 파괴되었다고 한다.[7] 폭격 피해에 대한 국제여맹의 주장은 전혀 과장되지 않았던 것이다.

국제여맹 조사위원회는 북한 전역에서 광범하게 자행된 신체적 고문과 집단학살 등에 대해서도 의미 있는 조사 결과를 발표했다. 펠턴과 플레론을 포함한 조사위원들은 고문과 학살에 의해 훼손되고 부패한 다수의 시신들을 직접 확인할 수 있었다. 특히 황해도 지역에서는 그들이 발 딛고 서 있던 산의 상당 부분이 대규모 시신 매장지라는 사실에 커다란 충격을 받기도 했다. 어느 매장지에서는 다수의 어린이 시신들만 발견되었다. 그 시신들 아래쪽에는 여러켤레의 신발, 책, 작은 소지품, 머리다발, 밧줄 등이 어지럽게 뒤엉켜 있었다. 전쟁 당시에 그토록 생생한 집단학살 현장을 직접 조사하고, 목격자나 유족의 구술자료를 채록하는 활동을 수행했다는 사실은 그 자체로 매우 중요한 역사적 의미를 지니고 있었다.

그러나 집단학살에 대한 국제여맹의 조사활동은 여러가지 중요한 한

286

계를 지닐 수밖에 없었다. 공중폭격의 경우 그 피해 양상이 비교적 명백하고 가시적이었지만, 집단학살의 경우에는 그 주체와 양상을 조사하기 위해 상당한 정도로 현지인들의 증언에 의존할 수밖에 없었다. 조사위원들은 집단적 감금 장소와 시신 매장지 현장답사를 통해 집단학살의 실존성에 대해서는 확증할 수 있었지만, 이를 통해 학살의 주체와 양상까지 명확하게 밝혀낼 수는 없었다.

이러한 이유로 국제여맹 조사위원들은 학살사건 조사를 위해 현지 인민위원회나 생존자들의 가이드와 증언에 상당한 정도로 의지할 수밖에 없었다. 게다가 학살 관련 인터뷰는 공중폭격 관련 인터뷰처럼 도시에서 우연히 만나는 사람들을 대상으로 무계획적으로 진행될 수도 없었다. 조사위원들은 특정 장소(감금·학살·매장 장소)로 인도되었고, 그러한 장소들에 미리 대기하고 있던 사건 목격자나 유족과 인터뷰해야만 했다. 이러한 상황은 의례히 그 증언의 진실성과 관련하여 일부 조사위원들의 깊은 의구심을 야기하곤 했다. 펠턴은 자신의 개인기록을 통해 다수의 사건 목격자들 중에서도 이른바 "가장 목소리 큰 사람의 떠들썩한 주장"에 영향받지 않기 위해 노력했다고 서술했다. 조사위원들은 오히려 무리 주변에서 겉도는 노인이나 열살 내외의 어린이, 고통스러운 과거의 기억을 견디지 못해 목 놓아 울기만 하는 여성 등에 대한 인터뷰를 선호했다. 특히 펠턴과 플레론은 마음속 의구심을 숨기지 않고 북한여성들을 향해 매우 집요한 반복적 질문을 던지곤 했는데, 이 같은 행동은 일부 증언자들의 커다란 분노를 야기하기도 했다. 학살의 주체에 대한 반복적 질문은 그 대표적 사례였다.

일부 조사위원들은 학살의 주체로서 미군이 압도적으로 많이 제시되는 상황에 대해 의구심을 품었다. 조사위원들은 자신의 의구심을 해소하기 위해 현지 구술자들을 집요하게 추궁하곤 했다. 이 같은 조사위원들의 태도에 북한여성들은 화를 내기도 했다. "당신은 왜 그렇게 질문하는 거죠? 그녀를 믿지 못하는 건가요? 미국인들이 이 모든 일들을 저질렀다는 것을 모르겠어요?"[8]

그런데 학살의 주체로서 이와 같이 미국을 제한적으로 강조하는 주장은 실제 역사적 사실과는 일정한 괴리가 있었다. 최근의 한국전쟁기 북한지역 학살 관련 논저들은 학살의 주요 주체로서 '치안대'로 불린 북한 현지 우익청년들을 지목하고 있기 때문이다. 미군의 직접적 학살 실행·명령·방조 여부는 여전히 학계 내의 주요 논쟁 대상으로 남아 있지만, 우익치안대의 학살 가담은 부인할 수 없는 역사적 사실로 확정된 상태이다.

반면에 국제여맹 보고서는 '미군' 혹은 '미군 통제하의 한국군'만을 학살의 주체로 강조하고, 북한 현지의 우익청년단에 대해서는 아예 거론조차 하지 않았다. 이 같은 사실은 국제여맹 조사위원회 활동과 최종 보고서의 신빙성에 대한 가장 심각한 문제제기가 될 수 있다. 본고는 이와 관련하여 1차 자료인 증언의 전달자 역할을 수행한 '통역원', 그리고 북한 현지에서 통역원 제공자 역할을 수행했던 '북한정부'를 정보 누락과 왜곡의 실질적 주체일 것으로 추정했다(자세한 근거는 본서의 6장 참조). 학살 지역에서의 인터뷰 과정에서도 계획에 없던 임의적 인터뷰들이 적지 않았으나, 이 같은 면담 과정에서도 학살 주체로서의 우익치안대의 존재가 거론조차 되지 않았다는 사실은 여러모로 의미심장하다. 이는 1차 정보의 생산자인 구술자보다는 전달자인 통역원을 정보 왜곡의 주체로 의심케 하는 주요 근거가 될 수 있다. 학살 가해자로서 우익청년들의 존재가 이토록 철저하게 삭제되기는 현실적으로 매우 힘들기 때

288

문이다.

　사실 펠턴을 포함한 국제여맹 조사위원들은 '미군' '미군 통제하의 남한군' '영국군' 등을 학살의 주체로 명시한 상태에서, 굳이 현지의 '우익치안대' 특히 '미군 통제하의 우익치안대'의 존재를 은폐할 이유가 조금도 없었다. 펠턴과 플레론 등의 조사위원들은 진실의 발견을 북한 방문의 가장 중요한 목표로 간주하면서, 전쟁의 기원에 관한 북한정권의 주장까지도 최종보고서에 포함시키길 거부했었다. 북한정부가 제공한 북침론 관련 원문자료들은 비록 조작된 문서는 아니었지만, 남한 선제북침론을 객관적으로 입증해줄 수 있는 자료는 아니었던 것이다. 펠턴 등은 낮은 수준의 파벌을 형성하여, 일부 공산국가 출신의 조사위원들이 냉전적 세계관에 기초한 선험적 판단을 내리려 할 때에도 그에 강하게 저항했다. 이들은 진실에 기초한 보고서 작성이 불가능할 경우 당장 집에 돌아가겠다고 엄포를 놓기도 했다. 그런 여성들이 굳이 우익치안대의 학살 가담 사실을 명시적으로 확인하고도 이를 의도적으로 은닉했을 가능성은 매우 희박해 보인다.

　반면에 북한정부는 우익치안대의 대규모 학살 가담을 감춰야 할 다수의 이유를 지니고 있었다. 그들의 존재를 북한 내부의 인민들과 외부 세계에 드러내 알리는 것 자체가 정권 입장에서는 커다란 정치적 부담일 수밖에 없었다. 한국전쟁 이전까지 북한정권은 이른바 '민주개혁'이라고 자칭한 북한사회의 급속한 변화와 발전을 대내외적으로 광범위하게 선전했었다.[9] 북한정권은 같은 시기에 제주4·3사건이나 여순사건과 같은 커다란 정치적 혼란을 겪고 있던 남한정권과 달리, 대중적 지지 속에 안정적으로 발전하고 있다고 대대적으로 홍보했다. 그런데 한국전쟁 시기 황해도 지역을 중심으로 한 우익청년들의 적극적 반정부 활동은 북한정권의 입장에서도 매우 당혹스러운 현실이 아닐 수 없었다. 이 사실이 대내외적으로 알려지면 전쟁기 북한지도부의 정치적 입지는 적잖이 흔들릴 수밖에 없었다.

다음으로 국제여맹 조사위원회는 자기 조직의 정체성에 입각하여 여성에 대한 전시 성폭력 문제도 매우 중요하게 분석했다. 다수의 북한여성들은 자신의 실명, 거주지, 나이 등을 밝히면서 자신과 가족의 성폭력 피해에 대해 증언했다. 물론 이 여성들의 이름이나 거주지가 조작되었을 가능성을 배제할 수는 없다. 그러나 펠턴은 자신의 개인기록을 통해, "추후에 진행될 수 있는 조사 과정에서 그들을 다시 찾아내어 재조사하는 것이 가능하도록"[10] 상세하게 신분을 확인했다고 말하고 있다. 아무튼 이토록 많은 여성들이 자신의 실명을 걸고 전시 성폭력에 대해 고발한 사례는 역사적으로 거의 찾아보기 힘들다. 이 사실만으로도 국제여맹 한국전쟁 보고서는 역사적 관점에서 새롭게 재조명해볼 만한 충분한 가치를 지니고 있다.

현시점에도 성폭력 피해 당사자나 가족이 그 피해 사실을 구체적으로 증언하기란 결코 쉬운 일이 아니다. 하물며 가부장적 질서가 여전히 공고했던 1950년대 북한사회에서는 더 말할 나위가 없었다. 실제 개천군에서는 "860명 이상의 여성들이 겁탈당했으나 부끄러워서 말을 하지 않는다"는 주장이 제시되기도 했다.[11] 펠턴의 기록에서도 많은 여성들이 성폭력과 관련된 증언을 거부하거나, 잊고 싶었던 기억에 대한 공포로 인해 몸을 떨거나, 주저앉아 울부짖는 모습이 등장한다. 이러한 상황에도 불구하고 조사위원들은 북한여성들의 고통스러운 경험에 대해 집요하게 물었고, 그럴 때마다 여성들은 괴로움에 몸부림치면서 자신이나 가족의 성폭력 피해에 대해 구체적으로 증언해주곤 했다. 면담자(interviewer)가 같은 여성이라는 사실, 그리고 어쩌면 북한의 일상과 동떨어진 낯선 외국인 여성이라는 사실이 오히려 피해자들의 발화를 수월하게 만들었을 수도 있을 것이다.

성폭력 피해 유형은 크게 세가지로 구분되었다. 첫번째는 전시 성폭력의 가장 대표적 형태인 전시 강간이고, 두번째는 여성성과 관련된 신체의 특정 부위에 대한 가학행위나 야만적 성희롱과 성고문 행위, 세번째는 여성을 납치하여 '유곽' 등으로 불리는 특정 장소에 감금한 후 장기간에 걸쳐 집단적 성폭력을 가하는 행위이다.

북한여성들은 이와 같이 세 유형으로 대별할 수 있는 전시 성폭력 피해 경험을 구체적으로 증언했다. 그 증언의 상당수는 20세기 문명사회에서 과연 발생 가능할까 싶을 정도로 과도하게 폭력적인 경우가 많았다. 그러나 20세기 전쟁의 역사는 그처럼 잔혹한 전시 성폭력 양상이 오히려 매우 보편적인 현상이었다고 말하고 있다. 한국전쟁 발발 5~6년 전 유럽에서도 비슷한 유형의 성폭력이 독일군과 소련군 모두에 의해 광범하게 진행되었고, 1948~49년 제주4·3사건 시기 남한지역에서도 유사한 성폭력 사건들이 다수 발생했다. 심지어 1990년대 유럽지역에서 일어난 보스니아 내전 과정에서도 상상을 초월하는 가학적 전시 성폭력 사건들이 빈번히 발생했다. 북한여성들의 주장은 결코 상상 불가능한 수준의 증언이 아니었던 것이다.

앞서 살펴보았듯이, 최근 일부 한국 여성학자들은 이와 같은 한국전쟁기 전시 성폭력 사건의 역사적 실존성을 구체적으로 입증해내고 있다. 김귀옥은 월남민 구술자료에 근거하여 한국전쟁기 북한지역에서 미군이나 한국군에 의한 성폭력 사건이 다수 발생했다고 주장한다. 특히 해당 구술자료의 생산 주체인 월남민들이 대체로 반공·반북주의적 성향이 강하다는 측면에서, '아군'의 악행에 대해 용기를 내어 발화한 이 증언들의 가치에 주목해볼 필요가 있다. 더불어 김귀옥, 이임하, 박정미 등은 한국전쟁기 한국군과 유엔군을 위해 설치된 '위안소'와 '위안부'의 존재를 당대 자료를 통해 객관적으로 입증해내기도 했다. 국제여맹 보고서는 현지 증언에 기초하여 북한여성들에 대한 납치와 '유곽'의 운영에 대해 고발했는데, 실제 김귀옥 등의 연구는 그와 유사한 다양한 사례들을 구체적으로 보여준다. 특히 국제여맹 조사보고서는 '평양시 국립예술극장'이 유곽으로 사용되었다는 평양 시민들의 주장을 제시했는데, 이는 현시점에도 검증 가능한 주장으로 판단된다.

마지막으로 국제여맹 조사위원회의 최종 분석 대상이었던 '전쟁의 기원'과 관련된 내용에 대해서도 중요하게 거론할 필요가 있을 것이다. 2차세계대전 직후 전쟁도발행위와 관련된 '평화에 반하는 죄'는 가장 중대한 A급 전쟁범죄행위로 간주되고 있었다. 그런데 주지하다시피 북한정권은 전쟁 발발과 함께 미국과 남한의 선제북침을 주장했고, 이는 유럽지역을 중심으로 한 세계적 논쟁을 야기하고 있었다.

놀랍게도 북한정권은 자기 주장의 핵심 논거였던 다수의 남한지역 탈취문서 원본 자료를 국제여맹 조사위원들에게 아무런 조건 없이 제공해주었다. 김일성의 직접 지시로나 가능한 파격적 조치였다. 변호사로 일하는 헤일리허르스와 로드리게스가 모든 문서들의 워터마크를 최대한 주의 깊게 검증하는 동안 나머지 조사위원들은 그 내용을 읽어 내려갔다. 이 문서들은 대부분 북한군의 서울 점령시기에 탈취한 이승만과 한국정부의 공식문헌들로서, 그 주요 내용은 군사원조의 필요성, 무력북침통일의 실현 가능성, 북한지역 첩보와 사보타주 등을 포함하고 있었다.

문서 검토 후 국제여맹 조사위원회는 내부의 논쟁에 휩싸였다. 조사위원들은 이 문서들로부터 남한군 선제북침의 어떤 직접적 근거도 찾아낼 수 없었다. 이승만의 북침 주장이 실제 북침 실행의 증거일 수는 없었다. 펠턴을 포함한 일부 조사위원들은 이 문서들에 대한 검토 과정을 통해 오히려 북한군의 선제공격에 대한 확신을 가진 듯했다. 펠턴은 남한군 선제북침 주장을 접했을 때 공산국가의 '세뇌' '길들이기'와 같은 단어를 머릿속에 떠올리며 냉소했었다. 문서 원본 제공이라는 북한지도부의 파격적 조치에도 불구하고, 개전과 관련된 북한 측의 주장은 국제여맹 보고서에 포함될 수 없었다. 조사위원회 내부의 논쟁 끝에 '평화에 반하는 죄'는 최종적으로 수용되지 않았던 것이다.

북한정부와 국제여맹 조사위원회 사이에 일정한 긴장과 거리감이 존재했다는 증거는 의외로 다수 존재한다. 앞서 살펴보았듯이, 국제여맹 조사위원회는 북한지역 조사에 돌입하기 직전에 일부 조사위원들의 정치적 발언을 둘러싸고 심각한 내홍을 겪었다. 그리고 그 일 이후에는 특정 국가를 향한 정치적 비난 연설이 내부적으로 금지되었다. 이 원칙은 아마도 북한 측에도 전달된 것으로 추측된다. 국제여맹 활동을 도와준 북한 관리들 또한 공식 브리핑 과정에서 커다란 웅변이나 화려한 수사, 특정 국가를 향한 적개심의 분출 등을 삼갔다. 북한 측 최고위급 인사들인 허정숙, 박정애, 허헌 등도 조사위원들을 담담하게 맞이했다. 그들은 '미제 승냥이' 같은 적대적 수사의 화려한 연설로 조사위원들을 맞지 않았다. 상호 간에 일정한 거리를 두면서 신중하게 행동했던 것이다. 조사위원들 또한 여러 조사 현장에서 북한정권의 목소리를 대변하는 것으로 의심되는 이른바 '목소리 큰' 여성들을 피해 다녔다.

국제여맹 최종보고서의 영문판과 한글판 사이에 미묘한 내용적 차이가 존재했다는 사실도 조사위원회와 북한정부 사이의 긴장과 거리감의 근거가 될 수 있다. 앞서 자세히 살펴보았듯이, 한글판 보고서는 영문으로 작성된 원문 보고서상의 특정 내용이 삭제되거나 왜곡된 경우가 있었다. 예컨대 미군이 강원도 문천군 감옥에 감금되어 있던 다수의 여성들을 풀어주었다는 영문 보고서의 내용은 한글판에서 아예 삭제되었고, '시체들에는 아무런 상처가 없었다'는 내용은 '상처가 있었다'로 번역되었다. 구타용으로 사용되었다는 '미군 야구방망이'는 '망치'로 각색되었다.

이렇듯 북한 당국이 번역한 것으로 추측되는 한글판 번역본은 미군의 행동을 좀더 폭력적으로 보일 수 있는 방식으로 미묘한 수정을 가했을 뿐만 아니라, 조금이라도 긍정적으로 해석할 여지가 있는 내용에 대해서는 과감한 삭제를 시도한 사실을 확인할 수 있다. 이 같은 사실은 국제여맹 조사위원회와 북한정부 사이에 존재했던 일정한 긴장과 거리감의 근거가 될 수 있다. 실제 보고서 작성 과정에서 북한정부는 특정 내용의 삭제나 수정을 직접적으로 지시하거나 요구할 수 없었던 것이다. 북한정부는 조사위원들의 서명까지 명기된 최종보고서가 완성된 이후에야 그 한글판에 한해서 일부 내용의 삭제나 수정을 가할 수 있었다.

압도하는 냉전, 억압된 제3의 시선들

보고서 발표 직후 덴마크의 한 언론은, 이 여성들이 자신의 고국으로 돌아오기 전까지 "서방 국가의 어떤 사람들도 한국 민중의 목소리를 들을 수 있는 기회가 없었다"고 평가했다.[12] 실제 이 보고서 이전에 한국 민간인들의 목소리를 이토록 생생하게 들을 수 있는 기회는 없었다. 그러나 북미와 서유럽에서 위와 같이 국제여맹 보고서에 대해 다소라도 긍정적으로 평가한 사례는 쉽게 찾아보기 힘들었다. 보고서에 반영된 여성들의 목소리는 대부분 철저히 묵살되거나 노골적으로 탄압받곤 했다.

미국정부의 공식적 반응은 철저한 무시와 무대응이었다. 미국무부 유엔정치안보국(Office of United Nations Political and Security Affairs, Department of State) 직원들은 국방부 소속의 군인들과 전문(電文)을 주고받으면서 국제여맹 조사보고서에 대한 대응방식을 논의했다. 그러나 그 논의 끝의 최종 결정은 공식적으로는 아무런 대응도 하지 않는다는 것이었다. 애초 국무부는 상황을 확실히 정리하기 위해 "일반적 부인 성명"(a general statement of denial)이 필요하다고 주장했지만, 결국 "이 보고서에 대해 길거나 구체적인 어떤 부인 성명도 제시되어서는 안 된다"는 국방부 측 주장에 동의하게 되었다. 도심을 향한 소이탄 대량폭격, 집단학살, 성폭력 등의 내용에 대해 일일이 반박하는 것은 국제적 논쟁만 증폭시킬 일이었다. 국제여맹은 그저 "공산당 전선조직"(communist-front)일 뿐이라고 낙인찍어버리면 문제는 쉽게 해결될 것이었다.[13]

1951년 매카시즘이 정점에 달해 있던 미국에서 레드콤플렉스를 활용한 특정 세력의 무력화는 매우 쉬운 일이었다. 미국정부는 그 같은 '빨갱이' 낙인찍기 임무를 미국 내의 보수적 여성단체들에게 위임했다. 정부는 전면에 나서지 않는 대신, 자국 내의 애국주의적 여성단체들을 활용해 좌파적 여성평화운동을 억압하기로 결정한 것이다. 미국무부 공보처는 '유엔지지여성연합'(Women United for United Nations)이라는 단체의 주도하에 30개 이상의 보수적 여성단체들로 하여금 국제여맹 조사보고서에 대한 공동의 비판 성명을 발표하게 했다. 이 비판 성명은 라디오자유아시아(Radio Free Asia)와 라디오자유유럽(Radio Free Europe) 등의 매체를 통해 전세계 곳곳에 널리 전파되었다.[14]

당시 국제여맹은 산하 조직 내에 9100만명의 여성회원들을 두고 있는 세계 최대의 여성단체로서, 유엔 내에서도 중요한 역할을 수행하고 있었다. 국제여맹은 1947년 유엔경제사회위원회 자문 역할(consultative status at the United Nations Economic and Social Council)을 획득했고, 그 결과로서 여성지위위원회(Commission on the Status of Women)와 같은 유엔 내부 기구에서 여타 자유주의적 성격의 여성단체들과 활발하게 교류하고 있었다.[15] 그런데 국제여맹은 한국에 조사위원회를 보낸 것이 결정적 문제로 지적되어, 결국 1954년 유엔 내의 모든 지위를 상실하게 되었다.[16] 냉전 초기 가장 많은 회원국을 거느리고 있던 국제여성단체가 한국전쟁 관련 활동을 이유로 유엔 내 지위를 완전히 박탈당했던 것이다.

수난은 국제여맹이라는 조직적 차원에서 그치지 않았다. 여러명의 한국전쟁 조사위원들이 북한지역 조사활동을 이유로 끔찍한 정치·사회적 탄압을 받았다. 물론 중국, 소련, 체코슬로바키아와 같은 공산국가 출신 조사위원들은 귀국 후 특별한 정치적 조치를 받지는 않았던 것으로 추정된다.[17] 반면에 혁명 이전의 꾸바에서 온 깐델라리아 로드리게스, 미군 점령하의 서독에서 온 릴리 베히터, 한국전쟁 파병국인 영국에서 온 펠턴 등은 정치적 탄압과 사회적 박해를 힘겹게 견뎌내야만 했다.

깐델라리아 로드리게스는 꾸바 아바나의 부르주아 거상의 딸로 태어나, 만 21세의 어린 나이에 아바나대학교에서 법학 박사학위를 받은 촉망받는 인재였다. 그녀는 23세의 어린 나이에 변호사 신분으로 전쟁의 화마에 휩싸인 한반도행을 결정했다. 그런데 이 겁 없는 결정은 결국 그녀의 일상을 완전히 파괴해버리고 말았다. 로드리게스는 조사활동을 마치고 꾸바로 돌아오는 길에 뉴욕에서 체포되었다. 그녀는 귀국 직후 군사정보부(Military Intelligence Service)와 공산주의활동조사국(Bureau of Investigation of Communist Activities)으로 이송되었고, 이후 여러차례 강제 이송과 투옥을 감내해야만 했다. 투옥의 이유는 한국에서 보고 들은 것을 계속 대중에게 알리고 다녔다는 것이었다.[18]

서독 조사위원 릴리 베히터는 유대인 출신으로, 그녀의 가족 대부분이 체코 테레진 게토에서 사망하는 아픔을 겪은 여성이었다. 1951년 당시 베히터는 사민주의적 신념을 지닌 평범한 가정주부에 불과했다. 그녀는 사회적으로 존경받는 여성 엘리트도, 눈에 띄는 사회운동가나 공산주의자도 아니었다. 그러나 베히터는 전쟁기 유대인으로서 파시즘의 직접적 박해를 경험했고, 전후 독일과 프랑스 여성들 사이의 평화적 친선교류 활동에 참여한 경력이 있다는 사실에 의해 국제여맹의 초청을 받을 수 있었다. 당시 국제여맹 서독 관계자들은 오히려 베히터의 평범성 — 유명한 여성 엘리트도, 두드러진 사회운동가도 아닌 평범한 세무사의 아내라는 위상 — 이 "대중의 호감"을 유도할 수 있다고 판단했다. 미군 점령하의 서독지역에서는 오히려 비공산주의자이자 전쟁피해자인 베히터의 평화감수성이 평범한 독일 사람들의 마음을 움직일 수 있을 것이라고 예상했던 것이다.[19]

실제 베히터는 고향으로 돌아온 후 여타 조사위원들처럼 북한에서 보고 들은 것들을 널리 알리기 시작했다. 그 활동의 대부분은 평화단체나 여성단체에서 대중연설을 하는 것이었다. 베히터는 그 같은 활동을 이어가던 1951년 8월 하이델베르크와 루트비히스부르크에서의 연설을 마친 직후, 독일관리이사회 법령 14조(Allied Control Council Law No. 14) 위반 혐의로 체포되었다. 해당 법령은 독일지역에서 점령군의 이익을 보호하기 위한 내용을 포함하고 있었다.[20]

1952년 초 베히터에 대한 1·2심이 진행되었다. 당시 재판부는 법령상의 '선동적 발언'에 대한 해석에서 기존 판례를 적용하는 데 어려움을 겪고 있었다. 원래 연합군 법령은 2차세계대전 직후 독일로부터 나머지 세계를 보호하기 위한 목적으로 만들어졌는데, 이즈음에는 점차 공산주의의 위협으로부터 독일을 포함한 여타 세계를 지켜내기 위한 것으로 변해가고 있었기 때문이다. 실제 미군 점령 당국은 베히터에 대한 법적 처벌을 공산주의의 위협으로부터 독일인들을 보호하기 위한 조치로 이해시키고자 했다.

재판 과정에서는 베히터 연설의 진실성 여부와 성폭력 묘사의 선정성 부분이 중요하게 부각되었다. 흥미롭게도 베히터의 변호인이었던 프리드리히 카울(Fridrich Kaul)과 동독지역 언론들은 베히터 주장의 진실성 부분에 집중한 반면에, 검찰과 재판부는 성폭력 묘사의 선정성을 강조했다. 동독의 한 언론은 내용의 진실성에 집중하면서 "이 재판에서 누가 검찰이고, 누가 피고인가"라는 질문을 던졌다. 베히터의 변호인은 사건 종결 후 『나는 진실을 말했다』라는 저서를 발간하기도 했다.[21]

반면에 검찰과 재판부는 연설 내용의 진실성 여부에 대해서는 조사조차 진행하지 않았다. 발언의 진실성 여부는 이 재판과 무관하다고 판단했던 것이다. '선동적 발언' 죄목과 관련하여 중요한 사실은 그녀의 연설이 무지한 사람이나 감정적 동요에 취약한 사람들에게 어떤 영향을 주었느냐는 것이었다.

재판부는 베히터의 연설회에 참석했던 어느 청중의 발언을 다음과 같이 인용했다. "베히터 씨가 낭독하는 동안 다수의 청중들이 이렇게 소리쳤어요. '맞아요. 정말 그랬어요. 루트비히스부르크에서도 그런 식이었어요. 그들도 여성과 소녀들을 성추행했어요.'" 이 인용은 베히터 연설의 정치적 선동성과 그 영향력을 입증해주는 듯하다. 하지만 이 같은 주장은 또다른 증인의 발언에 의해 곧바로 반박될 수 있었다. 그 증인은 다수의 청중들이 베히터의 낭독 내용을 비웃었다고 말했다. 청중들은 베히터의 발언에 등장하는 학살과 성폭력에 대한 묘사가 너무 과장되었다고 생각했다. 재판부도 그녀가 지적인 청중들로부터 적대감을 유발해내는 데는 실패했다고 최종적으로 판결했다. 재판부는 그녀의 과장된 발언과 미숙한 전달 과정으로 인해 소기의 성과를 거두지 못했다고 해석했다. 결론적으로 베히터는 힘든 재판 과정 끝에 자신의 혐의를 벗을 수 있었지만, 국제여맹 보고서는 과장된 정치선전물에 불과한 것으로 격하되고 말았다.[22]

영국 조사위원 펠턴 또한 귀국 후 다양한 개인적 수난과 사회적 비난을 감내해야만 했다. 가장 대표적으로는 펠턴이 스티버니지 개발공사 총재 직위로부터 해임된 사례를 들 수 있다. 해임의 이유는 직무태만이었다. 북한에서 영국으로 돌아오는 귀국일정이 계속 지체되면서, 애초 참석 예정이던 1951년 6월 7일 영국 하원 공공회계위원회 공청회에 4시간 지각한 것이 해임의 직접적 사유가 되었다. 공공회계위원회 위원장이었던 휴 돌턴은 6월 7일 회의에서 펠턴의 불참을 "무례한"(discourteous) 행동으로 취급했다. 그는 6월 12일 펠턴의 스티버니지 개발공사 총재직 해임을 최종적으로 결정하면서, "그녀의 직위를 지속하는 데 있어서 부적절한 그녀의 직무태만"을 해직의 이유로 거론했다. 돌턴은 반복적으로 강조했다. "펠턴이 할리우드, 리비에라, 혹은 다른 어디로 가서 불참했든지 간에 나는 아무런 관심이 없다. 내게 중요한 것은 그녀가 불참했다는 사실 자체다."[23]

앞서 살펴보았듯이 펠턴은 북한 현지조사 기간 외에 3주라는 충분한 시간적 여유를 갖고 한국전쟁 조사위원회 활동에 참여했다. 그러나 오가는 기착지마다 예상치 못한 문제들이 지속적으로 발생하면서 결국 하원 공청회에 4시간 지각을 하고 말았다. 물론 공청회가 중요한 회의이긴 했지만, 2차세계대전기 영국의 군수부, 보급품위원회, 의회 등에서 중요한 역할을 수행했던 "남자들 사이의 거인"[24]을 단번에 해임해버릴 정도로 엄중한 일은 아니었다.

해임의 실질적 이유에 대해서는 누구나 다 알고 있었다. 조국에 대한 배반! 반역! 돌턴은 반복적으로 펠턴의 직무태만을 거론했지만, 영국 일간지 『데일리 메일』(Daily Mail)은 펠턴이 정부의 골칫거리가 되었기 때문에 "비정상적 속도"(unusual speed)의 해임이 결정되었다고 주장했다. 각종 언론 지면에는 펠턴의 공산주의에 대한 충성을 주장하는 글들로 넘쳐나기 시작했다.[25]

영국 보수당 정치인들은 펠턴을 향한 비난의 제일선에 섰다. 1951년 6월 14일 보수당 국회의원 찰스 테일러(Charles S. Taylor) 의원의 펠턴을 향한 비난은 그 대표적 사례들 중 하나였다. 이스트본(Eastbourne) 지역구의 테일러 의원은 마흔살의 젊은 정치가였지만, 이미 15년의 하원의원 경력을 지닌 원숙한 보수당원이었다.[26] 그는 원래 이날 가스전기위원회와 관련된 발언을 하기로 예정되어 있었다. 그러나 그는 회의의 맥락과 관계없이 갑자기 "모니카 펠턴 씨와 관련된 충격적 사건"에 대해 이야기하기 시작했다.

우선 테일러는 1930년대 후반 이래 펠턴의 정치·사회적 경력을 조목 조목 짚어나갔다. 그러나 그는 펠턴의 경력을 소개하는 과정에서도 루이스 실킨 도시농촌계획장관과의 개인적 친분을 강조하면서 그녀의 경력을 악의적으로 폄하했다. 이후 테일러는 "수일 동안 음식이나 물 없이 수감되거나, 사살되거나, 불타 죽거나, 심지어 생매장되었다는 가족, 남성, 여성, 아이들"과 관련된 국제여맹 조사위원회와 펠턴의 주장을 낭독했다. 테일러 의원은 과장된 몸짓과 큰 목소리로 발언을 이어갔다. "저는 오늘 저녁 하원에서 이 여성을 심판할 계획이 없었다는 사실에 대해 잘 알고 있습니다. 그러나 저는 그녀가 대역죄(high treason)로 볼 수 있는 매우 강력한 사건을 저질렀다는 의견을 제출하는 바입니다." "옳소! 옳소!" 의사당이 들썩였다.[27]

그런데 영국 하원의 공식회의석상에서 정부와 여당의 중요 지위를 거친 정치인에 대해 '반역죄'를 거론하기란 결코 쉬운 일이 아니었다. 왜냐하면 당시 영국에서 "반역죄에 대한 유일한 형벌은 사형"(the only penalty for treason is death)(Treason Act 1351)이었기 때문이다. 즉 테일러는 펠턴에 대한 사형을 주장하고 있었던 것이다. 이 같은 반역법 적용의 엄중함에도 불구하고 테일러는 자신의 강경한 주장으로부터 조금도 물러설 기색이 없었다. 그는 펠턴이 "반드시 죗값을 치러야만 한다"고 목소리를 높이면서 다음과 같이 덧붙였다.

저는 매우 엄중한 책임감 속에서 이 문제를 제기하고 있습니다. 지난 몇주와 몇달 동안 우리는 사회주의 정당(당시 집권여당인 노동당을 지칭함―인용자)의 충성스럽고 품위 있는 당원 같은 자세를 취하고 있는 열혈 공산주의자들(full-blooded communists)을 너무 많이 보아왔습니다. 이 열혈 공산주의자들 중 너무 많은 이들이 이 땅의 고위직에 위치하고 있습니다. 나는 만약 그들이 왕과 국가에 대해 충성하지 않고, 왕의 적들을 고무하거나 그들에게 편리를 제공하거나, 그들과 어울려 다닐 경우, 그들을 향해 가장 극단적 행동이 취해질 수 있다는 것을 이 사람들에게 보여주어야 한다고 생각합니다.

테일러의 주장은 약 1년 전 미국 상원의원 조지프 매카시(Joseph McCarthy) 의원의 발언과 매우 유사했다. 매카시 의원은 미국정부와 군 내부에 수많은 공산당 스파이들이 존재한다고 주장했었다. 이와 유사하게 보수당의 테일러 의원 또한 전시 영국정부와 노동당의 중요 직책을 역임하고, 전후 도시계획정책의 핵심적 리더 역할을 담당했던 여성을 일순간에 대역죄인으로 간주함과 동시에, 주요 여당 정치인들까지 반국가적 인물로 낙인찍고 있었다. 2차세계대전 종전 직후의 영국사회에서는 전혀 상상할 수도 없었던 일이 1951년 하원 회의석상에서 벌어지고 있었다.

이날 회의석상에 있던 보수당원 나이절 피셔(Nigel Fisher) 의원 또한 "이 여성이 국외의 적과 내통했고, 적의 선전 캠페인을 국내에 확산시켰기 때문에, 이 땅의 법이 허락하는 가장 준엄한 형벌로써 왕에 의해 기소되어야만 한다"고 강력하게 주장했다. 반면에 노동당의 길버트 매캘리스터(Gilbert McAllister) 의원은 펠턴을 향한 고발이 "이 땅의 시민들에게 가해질 수 있는 그 어떤 고발보다 엄중"하다는 사실을 강조하면서, 보다 넓은 "자유의 원칙" 위에서 이 문제를 볼 필요가 있다고 말했다. 그 자유란 영국 국민이라면 누구도 예외일 수 없는 표현과 이동의 자유를 지칭했다. 매캘리스터는 볼떼르(Voltaire)의 유명한 명언을 인용했다. "나는 그가 말한 것에 동의하지는 않지만, 그가 말할 권리에 대해서는 절대적으로 옹호할 것입니다."[28]

실제 영국사회에서는 펠턴의 사례를 중심으로 개인의 표현의 자유와 시민권(citizenship)에 대한 활발한 논쟁이 전개되기 시작했다. 영국의 정부와 시민들은 냉전 초기 '민주적 시민' 개념을 좀더 명확하게 정의하길 원했다. 펠턴은 극동지역에서 발생한 격렬한 냉전의 충돌 양상을 런던과 스티버니지로 이동시켜 국제적·지역적·국내적 정치 사이의 불편한 관계를 현저하게 드러내고 있었다. 한국전쟁기 영국 노동당의 외교정책이 대서양주의자(atlanticist), 반공수정주의자(anti-communist revisionist), 반미 베번주의자(anti-American Bevanite) 등으로 분열된 것도 결코 우연이 아니었다.[29]

시간이 흐를수록 펠턴을 둘러싼 사회적 논쟁은 계속 확대되기만 했다. 결국 영국 법무장관 프랭크 소스키스(Frank Soskice)는 검찰총장에게 펠턴 기소 여부 검토를 요청했고, 6월 25일 그 결과를 발표했다. 놀랍게도 검찰총장의 최종 결정은 불기소였다. 검찰총장은 펠턴을 형사고발할 아무런 증거도 찾지 못했다고 발표했다. 국가를 배신했다는 어떤 증거도 존재하지 않는다는 것이었다.[30] 같은 해 남북한 지역에서 수만명의 민간인들이 극히 미미한 혐의만으로도 재판 없이 학살되었다는 사실을 돌이켜볼 때, 한국전쟁기 영국 법조인들의 선택은 충분히 놀라운 조치였다.

영국의 대표적인 여성 지식인들도 펠턴을 공개적으로 지지하고 나섰다. 당대의 유명한 페미니스트인 도라 러셀(Dora Russell), 후기케인즈주의(post-Keynesian) 경제학의 대표 연구자이자 케임브리지대학 킹즈 칼리지 최초의 여성 명예펠로우(honorary fellow)였던 조앤 로빈슨

(Joan Robinson), 영국 최초의 여성 지질학 교수였던 에바 테일러(Eva G. R. Taylor) 등이 펠턴의 해임에 항의하는 서한을 클레멘트 애틀리 총리와 휴 돌턴 공공회계위원회 위원장에게 발송했다.[31] 펠턴이 진심을 다해 열정적으로 사랑했던 도시개발 업무로부터의 퇴출은 그녀에게 커다란 시련이 아닐 수 없었다. 그러나 영국 검찰의 불기소 결정과 여러 지식인들의 성원은 펠턴에게 큰 힘을 주었다. 영국 민주주의의 건재를 증명하는 그녀를 향한 결정과 지지는, 그녀가 영국을 배신하기는커녕 진심으로 사랑했던 이유이기도 했다. 펠턴은 자신의 북한 방문기록의 제일 마지막 문단에 다음과 같은 문장을 새겨 넣었다. "영국은 내가 기억하는 것보다 훨씬 더 좋은 곳이었다"(England was even better than I remembered).[32]

이렇듯 펠턴은 영국을 진심으로 사랑하고 있었지만, 불과 5년 뒤 스스로의 결정에 의해 영국을 영원히 떠나야만 했다. 영국을 떠난 이유는 수년 뒤 다시 재현된 펠턴을 향한 마녀사냥 때문이었다. 1955년 영국 국방부가『한국에서의 영국 전쟁포로들에 대한 대우』(*Treatment of British Prisoners of War in Korea*)라는 책을 출간할 때, 일부 의원들이 다시 펠턴의 이름과 함께 반역자라는 수식어를 거론했던 것이다. 몇몇 저명한 영국의 정치가들은 "사악하고 역겨운" "완전히 혐오스러운" 같은 수식어와 함께 펠턴의 이름을 호명했다.[33]

이렇듯 1955년에 다시 재현된 한국전쟁 관련 비난은 펠턴에게 커다란 마음의 상처를 입혔다. 결국 그녀는 영국을 떠나 새로운 곳에 정착하기로 결심했다. 사실상 정치적 망명이나 다름없었다. 그런데 영국을 떠나 새롭게 정착한 공간이 여러모로 상징적이었다. 펠턴의 새로운 정착지는 모스끄바도, 동베를린도, 베이징도 아닌 인도 남부의 항구도시 마드라스였다. 어쩌면 펠턴은 모스끄바나 동베를린에서 냉전의 영웅 대접을 받을 수도 있었다. 하지만 그녀는 언론의 자유를 억압하는 국가에서는 숨조차 제대로 쉴 수 없는 유형의 인물이었다. 실제 펠턴은 마드라스에 거주하는 동안에도 집필활동을 멈추지 않았다. 예컨대 그녀는 인도 민족운동의 지도자이자 열렬한 반전·반핵 평화운동가였던 라자고파라차리(C. Rajagopalachari), 인도 여성들의 권리를 위해 투쟁했던 여성운동가 수발락슈미(R. S. Subbalakshmi) 등에 대한 전기를 집필했다.[34] 펠턴은 인도 항구도시에 머무르는 동안에도 자기 방식의 탈식민주의적 평화운동과 여성운동을 계속 전개하고 있었던 것이다.

펠턴은 1970년 63세의 나이로 마드라스에서 쓸쓸하게 생을 마쳤다. 그즈음 영국에서는 그녀에 대한 사회적 악명이 거의 잊힌 상태였다. 펠턴의 부고를 알린 몇몇 언론 기사들은 그녀의 초기 업적들에 대한 간단한 언급과 함께 그녀를 "여성작가"(authoress)라고만 소개했다. 그 어느 글에서도 '반역'이라는 표현을 찾아볼 수 없었다.[35] 어쩌면 해당 언론들은 자신도 직접 가담했던 펠턴에 대한 공격적 비난의 역사를 스스로 지워버리고 싶었는지도 모르겠다. 하지만 그녀는 여전히 영국 여성운동과 평화운동의 역사 속에서 지워지지 않고 있다. 역사학자 존 할리데이(Jon Halliday)는 펠턴 관련 사건을 전후 영국 역사 속의 "흉하고 수치스러운 사건"(a shabby and shameful episode)으로 표현했고,[36] 보리스 포드(Boris Ford)의 책임편집으로 간행된 권위 있는 『케임브리지 영국문화사』(*Cambridge Cultural History of Britain*)는 펠턴의 해임을 "매카시즘적 해고"(McCarthyite sacking)라고 단정했다.[37] 영국의 페미니스트 단체인 전국여성연합(National Association of Women)은 펠턴을 1950년대 영국 여성평화운동사에서 중요한 리더의 역할을 수행했던 인

물로 회고했다.[38]

그곳에, 여성들이 있으므로

최근 수년 동안 서구 여성학계는 국제민주여성연맹(WIDF)의 역사적 성격에 대한 재평가 작업을 활발하게 진행해왔다. 20세기 내내 찾아볼 수 없었던 관련 연구가 2010년대 들어서 눈에 띄게 증가하기 시작한 것이다. 국제여맹에 대한 이 같은 재평가는 응당 이 단체의 한국전쟁 조사활동의 성격을 분석하는 데 있어서도 중요한 의미를 지닌다. 국제여맹이 소련이나 국제공산당의 하부조직에 불과했는지, 아니면 그 나름의 독자적 역사성과 여성주의적 정체성을 지니고 있었는지 살펴보는 과정은 한국전쟁 관련 활동 평가에서도 중요한 단초를 제공할 것이다.

국제여맹 아카이브를 가장 심도 깊게 조사한 것으로 평가받는 네덜란드 역사학자 프란시스카 더한은 이 여성단체를 "진보적 '좌파 여성주의' 국제 우산조직"으로 규정했다. 그녀의 평가에 의하면, 국제여맹은 세계 곳곳에 산재해 있는 여성단체들 중에서 진보적 좌파 여성주의에 공명하는 단체들을 전반적으로 아우르고 연결하는 상위의 지붕조직이었다.[39] 그런데 이 조직이 전면에 내세운 캐치프레이즈는 그 이전 시기 좌파적 여성주의 단체들의 구호와는 꽤나 상이한 내용들로 구성되어 있다. 물론 국제여맹도 과거 여성운동의 핵심적 주장들 ── 남녀의 동등한 선거권과 피선거권, 동등한 교육, 동일노동 동일임금, 일터에서의 모성 보호 등 ── 을 조직의 규약에 명시해두고 있었지만, 국제여맹의 대표적 캐치프레이즈인 반파시즘, 반식민주의, 반인종주의 등은 과거 여성운동사에서는 꽤나 생소한 내용들이었다.

국제여맹 설립 초기의 주요 구성 주체와 역사적 형성 과정은 그 조직 강령과 규약에서 반파시즘, 반식민주의, 반인종주의 등이 강조된 연원을 구체적으로 보여준다. 우선 국제여맹은 1945년 6월 '반파시스트' 투쟁 경력을 지닌 '프랑스 여성들'의 주도하에 설립되었다는 사실에 주목할 필요가 있다. 현재까지도 3만명 이상의 회원을 지닌 여성주의 단체 프랑스민주여성동맹(Union des Femmes Françaises, 현재는 '여성연대 Femmes Solidaires'로 이름이 변경됨)이 국제여맹 탄생의 모체였다. 2차세계대전 시기 프랑스 여성들은 전쟁과 파시즘이 여성들의 삶을 얼마나 철저하게 파괴할 수 있는지 온몸으로 실감했고, 다시는 이 같은 역사적 비극에 의해 여성들이 고통받지 않도록 '평화'와 '반파시즘'을 전면에 내세운 국제적인 여성평화단체를 조직하고자 했다. 이에 따라 1945년 11월 빠리에는 프랑스 여성들의 문제의식에 공명한 40개국 850여명의 여성들이 운집했고, 성공적인 여성대회의 개최 끝에 여성의 권리, 반파시즘, 평화를 핵심 모토로 내세운 국제민주여성연맹을 창립할 수 있었다.

빠리의 국제여성대회에는 이례적으로 다수의 아시아·아프리카 여성들과 북미 대륙의 흑인 여성들도 참석하고 있었다. 이는 그 이전 유럽 여성주의 운동사에서는 찾아볼 수 없는 현상이었다.[40] 제3세계 출신 여성들은 빠리 여성대회 이후에도 지속적으로 국제여맹의 크고 작은 회의에 동참할 수 있었다. 그녀들은 유럽의 백인 여성들과 평등한 입장에서 토론하면서 자신들만의 특수한 입장을 분명하게 드러내곤 했다. 특히 2차세계대전 이후에도 여전히 유럽 강대국의 식민지 상황에서 벗어나지 못하고 있던 다수의 아시아·아프리카 여성들은 '평화'와 '반파시즘'만으로는 자기 지역 여성들의 권리를 온전히 지켜낼 수 없다고 주장했다. 인도와 알제리 대표 등은 파시즘 청산만을 강조하는 국제여맹 지도부를 신랄하게 비판했다. 결국 국제여맹 지도부는 제3세계 여성들의 문제의식을 적극적으로 수용하여, 조직의 핵심 모토로서 '반식민주의'를 반파시즘만큼이나 중요하게 강조하기 시작했다. 1946년 국제여맹 평의회는 향후 개최될 모든 평의회에서 반드시 식민지 여성의 삶의 문제와 인종차별의 젠더적 영향에 대해 논의할 것을 결의했다.[41]

이후 국제여맹의 반식민주의 강령은 다양한 실천적 활동으로 이어졌다. 국제여맹은 식민지 여성들의 반식민주의 운동과의 연대를 강화할 것은 물론, 제3세계 여성들의 생활 실태를 조사하는 활동에 즉각적으로 착수했다. 1946년에는 아르헨티나·칠레·브라질·우루과이 현지에, 1948년에는 영국 지배하의 인도·말레이시아·버마에 국제여맹 조사위원회가 파견되었다. 1947년에는 네덜란드와 프랑스 식민통치하의 동남아시아 국가들을 둘러보기 위한 조사위원회가 결성되었으나, 네덜란드와 프랑스 정부가 조사단에 대한 비자 발급을 거부하여 결국 현지조사 활동에 실패하기도 했다. 이러한 제3세계 현지조사 활동은 1951년의 한국전쟁 조사위원회 결성이 결코 국제여맹의 본원적 성격과 무관한 일회성 이벤트가 아니었음을 보여주는 구체적 근거이기도 하다.

사실 전쟁으로 고통받는 여성들을 돕기 위한 국제적 여성평화운동은 1차세계대전 시기부터 등장한 대표적 여성운동 형식의 하나였다. 여성들은 전시폭력의 주요 희생자로서 평화와 관련된 문제에 직접적 이해관계를 지니고 있었다. 게다가 전쟁 상황에서 나타나는 여성에 대한 폭력의 근저에 가부장제로부터 연원하는 요소들이 직접적으로 작용했다는 점에서, 여성주의가 전쟁과 평화의 문제를 결코 간과할 수 없다는 사실은 매우 명징했다. 특히 역사적 관점에서 볼 때, '평화' 관련 의제들이 여성들 사이의 국제적 연대를 형성하는 데 지속적으로 주효했다는 사실에도 주목할 필요가 있다. 1차세계대전 시기의 국제적 반전평화 여성 단체 활동은 그 대표적 사례일 것이다.

　1차세계대전이 발발했을 때 당대의 모든 여성운동가들이 반전평화 운동에 뛰어든 것은 아니었다. 오히려 대다수의 여성참정권 운동가들은 1차세계대전을 정치활동 참여의 기회로 활용하고자 했다. 즉 이들은 애국적 전시활동 참여를 통해 여성이 국가의 정치활동에 어떻게 기여할 수 있는지 증명함으로써 여성참정권의 정당성을 확보하고자 했고, 그렇게 확보된 참정권을 통해 여성의 권리를 지속적으로 신장시켜나가는 것을 목표로 삼았다. 반면에 유럽의 전쟁에 반대했던 소수의 여성참정권 운동가들은 국제적 회합을 통해 여성들의 전쟁 반대 주장을 조직해나가고자 했다. 이들은 군사주의 사회에서 여성이 결코 남성과 평등한 지위를 얻을 수 없다고 주장했다. 또한 이들은 전쟁에서 발생하는 잔학행위, 특히 여성에 대한 폭력에 직접적으로 저항했다. 그러나 반전평화를 위해 일하는 것 자체가 국가와 가족에 대한 배신이라는 위협적 분위기가 확산되어가면서, 여성들은 나름의 돌파구를 찾을 필요가 있었다. 이들이 찾은 돌파구는 자신과 비슷한 생각을 지닌 다른 국가 여성들과 적극적으로 연대함으로써 공포스러운 군사주의와 국가주의에 저항하는 것이었다. 1915년 4월의 헤이그 국제여성대회는 그 중요한 결실이었다.

　1915년 네덜란드 페미니스트 알레타 야콥스(Aletta Jacobs)는 당대 세계의 위기를 종식시키기 위한 국제여성대회를 제기했다. 이에 그녀의 취지에 동조한 12개국 1136명의 여성들이 자국 정부의 방해와 국민적 비난을 무릅쓰고 네덜란드 헤이그에 모여들었다. 헤이그 여성대회는 "국가 간의 증오가 뜨거운 이 시점에서 우리가 연대를 지속하고 상호 우애를 유지할 수 있다는 것을 보여주기 위해" 세계 각국 여성들을 소집했다고 공표했다. 여성들은 회의를 통해 영구적평화를위한국제여성위원회(International Committee of Women for Permanent Peace, 이하 '국제여성위원회')를 결성하고, 즉각적인 중립국 중재 회담, 완전한 무장해제, 여성참정권, 여성의 전후평화협상 참여 등을 요구하는 19개의 결의안을 채택했다. 동시에 국제여성위원회는 여성사절단을 구성하여 네덜란드, 영국, 독일, 오스트리아, 헝가리, 스위스, 이딸리아, 프랑스, 벨기에, 덴마크, 노르웨이, 스웨덴, 러시아를 방문하고, 각국 수뇌부들에게 헤이그 대회 결의안을 전달했다. 각국 지도자들은 여성들을 정중하게 맞았지만, 어느 누구도 그녀들의 제안을 수용하지는 않았다. 상당수의 언론과 전쟁 지지자들은 여성들의 평화운동을 "어리석고 저급하다"고 비난했다. 영국은 헤이그 대회를 독일의 이익을 위해 조직된 회의로, 독일은 영국의 이익에 봉사하는 모임으로 비난하면서 여성들의 평화운동을 조롱했다.[42]

1차세계대전기 전쟁에 반대하는 여성들이 여성대회를 개최하여 국제여성단체를 조직하는 모습은 2차세계대전기 파시즘에 반대하는 프랑스 여성들이 국제여성대회를 개최하여 국제민주여성연맹을 조직해내는 모습과 유사하다. 게다가 1차세계대전기 국제여성위원회 여성사절단이 전쟁 당사국 정부와 국민들에 의해 조롱받고 배척당하는 모습은, 국제여맹의 아시아·남아메리카지역 조사위원회 활동이 관련 서유럽 국가(식민 모국)들에 의해 저지당하거나 맹렬하게 비판받았던 상황과 흡사하다. 앞서 우리는 한국전쟁기 국제여맹의 한국전쟁 조사위원회 또한 관련 국가들에 의해 정치적으로 이용당하거나 거칠게 비난받는 모습을 볼 수 있었다. 국적을 초월한 다국적 여성들의 평화 연대, 남성적 군사주의와 국가주의에 대한 맞대응, 자국민의 조롱과 비난을 감수한 용감한 실천 등에 이르기까지 한국전쟁기 국제여맹 활동은 장구한 여성평화운동의 도전과 시련의 역사에서 의미 있는 한 챕터를 구성하기에 손색이 없었다.

국제여맹이 북한을 방문했던 1951년은 두말할 나위 없이 권위주의적 남성주의가 여성의 일상을 압도하던 시기였다. 당대 한국과 같은 아시아·아프리카 국가들은 물론, 유럽과 북미의 선진국들에서도 여성의 사회적 활동은 지극히 제한적이었고, 일터에서의 차별은 노골적이었다. 예컨대 1952년 미국 전기노조가 발간한 『여성노동자들을 위한 UE 투쟁』(*UE Fights for Women Workers*)이라는 팸플릿에 의하면, 여성은 이중적 연공서열 리스트를 통해 공식적인 '열등한' 존재로 분류되어 낮은 수준의 급여만 받도록 설정되어 있었다. 전쟁기 여성노동자들은 남성들의 업무를 성공적으로 수행해냈음에도 불구하고 전후 일터 곳곳에서 여전히 노골적인 차별을 감수해야만 했다.[43]

국제여맹 조사위원들은 이와 같이 여성 노동에 대한 차별이 노골적으로 횡행했던 시대에 저마다 자신의 활동영역에서 놀라운 성과를 달성해낸 특별한 이력의 여성들이었다. 깐델라리아 로드리게스(꾸바)와 트레이스 헤일리허르스(네덜란드)는 법학을 전공한 변호사였다. 에바 프리스터(오스트리아), 카테 플레론(덴마크), 마리야 옵샨니꼬바(소련)는 자국의 유명 저널의 편집장을 역임한 여성 언론인들이었다. 질레뜨 지글레르(프랑스)와 바이랑(중국)은 작가였고, 리컹(중국)과 류칭양(중국)은 각각 보육교사훈련학교와 여자대학교의 교장을 맡고 있었다. 제르맨 안네바르(벨기에)는 생물학 박사학위를 지닌 교육자이자 벨기에 여성운동의 주요 리더였다. 자신을 '사서'로 소개한 이다 바크만(덴마크)은 도서관 관장이었다. 모니카 펠턴(영국)은 노동당 소속의 대표적 여성 정치가로서 전쟁기 보급품위원회 위원장과 군수부의 주요 보직을 역임했고, 1951년에는 영국 최초의 신도시 개발을 위한 스티버니지 개발공사 총재를 맡고 있던 저명한 도시개발자였다. 모두들 여성에 대한 대학교육의 기회조차 희소했던 시기 — 옥스퍼드대학과 케임브리지대학은 1920년에 이르러서야 여성에게 학사과정 입학허가를 내어주었다 — 에 이례적으로 높은 수준의 교육과정을 마쳤고, 상당수가 지식생산 및 보급과 관련된 영역에서 눈에 띄는 활약을 보여주고 있었다.

이렇듯 1950년대 초반 '남성들 사이의 거인'으로 불리기에 손색없는 다국적 여성들이 한데 모여 특정한 일을 도모했다는 사실만으로도, 이들에 관한 이야기는 충분히 흥미롭다. 물론 이 여성들이 온전히 동일한 목적의식을 갖고 북한행을 선택한 것은 아니었다. 이들은 매우 상이한 개인적·사회적 환경 속에서 성장했고, 1951년 당시에도 서로 다른 정치·경제적 체제 속에서 살아가고 있었다. 프란시스카 더한은 국제여맹 회원단체들의 가장 중요한 특징을 '다양성'(diversity)이라고 단언하면서, 1947년 국제여맹 미국 지부의 회원수가 25만명에 달했고, 덴마크 지부의 경우 코펜하겐에만 25개 하위 지부가 운영되고 있었다는 사실 등을 거론한다. 동시에 세계 곳곳의 국제여맹 지부들이 결코 동일한 정치적 성격을 지니지 않았다는 사실을 강조한다.[44]

이 같은 국제여맹 회원단체들의 다양성과 마찬가지로, 국제여맹 한국전쟁 조사위원회 위원들 또한 다양한 정치적 성향을 지니고 있었다. 덴마크 조사위원인 플레론과 바크만은 가장 보수적이고 자유주의적인 성향을 지닌 조사위원들로 분류 가능하다. 현시점의 덴마크 평화단체들도 1951년 북한에 다녀온 두 사람의 정치적 성향을 "보수주의자"(conservative)로 규정하고 있다.[45] 실제『뉴요커』지의 패션 섹션에서 튀어나온 미국 여성의 이미지를 지녔다는 이다 바크만은 2차세계대전기 미군 전쟁정보국 대령 출신의 인물로서 공산주의와는 거리가 먼 여성이었다. 또다른 덴마크 출신의 플레론은 조사 착수 이전부터 공산국가 출신 조사위원들과 지속적으로 충돌하면서 자신의 주장을 관철해나갔고, 심지어 펠턴과의 개인적 대화 도중에 '공산주의자들은 공산주의자처럼 행동하고, 사민주의자들은 쥐새끼처럼 행동한다'고 말하면서 사회민주주의자들에게까지 적대감을 표출했던 여성이었다. 영국 대표 펠턴은 전쟁기 영국의 정부와 의회의 고위직에 올랐던 애국주의적 성향의 인물임과 동시에, 노동당 평생당원으로서 전후 영국의 개혁정책을 절대적으로 지지했던 사회민주주의적 성향의 인물로 평가할 수 있다. 반면에 소련, 중국, 체코슬로바키아 조사위원들은 사상적으로 공산주의자로 구분 가능하고, 조사위원회 참가 목적 또한 북한이라는 공산주의 동맹국가를 돕기 위한 냉전적 연대의 실천으로 볼 수 있을 것이다.

우리는 이렇게 다양한 배경을 지닌 개성 강한 여성들이 심각한 충돌 없이 조사활동을 마쳤으리라 상상하기 어렵다. 앞서 상세하게 보여주었듯이, 여성들은 몇차례 매우 논쟁적인 상황에 휩싸이곤 했다. 조사위원들은 서로 모욕적인 발언을 쏟아내기도 했고, 고향으로 돌아가겠다면서 으름장을 놓기도 했다. 하지만 그들은 최종보고서의 내용에 합의하는 데 있어서는 커다란 어려움을 겪지 않았다. 다른 무엇보다도 북한의 상황이 논쟁의 여지없이 너무나 파괴적이었기 때문이었다. 그곳에서 살아가는 여성들의 삶이 너무나 절박하고 절망적이라는 사실에는 이론의 여지가 없었다. 조사위원들은 여성이라는 동일한 정체성과 북한의 파괴적 현실 앞에서 상호 간의 이해도를 높여갔을 뿐만 아니라, 북한여성들과도 강한 연대감을 형성해갈 수 있었다.

예컨대 펠턴도 북한 현지에서 평화주의적이고 여성주의적인 문제의식이 강화되어간 대표적 인물로 손꼽을 수 있다. 펠턴은 전후 영국 노동당 정부의 사회주의적 정책이 한국전쟁을 맞아 급속히 군사주의적·자유주의적으로 변해가는 데 대해 의문을 제기하면서, 표현 그대로 한국전쟁의 진실을 찾기 위해 국제여맹의 초청에 응한 인물이었다. 이전에 그녀는 특별히 여성주의적이거나 평화주의적인 사회운동에 적극적으로 동참해본 경험이 없었다. 그러나 막상 북한 현지에 와보니 영국 현지에서의 개혁정책과 관련된 다양한 고민들은 빠르게 잊혀가고 있었다. 자신의 눈앞에 펼쳐진 드넓은 폐허와 수많은 주검들, 가까스로 삶을 이어가는 수많은 여성들의 현실을 보면서 펠턴의 조사위원회 참가 목적도 또다른 차원으로 확장되고 있었다. 어느새 이 절박한 여성과 아이들을 도울 수 있는 최고의 방법을 찾는 일이 펠턴의 최대 당면과제로 변해갔다. 평화주의적이면서도 여성주의적인 문제의식이 그녀의 영혼을 사로잡기 시작한 것이다.

펠턴은 귀국 비행기의 중간 기착지였던 모스끄바의 호텔에서부터 매일 악몽에 시달렸다고 고백했다.

매번 잠들 때마다 나는 다시 한국에 있었다. 나의 귀는 여성들의 끔찍한 비명소리에 괴로워했다. 그들의 끔찍한 절망은 우리의 거슬리는 질문들이 만들어내는 새로운 고통으로 일그러졌다. 나의 코는 부패하는 시체의 구역질나는 악취로 가득 찼다.

펠턴은 북한행을 결심한 후 처음으로 진정한 두려움에 직면하고 있었다. 그녀는 북한행을 결심할 때에도, 혹은 스티버니지 개발공사 총재직 상실이나 반역죄 기소 가능성에 대한 국제여맹 관계자들의 사전경고를 경청할 때조차도 자기 마음속에서 어떤 형태의 두려움도 느끼지 못했다. 그랬던 그녀가 갑작스레 불안에 떨면서 악몽을 꾸기 시작한 것이다. 그 두려움과 불안의 실체는 명확했다. 자신이 한반도에서 보고 들었던 충격적 이야기들이 영국인들의 "고상한 침묵"(polite silence)에 의해 질식될 수도 있다는 사실에 대한 두려움이었다. 펠턴은 조바심이 날 지경이었다.[46]

진실의 질식 가능성에 대한 공포와 조바심은 펠턴만의 몫이 아니었다. 다른 대부분의 조사위원들도 마찬가지였다. 이들은 자신의 모국으로 돌아간 후, 북한에서 보고 들은 것을 알리기 위한 활동을 적극적으로 전개했다. 정부의 탄압, 남성들의 조롱, 심지어 일부 여성단체들의 비난에도 불구하고 조사위원들의 개인적 캠페인은 계속되었다. "세계에 알려달라. 사람들이 이해해주길 바란다"[47]는 북한여성들의 소망에 부응하기 위해 글을 쓰고, 강연을 하고, 팸플릿을 제작하여 배포했다.

일부 조사위원들은 자국 여성단체를 활용해 북한여성과 아이들을 직접적으로 돕기 위한 구호활동에 적극적으로 뛰어들기도 했다. 이를테면 이딸리아 조사위원 엘리사베트 갈로는 한편으로 한국전쟁에 관한 전국적 순회연설을 진행하면서, 다른 한편으로는 이딸리아여성동맹(Unione Donne in Italia, UDI)을 통한 북한여성 구호활동을 능동적으로 전개해나갔다. 이딸리아여성동맹이 전개한 캠페인의 이름은 "한국 어린이를 위한 우유 한통"(a can of milk for a Korean child)이었다. 북한지역 어머니와 아이들의 삶에 초점을 맞춘 캠페인 담론들은, "아기는 죽은 엄마의 가슴을 찾고 있다""한국의 아기들은 자기 엄마의 시체 부근에서 죽어가고 있다" 등의 사례에서 볼 수 있는 것처럼 감정적으로 격앙되어 있었다. 캠페인을 위해 제작된 포스터에는 건장한 이딸리아 농부 어머니가 깡마른 북한 어머니에게 우유통을 건네는 모습이 그려져 있었다. 그 배경에는 폭격으로 파괴된 폐허의 도시가 드넓게 펼쳐져 있었다.[48]

북한지역에서 보게 될 것들에 대해 "회의적인 태도"(skeptical attitude)[49]로 임했다는 자유주의자 플레론과 바크만도 덴마크로 돌아온 후 적극적 구호활동을 전개했다. 두 여성은 "한국의 불행한 여성과 아이들"을 도울 수 있는 유일한 실질적 방안은 전쟁을 끝내는 것밖에 없다고 말했다. 종전 외의 다른 어떤 방안도 미봉책일 수밖에 없었다. 그러나 플레론과 바크만은 "바다에 떨어진 한방울의 물"과 같은 미약한 원조일지라도 폐허 위의 굶주린 북한의 여성과 아이들에게는 큰 도움이 될 수 있다고 주장했다. 두 사람은 "의류, 담요, 음식, 의약품"이 가장 긴박하게 제공되어야 한다고 말했다. 북한여성 어느 누구도 이 같은 물품의 원조를 요청하지 않았지만, 분명히 덴마크 여성들의 원조를 기쁘게 받아들일 것이라고 강조했다. 그리고 다른 무엇보다도 그곳에 고통받는 여성들이 존재한다는 사실을 바깥세계 누군가가 인지하고 있다는 사실만으로도 매우 기뻐할 것이라고 주장했다.[50]

명확한 자유주의적 정치성향의 덴마크 조사위원들이 북한여성 원조에 적극적으로 임한 이유는 간명했다. 북한지역에서 다수의 "타협할 수 없는 진실들"(irreconcilable facts)을 보았기 때문이었다.[51] 펠턴의 관점도 마찬가지였다. 펠턴은 조사 과정 내내 다양한 의구심을 제기했다. 그러나 그녀에게도 도저히 의심할 수 없는 명백한 진실의 영역에 속하는

316

것들이 있었다. 펠턴은 이를 "유일하게 확실한 것"(the only certainty)이라고 표현했다. 그 유일하게 확실한 사실이란 "시체가 매일 쌓여갔다"(the dead mounted everyday)는 것이었다. 조사위원들은 이동하는 곳마다 폭격과 굶주림과 질병으로 죽어나가는 여성과 아이들을 끊임없이 목격할 수 있었고, 불과 10여일 만에 "거의 중단 없는 폐허의 연속"(almost unbroken continuity of ruin)에 익숙해지고 말았다.[52]

실제 한국전쟁은 남북한 전역에 걸쳐 혹독한 인적·물적 피해를 야기했다. 그리고 이 사실은 자연스럽게 조사위원회 내부에서 전쟁의 기원과 발발의 책임문제를 야기했다. 당시 국제여맹 조사위원들은 북한정부가 미군과 한국군의 선제적 북침을 주장하고 있다는 사실에 대해 잘 알고 있었다. 더불어 조사위원들은 북한정부가 자신의 주장을 입증해준다는 문서들을 유엔 측에 제출했다는 사실에 대해서도 알고 있었다. 조사위원회는 북한정부 측에 해당 자료의 열람을 요구했고, 놀랍게도 북한지도부는 자료 원본을 국제여맹 조사위원들에게 조건 없이 제공했다. 북한정부는 아마도 국제여맹이 개전과 관련된 북한 측의 주장을 강력하게 호응해주리라 기대했던 것 같다. 그러나 국제여맹 조사위원회는 개전과 관련된 북한 측의 주장을 보고서에 수용하길 거부했다. 그 어떤 문서들도 미군과 남한군의 선제공격을 객관적으로 입증해주지 못했던 것이다.

그럼에도 불구하고 국제여맹 조사위원회가 미국을 강력하게 성토하는 보고서를 작성하기로 결정한 까닭은 전쟁의 방식과 관련된 문제 때문이었다. 조사위원들은 아무리 정당한 전쟁이라 할지라도 이렇게까지 모든 도시와 농촌을 완전히 불살라버리고, 도저히 군사적 목표로 간주할 수 없는 폐허 위에 계속 폭탄을 투하하는 행위를 온전히 이해할 수 없었다. 대부분의 남성들이 전투와 노동의 현장으로 떠난 후, 폐허의 도시에는 여성과 노인과 어린아이들만 가득했다. 국가와 인종과 사상을 떠나, 조사위원들은 같은 여성이라는 정체성 속에서 북한여성들에게 강한 연민과 연대의식을 느끼지 않을 수 없었다.

플레론은 자국의 저널에 기고한 글을 통해 다음과 같이 말했다.

> 덴마크인들은 '침략자는 처벌받아야 한다'는 완벽한 정의뿐만 아니라, 그 전쟁의 지속(continuation)과 형식(form)에 대해서도 책임을 다할 필요가 있다.[53]

어쩌면 이 문장이야말로 조사위원들이 보고서를 통해 말하고 싶었던 핵심 내용이었을지도 모르겠다. 38선 인근에서 전선이 고착된 상황에서 왜 남북한 사람들에게 엄청난 고통을 주는 전쟁을 끝내지 않고 있는지, 왜 군사활동과 무관한 인구밀집지역에 지속적으로 소이탄을 투하하고 있는지 진지하게 묻지 않을 수 없었던 것이다. 조사위원들은 북한여성들로부터 "전쟁이 언제 끝날까요"라는 질문을 가장 빈번히 들을 수 있었다. 그러나 그 어느 조사위원도 이 질문에 대한 명쾌한 대답을 제시할 수 없었다.

놀랍게도 한국전쟁은 국제여맹 조사위원들이 다녀간 후에도 2년이나 더 지속되었다. 아니, 보다 정확하게 말하자면 조사위원들이 한반도를 다녀가고 정확히 70년이 지난 2021년 현재까지도 전쟁은 여전히 지속되고 있다. 2018년 남북한 정상의 판문점선언은 '종전선언'을 최우선 선결과제로 제시했지만, 2021년 현재까지 어떤 작은 결실도 맺지 못하고 있다. 만약 어느 조사위원이 북한여성들을 향해 "70년이 지나도 전쟁은 끝나지 않을 거예요"라고 말했다면, 그 누가 온전히 그녀의 말을 믿을 수 있었을까. 하지만 이는 사실이다. 전쟁은 아직 끝나지 않았다. 우리는 아직 전쟁 상황하에 살아가고 있다. 분단체제라는 전쟁과 같은 굴레 아래에서 문자 그대로 악전고투하며 살아가고 있다. 그렇기 때문에 우리는 더욱더 '전쟁의 지속'과 '전쟁의 형식'에 대해 강한 의문을 제기했던 국제여맹 조사위원들의 목소리에 귀 기울일 필요가 있다. 전쟁이 왜 아직도 끝나지 않고 있는지, 그 수행 방식은 왜 그토록 잔인했는지, 그 책임은 누구에게 있는지 더 진지하고 집요하게 물어보아야만 할 것이다. 국제여맹 조사위원들의 질문은 여전히 유효하다.

서장

1 WICIK (Women's International Commission for the Investigation of War Atrocities Committed in Korea), *We Accuse: Report of the Women's Investigation of Atrocities Committed by USA and Syngman Rhee Troops in Korea*, 1951.

2 한국전쟁기 미공군 폭격 양상의 변화 과정에 대해서는 다음의 책을 참조하시오. 김태우 『폭격: 미공군의 공중폭격 기록으로 읽는 한국전쟁』, 창비 2013.

3 김태우 「냉전 초기 사회주의 진영 내부의 전쟁·평화 담론의 충돌과 북한의 한국전쟁 인식 변화」, 『역사와 현실』 83호, 2012; 김태우 「냉전 평화론의 사생아: 소련과 북한의 한국전쟁 '북침' 시나리오 조작의 정치적 배경과 과정」, 『통일인문학』 64호, 2015; 김태우 「1948~50년 사회주의 진영의 평화론과 평화운동의 동아시아적 수용과 변용: 국가별 사례 비교」, 『동북아 문화연구』 58호, 2019.

4 Francisca de Haan, "Continuing Cold War Paradigms in Western Historiography of Transnational Women's Organizations: The Case of the Women's International Democratic Federation (WIDF)," *Women's History Review*, 19:4, 2010; Francisca de Haan, "The Women's International Democratic Federation (WIDF): History, Main Agenda, and Contributions, 1945-1991," *Women and Social Movements (WASI) Online Archive*, 2012 (https://projects.iq.harvard.edu/files/soc_fem/files/de_haan_widf_2012_wasi_essay_with_location_added.doc); Jadwiga E. Pieper Mooney, "Fighting Fascism and Forging New Political Activism: The Women's International Democratic Federation (WIDF) in the Cold War," in Jadwiga E. Piper Mooney & Fabio Lanza (eds.), *De-Centering Cold War History: Local and Global Change*, London: Routledge 2013; Elisabeth Armstrong, "Before Bandung: The Anti-

Imperialist Women's Movement in Asia and the Women's International Democratic Federation," *Signs: Journal of Women in Culture and Society*, 41:2, 2016; Katharine McGregor, "Opposing Colonialism: The Women's International Democratic Federation and Decolonisation Struggles in Vietnam and Algeria 1945-1965," *Women's History Review*, 25:6, 2016.

5 Francisca de Haan, "Continuing Cold War Paradigms in Western Historiography of Transnational Women's Organizations: The Case of the Women's International Democratic Federation (WIDF)," 547~73면.

6 Jadwiga E. Pieper Mooney, "Fighting Fascism and Forging New Political Activism: The Women's International Democratic Federation (WIDF) in the Cold War," 52~72면.

7 Katharine McGregor, "Opposing Colonialism: The Women's International Democratic Federation and Decolonisation Struggles in Vietnam and Algeria 1945-1965," 925~44면.

8 Francisca de Haan, "The Women's International Democratic Federation (WIDF): History, Main Agenda, and Contributions, 1945-1991," 1~2면.

9 Celia Donert, "From Communist Internationalism to Human Rights: Gender, Violence and International Law in the Women's International Democratic Federation Mission to North Korea, 1951," *Contemporary European History*, 25:2, 2016; 후지메 유키 「모니카 펠튼과 국제여성민주연맹(WIDF) 한국전쟁 진상조사단」, 『사회와 역사』 100호, 2013; Mark Clapson, "The rise and fall of Monica Felton, British Town Planner and Peace Activist, 1930s to 1950s," *Planning Perspectives*, 30:2, 2015.

1장 시대의 역진에 맞서다

1 몰리 키스(Molly Keith)는 국제여맹 영국 지부장으로서, 펠튼의 북한행과 관련된 다양한 업무들을 처리해주었다. 키스는 버스 차장으로 일했던 노동자 출신의 여성이었다. Grace Huxford, *The Korean War in Britain*, Manchester: Manchester University Press 2018, 127면.

2 영국 노동당 정부는 비록 소련의 공산체제에 대해서는 반대했지만, 마오쩌둥(毛澤東) 정권에 대해서는 미국보다 훨씬 우호적이었다. 노동당 정부는 1949년 10월 중화인민공화국이 수립되자마자 이를 인정하고, 이듬해 1월에 대사를 파견했다. 한

국전쟁기에도 영국은 전쟁이 중국과의 전면전으로 확대되는 것을 결사적으로 방지한다는 입장에서 미국정부 혹은 맥아더(Douglas MacArthur)의 중국 정책을 통제하는 역할을 담당하곤 했다.

3 Monica Felton, *That's Why I Went*, London: Lawrence & Wishart 1953, 8~10면.

4 펠턴의 기록에는 자신의 북한행을 도와준 '프리다'(Freda)라는 이름의 여성이 등장한다. 그러나 기록상에 프리다의 성(姓)이 등장하지 않아서 그 실체를 정확히 확인할 수는 없다. 아마도 그녀는 국제여맹 소속의 영국 여성이었을 것이다.

5 *Daily Herald*, 16 June 1951.

6 셀리나 토드 『민중: 영국 노동계급의 사회사』, 서영표 옮김, 클 2016, 217면.

7 Monica Felton, *That's Why I Went*, 11면.

8 셀리나 토드 『민중: 영국 노동계급의 사회사』 10면.

9 같은 책 162~63면.

10 고세훈 『영국노동당사: 한 노동운동의 정치화 이야기』, 나남출판 1999, 219~20면.

11 같은 책 221~22면.

12 *The Times*, July 1 1940.

13 Derek Fraser, *The Evolution of the British Welfare State*, London: Palgrave Macmillan 2003, 233면.

14 「베버리지 보고서」의 원래 명칭은 다음과 같다. William Beveridge, *Social Insurance and Allied Services*, London: Her Majesty's Stationery Office 1942.

15 정재훈 「제2차세계대전과 영국 사회복지정책 발달 간 상관관계 연구」, 『민주사회와 정책연구』 7호, 2005, 338면.

16 Henry Pelling, *The Labour Governments, 1945-51*, London: Palgrave Macmillan UK 1984, 77~78면.

17 고세훈 『영국노동당사: 한 노동운동의 정치화 이야기』 236~44면.

18 Eric Hobsbawm, "Past Imperfect, Future Tense," *Politics for a Rational Left*, London: Verso 1989, 172면.

19 셀리나 토드 『민중: 영국 노동계급의 사회사』 210~11면.

20 Jonathan Schneer, *Labour's Conscience: The Labour Left, 1945-51*, Boston: Unwin Hyman 1988, 60~82면; 고세훈 『영국노동당사: 한 노동운동의 정치화 이야기』 244~45.

21 박지향 「영국노동당과 한국전쟁」, 『역사학보』 141집, 1994, 229~31면.

22 최형식 『독일의 재무장과 한국전쟁』, 혜안 2002, 106~108면.

23 박지향 「영국노동당과 한국전쟁」 232~33면.

24 John Campbell, *Nye Bevan and the Mirage of British Socialism*, London: Weidenfeld

and Nicolson 1987, 220면.

25 박지향 「영국노동당과 한국전쟁」 234면.

26 "Value of Nursery Schools," *The Times*, 1950.12.2.

27 Anthony Alexander, *Britain's New Towns: Garden Cities to Sustainable Communities*, Abingdon: Routledge 2009, 25면.

28 Monica Felton, *That's Why I Went*, 7면.

29 Monica Felton, *What I Saw in Korea*, Watford: Farleigh Press 1951, 3면.

30 언론을 통해 한국군에 의해 벌어지고 있는 잔학행위에 대한 보도가 연일 이어지자 영국 내각에서도 이 문제에 대해 논의했다. 그러나 내각은 "한국인들이 양편 모두에서 잔인하게 전쟁을 치르고 있다는 사실은 의심할 바 없다"는 결론으로 논쟁을 마무리 지었다. 박지향 「영국노동당과 한국전쟁」 231면.

31 Mari Takayanagi, "Parliament and Women, 1900-1945," PhD diss., King's College, London 2012, 245면; http://www.fao.org/3/ac938e/ac938e14.htm (2019년 10월 30일 접속).

32 Margery Spring Rice, *Working-Class Wives: Their Health and Conditions*, Harmondsworth: Penguin Books 1939, 94면 (셀리나 토드 『민중: 영국 노동계급의 사회사』 123면에서 재인용).

33 Mari Takayanagi, "Parliament and Women, 1900-1945," 245면.

34 송태수 「영국 1기 여성운동기 여성쟁점(Women's Issues)의 변천 연구」, 『아시아여성연구』 44권 1호, 2005, 207면.

35 David Boyes, "An Exercise in Gracious Living: The North-East New Towns, 1947-1988," PhD diss., Durham University 2007, 22~23면.

36 Mark Clapson, "The rise and fall of Monica Felton, British town planner and peace activist, 1930s to 1950s," *Planning Perspectives*, 30:2, 2015, 213~14면.

37 Monica Felton, "Britain's Model New Industrial Town: Peterlee," *Journal of the American Institute of Planners*, 15:1, 1949, 40면.

38 Garry Philipson, *Aycliffe and Peterlee New Towns, 1946-1988: Swords into Ploughshares and Farewell Squalor*, Cambridge: Publications for Companies 1988, 51면.

39 Monica Felton, "Democracy in Town and Country Planning," *The Political Quarterly*, 20:1, 1949, 74~82면.

40 Monica Felton. "Britain's Model New Industrial Town: Peterlee," *Journal of the American Planning Association*, 15:1, 1949, 41면.

41 John Allen, "Lubetkin and Peterlee," in Thomas Deckker (ed.), *The Modern City Revisited*, London: Spon Press 2000, 105~12면; Mark Clapson, "The rise and fall of

Monica Felton, British town planner and peace activist, 1930s to 1950s," 218면.

42 Monica Felton, *What I Saw in Korea*, 3면.

43 Monica Felton, *That's Why I Went*, 11면.

2장 귀를 기울이다

1 Monica Felton, *That's Why I Went*, London: Lawrence & Wishart 1953, 7면.

2 38선 군사충돌은 미군이 38선 경계지역에서 마지막으로 철수한 1949년 1월 15일부터 본격화되기 시작했다. 기존 연구에 의하면, 1949년 10월까지 매일같이 적어도 약 1.5건 이상의 38선 충돌이 발생했으며, 매일같이 양측에서 3.7명 이상의 사상자가 발생할 정도로 38선 충돌은 격렬했다. 통계적으로만 보자면 2010년 연평도 포격사건과 같은 규모의 군사충돌(4명 사망)이 매일 발생한 것과 다름없었다. 이같은 1949년 38선 군사충돌은 전쟁의 기원에 대한 설명에서 결코 제외될 수 없는 부분이다. 정병준 『한국전쟁: 38선 충돌과 전쟁의 형성』, 돌베개 2006, 262면.

3 "Substance of Statements Made at Wake Island Conference on 15 October 1950," in U.S. Department of State, *Foreign Relations of the United States, 1950, Korea*, Washington D.C.: U.S. Government Printing Office 1976, 948~53면.

4 "Memorandum of Conversation, by the Ambassador in Korea(Muccio)," 1950.11.17, in U.S. Department of State, *Foreign Relations of the United States, 1950, Korea*, 1175면.

5 초토화정책의 전개 과정과 영향에 대해서는 본서의 4장 「지하의 아이들」에 자세히 설명되어 있다.

6 「전세계 녀성들에게 보내는 편지」, 『로동신문』 1951년 1월 8일자. 이하 편지의 내용은 이 신문에 나온다.

7 박정애에 대해서는 그녀와 국제여맹 조사위원회의 만남이 성사되는 5장 「그을린 사람들」에서 구체적으로 언급된다.

8 유영준은 1892년 평양 출신의 여성으로서, 1910년 중국으로 건너가 북경여학교를 다니면서 안창호의 지도로 민족운동에 참여했다. 귀국 후 3·1운동에 참여하고, 일본으로 건너가 동경여자의학전문학교(東京女子醫學專門學校)에서 수학했고 사회주의 운동에도 참여했다. 1927년 신간회 자매단체인 근우회((槿友會) 창립에 관여했고, 해방 후 조선부녀총동맹, 민주주의민족전선 등에 참여했다. 북한에서는 최고인민회의 대의원, 조국전선의장단 의장 등을 역임했다. 「유영준」, 『한국민족문화대백과사전』 (http://encykorea.aks.ac.kr/Contents/SearchNavi?keyword=%EC%9C%

A0%EC%98%81%EC%A4%80&ridx=0&tot=2).

9 조선민주주의인민공화국 사회과학원 「조선민주녀성동맹」, 『정치용어사전』, 평양: 사회과학출판사 1970, 528면.

10 노근리사건조사반 『노근리사건 조사결과 보고서』, 노근리사건진상규명대책단 2001, 1~3면.

11 「클린턴 노근리 학살사건 유감 성명 전문」, 『중앙일보』 2001년 1월 13일자.

12 Rachel Cherry, "Rape: Red Army in World War II," in Bernard Cook (ed.), *Women and War*, Vol. 2, Santa Barbara: ABC-Clio 2006, 480면.

13 Francisca de Haan, "The Women's International Democratic Federation (WIDF): History, Main Agenda, and Contributions, 1945-1991," *Women and Social Movements (WASI) Online Archive*, 2012, 10면 (https://projects.iq.harvard.edu/files/soc_fem/files/de_haan_widf_2012_wasi_essay_with_location_added.doc).

14 Erik S. McDuffie, *Sojourning for Freedom: Black Women, American Communism, and the Making of Black Left Feminism*, Durham, NC: Duke University Press 2011, 155면.

15 Francisca de Haan, "Continuing Cold War Paradigms in Western Historiography of Transnational Women's Organizations: The Case of the Women's International Democratic Federation (WIDF)," *Women's History Review*, 19:4, 2010, 558면; Jadwiga E. Pieper Mooney, "Fighting Fascism and Forging New Political Activism: The Women's International Democratic Federation (WIDF) in the Cold War," in Jadwiga E. Piper Mooney & Fabio Lanza (eds.), *De-Centering Cold War History: Local and Global Change*, London: Routledge 2013, 52~53면.

16 Amy Swerdlow, "The Congress of American Women," in Linda K. Kerber, Alice Kessler-Harris and Kathryn Kish Sklar (eds.), *U.S. History as Women's History: New Feminist Essays*, Chapel Hill: University of North Carolina Press 1995, 429면.

17 Francisca de Haan, "The Women's International Democratic Federation (WIDF): History, Main Agenda, and Contributions, 1945-1991," *Women and Social Movements (WASI) Online Archive*, 2012, 1면 (https://projects.iq.harvard.edu/files/soc_fem/files/de_haan_widf_2012_wasi_essay_with_location_added.doc).

18 Eugénie Cotton, "The WIDF to the UN," June 11 1951.

19 Francisca de Haan, "The Women's International Democratic Federation (WIDF): History, Main Agenda, and Contributions, 1945-1991," 1~2면.

20 존 스튜어트 밀 『여성의 예속』, 김예숙 옮김, 이화여대출판부 1986.

21 정현백 『여성사 다시쓰기: 여성사의 새로운 재구성을 위하여』, 당대 2007, 69~72면.

22 Leila J. Rupp, *Worlds of Women: The Making of an International Women's Movement*, Princeton: Princeton University Press 1997, 15~20면.

23 Gisela Bock, *Women in European History*, Oxford and Malden, MA: Wiley-Blackwell 2002, 177면; Francisca de Haan, "Continuing Cold War Paradigms in Western Historiography of Transnational Women's Organizations: The Case of the Women's International Democratic Federation (WIDF)," 449~50면.

24 정현백 『여성사 다시쓰기: 여성사의 새로운 재구성을 위하여』 75~76면.

25 Karen Offen, *European Feminisms, 1700-1950: A Political History*, Stanford, CA: Stanford University Press 2000, 164~70면.

26 Francisca de Haan, "The Women's International Democratic Federation (WIDF): History, Main Agenda, and Contributions, 1945-1991," 1면, 2면, 11면.

27 Francisce de Haan, "Continuing Cold War Paradigms in Western Historiography of Transnational Women's Organizations: The Case of the Women's International Democratic Federation (WIDF)," 555면; 안드레아 안드렌, 도라 러셀, 제시 스트리트에 대한 위키피디아 설명 참조. https://en.wikipedia.org/wiki/Andrea_Andreen; https://en.wikipedia.org/wiki/Dora_Russell; https://en.wikipedia.org/wiki/Jessie_Street#cite_note-4 (위키피디아, 2019년 12월 2일 검색).

28 Celia Donert, "From Communist Internationalism to Human Rights: Gender, Violence and International Law in the Women's International Democratic Federation Mission to North Korea, 1951," *Contemporary European History*, 25:2, 2016, 319면.

29 Francisca de Haan, "The Women's International Democratic Federation (WIDF): History, Main Agenda, and Contributions, 1945-1991," 7~8면.

30 Mercedes Yusta Rodrigo, "The Mobilization of Women in Exile: the case of the unión de mujeres antifascistas españolas in France (1944-1950)," *Journal of Spanish Cultural Studies*, 6:1, 2005, 54면.

31 같은 곳.

32 WIDF, *International Women's Congress: Minutes of the Congress held in Paris, from November 26 to December 1, 1945*, Paris: FDIF 1946, 59면 (Elisabeth Armstrong, "Before Bandung: The Anti-Imperialist Women's Movement in Asia and the Women's International Democratic Federation," *Signs: Journal of Women in Culture and Society*, 41:2, 2016, 309면에서 재인용).

33 WIDF, *Congress International des Femmes*, 1946, xix면 (Elisabeth Armstrong, 같은 글 321면에서 재인용).

34 이매뉴얼 월러스틴 『세계체제와 아프리카』, 성백용 옮김, 창비 2019, 13~14면.

35 클라이브 크리스티 『20세기 동남아시아의 역사』, 노영순 옮김, 심산 2004, 150~51면.

36 WIDF, *Congress International des Femmes* (Elisabeth Armstrong, "Before Bandung: The Anti-Imperialist Women's Movement in Asia and the Women's International Democratic Federation," 322면에서 재인용).

37 WIDF, *Congress International des Femmes*, 59면 (Elisabeth Armstrong, 같은 글 322면에서 재인용).

38 Elisabeth Armstrong, "Before Bandung: The Anti-Imperialist Women's Movement in Asia and the Women's International Democratic Federation," 322면.

39 같은 글 322면; Celia Donert, "From Communist Internationalism to Human Rights: Gender, Violence and International Law in the Women's International Democratic Federation Mission to North Korea, 1951," 320면.

40 "The Situation of Women in Colonies, Discussion on Racial Discrimination," *Bulletin d'Information*, Vol. 9-10, 1946, 7면 (Elisabeth Armstrong, "Before Bandung: The Anti-Imperialist Women's Movement in Asia and the Women's International Democratic Federation," 323면에서 재인용).

41 "The WIDF Commission in Colonial Countries," *Bulletin d'Information*, Vol. 21, 1947, 3~4면 (Elisabeth Armstrong, 같은 글 323면에서 재인용).

42 WIDF, *Second Women's International Congress Proceedings*, 1948, 37면, 533~35면 (Elisabeth Armstrong, 같은 글 323~24면에서 재인용).

43 Jadwiga E. Pieper Mooney, "Fighting Fascism and Forging New Political Activism: The Women's International Democratic Federation (WIDF) in the Cold War," 57면.

3장 프라하에서 신의주까지

1 http://www.london-weather.eu/article.92.html (London Weather, 2020년 1월 1일 접속).

2 1952년 런던 그레이트 스모그의 원인과 영향에 관한 당대의 관점에 대해서는 다음의 논문을 참조할 수 있다. E. T. Wilkins, "Air Pollution and the London Fog of December, 1952," *Journal of the Royal Sanitary Institute*, 74:1, 1954.

3 Monica Felton, *That's Why I Went*, London: Lawrence & Wishart 1953, 13~16면.

4 같은 책 16~20면.

5 Candelaria Rodriguez Hernández, *Korea Revisited After 40 Years*, Pyongyang: Foreign Languages Publishing House 1994.

6 Monica Felton, *That's Why I Went*, 19~21면.

7 버그도프 굿맨은 명품 쇼핑의 중심인 뉴욕 5번가에 위치한 최고급 백화점을 지칭한다.

8 Monica Felton, *That's Why I Went*, 26면.

9 Birgit S. Nielsen, *Karin Michaëlis: En europæisk humanist — Et portræt i lyset af hendes utopiske roman Den grønne Ø* (Karin Michaëlis: a European humanist, a portrait in the light of her utopian novel The Green Island), Copenhagen: Museum Tusculanum Press 2004, 124면.

10 http://www.fredsakademiet.dk/tid/1900/1951/maj/maj0717.htm (덴마크 평화아카데미 홈페이지. 2018년 10월 10일 접속).

11 플레론은 1909년 6월 16일 코펜하겐 출생으로 비교적 부유한 가정환경에서 성장할 수 있었다. 언론인이었던 외할아버지 페르디난 바우디트(Ferdinand Bauditz)의 발자취를 좇아 어릴 때부터 언론인이 되길 소망했다. https://www.kvinfo.dk/side/170/bio/668/ (2020년 1월 3일 검색).

12 Felton, *That's Why I Went*, 27면; https://en.wikipedia.org/wiki/Kate_Fleron (위키피디아, 2020년 1월 3일 검색).

13 http://www.fredsakademiet.dk/tid/1900/1951/maj/maj0717.htm (덴마크 평화아카데미 홈페이지. 2018년 10월 10일 접속).

14 Monica Felton, *That's Why I Went*, 28~30면.

15 체코슬로바키아 조사위원 밀루셰 스바토쇼바에 대해서는 관련 정보를 찾는 것이 쉽지 않았다. 인터넷이나 신문자료 등에서 사진 한장 발견해내는 것도 불가능했다. 다만 1909년 6월 10일생으로 맑스와 엥겔스의 독일어 저서들을 체코어로 번역한 번역가이자 편집자인 스바토쇼바라는 체코 여성의 존재가 확인되긴 하는데, 이 여성이 한국전쟁 조사위원회의 스바토쇼바와 동일인인지 아직까지 확인하지는 못했다. 한국외대 체코·슬라비아어과 유선비 교수님의 조언에 의하면, 체코 자료에서도 이 여성의 흔적은 잘 발견되지 않는다고 한다. https://www.databaze-prekladu.cz/prekladatel/_000002674.

16 "Eerst Nederland bevrijden, dan Indonesië (First Free the Netherlands, then Indonesia)," *De Anti Fascist* (The Anti Fascist), August 2008, 21면.

17 "SUNITO, Recommend Mas Djojowirono," https://socialhistory.org/bwsa/biografie/sunito (BWSA, 2020년 1월 4일 검색).

18 Gerald Grassl and Werner Lang, "Eva Priester: The World I — End and Beginning,"

WERKL IM GOETHEHOF — SELF—MANAGED CRITICAL FREEDOMS, September 2014; http://www.wohintipp.at/2014/eva-priester-der-weltkrieg-ende-und-anfang-mit-gerald-gras/wien/22-donaustadt (2020년 1월 4일 검색).

19 "Dr. Germaine Marie-Thérèse Hannevart," University Women's International Networks Database, http://uwind.mpiwg-berlin.mpg.de/en/fm13-dab-detail-en/123 (2020년 1월 4일 접속); "Germaine Hannevart," Women in Peace, https://www.womeninpeace.org/h-names/2017/7/3/germaine-hannevart (2020년 1월 4일 접속).

20 Monica Felton, *That's Why I Went*, 30~31면.

21 양욱 『세계의 특수작전 1, 2』, 플래닛미디어 2012.

22 Monica Felton, *That's Why I Went*, 31~34면; "History of Lidice Village," 리디체 박물관 홈페이지 http://www.lidice-memorial.cz/en/memorial/memorial-and-reverent-area/history-of-the-village-lidice/#c240.

23 Monica Felton, *That's Why I Went*, 35면.

24 테레진 수용소는 체코 프라하에서 북서쪽으로 약 60킬로미터 지점에 위치하고 있다. 제2차세계대전 시기 나치 독일은 15만 3000여명의 유대인과 체코인 등을 이곳에 임시로 수용했다. 이 가운데 3만 5000여명이 이곳에서 죽었고, 8만 8000여명이 아우슈비츠 등의 다른 수용소로 이송되어 학살되었다. 전쟁이 끝났을 때 1만 7000여명만 생존해 있었다.

25 Celia Donert, "From Communist Internationalism to Human Rights: Gender, Violence and International Law in the Women's International Democratic Federation Mission to North Korea, 1951," *Contemporary European History*, 25:2, 2016, 326~28면.

26 같은 글 322면.

27 https://fr.wikipedia.org/wiki/Gilette_Ziegler (위키피디아, 2020년 1월 7일 검색).

28 1945년 세티프 지역 학살과 알제리 공산주의자들의 관계에 대해서는 다음의 논문이 자세하다. Alain Ruscio, "Les communistes et les massacres du Constantinois (mai-juin 1945)," *Vingtième Siecle. Revue d'histoire*, 94:2, 2007, 217~29면.

29 Malika El Korso, "Une double réalité pour un même vécu," *Confluences Méditerranée*, No. 17, Spring 1996, 102~103면.

30 Louise Watson, *She Never was Afraid: The Biography of Annie Buller*, Toronto: Progress Books 1976, 126면; John Melady, *Korea: Canada's Forgotten War*, Toronto: Dundurn 2011, 42면.

31 Monica Felton, *That's Why I Went*, 35~36면.

32 이 "다수의 동료들"에 플레론이 포함되어 있는 것은 확실하다. 조사위원회는 며칠 뒤 모스끄바에서 이 문제에 대해 다시 논쟁했는데, 펠턴은 자신과 플레론이 남한지역 조사를 또다시 제안했다고 말하고 있다. 같은 책 49면.

33 펠턴은 심지어 북한에 다녀온 직후에도 여전히 동일한 조사위원들에 의한 남한지역 조사를 소망했다. 물론 그 같은 소망은 냉전적 갈등 속에서 결코 현실화될 수 없었다. Monica Felton, *What I Saw in Korea*, Watford: Farleigh Press 1951, 3면.

34 Monica Felton, *That's Why I Went*, 36면.

35 같은 책 37면.

36 같은 책 39~40면.

37 https://ru.wikipedia.org/wiki/Овсянникова,_Мария_Дмитриевна (위키피디아, 2020년 1월 9일 검색).

38 Monica Felton, *That's Why I Went*, 40~41면.

39 모스끄바 지하철 건설은 1935년부터 시작되었다. 모스끄바 지하철의 가장 놀라운 특징은 대부분의 역이 웅장하고 화려한 양식으로 지어졌다는 점인데, 역들은 짜르 궁전의 내부와 비슷하게 치장되었다. 타일로 덮인 벽에는 쏘비에뜨 체제를 향유하는 노동자, 농민, 군인을 형상화한 매혹적인 조각품, 모자이크, 그림이 가득하다. 역 자체가 체제 선전의 장이자 중요한 역사유적인 것이다. 리처드 카벤디쉬, 코이치로 마츠무라『죽기 전에 꼭 봐야 할 세계 역사 유적 1001』, 김희진 옮김, 마로니에북스 2009, 695면.

40 Monica Felton, *That's Why I Went*, 42~43면.

41 올레크 예고로프「궁금한 러시아: 러시아인들은 왜 우울해 보일까」, 2017. https://kr.rbth.com/why_russia/2017/05/05/reosiaindeuleun-wae-uulhae-boilgga_752456 (Russia Beyond, 2020년 1월 10일 접속).

42 앙드레 지드「소련에서 돌아 오다」(1936), 『앙드레 지드 전집 4』, 휘문출판사 1966, 357~410면;「續 소련에서 돌아오다」(1937), 같은 책 411~76면.

43 김진영「이태준의 '붉은 광장': 해방기 소련여행의 지형학」, 『러시아연구』 26권 2호, 2016, 59면.

44 근대 조선의 대표적 단편소설 작가로 평가되는 이태준은 해방 이후 조선문학가동맹 부위원장을 지낸 좌익 성향의 문학가였다. 그는 1946년 10월경 조선문화사절단의 일원으로 소련을 여행하고 돌아오는 길에 북한에 체류하게 된 것으로 알려져 있다. 권영민『한국현대문학대사전』, 서울대학교출판부 2004, 775면.

45 이태준「소련기행」, 『이태준문학전집 4』, 깊은샘 2001, 170~71면.

46 같은 글 117면.

47 김진영「이태준의 '붉은 광장'」 59~60면.

48 André Gide, *Afterthoughts on the USSR*, New York: The Dial Press 1938, 66면 (김진영 「이태준의 '붉은 광장'」 59면에서 재인용).

49 André Gide, *Afterthoughts on the USSR*, 66~67면 (김진영 「이태준의 '붉은 광장'」 59~60면에서 재인용).

50 이태준 「소련기행」 117면.

51 김진영 「이태준의 '붉은 광장'」 56면.

52 Iain Lauchlan, "Laughter in the Dark: Humour under Stalin," *Le Rire Européen* (European Laughter), Perpignan: Perpignan University Press 2009, 259면.

53 김수환 「혁명과 소리: 볼셰비키의 땅에서 사운드씨의 기묘한 모험」, 『다시 돌아보는 러시아혁명 100년』, 문학과지성사 2017, 462~63면.

54 주영은 「스탈린의 세븐 시스터즈를 둘러싼 흥미로운 이야기」, 2017. https://kr.rbth.com/travel/things-to-see/2017/03/06/seutalrinyi-sebeun-siseuteojeureul-dulreossan-heungmiroun-iyagi_714676 (Russia Beyond, 2020년 1월 13일 접속).

55 Monica Felton, *That's Why I Went*, 43~49면.

56 같은 책 52~57면.

57 같은 책 64~66면.

58 펠턴은 영국과 체코슬로바키아 어린이들의 당대 국제정치에 대한 이해의 수준과 내용이 너무나 대조적이라는 사실에 대해서도 흥미를 보였다. 체코 어린이들은 매우 비판적이면서도 활발하게 토론에 참가했지만 "세뇌된"(indoctrinated) 지식을 앵무새처럼 반복하는 한계를 지니고 있었다. 반면에 영국 어린이들은 마치 방부제 처리된 것처럼 어떤 현대사상에도 감염되지 않은 순수의 상태를 유지하고 있었지만, 너무나 "다루기 쉬운 백지상태"(docile blankness)라는 문제점을 안고 있었다. 같은 책 25~26면.

59 같은 책 66면.

60 같은 책 67~68면; Kate Fleron, "Rapport fra Nord-Korea" (Report from North Korea), *Frit Danmark* (Free Denmark), 10:5, 1951.

61 Monica Felton, *That's Why I Went*, 68~69면.

62 같은 책 49면.

63 같은 책 69면.

64 같은 책 69~71면.

1 「신의주시」, 『한국민족문화대백과사전』 (https://terms.naver.com/entry.nhn?docId =560493&cid=46618&categoryId=46618).

2 중국은 지금까지도 한국전쟁기 미공군의 중국 동북지역 폭격을 확고하게 주장하고 있다. 이에 반해 미국은 중국지역 폭격을 일관되게 부인하고 있다. 실제 한국전쟁기 미공군은 공식 지령을 통해 미군폭격기의 중국지역 '오폭' 가능성까지 사전에 철저하게 차단하고자 했다. 심지어 미공군은 중국 국경지역을 오폭한 폭격기 조종사는 물론 지휘관까지 강하게 징계하기도 했다. 반면에 전폭기 조종사들의 개인 회고에 의하면, 조종사들은 북한-중국 국경지역에서 비행기 피아식별장치(Identification Friend or Foe, IFF)를 일시적으로 꺼버리고 중국지역에서 군사작전을 수행한 후 부대로 귀환하곤 했다고 증언하고 있다. 다음의 자료들을 통해 관련 내용을 확인할 수 있다. John Darrell Sherwood, *Officers in Flight Suits*, New York: New York University Press 1996, 1~2면; William T. Y'Blood (ed.), *The Three Wars of Lt. Gen. George E. Stratemeyer: His Korean War Diary*, Washington D.C.: Air Force History and Museums Program 1999, 148~50면.

3 Monica Felton, *That's Why I Went*, London: Lawrence & Wishart 1953, 71~72면.

4 WICIK (Women's International Commission for the Investigation of War Atrocities Committed in Korea), *We Accuse: Report of the Women's Investigation of Atrocities Committed by USA and Syngman Rhee Troops in Korea*, 1951, 5면.

5 Kate Fleron, "Rapport fra Nord-Korea: Korea er brændt — hus for hus" (Report from North Korea: Korea is burnt — house for houses), *Frit Danmark* (Free Denmark), July 1951.

6 Monica Felton, *That's Why I Went*, 72면.

7 구갑우 「북한 소설가 한설야의 '평화'의 마음(1), 1949년」, 『현대북한연구』 18권 3호, 2015, 260~306면.

8 Monica Felton, *That's Why I Went*, 72~81면.

9 George Stratemeyer, "Destruction of Sinŭiju," 1950.10.17, in William T. Y'Blood (ed.), *The Three Wars of Lt. Gen. George E. Stratemeyer: His Korean War Diary*, 236면.

10 Douglas MacArthur, "Memorandum from GHQ to Stratemeyer," 1950.10.17, in William T. Y'Blood (ed.), *The Three Wars of Lt. Gen. George E. Stratemeyer: His Korean War Diary*, 237면.

11 Headquarters U.S. Air Force, "Air Situation in Korea," 1950.11, 8~9면.

12 국제여맹 조사위원들의 글과 사진에 등장하는 북한여성들의 절대 다수는 이 같은

이른바 '개량한복' 차림을 하고 있었다. 개량한복은 짧은 통치마와 긴 저고리가 특징적이었는데, 조선 말기 보행이 불편할 정도로 긴 치마와, 허리와 가슴을 가리기 힘들 정도로 짧았던 저고리를 개량한 것이었다. 개량한복의 저고리는 전통한복보다 더 길어지긴 했지만, 당대 외국인들의 눈에는 여전히 너무 짧은 하이 웨이스트 복장으로 비춰졌을 수 있다. 국사편찬위원회 편 『한국문화사 (9): 옷차림과 치장의 변천』, 국사편찬위원회 2006, 479면.

13 Monica Felton, *That's Why I Went*, 81~85면.

14 「허정숙」, 『한국민족문화대백과사전』(http://encykorea.aks.ac.kr/Contents/Item/E0063142).

15 허정숙 「여자해방은 경제적 독립이 근본」, 『동아일보』 1924년 11월 3일자.

16 Monica Felton, *That's Why I Went*, 85~86면.

17 북한정권은 1950년 8월 1일 「조선민주주의인민공화국 군사위원회 명령 제39호: 방공사업 강화에 대하여」를 통해 대민 방공(防空)활동을 강화하기 시작했다. 이 명령은 음폐호(陰蔽壕)의 굴설과 위장, 등화관제의 엄수, 소방시설의 완비 등의 내용으로 구성되어 있었다. 한국전쟁이 끝날 때까지 방공활동은 북한주민들의 일상이 되었다. 『로동신문』 1950년 8월 5일자.

18 WICIK, *We Accuse*, 8면.

19 1949년의 '전시 민간인 보호에 대한 제네바협약'(Protection of Civilian Persons in Time of War)은 적십자(Red Cross) 표시를 한 의료시설, 요원, 수송수단에 대한 존중과 보호를 규정하고 있다. 서영득 「국제법상 공중타격 표적선정의 대상과 제한」, 『인도법논총(人道法論叢)』 26호, 2006, 164~65면.

20 WICIK, *We Accuse*, 8~9면; Monica Felton, *That's Why I Went*, 89~90면.

21 Conrad C. Crane, *Bombs, Cities, and Civilians: American Airpower Strategy in World War II*, Lawrence: University Press of Kansas 1993, 131~32면.

22 케이스 휠러 『B-29의 일본폭격』, 한국일보타임라이프 1987, 169~70면.

23 요시다 도시히로 『공습: 인류가 하늘을 날면서 공습은 시작되었다』, 안해룡·김해경 옮김, 휴머니스트 2006, 122면.

24 Mark Selden, "A Forgotten Holocaust: U.S. Bombing Strategy, the Destruction of Japanese Cities and American Way of War from the Pacific War to Iraq," in Yuki Tanaka and Marilyn B. Young (eds.), *Bombing Civilians: A Twentieth Century History*, New York: The New Press 2009, 78면.

25 Jeffrey G. Barlow, *Revolt of the Admirals: The Fight for Naval Aviation, 1945-1950*, Naval Historical Center, Dept. of Navy, 1994; Sahr Conway-Lanz, *Collateral Damage: Americans, Noncombatant Immunity, and Atrocity After World War II*, London:

Routledge 2006, 33~34면.

26 United States House of Representative, *Report on the Communist "Peace" Offensive*, Washington D.C.: U.S. Government Printing Office, 1951, 34면.

27 「스톡홀름 호소문」이 동아시아의 여러 국가들과 한국전쟁에 미친 다양한 영향에 대해서는 다음의 논문들을 참조하시오. 김태우 「냉전 평화론의 사생아: 소련과 북한의 한국전쟁 '북침' 시나리오 조작의 정치적 배경과 과정」, 『통일인문학』 64호, 2015; 김태우 「1948~50년 사회주의진영의 평화론과 평화운동의 동아시아적 수용과 변용: 국가별 사례 비교」, 『동북아 문화연구』 58호, 2019.

28 한국전쟁 초기 미공군의 북한지역 군사목표 정밀폭격에 대해서는 다음의 책을 참조하시오. 김태우 『폭격: 미공군의 공중폭격 기록으로 읽는 한국전쟁』, 창비 2013, 83~167면.

29 1950년 11월 1일 평안북도 운산지역에서 한국군 제1사단은 530여명이 희생되었고, 미 제8기병 연대는 2400명의 병력 가운데 800명의 사상자가 발생했다. 비슷한 시기 온정리와 희천 일대의 한국군과 미군도 중국군에게 철저히 압도되었고, 초산지역에서는 한국군 제6사단 제7연대 병력 3552명 가운데 875명만이 살아남을 수 있었다. 백선엽 『군과 나』, 대륙출판사 1989, 127면; 데이비드 햅버스탬 『콜디스트 윈터: 한국전쟁의 감추어진 역사』, 정윤미 옮김, 살림 2009, 70면; 국방군사연구소 『한국전쟁 (중)』 1996, 109~17면.

30 George Stratemeyer, "Message to Partridge and O'Donnell," 1950.11.5, in William T. Y'Blood (ed.), *The Three Wars of Lt. Gen. George E. Stratemeyer: His Korean War Diary*, 260~61면.

31 Headquarters U.S. Air Force, "Air Situation in Korea," 1950.11.8~9.

32 공군본부 『공군교범 100-11: 항공용어집(항공작전편)』, 1962, 427면.

33 George Stratemeyer, "War Diary," 1950.8.14, in William T. Y'Blood (ed.), *The Three Wars of Lt. Gen. George E. Stratemeyer: His Korean War Diary*, 133면.

34 Headquarters U.S. Air Force, "Air Situation in Korea," 1950.11.8~9.

35 USAF Historical Division, "USAF Historical Study No. 72: United States Air Force Operations in the Korean Conflict, 1 November 1950~30 June 1952," 1955.7.1, 20면.

36 "Air Force Activities, Korea, 1950, Bombing, Sinuiju," 1950.11.8 (NARA, NASM 4A 39091).

37 Emmett O'Donnell, "Message to Stratemeyer," 1950.11.8, in William T. Y'Blood (ed.), *The Three Wars of Lt. Gen. George E. Stratemeyer: His Korean War Diary*, 269면.

38 미 극동공군 사령관은 11월 6일의 작전명령에서 다음과 같이 언급했다. "현재의 전

술적 상황의 관점에서 제군들(제5공군)은 만주-한반도 국경지역 작전수행을 재가 받았다. 이 국경은 어떤 상황에서도 침범되어서는 안 된다. 모든 조종사들은 국경 침범에 대한 책임을 지며, 통제조직은 이에 책임지지 않는다는 사실에 대해 브리핑 받을 것이다. 브리핑은 매우 상세히 진행될 것이고, 국경침범의 중대성에 대해 강조할 것이다. 한반도-만주 인근지역 공군작전은 육안공격의 조건에서만 진행될 것이다." Headquarters U.S. Air Force, "Air Situation in Korea," 1950.11.7.

39 *New York Times*, 1950.11.9 (Stockholm International Peace Research Institute, *Incendiary Weapons*, Stockholm: Almqzist & Wiksell International 1975, 46면에서 재인용).

40 스벤 린드크비스트『폭격의 역사』, 김남섭 옮김, 한겨레신문사 2003, 208면; 요시다 도시히로『공습』, 113면.

41 스벤 린드크비스트, 같은 책 232면; 요시다 도시히로, 같은 책 117면.

42 정혜경『조선 청년이여 황국신민이 되어라』, 서해문집 2010, 276면.

43 Monica Felton, *What I Saw in Korea*, Watford: Farleigh Press 1951, 5면.

44 "Memorandum of Conversation, by the Ambassador in Korea(Muccio)," 1950.11.17. in U.S. Department of State, *Foreign Relations of the United States, 1950, Korea*, 1175면.

45 WICIK, *We Accuse*, 9면.

46 Monica Felton, *That's Why I Went*, 90면.

47 같은 책 90~92면.

48「조선민주주의인민공화국 내각결정 제175호: 전재민 구호대책에 관한 결정서」 (1950.11.20), 조선중앙통신사『조선중앙연감 1951~1952년』, 조선중앙통신사 1952, 123면.

49 Monica Felton, *That's Why I Went*, 92면.

50 WICIK, *We Accuse*, 10면.

51「소련군 총참모부 작전총국의 보고서, 1950년 6월 25일~1952년 12월 31일 조선에서 미공군의 전투행동에 대해서」(1953.1.27), 국사편찬위원회『한국전쟁, 문서와 자료, 1950~53년』, 국사편찬위원회 2006, 665면.

52 WICIK, *We Accuse*, 43면.

53 같은 책 13면.

54 1950년 8월 27일 미 극동공군은 한강교량 부근 일대에 시한폭탄을 투하하도록 명령했다. 이는 북한군의 한강교량 복구사업을 방해함과 동시에, 한강 도하를 위해 활용하고 있던 부교의 건설을 막기 위한 명령이었다. USAF Historical Division, "USAF Historical Study No. 71: United States Air Force Operations in the Korean

Conflict, 25 June through 1 November 1950," 1952.7.1, 45면.

55 Monica Felton, *That's Why I Went*, 93~94면.

56 같은 책 94~95면; WICIK, *We Accuse*, 10면.

57 Monica Felton, 같은 책 95면.

58 같은 책 93~97면.

5장 그을린 사람들

1 Monica Felton, *That's Why I Went*, London: Lawrence & Wishart 1953, 98~102면.

2 Thames Television, "Korea: The Unknown War (documentary transcript)," November 1986; Bruce Cumings, *North Korea: Another Country*, New York: The New Press 2004, 30면.

3 Monica Felton, *That's Why I Went*, 101~102면.

4 WICIK (Women's International Commission for the Investigation of War Atrocities Committed in Korea), *We Accuse: Report of the Women's Investigation of Atrocities Committed by USA and Syngman Rhee Troops in Korea*, 1951, 10면.

5 "Memorandum of Conversation, by the Ambassador in Korea (Muccio)," 1950.11.17, in U.S. Department of State, *Foreign Relations of the United States, 1950, Korea*, 1175면.

6 Headquarters U.S. Air Force, "Air Situation in Korea," 1950.11.9.

7 Headquarters U.S. Air Force, "Air Situation in Korea," 1950.11.10.

8 Headquarters U.S. Air Force, "Air Situation in Korea," 1950.11.12.

9 Headquarters U.S. Air Force, "Air Situation in Korea," 1950.11.14.

10 Headquarters U.S. Air Force, "Air Situation in Korea," 1950.11.15.

11 예컨대 1950년 11월 15일 제5공군 제12전폭대대 F-51 전폭기 편대들의 임무보고서들을 살펴보면, 7개 편대 모두 마을과 도시를 주요 공격 대상으로 설정했고, 네이팜탄을 주무기로 사용했으며, 기지로 귀환하기 직전에 마지막 목표로 마을을 공격한 사실을 확인할 수 있다. 12th Fighter Bomber Squadron, "Mission Strike Report, Mission No. 02A, 02C, 02D, 02E, 02F, 02H, 02L," 1950.11.15 (NARA, RG 342, Series: Mission Reports of U.S. Air Force Units During the Korean War Era, Box 26-2).

12 미공군 초토화작전의 전개 과정과 성격에 대해서는 다음의 책이 자세하다. 김태우 『폭격: 미공군의 공중폭격 기록으로 읽는 한국전쟁』, 창비 2013, 267~331면.

13 「전세계 녀성들에게 보내는 편지」, 『로동신문』 1951년 1월 8일자.

14 「박정애」, 『한국민족문화대백과사전』 (http://encykorea.aks.ac.kr/Contents/Item/
E0066437); 「박정애」, 『조선향토대백과』 (http://www.cybernk.net/infoText/
InfoHumanDetail.aspx?mc=EJ1103&hid=EJ110300228958&rightType=3&direct=
1&direct=1).

15 Monica Felton, *That's Why I Went*, 103~109면.

16 같은 책 113면. 실제 김일성은 1950년 6월 28일 서울시 점령 직후 「우리 조국 수도
서울 해방에 제하여」라는 제목의 성명을 발표했다. 조선중앙통신사 『조선중앙연감
1951~1952년』, 조선중앙통신사 1952, 16면.

17 WICIK, *We Accuse*, 12~13면.

18 기무라 미쓰히코, 아베 게이지 『전쟁이 만든 나라, 북한의 군사공업화』, 차문석·박
정진 옮김, 미지북스 2009, 109~10면.

19 김일성 「병기공업을 더욱 발전시키기 위하여: 전국 병기공업 부문 당열성자 회의
에서 한 연설」(1961.5.28), 『김일성 저작집 15』, 조선로동당출판사 1983, 123면.

20 김태우 『폭격』, 120~27면.

21 Monica Felton, *That's Why I Went*, 116면.

22 같은 책 111~12면.

23 평양팔경은 15세기 시인 조위(曺偉)의 시 「평양팔영(平壤八詠)」에서 비롯된 것으
로 알려져 있다. 박정애 「조선후기 평양명승도 연구: 평양팔경도를 중심으로」, 『민
족문화』 39호, 2012, 318면.

24 「허헌」, 『한국민족문화대백과사전』 (http://encykorea.aks.ac.kr/Contents/Item/
E0063178).

25 Monica Felton, *That's Why I Went*, 113면.

26 WICIK, *We Accuse*, 16면.

27 Monica Felton, *That's Why I Went*, 124면.

28 한국전쟁 초기에 전쟁포로가 되어 전쟁기 대부분을 북한지역에서 보낸 미 제24
사단장 윌리엄 딘(William F. Dean) 또한 북한 도시의 풍경을 펠턴과 거의 동일하
게 묘사한 사실을 확인할 수 있다. 그는 다음과 같이 설명했다. "대부분의 소도시들
은 그저 예전에 건물들이 존재했던 흔적만이 남아 있는 눈 덮인 공터이거나 돌무
더기에 불과했다. 한때 사람들로 가득했던 작은 소도시들은 이제 텅 빈 껍데기들
에 불과했다." William F. Dean, *General Dean's Story*, New York: Viking Press 1954,
272~75면.

29 Monica Felton, *That's Why I Went*, 115면.

30 WICIK, *We Accuse*, 14면.

31 Monica Felton, *That's Why I Went*, 115~16면.

32 WICIK, *We Accuse*, 13~14면.

33 박헌영 「유엔 및 전세계 인민들에게」(1951.1.6), 조선중앙통신사 『조선중앙연감 1951~1952년』 106면.

34 Robert F. Futrell, *The United States Air Force in Korea, 1950-1953*, New York: Duell, Sloan and Pearce 1961, 258면.

35 Headquarters U.S. Air Force, "Summary of the Air Situation in Korea," 1951.1.4.

36 Headquarters U.S. Air Force, "Summary of the Air Situation in Korea," 1950.12.25-1951.1.3.

37 Headquarters U.S. Air Force, "Summary of the Air Situation in Korea," 1951.1.6.

38 Monica Felton, *That's Why I Went*, 116면; WICIK, *We Accuse*, 16면.

39 Monica Felton, 같은 책 118~19면; 여성들의 증언에 의하면, 평양시 국립예술극장 건물과 인근의 파손된 건물들이 "군인유곽"(army-brothel)으로 개조되어 사용되었다고 한다(WICIK, *We Accuse*, 16면). 전시 성폭력 문제에 대해서는 본서의 제7장 「나의 이름으로」에서 구체적으로 다루고 있다.

40 Monica Felton, *That's Why I Went*, 122~23면.

41 같은 책 124면.

42 리여성 『조선미술사개요』, 평양: 국립출판사 1955; 리여성 『조선건축미술의 연구』, 평양: 국립출판사 1956.

43 「이쾌대」, 『한국민족문화대백과사전』 (http://encykorea.aks.ac.kr/Contents/Item/E0046307).

44 Monica Felton, *That's Why I Went*, 124면; WICIK, We Accuse, 14면.

45 『로동신문』 1951년 5월 22일자.

46 쇼스따꼬비치가 1949년 발표한 「Сталину слава!」(Glory to Stalin)으로 추측된다.

47 Monica Felton, *That's Why I Went*, 125~29면.

48 같은 책 140~41면.

49 이는 해방 후 북한지역에서 성공적으로 진행된 토지개혁을 예찬한 내용이다. 북한은 1946년 3월 약 한달여의 짧은 기간 동안 무상몰수 무상분배 방식의 토지개혁을 완료했다. 북한 토지개혁의 준비와 진행 과정에 대해서는 다음의 책이 자세하다. 김성보 『남북한 경제구조의 기원과 전개: 북한 농업체제의 형성을 중심으로』, 역사비평사 2000, 91~262면.

50 Monica Felton, *That's Why I Went*, 129면.

51 같은 책 129~31면.

1 WICIK (Women's International Commission for the Investigation of War Atrocities Committed in Korea), *We Accuse: Report of the Women's Investigation of Atrocities Committed by USA and Syngman Rhee Troops in Korea*, 1951, 17면.

2 Monica Felton, *That's Why I Went*, London: Lawrence & Wishart 1953, 132~33면.

3 같은 책 133면.

4 본서에 등장하는 지명과 인명은 모두 국제여맹의 한글판 보고서에 등장하는 명칭을 따랐다. 이를테면 이 문장에 등장하는 '서상리'는 영문 보고서상에서 'Se San Ri'로, '김상영'은 'Kim San-Yen'으로 표기되어 있다.

5 WICIK, *We Accuse*, 17면.

6 김상태 「근현대 평안도 출신 사회지도층 연구」, 서울대학교 국사학과 박사학위논문 2002, 30~31면.

7 이만열 『한말기독교와 민족운동』, 평민사 1980, 16~21면.

8 "사람들은 미국인들이 이 교회 건물들만은 파괴하지 않을 것으로 기대했다." WICIK, *We Accuse*, 43면.

9 한국전쟁기 미공군 조종사들의 타깃 선별과 공격 방식을 분석한 보고서에 의하면, 조종사들은 도시 내에서 두드러지게 크고 좋아 보이는 건물들을 중심으로 공격을 전개했다는 사실을 확인할 수 있다. 때문에 남한 전역에서도 미공군 폭격에 의해 학교 건물 대부분이 파괴되어, 1951년 문교부장관 백낙준(白樂濬)은 학교 당국자들에게 숲, 모래밭, 산 등에서라도 가능하다면 수업을 시작하자고 호소할 수밖에 없었다. 로버트 T. 올리버 『한국동란사』, 김봉호 옮김, 문교부 1959, 194면; 김태우 『폭격: 미공군의 공중폭격 기록으로 읽는 한국전쟁』, 창비 2013, 212~21면.

10 Monica Felton, *That's Why I Went*, 134~35면.

11 한남선의 증언 중에서 생매장과 관련된 내용은 국제여맹 보고서에만 제시되어 있다. Monica Felton, 같은 책 135면; WICIK, *We Accuse*, 17면.

12 증거로 채택되었다는 이 야구방망이는 펠턴의 기록에는 등장하지 않는다. Monica Felton, 같은 책 136면; WICIK, 같은 책 19면.

13 Monica Felton, 같은 책 136~37면.

14 Monica Felton, 같은 책 137~38면; WICIK, 같은 책 19면.

15 Monica Felton, 같은 책 138~39면.

16 펠턴의 개인기록은 신순자의 증언에 대해서는 구체적으로 보여주었지만, 김성애의 증언은 제시하지 않았다. 김성애의 증언은 국제여맹 보고서에만 제시되어 있다. 인터뷰 당시 펠턴은 옵샨니꼬바와 함께 있었다. Monica Felton, 같은 책 142면;

WICIK, 같은 책 19면.

17 Monica Felton, 같은 책 142~43면.

18 한모니까 「'봉기'와 '학살'의 간극: 황해도 신천 사건」, 『이화사학연구』 46호, 2013; 이신철 「6·25남북전쟁시기 이북지역에서의 민간인 학살」, 『역사와 현실』 54호, 2004; 한성훈 『전쟁과 인민: 북한 사회주의 체제의 성립과 인민의 탄생』, 돌베개 2012, 295~303면.

19 국제여맹 최종보고서는 2만 3259명이라는 구체적 희생자 수를 제시하고 있다. 현재 북한 신천박물관은 이 지역 희생자 수를 3만 5383명이라고 주장하고 있다. WICIK, *We Accuse*, 23면.

20 국제여맹 영문판 보고서는 이 건물을 미군의 "지역집행본부"(regional headquarters)로, 한글판 보고서는 "형무소"로 기록했다. 펠턴은 "행정과 경찰의 중심"(administrative and police centre)으로 기록했다. WICIK, 같은 책 23면; 국제녀맹 조사단 「미제 침략군과 리승만 괴뢰군이 감행한 만행에 대한 국제녀맹 조사단의 보고서」(1951), 조선중앙통신사 『조선중앙연감 1951~1952년』 205면; Monica Felton, *That's Why I Went*, 144면.

21 Monica Felton, 같은 책 143~44면.

22 펠턴의 개인기록은 두살 아기가 "밟혀 죽었다"(trampled to death)는 사실만을 제시한 반면에, 국제여맹 보고서는 "창자가 튀어나올 때까지 미국인들에 의해 짓밟혀 죽었다"(trampled on by the Americans until its intestines fell out)고 서술하고 있다. Monica Felton, 같은 책 146면; WICIK, *We Accuse*, 25면.

23 Monica Felton, 같은 책 145~47면.

24 같은 책 147~49면.

25 같은 책 138면.

26 같은 책 139면.

27 같은 책 139~40면.

28 김태우 「1948~49년 북한 농촌의 선전선동사업: 강원도 인제군의 사례」, 『역사와 현실』 60호, 2006, 113면.

29 북조선로동당 중앙본부 선전선동부 「독보회를 어떻게 운영할 것인가」, 『선전원수책』, 1949, 35면 (NARA, RG 242, SA 2018, Box 2, Item 271.9).

30 Monica Felton, *That's Why I Went*, 109면.

31 WICIK, *We Accuse*, 26면.

32 같은 책 19면.

33 같은 책 21면.

34 같은 책 27면.

35 Monica Felton, *That's Why I Went*, 144~45면.

36 김동춘 『전쟁과 사회: 우리에게 한국전쟁은 무엇이었나?』, 돌베개 2000, 234~35면.

37 제민일보 4·3 취재반 『4·3은 말한다 2』, 전예원 1994, 265~66면.

38 제민일보 4·3 취재반 『4·3은 말한다 3』, 전예원 1995, 81~82면.

39 같은 책 88면.

40 김익렬 「4·3의 진실」, 제민일보 4·3 취재반 『4·3은 말한다 2』 345면.

41 『한성일보』 1948년 8월 19일자 (제주4·3사건진상규명및희생자명예회복위원회 『제주4·3사건 진상조사보고서』 2003, 219면에서 재인용).

42 박진경의 무자비한 제주도 진압작전 양상에 대해서는 다음의 책이 자세하다. 제주4·3사건진상규명및희생자명예회복위원회 『제주4·3사건 진상조사보고서』 217~21면.

43 같은 책 286~302면.

44 「4·3학살 주범은 일본 앞잡이였던 '親日 軍' 세력」, 『제주의 소리』 2005년 2월 17일자 (http://www.jejusori.net/news/articleView.html?idxno=6563).

45 제주4·3사건진상규명및희생자명예회복위원회 『제주4·3사건 진상조사보고서』 305면.

46 胡華 『中國新民主主義革命史(初稿)』, 北京: 新華書店 1950, 182~83면 (김지훈 「난징대학살 기념관의 전시와 기억」, 『사림』71호, 2020, 33면에서 재인용).

47 김춘선 「경신참변 연구: 한인사회와 관련지어」, 『한국사연구』 111호, 2000, 159~61면.

48 여순사건 발발과 함께 토벌사령관에 임명된 송호성은 광복군 출신으로 평소 군내에서 비주류였다. 반군에 대한 만주군 출신 지휘관들의 강경진압 방침과는 달리, 송호성은 온정적 입장을 취했다. 당시 강경 진압작전을 주장한 인물들은 이승만, 채병덕, 김백일, 백선엽, 백인엽, 송석하로 이어지는 세력이었다. 그리고 사건 초기에 진압작전의 주도권은 이미 송호성에서 김백일, 백선엽으로 넘어갔다. 진실·화해를위한과거사정리위원회 『2010년 상반기 조사보고서』 6권, 437면.

49 조선민주주의인민공화국 『신천박물관』, 평양: 조선화보사 1973; 과학백과사전출판사 『조선전사 26』, 평양: 과학백과사전출판사 1981, 130~31면 (한모니까 「'봉기'와 '학살'의 간극: 황해도 신천 사건」 102면에서 재인용).

50 오늘날의 북한정권 또한 신천 학살 당시 우익치안대의 역할을 부분적으로 인정하고 있다. 김정일도 자신의 연설에서 신천지역 우익치안대의 만행에 대해 이야기한 적이 있다. 그러나 북한은 기본적으로 이 지역에서의 학살이 해리슨 중위라는 미군의 지휘하에 광범하게 수행된 것으로 간주한다. 북한은 이 지역에 신천박물관을 세우고 반미주의 교육의 핵심 현장으로 활용하고 있다. 북한의 반미주의와 신천박물

관에 대해서는 다음과 같은 논문들을 참조할 수 있다. 한성훈 「전쟁사회와 북한의 냉전 인식: 신천박물관을 통한 계급교양」, 『경제와 사회』 91호, 2011; 김옥자 「북한의 반미선전·선동과 신천박물관에 대하여」, 『한국정치연구』 28권 1호, 2019.

51 한성훈 『전쟁과 인민』 296면; 구월산 반공유격대의 활동에 대해서는 다음의 저서들을 참조할 수 있다. 조동환 『항공의 불꽃: 황해 10·13 반공학생의거 투쟁사』, 보문각 1957; 국방부 정훈국 『구월산』, 국방부 1955.

52 2002년 방영된 MBC 다큐멘터리 「이제는 말할 수 있다」를 통해서도 우익치안대의 역할을 강조하는 다수의 생존자 증언을 들을 수 있다. MBC 시사제작국 「이제는 말할 수 있다(제57회) 망각의 전쟁: 황해도 신천사건」 2002년 4월 21일 방영.

53 이신철 「6·25남북전쟁시기 이북지역에서의 민간인 학살」 151면.

54 한모니까 「 '봉기'와 '학살'의 간극: 황해도 신천사건」 130면.

55 WICIK, *We Accuse*, 22면.

56 Monica Felton, *That's Why I Went*, 80면.

57 같은 책 95면, 105면.

58 Kate Fleron, "Rapport fra Nord-Korea" (Report from North Korea), *Vi Kvinnor I Demokratiske Verdensforbund* (We Are Women In Democratic World Federations), No. 6, Aug.-Sept., 1951, 7면.

59 WICIK, *We Accuse*, 1면.

60 Monica Felton, *That's Why I Went*, 143면.

61 같은 책 139면.

62 Kate Fleron, "Rapport fra Nord-Korea: Korea er brændt — hus for hus" (Report from North Korea: Korea is burnt — house for houses), *Frit Danmark* (Free Denmark), July 1951.

63 WICIK, *We Accuse*, 35면.

64 조선중앙통신사 『조선중앙연감 1951~1952』 209면.

65 WICIK, *We Accuse*, 17면; 조선중앙통신사, 같은 책 203면.

66 Monica Felton, *That's Why I Went*, 150면.

67 WICIK, *We Accuse*, 19면; 조선중앙통신사 『조선중앙연감 1951~1952』 204면.

68 WICIK, 같은 책 17면; 조선중앙통신사, 같은 책 204면.

69 WICIK, 같은 책 21면; 조선중앙통신사, 같은 책 205면.

70 토지개혁 진행 시기 북한사람들의 정치적 반발이 전혀 없었던 것은 아니다. 그러나 그 같은 반대는 토지개혁의 성과를 훼손시킬 수 있을 정도로 영향력 있지는 않았다. 토지개혁에 대한 북한사람들의 저항에 대해서는 다음의 책을 참조하시오. 기광서 『북한 국가의 형성과 소련』, 선인 2018, 273~77면.

7장 나의 이름으로

1 Monica Felton, *That's Why I Went*, London: Lawrence & Wishart 1953, 154면; Kate Fleron, "Rapport fra Nord-Korea: Korea er brændt — hus for hus" (Report from North Korea: Korea is burnt — house for houses), *Frit Danmark* (Free Denmark), July 1951.

2 한국전쟁기 북한의 의료시스템은 극도로 열악한 상황에 놓여 있었다. 전쟁기 북한 지역 개별 병원들의 운영상황을 보여주는 자료는 아직 확인되지 않지만, 조선인민 군 제34호의 운영 실태에 대한 증언은 남아 있다. 평안북도 강계군에 위치했던 이 병원은 모든 환자를 민가의 방에 2~4명씩 수용해놓고, 의사들이 집집마다 돌아다 니며 치료해주는 시스템으로 운영되었다고 한다. 병실로 사용된 민가는 100리에 걸쳐 있었다. 아마도 폭격으로 인해 병원 건물들이 모두 파괴된 상황에서 일종의 긴급대책으로 이렇듯 열악한 의료시스템을 운영했던 것으로 추측된다. 의약품과 의료자재 또한 극도로 부족한 상황에서 거의 대부분 외국의 원조에 의지할 수밖에 없었다. 문미라 「한국전쟁기 북한의 전시 보건의료체계 구축과 연변 조선인 사회의 지원」, 『의사학』 29권 2호, 2020, 507~509면.

3 Kate Fleron, "Rapport fra Nord-Korea: Korea er brændt — hus for hus" (Report from North Korea: Korea is burnt — house for houses).

4 이 같은 화염 확산방식은 고농축원유를 활용한 네이팜탄(napalm bomb)의 전형적 폭발 방식과 동일하다. 한국전쟁기에는 연료저장용 탱크에 네이팜을 채워 폭탄으 로 사용했기 때문에 네이팜탱크(napalm tank)라고 불리기도 했다. 1942년 최초로 개발된 네이팜은 폭발과 동시에 인 조각이 젤로 변해 직경 수십 미터의 둥근 지역 을 골고루 불태우는 것으로 알려져 있다. 김태우 『폭격: 미공군의 공중폭격 기록으 로 읽는 한국전쟁』, 창비 2013, 272~73면.

5 WICIK (Women's International Commission for the Investigation of War Atrocities Committed in Korea), *We Accuse: Report of the Women's Investigation of Atrocities Committed by USA and Syngman Rhee Troops in Korea*, 1951, 40~41면.

6 Kate Fleron, "Rapport fra Nord-Korea: Korea er brændt — hus for hus" (Report from North Korea: Korea is burnt — house for houses); WICIK, *We Accuse*, 29~33면.

7 WICIK, *We Accuse*, 34~39면.

8 강원도는 1945년 미국과 소련이 38선을 경계로 한반도를 분할 점령하면서 남북으 로 분단되었다. 이후 북한은 38선 이북지역의 강원도를 북강원도로, 이남지역을 남 강원도로 부르기 시작했다. 해방 직후 1년 동안 철원을 도청 소재지로 삼았다가,

1946년 9월 함경남도 원산시, 문천군, 안변군을 강원도로 편입시키고 도청을 원산시로 이전했다. 차낙훈·정경모 공편 『북한 법령연혁집 1』, 고려대학교 아세아문제연구소 1969, 93면.

9 WICIK, *We Accuse*, 39면; 조선중앙통신사 『조선중앙연감 1951~1952』, 조선중앙통신사 1952, 211면.

10 WICIK, 같은 책 38~39면.

11 Tonya Lambert, "Rape in War," in Bernard Cook (ed.), *Women and War*, Vol. 2, Santa Barbara: ABC-Clio 2006, 481~83면.

12 WICIK, *We Accuse*, 25면.

13 같은 책 27면.

14 같은 책 39면.

15 같은 책 38면.

16 같은 책 41면.

17 같은 책 39면.

18 같은 책 16면.

19 같은 책 27면.

20 같은 책 41면.

21 같은 책 42면.

22 같은 책 16면.

23 같은 책 27면.

24 같은 책 42면.

25 같은 책 35면.

26 같은 책 35면.

27 이 증언과 관련하여, 국제여맹 영문판 보고서와 한글판 보고서 사이에 미묘한 내용상의 차이를 확인할 수 있다. 영문판 보고서에는 "미군 병사들이 밤마다 몇몇 소녀들을 선택하여 강간했다"(the American soldiers chose several girls each night and violated them)고 기록된 반면에, 한글판 보고서에는 "미국인들이 밤마다 아이들이 없는 여자들을 강간하였다"고 적시되었다. '소녀'와 '아이들이 없는 여자'는 엄연히 다른 대상으로서, 영문판이 보고서 원본이라는 점을 고려할 때 북한 측의 일정한 정보 왜곡을 의심해볼 수 있다. 미묘한 정보 왜곡의 이유는 추측의 영역으로 남겨둘 수밖에 없을 것이다. WICIK, *We Accuse*, 36면; 조선중앙통신사 『조선중앙연감 1951~1952년』 210면.

28 WICIK, *We Accuse*, 42면.

29 장복희 「동아시아지역에서의 무력충돌의 성폭력 희생자들에 대한 법적 보상·배

상」, 『인도법논총』 34호, 2014, 66면.

30 윤미향 「무력충돌시 성폭력 희생자 문제의 필요성 검토: 무력분쟁 & 전시하 성폭력 재발방지를 위하여」, 『인도법논총』 34호, 2014, 261면.

31 Antony Beever, *The Fall of Berlin, 1945*, New York: Viking 2002, 410면.

32 Rachel Cherry, "Rape: Red Army in World War II," in Bernard Cook (ed.), *Women and War*, Vol. 2, Santa Barbara: ABC-Clio 2006, 480면.

33 국제여맹 보고서에도 이와 유사한 증언이 등장한다. 이를테면 개천시의 리춘형은, 여러 젊은 여성들이 얼굴에 재를 칠하거나 늙은 여성처럼 분장하여 당시 빈번히 발생했던 미군에 의한 납치와 성폭행을 피하고자 했다고 증언했다. WICIK, *We Accuse*, 42면.

34 1954년 마르타 힐러스(Marta Hillers)가 익명으로 출간한 『베를린의 여인』(*A Woman in Berlin*)에는 1945년 베를린 전투 이후 자행된 소련군의 집단성폭행뿐만 아니라, 그녀와 다른 많은 독일 여성들이 특정 소련 장교를 보호자로 선택할 수밖에 없었던 암울한 상황이 상세히 서술되어 있다. 한국에서는 다음과 같은 제목의 책으로 번역·출간되었다. 익명의 여성 『함락된 도시의 여자: 1945년 봄의 기록』, 염정용 옮김, 마티 2018.

35 Hsu-Ming Teo, "The Continuum of Sexual Violence in Occupied Germany, 1945-49," *Women's History Review*, 5:2, 1996, 191면.

36 Jeffrey Burds, "Sexual Violence in Europe in World War II, 1939-1945," *Politics & Society*, 37:1, 2009, 37~49면.

37 고대에서 현대에 이르기까지 전쟁에서 반복된 성폭력의 내용과 성격에 대해서는 다음의 책을 참조할 수 있다. Elizabeth D. Heineman (ed.), *Sexual Violence in Conflict Zones: From the Ancient World to the Era of Human Rights*, Philadelphia: University of Pennsylvania Press 2011.

38 제주4·3사건 당시 여성 성폭력 피해에 대해 분석한 연구로는 다음과 같은 논문들이 있다. 김성례 「국가폭력과 여성체험: 제주4·3을 중심으로」, 『창작과비평』 102호, 1998년 겨울호; 박상란 「제주4·3에 대한 여성의 기억서사와 '순경각시'」, *Journal of Korean Culture*, Vol. 45, 2019.

39 제민일보 4·3취재반 『4·3은 말한다 3』, 전예원 1995, 82면.

40 같은 책 227~28면.

41 같은 책 234면.

42 제민일보 4·3취재반 『4·3은 말한다 4』, 전예원 1997, 222~23면.

43 김귀옥 「한국전쟁기 한국군에 의한 성폭력의 유형과 함의」, 『구술사연구』 3권 2호, 2012, 15~16면.

44 쑨요우지에(孫佑杰)『압록강은 말한다: 한국전쟁에 대한 새로운 이야기』, 조기정·김경국 옮김, 살림 1996.

45 김귀옥「한국전쟁과 한국군 위안부 문제를 돌아본다」, 『구술사연구』 2권 1호, 2011, 118면.

46 김귀옥「한국전쟁기 한국군에 의한 성폭력의 유형과 함의」 16~17면.

47 '위안부'는 일본군이 사용했던 역사적 용어로서, 그 본질은 '일본군 성노예'였다고 볼 수 있다. 현재 학계에서는 '일본군 성노예'라는 표현과 함께, 역사적 용어이자 잠정적 표현으로서 따옴표를 친 '위안부'라는 표현을 동시에 사용하고 있다.

48 김귀옥「朝鮮戰爭と女性: 軍慰安婦と軍慰安所を中心に」, 徐勝 編『東アジアの冷戰と國家テロリズム: 米日中心の地域秩序の廢絶をめざして』, 東京: 御茶の水書房 2004; 김귀옥「한국전쟁과 한국군 위안부 문제를 돌아본다」, 『구술사연구』 2권 1호, 2011; 이임하「한국전쟁과 여성성의 동원」, 『역사연구』 14호, 2004; 박정미「한국전쟁기 성매매정책에 관한 연구: '위안소'와 '위안부'를 중심으로」, 『한국여성학』 27권 2호, 2011.

49 육군본부『六·二五 事變 後方戰史: 人事篇』, 육군본부 1956; 김귀옥「한국전쟁과 한국군 위안부 문제를 돌아본다」 124~28면.

50 육군본부『六·二五 事變 後方戰史: 人事篇』 148~50면.

51 채명신『사선을 넘고 넘어』, 매일경제신문사 1994; 김희오『인간의 향기』, 원민 2000.

52 『부산일보』 1950년 8월 11일자; 『경향신문』 1950년 11월 5일자; 이임하「한국전쟁과 여성성의 동원」 121~32면.

53 보건부「淸掃 및 接客營業 衛生事務 取扱要領 追加指示에 關한 件 (保防 第一七二六號)」, 『위생관계 예규철』(국가기록원 소장, 관리번호 BA0127534); 박정미「한국전쟁기 성매매정책에 관한 연구: '위안소'와 '위안부'를 중심으로」 48~57면.

54 「모란봉극장」, 『한국민족문화대백과사전』(http://encykorea.aks.ac.kr/Contents/Item/E0074390).

55 Monica Felton, *That's Why I Went*, 118~19면.

56 같은 책 119면.

57 WICIK, *We Accuse*, 41면.

58 신경민「성폭력 피해 여성의 심리적 후유증의 변화와 인지적 요인의 효과」, 아주대학교 의학과 박사학위논문 2014, 3면.

59 한스 페터 뒤르『음란과 폭력: 성을 통해 본 인간 본능의 역사』, 최상안 옮김, 한길사 2003, 351면; 김귀옥「한국전쟁기 한국군에 의한 성폭력의 유형과 함의」 25~26면.

60 강정숙「한국의 일본군 '위안부' 연구, 어디까지 왔나」, 『창작과비평』 172호, 2016

년 여름호, 483~84면; 서경식·타카하시 테츠야『단절의 세기 증언의 시대』, 김경윤 옮김, 삼인 2002, 25면.

61 윤미향「무력충돌시 성폭력 희생자 문제의 필요성 검토: 무력분쟁 & 전시하 성폭력 재발방지를 위하여」260~61면.

62 "Korea," *Vi Kvinder* (We Women), Vol. 7, 1951, 6면.

63 Monica Felton, *That's Why I Went*, 126면.

64 원산은 북한지역의 대표적인 항구·산업도시이자 철도 요충지로서 전쟁 초기부터 지속적으로 폭격을 당했다. 원산항 남단의 원산정유공장은 한반도 내에서 가장 큰 정유소였고, 원산 북쪽 8킬로미터 지점에 위치한 조선석유회사는 대형 석유저장시설을 보유했다. 원산부두는 7척의 원양어선과 50여척의 중소형 선박이 정박할 수 있는 대형 항구였다. 원산 폭격의 목적과 경과에 대해서는 다음의 책을 참조할 수 있다. 김태우『폭격』, 108~20면.

65 Monica Felton, *That's Why I Went*, 156면.

66「전 조선 인민들에게 호소한 조선민주주의인민공화국 내각 수상 김일성 장군의 방송연설」(1950.6.26);「조선민주주의인민공화국 군사위원회 위원장이시며 조선인민군 최고사령관이신 김일성 장군의 방송연설」(1950.7.8), 조선중앙통신사『조선중앙연감 1951~1952년』13~19면.

67 "게임은 끝났다. 많은 사람들과 마찬가지로 메를로뽕띠에게 있어서도 1950년은 결정적인 해였다. 그는 마치 나뽈레옹의 정책과 같은 스딸린의 독트린이 숨김없이 드러났다고 생각했다. 소련이 사회주의의 조국이 아닐지도 모른다." 장프랑수아 시리넬리「사르트르와 메를로퐁티의 이념 논쟁과 한국전쟁」, 정명환 외『프랑스 지식인들과 한국전쟁』, 민음사 2004, 129면.

68 토니 주트『포스트워 1945~2005: 전쟁의 잿더미에서 불확실한 미래로 뛰어든 유럽 이야기 (1)』, 조행복 옮김, 플래닛 2008, 44~46면, 148~49면.

69 미국의 평화공세(peace offensive) 인식에 대해서는 다음의 보고서를 참조할 수 있다. United States House of Representative, *Report on the Communist "Peace" Offensive*, Washington D.C.: U.S. Government Printing Office 1951.

70 이에 대한 좀더 구체적인 설명은 김태우「냉전평화론의 사생아: 소련과 북한의 한국전쟁 '북침' 시나리오 조작의 정치적 배경과 과정」(『통일인문학』제64집, 2015)의 제3절〈소련의 반전평화론의 세계적 영향력과 '북침' 시나리오의 필요성〉을 참조하시오.

71 이 문서들의 핵심 내용은 1950년 9월 28일 북한 외무상 박헌영이 유엔총회 의장과 안전보장이사회 의장에게 보내는 서한 형식으로 이미 공개된 상태였다. 박헌영「유엔 총회 의장, 안전보장리사회 의장 귀하」(1950.9.28), 조선중앙통신사『조선중

앙연감 1951~1952년』 97~101면. 1951년 12월 이 문서들은 『조선 동란을 일으킨 자들의 정체를 밝히는 자료』(신조선출판사 1951)라는 제목의 자료집 형태로 국제사회에 배포되기도 했다. 『주간조선』 2020년 9월 27일 (http://weekly.chosun.com/client/news/viw.asp?ctcd=C02&nNewsNumb=002627100006).

72 이승만은 공개적이고 합법적인 대중정치보다는 여론·선동정치를, 공조직보다는 사설 참모조직이나 비선조직을 선호했던 것으로 잘 알려져 있다. 대한민국 정부 수립 후 미군 정보·공작기관 출신 인물들이 '고문' 자격으로 이승만 주위에 집결했다. 또한 이승만의 미주시절에 그를 도와준 인물들도 '고문'으로 임명되었다. 가장 유명한 미국인 정치고문으로는 로버트 올리버(Robert Oliver)가 있다. 그는 1949년 2월 이승만의 에이전트이자 한국정부의 워싱턴 공보기관인 코리안 퍼시픽 프레스의 에이전트로 미법무부에 등록된 인물이었다. 1949년 이승만과 올리버는 호전적 대북정책에 관한 서한을 주고받았는데, 이 또한 한국전쟁기 북한군에게 노획된 것으로 알려져 있다. 정병준 「이승만의 정치고문들」, 『역사비평』 43호, 1998, 160~74면.

73 Monica Felton, *That's Why I Went*, 158면.

74 같은 책 157~60면.

75 김대순 「침략범죄와 테러리즘의 정의에 관한 소고」, 『인도법논총』 25호, 2005, 20면.

76 Monica Felton, *That's Why I Went*, 160면.

77 같은 책 25~26면.

78 『로동신문』 1951년 5월 27일자.

79 Monica Felton, *That's Why I Went*, 150면.

80 같은 책 95면.

81 "Korea," *Vi Kvinder* (We Women), Vol. 7, 1951, 6면.

82 Monica Felton, *That's Why I Went*, 152~53면.

8장 억압된 시선들

1 Monica Felton, *That's Why I Went*, London: Lawrence & Wishart 1953, 162~65면.

2 펠턴은 공산국가 출신 조사위원들의 비난으로 인해 그녀 인생 최초로 마치 자신이 미국의 자본가 록펠러나 바버라 허턴이라도 된 듯한 엄청난 수치심을 느꼈고, 펠턴과 플레론 또한 은밀한 사적 대화 과정에서 공산주의자들은 물론 사민주의자들까지도 "쥐새끼"라고 호칭하면서 불만을 제기했다. 같은 책 69~71면.

3 같은 책 163면.

4 Eugénie Cotton, "The WIDF to the UN," 1951.6.11 (WICIK, *We Accuse: Report of the Women's Investigation of Atrocities Committed by USA and Syngman Rhee Troops in Korea*, 1951, 48면).

5 Kate Fleron, "Rapport fra Nord-Korea: Korea er brændt — hus for hus" (Report from North Korea: Korea is burnt — house for houses), *Frit Danmark* (Free Denmark), July 1951.

6 미공군의 초토화정책은 2000년 이후 공개되기 시작한 미공군 문서를 대량 수집·분석한 김태우의 『폭격: 미공군의 공중폭격 기록으로 읽는 한국전쟁』(창비 2013)에 의해 국내외 최초로 역사적 사실로서 확증되었다. 이전까지 미공군과 다수의 공군 측 연구자들은 '정밀폭격정책'이 전쟁기 내내 준수되었다고 강조하면서, 초토화정책의 존재 자체를 부정해왔다.

7 USAF Historical Division, "USAF Historical Study No. 72: United States Air Force Operations in the Korean Conflict, 1 November 1950~30 June 1952," 1955.7.1, 21면.

8 Monica Felton, *That's Why I Went*, 143면.

9 해방 직후 북한의 이른바 '민주개혁' 조치들에 대해서는 다음의 저서를 참조할 수 있다. 김광운 『북한 정치사 연구 I: 건당·건국·건군의 역사 』, 선인 2003, 279~346면.

10 Monica Felton, *That's Why I Went*, 138면.

11 WICIK, *We Accuse*, 41면.

12 "Korea," *Vi Kvinder* (We Women), Vol. 7, 1951, 6면.

13 "Telegram from McCulloch (UNP) to Wainhouse (UNP): Charges of Atrocities by US and South Korean Troops by the Women's International Democratic Federation," 1951.6.26 (NARA, RG 59, "Korea Project" of the Division of Historical Policy Research, Box No. 29, April-June 1951, Lot 78D174).

14 Jadwiga E. Piper Mooney, "Fighting Fascism and Forging New Political Activism: The Women's International Democratic Federation (WIDF) in the Cold War," in Jadwiga E. Piper Mooney & Fabio Lanza (eds.), *De-Centering Cold War History: Local and Global Change*, London: Routledge 2013, 57면; Helen Laville, *Cold War Women: The International Activities of American Women's Organizations*, Manchester: Manchester University Press 2002, 137~38면.

15 Celia Donert, "From Communist Internationalism to Human Rights: Gender, Violence and International Law in the Women's International Democratic

Federation Mission to North Korea, 1951," *Contemporary European History*, 25:2, 2016, 316면.

16 같은 글 332면.

17 필자는 불행하게도 공산국가로부터 파견된 조사위원들의 귀국 후 활동과 관련된 자료를 찾아낼 수는 없었다. 자료를 직접 확인하지는 못했지만, 1951년 소련 대표 옵샨니꼬바가 모스끄바에서 진행한 한국전쟁 관련 강연 팸플릿이 러시아의 한 도서관에 소장되어 있는 사실은 확인할 수 있었다. 이를 통해 추측컨대, 여타 서구지역 출신의 조사위원들과 마찬가지로 공산국가 조사위원들도 귀국 후 자신들의 조사 내용을 대중에게 알리는 활동을 펼쳤을 것으로 추정된다. 옵샨니꼬바의 팸플릿 서지사항은 다음과 같다. Мария Овсянникова, *Злодеяния американо-англий ских интервентов в Корее: Стенограмма публичной лекции* (The Atrocities of the American-British Interventions in Korea: A Transcript of a Public Lecture), Moscow, 1951 (러시아국립도서관Российская национальная библиотека 소장).

18 Candelaria Rodriguez Hernández, *Korea Revisited after 40 Years*, Pyongyang: Foreign Languages Publishing House 1994.

19 Hermann Weber and Gerda Weber, *Leben nach dem "Prinzip Links." Erinnerungen aus fünf Jahrzehnten* (Living on the left principle. Memories from five decades), Berlin: Christoph Links Verlag 2006; Celia Donert, "From Communist Internationalism to Human Rights: Gender, Violence and International Law in the Women's International Democratic Federation Mission to North Korea, 1951," 328면.

20 Lilly Waechter, NARA RG 466 HICOG, Entry A1-64, Court of Appeals Files, Box 303, Folder 1; Celia Donert, 같은 글 326면.

21 Friedrich Karl Kaul, *Ich sagte die Wahrheit: Lilly Wächter. Ein Vorbild der deutschen Frauen im Kampf um den Frieden* (I told the truth: Lilly Wachter. A role model for German women in the struggle for peace), Berlin: Deutscher Frauen Verlag 1952.

22 Celia Donert, "From Communist Internationalism to Human Rights: Gender, Violence and International Law in the Women's International Democratic Federation Mission to North Korea, 1951," 330~31면.

23 Grace Huxford, *The Korean War in Britain: Citizenship, Selfhood and Forgetting*, Manchester: Manchester University Press 2018, 144~45면.

24 John Allan, *Berthold Lubetkin: Architecture and the Tradition of Progress*, London: RIBA Publications 1992, 452면; 후지메 유키「모니카 펠튼과 국제여성민주연맹(WIDF) 한국전쟁 진상조사단」,『사회와 역사』100호, 2013, 292면.

25 "Mrs Felton was discourteous," *Daily Mail*, 14 June 1951; "Who is Mrs Felton," *Daily Mail*, 14 June 1951; Grace Huxford, *The Korean War in Britain*, 145면.

26 http://www.thepeerage.com/p2404.htm#i24031 (영국 귀족 가계家系 연구 홈페이지, 2019년 10월 9일 검색).

27 "Mrs Felton (Visit to Korea)," *House of Commons Hansard*, Vol. 488, debated on 14 June 1951 https://hansard.parliament.uk/Commons/1951-06-14/debates/6e492396-de15-4639-8164-661db1297e0f/MrsFelton(VisitToKorea) (2018년 6월 15일 검색).

28 "Mrs Felton (Visit to Korea)," *House of Commons Hansard*, Vol. 488, debated on 14 June 1951.

29 Lawrence Black, "The Bitterest Enemies of Communism: Labour revisionists, Atlanticism and the Cold War," *Contemporary British History*, 15:3, 2001, 26~62면.

30 *House of Commons Hansard*, Vol. 489, debated on 25 June 1951; Grace Huxford, *The Korean War in Britain*, 146면.

31 "Mrs. Felton: a Protest," *Daily Mail*, 4 July 1951.

32 Monica Felton, *That's Why I Went*, 168면.

33 *House of Commons Hansard*, Vol. 539, debated on 7 April 1955; *House of Commons Hansard*, Vol. 191, debated on 16 March 1955; Grace Huxford, *The Korean War in Britain*, 146면.

34 Monica Felton, *I Met Rajaji*, London: Macmillan and Co. 1962; Monica Felton, *A Child Widow's Story*, New York: Harcourt, Brace & World 1966.

35 "Authoress dies," *Daily Mail*, 1970.5.5.

36 Jon Halliday, "Anti-Communism and the Korean War, 1950-53," in Ralph Miliband, John Savile, and Marcel Liebman (eds.), *Socialist Register 1984: The Uses of Anti-Communism*, London: Merlin Press 1984, 148면.

37 Boris Ford (ed.), *Modern Britain: Cambridge Cultural History of Britain*, Vol. 9, Cambridge: Cambridge University Press 1992, 152면.

38 Nora Bramley, *Sisters in Solidarity: A History of the First 60 Campaigning Years of the NAW*, London: National Assembly of Women 2012, 2면.

39 Francisca de Haan, "The Women's International Democratic Federation (WIDF): History, Main Agenda, and Contributions, 1945-1991," *Women and Social Movements (WASI) Online Archive*, 2012, 1면.

40 이를테면 세계여성단체협의회(International Council of Women, ICW)나 국제여성동맹(International Alliance of Women, IAW)과 같은 20세기 초의 대표적 국제

여성조직들은 모두 원칙적으로 모든 인종과 국가와 계급을 망라한 여성들의 연합체를 표방하고 있었지만, 그 실질적 조직 구성은 유럽 여성들, 혹은 "신유럽"(neo-Europe: 미국, 캐나다, 오스트레일리아, 뉴질랜드 등을 지칭) 국가들의 여성들로 국한되었다. Leila J. Rupp, "Constructing Internationalism: The Case of Transnational Women's Organizations, 1888-1945," *The American Historical Review*, 99:5, 1994, 1576면.

41 국제여맹 내부적으로 반파시즘과 반식민주의가 일정한 시차를 두고 중요하게 부상되는 과정에 대해서는 이 책의 제2장「귀를 기울이다」에 자세히 설명되어 있다.

42 1차세계대전기 헤이그 국제여성대회의 형성배경과 활동에 대해서는 다음의 글이 매우 자세하다. 김지항「1차대전기 여성주의와 평화운동의 연계에 관한 연구」, 이화여자대학교 대학원 석사학위논문 2003, 52~61면.

43 김진희「미국 냉전기 여성노동평등권 투쟁의 기록」,『여성과 역사』 32호, 2020, 279~80면.

44 Francisca de Haan, "The Women's International Democratic Federation (WIDF): History, Main Agenda, and Contributions, 1945-1991," 1~2면.

45 http://www.fredsakademiet.dk/tid/1900/1951/maj/maj0717.htm (덴마크 평화아카데미 홈페이지. 2018년 10월 10일 접속).

46 Monica Felton, *That's Why I Went*, 165~66면.

47 "Korea," *Vi Kvinder* (We Women), Vol. 7, 1951, 6면.

48 Wendy Pojmann, *Italian Women and International Cold War Politics, 1944-1968*, New York: Fordham University Press 2013, 82면.

49 Thomas Christensen, "Krigens sande ansigt" (The true face of the war), *Pacifisten* (The pacifist), July 1951, 80면.

50 "Korea," *Vi Kvinder* (We Women), Vol. 7, 1951, 6면.

51 Thomas Christensen, "Krigens sande ansigt" (The true face of the war), 80면.

52 Monica Felton, *That's Why I Went*, 160면.

53 Kate Fleron, "Intet nyt fra Nordkorea" (Nothing new from North Korea), *Frit Danmark* (Free Denmark), July 1951.

1장

1-1. *That's Why I Went*, London: Lawrence & Wishart 1953

2장

2-1. Chris Springer, *North Korea Caught in Time: Images War and Reconstruction*, Reading: Garnet Publishing 2009, 15면

2-2. Chris Springer, *North Korea Caught in Time: Images War and Reconstruction*, Reading: Garnet Publishing 2009, 23면

2-3. Francisca de Haan, "Continuing Cold War Paradigms in Western Historiography of Transnational Women's Organizations: The Case of the Women's International Democratic Federation (WIDF)," *Women's History Review*, 19:4, 2010, 560면

2-4. Francisca de Haan, "Continuing Cold War Paradigms in Western Historiography of Transnational Women's Organizations: The Case of the Women's International Democratic Federation (WIDF)," *Women's History Review*, 19:4, 2010, 561면

3장

3-1. "Korea," *Vi Kvinder*, Vol. 7, 1951, 6면

3-2. https://www.kvinfo.dk/side/170/bio/668/

3-3. "Eerst Nederland bevrijden, dan Indonesie," *De Anti Fascist*, August 2008, 21면

3-4. Gerald Grassl and Werner Lang, "Eva Priester: The World I—End and Beginning," *WERKL IM GOETHEHOF—SELF—MANAGED CRITICAL FREEDOMS*, September 2014

3-5. Gerlinda Swillen, "Germaine Hannevart (1887-1977)—Maconne in het tijdsgewoel," Feb. 2018, 2면

3-6. https://www.extra.cz/77-let-od-vyhlazeni-lidic-symbolem-hrdinstvi-se-stal-stary-knez-ktery-se-nebal-nacistu/galerie/4

3-7. 리디체박물관 홈페이지 (http://www.lidice-memorial.cz/en/memorial/one-family-house-no-116/)

3-8. Le Foll-Luciani, Pierre-Jean, "J'aurais aime etre une bombe pour exploser. Les militantes communistes algeriennes entre assignations sexuees et subversions des roles de genre (1944-1962)," *Le Mouvement Social*, 255:2, 2016, 35~55면; https://www.cairn.info/revue-le-mouvement-social-2016-2-page-35.htm

3-9. https://ru.wikipedia.org/wiki/Овсянникова,_Мария_Дмитриевна (위키피디아, 2020년 1월 9일 검색)

3-10. ⓒ Courtesy of Martin Manhoff Archive

"Never-Seen-Before Pics Of Stalin-Era USSR By US 'Spy' Who Got Deported" https://www.boredpanda.com/unveiled-stalin-era-ussr-pictures-martin-manhoff/?utm_source=google&utm_medium=organic&utm_campaign=organic

354

4장

4-1. https://commons.wikimedia.org/wiki/File:Heo_Jong-suk.png

4-2. 위: https://fi.m.wikipedia.org/wiki/Tiedosto:Postcard_of_Docho-Dori_Street_in_Sinuiju_(1930s).jpg

4-2. 아래: https://terms.naver.com/entry.naver?docId=560493&cid=46618&categoryId=46618

4-3. "Air Force Activities, Korea, 1950, Bombing, Sinuiju," 1950.11.8 (NARA, NASM 4A 39085)

4-4. Kate Fleron, "Fra Korea" (From Korea), *Frit Danmark* (Free Denmark), July 1951

4-5. Chris Springer, *North Korea Caught in Time: Images War and Reconstruction*, Reading: Garnet Publishing 2009, 31면

5장

5-1. "Air Force Activities, Korea, 1950, Bombing" (NARA, NASM 4A-39461)

5-2. *Vi kvinnor i demokratiskt varldsforbund* (We Women in the Democratic World Federation), No. 6, Aug.-Sep., 1951

5-3. https://commons.wikimedia.org/wiki/File:YongmyongsaPyongyang.png

5-4. https://commons.wikimedia.org/wiki/File:%ED%97%88%ED%97%8C%EC%84%A0%EC%83%9D.jpg

5-5. Chris Springer, *North Korea Caught in Time: Images War and Reconstruction*, Reading: Garnet Publishing 2009, 16면, 19면

5-6. WICIK (Women's International Commission for the Investigation of War Atrocities Committed in Korea), *We Accuse: Report of the Women's Investigation of Atrocities Committed by USA and Syngman Rhee Troops in Korea*, 1951, 15면

5-7. ⓒ Universal Image Group

6장

6-1. WICIK (Women's International Commission for the Investigation of War Atrocities Committed in Korea), *We Accuse: Report of the Women's Investigation of Atrocities Committed by USA and Syngman Rhee Troops in Korea*, 1951, 9면, 29면

6-2. Monica Felton, *That's Why I Went*, London: Lawrence & Wishart 1953, 136면; Kate Fleron, "Fra Korea" (From Korea), *Frit Danmark* (Free Denmark), July 1951; Kate Fleron, "Rapport fra Nord-Korea" (Report from North Korea), *Frit Danmark* (Free Denmark), August 1951

6-3. Kate Fleron, "Fra Korea (From Korea)," *Frit Danmark* (Free Denmark), July 1951

6-4. Monica Felton, *What I Saw in Korea*, Watford: Farleigh Press 1951, 12면

6-5. WICIK (Women's International Commission for the Investigation of War Atrocities Committed in Korea), *We Accuse: Report of the Women's Investigation of Atrocities Committed by USA and Syngman Rhee Troops in Korea*, 1951, 22면

6-6. *Frit Danmark* (Free Denmark) July 1951

6-7. Kate Fleron, "Fra Korea" (From Korea), *Frit Danmark* (Free Denmark), July 1951

6-8. WICIK (Women's International Commission for the Investigation of War Atrocities Committed in Korea), *We Accuse: Report of the Women's Investigation of Atrocities Committed by USA and Syngman Rhee Troops in Korea*, 1951, 26면

6-9. ⓒ Time Inc.

https://artsandculture.google.com/asset/operation-area-in-korea/ MwEfXDSTkUHXWA

356

6-10. WICIK (Women's International Commission for the Investigation of War Atrocities Committed in Korea), *We Accuse: Report of the Women's Investigation of Atrocities Committed by USA and Syngman Rhee Troops in Korea*, 1951, 34면

6-11. Kate Fleron, "Rapport fra Nord-Korea" (Report from North Korea), *Vi Kvinnor I Demokratiske Verdensforbund* (We Are Women In Democratic World Federations), No. 6, Aug.-Sept., 1951, 7면

6-12. WICIK (Women's International Commission for the Investigation of War Atrocities Committed in Korea), *We Accuse: Report of the Women's Investigation of Atrocities Committed by USA and Syngman Rhee Troops in Korea*, 1951, 30면; Kate Fleron, "Fra Korea" (From Korea), *Frit Danmark* (Free Denmark), July 1951

7장

7-1. Kate Fleron, "Fra Korea" (From Korea), *Frit Danmark* (Free Denmark), July 1951

7-2. Chris Springer, *North Korea Caught in Time: Images War and Reconstruction*, Reading: Garnet Publishing 2009, 18면, 25면

7-3. Chris Springer, *North Korea Caught in Time: Images War and Reconstruction*, Reading: Garnet Publishing 2009, 18면

ㄱ

『가족, 사유재산 그리고 국가의 기원』
59

갈로, 엘리사베트(Elisabeth Gallo) 89,
92, 185, 191, 315

갑치크, 요제프(Jozef Gabčík) 85

강북산 247

건국부녀동맹 133

게이츠컬, 휴(Hugh Gaitskell) 34

경신참변(庚申慘變) 225, 226

경폭격기(輕爆擊機, light bomber) 161,
162

국제민주여성연맹(WIDF, 국제여맹)
8~18, 20~24, 35, 45, 51, 53~58,
60~66, 68~71, 73, 78, 89, 109,
121~23, 126, 134, 152, 160, 164,
165, 169, 171, 179, 193~95,
201~203, 205, 206, 212, 215~20,
228, 230~35, 237~39, 244, 246,
247, 252, 253, 255, 258, 259,
263, 265, 270, 271, 274, 275, 277,
282, 284, 286~90, 292~297, 299,
301, 306~308, 310~12, 314, 315,
317~19

국제여성대회(International Congress
of Women) 55, 56, 307, 309, 310

국제여성동맹(IAW) 58, 59

군사목표(military target) 10, 47, 130,
140, 160, 162, 242, 284

군인유곽(army-brothel) 247

권문수 154

권송동 248

그레이트 스모그(The Great Smog of
London) 73

그린우드, 아서(Arthur Greenwood)
28

근우회(槿友會) 133

기총소사(strafing) 52, 151~53, 155,
178

김구(金九) 258

김귀옥(金貴玉) 254~56, 291, 292

김규식(金奎植) 258

김두봉(金枓奉) 258

김백일(金白一) 226

김병호 247

김상영 195, 203

김성애 204, 216, 220

김숙선 247, 248

김영희 212, 214, 219

김용범(金鎔範) 164

김윤순 246

김일성(金日成) 46, 168, 172, 184, 220, 240, 258, 271, 274~77, 292

김재능 252

김종원(金宗元) 226

김학순(金學順) 262

김호겸(金浩謙) 253

김희오(金喜午) 256

꼬똥, 외제니(Eugénie Cotton) 56, 57, 64, 66

ㄴ

나바라우이, 케자(Ceza Nabaraouy) 61

나치스 피박해자 연맹(VVN) 90

나토(NATO) 32, 33

난징대학살 225, 226

남북연석회의 258

『내가 그곳에 간 이유』(That's Why I Went) 39

노근리사건 51, 52

『뉴요커』(New Yorker) 77, 313

ㄷ

닥터 한(Dr. Han) 128, 129, 163, 231, 235, 271

더한, 프란시스카(Francisca de Haan) 12~14, 57, 60, 306, 312

덜레스, 존(John F. Dulles) 274

데일, 셀마(Thelma Dale) 55

『데일리 메일』(Daily Mail) 300

덴마크 평화아카데미(Det Danske Fredsakademi) 18, 78

덴마크 민주여성연맹(Danmarks Demokratiske Kvindeforbund) 60

독립적 참관인(independent observer) 18, 79, 93, 120, 125, 126

독보회(讀報會) 217~19

독일민주여성동맹(Demokratischer Frauenbund Deutschlands) 89

돌턴, 휴(Hugh Dalton) 28, 299, 300, 304

동종희(Tong Jong Hi) 188

뒤셴, 가브리엘(Gabrielle Duchêne) 62

디미뜨레바, 일리야나(Ilyana Dimitreva) 233

딘, 윌리엄(William F. Dean) 224

『뜨니르』(Tenir) 90

ㄹ

라디오자유아시아(Radio Free Asia) 296

라디오자유유럽(Radio Free Europe) 296

라벤스브뤼크 수용소 62, 85, 89, 90

라자고파라차리, 차크라바르티 (Chakravarti Rajagopalachari) 305

래드퍼드, 아서(Arthur W. Radford) 139

량영덕 210, 211, 214, 216, 246

러셀, 도라(Dora Russell) 61, 303

러셀, 버트런드(Bertrand Russell) 61

레기나(Regina) 74, 76, 79, 83

레이더폭격(radar bombing; blind bombing) 142, 177

레이존폭탄(razon bomb) 141, 142

『로동신문』 184, 218, 275

로드리게스, 깐델라리아(Candelaria Rodriguez) 75, 76, 79, 95, 109, 173, 192, 236, 272, 292, 296, 297, 311

로드리고, 메르세데스 유스타 (Mercedes Yusta Rodrigo) 63

로빈슨, 조앤(Joan Robinson) 303

로스또낀스까야, 마리야(Maria Rostokinskaya) → 옵샨니꼬바

록펠러, 존(John D. Rockefeller) 117

루벳킨, 버솔드(Berthold Lubetkin) 41

류칭양(劉淸揚) 114, 115, 125, 184, 191, 311

리금순 48

리드, 엘라(Ela Reid) 66, 67

리순실 248

리여성(李如星) 181, 182

리춘형 248

리컹(李鏗) 114, 115, 173, 181, 192, 311

리쾌대(李快大) 181

리티께(Li Thi Quê) 115, 191

리확실 247

□

마끼아벨리, 니꼴로(Niccoló Machiavelli) 262

마리엔고프, 아나똘리(Anatoly Mariengof) 102

마셜 플랜(Marshall Plan) 31

마틴, 스탠리(Stanley H. Martin) 225

말라야반일인민군(Malayan People's Anti-Japanese Army) 66

매카시, 조지프(Joseph McCarthy) 302

매카시즘 8, 295, 305

매캘리스터, 길버트(Gilbert McAllister) 302

맥그리거, 캐서린(Katharine McGregor) 12, 13

맥아더, 더글러스(Douglas MacArthur) 32, 47, 129, 130, 138, 140, 141, 144, 146, 160, 286

맨호프, 마틴(Martin Manhoff) 104

메러이, 티보르(Tibor Méray) 159

메를로뽕띠, 모리스(Maurice Merleau-Ponty) 269, 270

모리슨, 허버트(Herbert Morrison) 28

몰로또프, 뱌체슬라프(Vyacheslav Molotov) 271

무니, 자드위가 E. 피퍼(Jadwiga E. Pieper Mooney) 12, 13

무초, 존(John J. Muccio) 47, 146, 160

미 극동공군 폭격기사령부(FEAF Bomber Command) 161

미국여성의회(Congress of American Women) 60

미군 전쟁정보국(US Office of War Information) 17, 77, 313

미샤엘리스, 카린(Karin Michaëlis) 77

미스터 김(Mr. Kim) 128, 155, 163, 230, 231

미팅하우스 작전(Operations Meetinghouse) → 토오꾜오 폭격

『민주청년』 218

밀, 존 스튜어트(John Stuart Mill) 58

ㅂ

바스께스, 레오노르 아기아르(Leonor Aguiar Vazquez) 89, 92

바양꾸뛰리에, 마리끌로드(Marie-Claude Vaillant-Couturier) 62, 89

바이랑(白朗) 114, 115, 117, 124, 125, 191, 311

바크만, 이다(Ida Bachmann) 17, 77~79, 84, 88, 99, 100, 125, 153, 163, 166, 167, 184, 191, 219, 232, 238, 312, 313, 316

박명수 199

박은인 220

박정미 255~57, 292

박정애(朴正愛) 48, 163~65, 183, 184, 232, 235, 277, 293

박진경(朴珍景) 223, 224, 226

박창옥 199

박헌영(朴憲永) 172, 176, 258

반동난 213

배운복 199, 200, 216

백선엽(白善燁) 226

백인엽(白仁燁) 226

「베버리지 보고서」 29

베버리지, 윌리엄(William Beveridge) 29

베번, 어나이린(Aneurin Bevan) 33~35

베벨, 아우구스트(August Bebel) 59

베빈, 어니스트(Ernest Bevin) 28, 31

베트민(Viet Minh) 66

베히터, 릴리(Lilly Wächter) 14, 15, 88, 89, 191, 296~99

『보헤』(Woche) 82

볼떼르(Voltaire) 302

브룅스비크, 세실(Cécile Brunschvicg) 62

브뤼셀 만국평화대회(Brussels Peace Congress) 62

빠르피오노바(Parfionova) 96, 97

뽀노마료프, 빠벨(Pavel Ponomarev) 102

ㅅ

샤리르, 수탄(Sutan Sjahrir) 81

서북청년단 252

성폭력(전시 성폭력) 9, 21, 52, 53, 179, 244~55, 259~65, 285, 290, 291

세계여성단체협의회(ICW) 58, 59

셀든, 마크(Mark Selden) 139

소련여성반파시스트위원회(Soviet Women's Anti-Fascist Committee) 96

소스키스, 프랭크(Frank Soskice) 303

소이집속탄(incendiary cluster bomb) 143

소이탄(燒夷彈, incendiary bomb) 47, 49, 50, 129, 130, 138, 139, 141~46, 151~53, 174, 176, 177, 260, 295, 318

송숙마 248

송요찬(宋堯讚) 223, 224, 226

쇼스따꼬비치, 드미뜨리(Dmitrii Shostakovich) 185, 187

수니토, 라덴 마스 조조위로노(Raden Mas Djojowirono Sunito) 80~82

수발락슈미(R. S. Subbalakshmi) 305

스딸린, 이오시프(Iosif V. Stalin) 46, 103, 106~108, 111, 185, 250

스바토쇼바, 밀루셰(Miluše Svatošová) 80, 126, 184, 191, 232, 233

스보보다, 카렐(Karel Svoboda) 85

「스톡홀름 호소문」 139, 140, 270

스트레이트마이어, 조지(George E. Stratemeyer) 129, 130, 142

스트리트, 제시(Jessie Street) 61

스티버니지 개발공사(Stevenage Development Corporation) 15, 16, 25, 34, 36, 40, 43, 281, 299, 312, 315

스페인 반파시스트 여성동맹(Union de Mujeres Antifascistas Espanolas) 63

스펜스, 조너선(Jonathan D. Spence) 19, 20

슬리만, 파트마 벤(Fatma ben Sliman) 88, 91, 191

10월항쟁 240

신영옥 245

신천학살사건 50~52, 227

신화순 246

실킨, 루이스(Lewis Silkin) 41, 301

싸르트르, 장 뽈(Jean Paul Sartre) 269

『쏘베쯔까야 젠시나』(Советская женщина) 97, 98

ㅇ

「아시아와 아프리카 국가들의 민주적 여성운동의 발전(Development of the Democratic Women's Movement in the Countries of Asia and Africa)」 70

아우슈비츠 수용소 62

안네바르트, 제르맨(Germaine Hannevart) 80, 82, 83, 99~102,

362

184, 191, 231, 242~44, 311

안드렌, 엘레노르 안드레아(Ellenor Andrea Andreen) 61

알제리무슬림여성협회(AFMA) 91

알제리여성조합(UFA) 91

암스트롱, 엘리자베스(Elisabeth Armstrong) 12

애틀리, 클레멘트(Clement R. Attlee) 27~29, 32, 36, 304

앨런, 엘리자베스(Elizabeth A. Allen) 62

야콥스, 알레타(Aletta Jacobs) 309

엥겔스, 프리드리히(Friedrich Engels) 59

『여성과 사회주의』 59

『여성노동자들을 위한 UE 투쟁』(UE Fights for Women Workers) 311

『여성의 예속』(The Subjection of Women) 58

여순사건 221, 223, 226, 240, 289

「여자해방은 경제적 독립이 근본」 133

영구적평화를위한국제여성위원회 (International Committee of Women for Permanent Peace, 국제여성위원회) 310

영명사(永明寺) 170, 171, 179

오뀔리, 리즈(Lise Oculi) 64, 66

오도넬, 에밋(Emmett O'Donnell, Jr) 142, 143

옥녀봉 220

옥분전 220

옵샨니꼬바, 마리야 드미뜨리예브나 (Maria Dmitrievna Ovsyannikova) 96~98, 109, 115~17, 119, 121, 125, 184~86, 192, 204, 217, 232~34, 283, 311

『외롭』(Europe) 90

『외스터라이히셴 폴크스슈티메』 (Österreichischen Volksstimme) 82

『우리는 고발한다』(We Accuse) 8, 284

우익치안대 9, 10, 205, 227, 229, 230, 234, 235, 237, 240, 288, 289

위안소(慰安所) 255~58, 292

유곽(遊廓, brothel) 9, 179, 246~48, 255, 257~61, 291, 292

「유엔 및 전세계 인민들에게」 176

「UN군인 위무방식에 관한 건」 257

유엔여성기구(UN Women) 249

유엔지지여성연합(Women United for United Nations) 295

유영준(劉英俊) 48

육안폭격(visual bombing) 141, 142, 177

『6·25사변 후방전사: 인사편』 256

이딸리아여성동맹(Unione Donne in Italia) 315

이승만(李承晩) 32, 36, 113, 172, 255, 271~75, 292, 293

이임하(李林夏) 255~57, 292

이태준(李泰俊) 103, 105, 106

인도네시아공산당(Partai Komunis Indonesia) 66

ㅈ

장윤자 154, 155

「전세계 녀성들에게 보내는 편지」 48, 53, 164

전폭기(戰爆機, fighter-bomber) 52, 130, 141, 142, 152, 161, 162

정밀폭격(precision bombing) 10, 47, 130, 140

제주4·3사건 221~23, 226, 240, 252, 289, 291

『제주4·3사건 진상조사보고서』 224

제주4·3사건위원회 224

조병옥(趙炳玉) 272

조복례 48

조선민족혁명당 133

조선민주여성동맹 48, 49, 52, 53, 164, 165, 183

조선여성동우회 133

조소앙(趙素昻) 258

졸리오퀴리, 이렌(Irène Joliot-Curie) 62

졸리오퀴리, 프레데리크(Frédéric Joliot-Curie) 139

종군위안부(從軍慰安婦) 255

주영하(朱寧河) 128, 231

중폭격기(重爆擊機, heavy bomber) 130, 141, 142, 161

지글레르, 질레뜨(Gilette Ziegler) 88, 90, 91, 125, 173, 181, 191, 232, 311

지드, 앙드레(André Gide) 103, 105, 106

집단매장 195, 200~202, 214, 236, 237

집단학살 20, 21, 50. 51, 201, 205, 221, 225, 234, 243, 249, 286, 287, 295

ㅊ

차옥순 248

채명신(蔡命新) 256

처칠, 윈스턴(Winston Churchill) 27, 28, 32

천경화 245

체트킨, 클라라(Clara Zetkin) 59

초토화정책(scorched earth policy) 138, 144, 160, 286

최경록(崔慶祿) 223, 224, 226

최옥희 247

최창익(崔昌益) 133

ㅋ

카울, 프리드리히(Fridrich Kaul) 298

칸, 힐데(Hilde Cahn) 88~90, 184, 191

케인즈, 존 메이너드(John Maynard Keynes) 28

『케임브리지 영국문화사』(Cambridge Cultural History of Britain) 305

크립스, 스태퍼드(Stafford Cripps) 33, 34

클린턴, 빌(Bill Clinton) 52

ㅌ

테레진 수용소(테레진 게토) 89, 297

테일러, 에바(Eva G. R. Taylor) 304

테일러, 찰스(Charles S. Taylor) 300~302

토굴(dugout) 148~50, 153, 155, 170, 179~81, 248

토니, 리처드(Richard H. Tawney) 38

토막(土幕) 148, 150, 151, 154, 174

토오꾜오 폭격 139, 145

토인비, 아널드 조지프(Arnold Joseph Toynbee) 28

트루먼, 해리(Harry S. Truman) 32, 47, 273

특수위안대(特殊慰安隊) 256

ㅍ

파괴폭탄(general purpose bomb) 141, 142

펠턴, 모니카(Monica Felton) 14~18, 20, 21, 23~26, 28, 30, 34~43, 45, 73~80, 83, 84, 86~90, 92~97, 99, 102, 106~21, 124, 125, 128, 131~34, 148, 154~60, 163, 165, 166, 169, 171, 173, 174, 182~86, 188, 192, 193, 195~200, 204, 208~14, 216, 217, 219~21, 226, 230~32, 234~39, 242, 243, 259, 260, 264, 271, 274, 275, 277~79, 281~83, 286, 287, 289, 290, 293, 296, 299~305, 312~17

펠턴, 버윈 이드리스(Berwyn Idris Felton) 37

평양시 국립예술극장 167, 247, 248, 257, 258, 292

평양신사(平壤神社) 258

평화와 자유를 위한 여성 국제 연맹 (WILPF) 62

포드, 보리스(Boris Ford) 305

포딜, 아바시아(Abassia Fodil) 88, 90, 91, 184, 191

푸트럴, 로버트(Robert F. Futrell) 176, 177

프랑스 민주 여성 동맹(Union des Femmes Françaises) 56, 307

프뢰슬레우 강제수용소 78

프리다(Freda) 24, 43~45

프리스터, 에바(Eva Priester) 80, 82, 93, 125, 163, 192, 212, 213, 232, 284, 311

『프리트 단마르크』(Frit Danmark) 18, 78, 211

플레론, 카테(Kate Fleron) 18, 20, 78, 79, 84, 88, 93, 94, 99~101, 109, 112~16, 118~21, 125, 126, 132, 153, 163, 166, 167, 170, 184, 191, 200, 211, 231~39, 242, 243, 285~87, 289, 311~13, 316, 318

플레롭스까야, 라라(Lala Flerovskaya) 233

피셔, 나이절(Nigel Fisher) 302

피털리 개발공사(Peterlee Development Corporation) 15, 39~41

필립슨, 게리(Garry Philipson) 40

ㅎ

하타, 모하맛(Mohammad Hatta) 81
『한국에서의 영국 전쟁포로들에 대한
　　대우』(Treatment of British Prisoners
　　of War in Korea) 304
『한국전쟁기의 미공군, 1950~1953』
　　(The United States Air Force in
　　Korea, 1950-1953) 176
한남선 198
한설야(韓雪野) 128, 129, 163, 231, 271
할리데이, 존(Jon Halliday) 305
함병선(咸炳善) 223, 224, 226
허정숙(許貞淑) 133, 134, 163, 171, 183,
　　235, 277, 293
허턴, 바버라(Barbara Hutton) 117

허헌(許憲) 133, 171~73, 258, 277, 293
헤이그 국제여성대회 309
헤일리허르스, 트레이스(Trees
　　Heyligers) 80~82, 126, 184, 191,
　　243, 265, 272, 292, 311
혁신 인도네시아(Perhimpoenan
　　Indonesia) 81
홍명희(洪命熹) 258
황, 레이(Ray Huang) 19, 20
황승야 201
후크발라합(Hukbalahap) 66
히틀러, 아돌프(Adolf Hitler) 32, 61,
　　84~86
힘러, 하인리히(Heinrich Himmler)
　　84

366

감사의 글

이 책이 출간되기까지 여러 기관과 사람들로부터 도움을 받을 수 있었다. 우선 연구 착수 단계에서 미국 국립문서기록관리청(National Archives and Records Administration), 덴마크 평화아카데미(Det Danske Fredsakademi), 국사편찬위원회, 군사편찬연구소, 국립중앙도서관, 통일부 북한자료센터, 서울대 중앙도서관, 명지대 LG연암문고, 한국외대 도서관 등에서 주요 자료를 수집할 수 있었다. 미국 샌프란시스코의 어느 고서점으로부터 70년 전 문헌자료를 온라인으로 구입하기도 했는데, 너무 정성스럽게 포장되어 배달된 자료의 상태를 확인하고 감동받기도 했다.

2011년부터 6년 동안 서울대학교 통일평화연구원 '평화인문학' 연구팀의 일원으로 일한 것도 이 책 출간에 직접적으로 영향을 미쳤다. 박명규 원장님은 HK연구교수들이 온전히 연구 활동에만 집중할 수 있도록 전폭적으로 지원해주었다. 특히 연구실을 거의 공유하다시피 했던 이동기(강원대 평화학과 교수), 이찬수(보훈교육연구원장), 서보혁(통일연구원 연구위원) 교수님과의 일상적 밥상머리 학술토론은 나의 평화사(平和史) 연구를 한층 더 성장시켜주었다.

서울대 정용욱 교수님과 오랫동안 지속하고 있는 학술교류의 중요성에 대해서도 언급하지 않을 수 없다. 정용욱 교수님은 이미 20년 전부터 냉전의 평화문화에 대한 다수의 책과 자료를 직접적으로 제공해주었고, 연구를 중도에 포기하지 않도록 계속 격려해주었다. 여전히 언제 어디에서나 진지한 학술토론을 이어갈 수 있는 학문적 동지이자 스승이 있다는 사실은 커다란 행운이 아닐 수 없다.

이 책의 주인공들은 18개국으로부터 온 21명의 외국인 여성들이다. 따라서 나는 이 여성들의 성장 과정과 개인 행적을 파악하기 위해 다양한 언어의 자료들을 해석해내야만 했다. 그런데 이 힘겨운 과제는 예상보다 비교적 쉽게 극복될 수 있었다. 정보통신과 인공지능 기술의 집약체와도 같은 최신의 온라인 번역기를 통해 다양한 언어의 자료를 비교적 손쉽게 번역해낸 것이다. 특히 덴마크어, 독일어, 스페인어, 프랑스어, 체코어 자료의 영어 번역은 이미 매우 높은 수준에 도달해 있었다. 중국어, 러시아어, 아랍어 등의 영어 번역에서는 분명한 한계가 있었지만, 자료의 개요를 파악하는 데에는 문제가 없었다. 물론 연구에 직접적으로 인용된 자료의 최종번역 과정에서는 해당 언어 연구자들의 직접적 도움을 받았다. 특히 덴마크어 자료의 번역 내용을 검토해준 한분영 교수님(한국외대 스칸디나비아어과), 스페인어 자료 검색과 번역을 도와준 김성현 박사님(부에노스아이레스대학), 러시아어 자료 번역을 도와준 조수룡 박사님(국사편찬위원회 편사연구사), 체코어 자료를 검토해준 유선비 교수님(한국외대 체코·슬라비아어과), 스탈린 시기 소련 문화 관련 자료까지 제공해준 김수환 교수님(한국외대 러시아학과) 등의 도움에 감사드린다.

연구를 마무리하는 과정에서 다양한 경로를 통해 여러 전문연구자들의 학술적 검증을 받았다. 우선 2018년 6월 서울대 러시아연구소와 신한대 탈분단경계문화연구원이 공동주최한 학술회의에서 「한국전쟁기 국제여맹 조사단의 북한지역 전쟁 피해 조사활동」이라는 제목의 글을 발표했다. 당시 학술회의에서 김재웅(고려대 한국사학과), 남영호(신한대 교양학부), 한정숙(서울대 서양사학과), 최진석(수유너머104) 교수 등으로부터 국제여맹 활동과 관련된 흥미로운 질문과 조언을 들을 수 있었다. 2019년 2월에는 같은 제목의 발표문을 계간지 『창작과비평』 편집위원회에서 발표했다. 당시 문학과 사회과학 분야의 여러 연구자들로부터 진지한 비평을 들을 수 있었는데, 이는 연구의 방향성 확립에 도움을 주었다. 특히 이 연구를 저서 출간으로까지 확장해줄 것을 직접적으로 요청한 한기욱(인제대 영어영문학과), 백영경(제주대 사회학과) 교수님에게 감사의 말을 전하고 싶다.

2020년 4월에는 국제학술지를 통해 「좌절된 평화」(Frustrated Peace: Investigatory Activities by the Commission of the Women's International Democratic Federation (WIDF) in North Korea during the Korean War)라는 학술논문을 발표했다. 당시 블라인드 심사에서 많은 조언을 건네준 세명의 심사위원들, 그리고 최종편집 과정에서 수십개의 질문과 코멘트를 쏟아낸 학술지 편집위원 프랭클린 라우시(Franklin Rausch, 랜더대학 역사철학과) 교수와 로스 킹(Ross King, 브리티시컬럼비아대학 아시아학과) 교수의 열정에도 감사의 말을 전하고 싶다. 두 연구자가 보여준 관심과 애정은 나의 연구성과를 학문적으로 탄탄하게 만드는 데 중요한 역할을 했다.

저서를 탈고한 직후에는 두명의 학부생들이 내 책에 대한 진솔한 감상평을 전해주기도 했다. 팬데믹 국면에서 한국외대 한국학과의 박승태, 이민혜 학생과 몇차례의 화상회의를 진행한 것이다. 2000년경에 태어난 이른바 'Z세대' 학생들의 거침없고 발랄한 감상평은 최종수정 단계에서 원고의 방향성을 재조정하는 데 적잖은 도움을 주었다.

나의 거친 원고를 한권의 아름다운 책으로 엮어준 창비 편집부의 이지영, 김가희 선생님에게도 진심 어린 감사의 말을 전한다. 한국외대의 최현희, 반병률, 이영학, 여호규, 김원명 교수님 등의 배려가 내 연구활동에 큰 도움을 주었다는 사실에 대해서도 잊지 않고 있다.

마지막으로 지난 20년 동안 가난한 인문학자와 동행하면서 몸과 마음 모두 지독히 고생한 아내 박옥란에게 미안하고 감사하다는 말을 남기고 싶다. 우리 두 사람만이 제대로 이해할 수 있는 그 힘든 고통의 시간을 굳건히 견뎌낸 아내 덕분에 나 또한 포기하지 않고 계속 이 학문의 길 위에서 버텨낼 수 있었다. 그런 의미에서 아내야말로 이 책의 진정한 공동저자이다. 항상 감사하다.

2021년 4월
팬데믹의 끝을 기다리며
김태우

370

김태우 金泰佑

한국현대사를 전공한 역사학자이다. 서울대학교 국사학과에서 박사학위를 받았으며, 서울대학교 규장각한국학연구원 선임연구원과 통일평화연구원 HK연구교수를 거쳐 한국외국어대학교 한국학과 교수로 재직 중이다. 저서로 『폭격: 미공군의 공중폭격 기록으로 읽는 한국전쟁』 『평화인문학이란 무엇인가』(공저) 『폭력이란 무엇인가: 기원과 구조』(공저) 등이 있다. 강만길 연구기금과 김진균상을 수상했다. 미래 한반도 거주민들의 평화에 기여할 수 있는 역사학의 내용과 방법론을 고민하고 있다.

냉전의 마녀들
한국전쟁과 여성주의 평화운동

초판 1쇄 발행 / 2021년 4월 23일
초판 3쇄 발행 / 2024년 5월 17일

지은이 / 김태우
펴낸이 / 염종선
책임편집 / 정편집실 · 김가희
조판 / 황숙화
펴낸곳 / (주)창비
등록 / 1986년 8월 5일 제85호
주소 / 10881 경기도 파주시 회동길 184
전화 / 031-955-3333
팩시밀리 / 영업 031-955-3399 편집 031-955-3400
홈페이지 / www.changbi.com
전자우편 / human@changbi.com

ⓒ 김태우 2021
ISBN 978-89-364-8295-4 93900

* 이 연구는 2021학년도 한국외국어대학교 교내 학술연구비의
  지원에 의하여 이루어진 것입니다.